17 ⁵⁰

50 0X
(ANC)

D1518481

HIPPOCRATES
LATINUS

HIPPOCRATES LATINUS

REPERTORIUM OF HIPPOCRATIC WRITINGS
IN THE LATIN MIDDLE AGES

Revised Edition

PEARL KIBRE

NEW YORK
Fordham University Press
1985

The original versions of Parts I – VIII were
published in *Traditio* 31–38 (1975–1982)

Revised edition, with additions and corrections, 1985

Manufactured in the United States of America

TO

THE MEMORY OF

EDWIN A. QUAIN, S.J.

PH.D., L.H.D.

1906–1975

CONTENTS

ADDENDA ET CORRIGENDA

The boldface numbers in the margin refer to the pages of this revised edition.

I

1. Note 3. Among recent bibliographies concentrating particularly on printed works is that of G. Maloney and R. Savoie, *Cinq cents ans de bibliographie Hippocratique, 1473–1982* (Quebec 1982).

3. Abbreviations:
Agrimi   J. Agrimi, *Tecnica e scienza* (Florence 1976)

4. Jacquart   D. Jacquart, *Supplément* to Wickersheimer (Geneva 1979)
NLM   National Library of Medicine, Bethesda

5. Wrocław   See also Breslau

7. **Paris: BN 6871**, 13c, ff. 113vb–153^r. Part I–III, with Galen comm. Text in large script. 'Qui de egrotantium accidentibus . . . / . . . aliquando conveniens est.' Galen comm. in small script. 'Illi qui sententias illis . . . / . . . et medicus indiget ut sciat eas omnes preter hec quod infirmus ei dicat ipsas. Explicit tertia particula regimenti acutorum.'
    — **BN 6871A**, 12c, ff. 32vb–37vb. Reg. acut. 'Qui de egrotantium accidentibus in singulis egritudinibus . . . / . . . aliquando conveniens est.'
    — **BN 7029**,12c, ff. 25^r–32^r. Reg. acut. 'Qui de egrotantium accidentibus in singulis . . . / . . . dietantur potu sed in illis aliquando conveniens est. Explicit.'

9. **Oxford: Merton 222.** Ff. 17ra–20va seem to contain Books I–III.

12.   XIII–XIV Century
    Leipzig: Univ. 1115, ff. 179ra–217. Regimen acut. *Inc.* 'Qui de egrotantium accidentibus in singulis . . . ' Galen comm.: 'Illi qui sententias . . . ' Text *des.*: '. . . qui solo potu dietantur. Sed in aliis aliquando conveniens est.' Comm. *des.*: '. . . et aliarum ex eius que sunt similes illi divisuntur.'
    — **Univ. 1117**, 13c, ff. 255ra–358vb. Regimen acut. *Inc.* as above. Comm. *des.*: '. . . plurima quidem manibus adiacent autem quedam inmanifestae de quibus deinceps faciem sermonem. Explicit commentum supra quartam particulam Reg. Acut. Egrit.'

— **Univ. 1119**, 13c, ff. 98va–126rb. Extensive marginal glosses. Comm. *inc.* same as above. Through Part III.

— **Univ. 1120**, ff. 68ra–87vb. *Inc.* text same as above. Comm. *inc.* same as above. Comm. *des.*: '. . . et medicus indiget ut scias eas omnes preter quod infirmus ipsas ei dicat eas. Explicit.'

— **Univ. 1121**, ff. 69ra–94va. *Inc.* text same as above. Expl. comm.: '. . . indiget ut sciat eas omnes preter hec quod infirmus ei dicat ipsas. Expliciunt Regimenta acutorum. Scripsit B. iuvat cum domine letus.'

Vatican: VAp 1104, 13c, ff. 52ra–71vb. Galen comm. without Hipp. text. *Inc.* 'Illi qui sententias illis . . . / . . . et medicus indiget ut sciat eas omnes preter quod infirmus ipsas ei dicat. Explicit.'

— **VA Reg. Suev. 1270**, ff. 160rb–202vb. Text with Galen comm.

13.   *Cues: Hospital 294, ff. 126^v–157. Text and Galen comm.
— *Hospital 295, ff. 112–152. Same as above.
*Dijon 391
Erfurt: Ea F 238, ff. 55vb–62va. *Inc.* 'Qui de egrotantium accidentibus . . . / . . . illis aliquando conveniens est. Expl.'
— **Ea F 290**, early 14c, ff. 40–115.
*Glasgow: Hunterian 316 (T.1.1.), item 4: Hipp. Regimen acut. *Inc.* 'Qui de egrit . . . '
Kraków: BJ 791. 'Incipit lib. Ypo. de Regimine acutarum egritudinum.'
— **BJ 815**. Galen comm. on ff. 251^r–321^r.
— **BJ 817**. *Inc.* same as above.
Milan: Amb. E. 78 inf., f. 62 (Diels 102–103).

14.   **Paris: PAM 58 (2046)**, pp. 155–261.

17.   XV Century
*Bamberg: Bibl. Publ. 699 (Diels [1905] 8).
*Dublin: D 229 (403), ff. 19^v–29^r.
Kraków: BJ 790, a. 1444, ff. 134va–193rb. Text with comm.

19.   4a. ANONYMOUS COMMENTARY: IN HOC LIBRO . . .
Vatican: VAp 1089, 14c, ff. 107^r–113. 'In hoc libro . . . egritudinum in particula et primo causon. Causon autem fit . . . / . . . ventrem conferunt si calida hora affuerit.'
4b. ANONYMOUS COMMENTARY: ISTE LIBER IN QUO YPOCRATES . . .
Bruges 474, 13c, ff. 45–57^v. 'Iste liber in quo Ypocrates determinat de regimine . . . / . . . potus autem dulcis . . . .'
5a. ANONYMOUS COMMENTARY: NON SOLUM CUM RESCRIPSERUNT . . .
Paris: PAM 58 (2046), 14c, pp. 155–261. *Inc.* lib. de regimine acutorum. Prima particula. Comm. 'Non solum cum rescripserunt rememorationem sententiarum relatam illis . . . .'

20. 8a. ANONYMOUS COMMENTARY: NOTANDUM QUOD V SUNT . . .

Erfurt: Ea F 264, a. 1288, ff. 8ᵛ–9. *Inc.* 'Notandum quod V sunt considerationes penes quas continentur tota utilitas regimenti acutorum . . . '

13.   **Paris: PA 709 (76 S.A.L.)**, 15c, ff. 2–4. 'Lectura venerabilis Arnaldi de Novavilla super Regimentis acutorum.' *Inc.* 'Qui de egrotantium . . . . ' 'Hic liber Ypocratis idcirco Regimentum acutorum appellatur . . . '

23. 18.   **Seville: BC 5–1–45**, 14c, ff. 42–44. *Inc.* 'Quinque sunt considerationes Regimentis acutarum morborum. Prima est medicorum . . . / . . . (*des.*) etiam finitur regime acutorum morborum quod quidem compositum est per Reverendum magistrum Johannem de Sancto Amando per me Ioh. de Bursalis in laudabilissima Universitate Montisp. in profesto sancti Ambrosii anno 1453.'

24. 22.   **Erfurt: Ea F 282**, a. 1334, ff. 76–131ᵛ. 'Comm. Tadei super librum de regimento acutorum vel Johannis de Sancto Amando.' *Inc.* 'Ut testatur Averroys, elementa sunt propter mixtum . . . / . . . utuntur . . . vel potu medicinali. Finit Expl. notulae regimen (!) acutorum.' See this work already cited under Commentary of Johannes de St. Amand.

25. 23.   COMMENTARY OF THOMAS DEL GARBO FLORENTINO († 1370), son of Dino del Garbo

Leipzig: Univ. 45, pp. 431–432.

II

38.   **London: BMh 4347**, 12c, Irish hand, ff. 1ʳ–37ʳ. *Inc.* 'Vita brevis ars vero longa occasio autem preceptis (?) experimentum periculosum iudicium difficile . . . / . . . carnes habentibus.'

40.   **Paris: BN 6871A**, 12c, ff. 9ᵛᵃ–15ʳᵇ. 'Amphorismorum Ypocratis huius nove editionis existit . . . ' Comm. proper omitted. Text *inc.* 'Vita brevis ars vero longa . . . / . . . et deglutire non possit mortale.'

41.   **Vatican: VA 10281 (olim 10250)**, 12c, ff. 6ʳ–20ʳ. Aphorisms with anon. comm. Text *inc.* 'Vita brevis ars vero longa . . . / . . . fames enim desiccat corporis.' Comm. *inc.* 'In libro principe . . . ' See Orléans 298 (251), 14c.

Erfurt: EA Q 173, 13c, ff. 13ᵛ–25ᵛ. 'Incipit liber Amphor.' *Inc.* same as in Ea F 238 cited. *Des.*: '. . . glutire non possit mortale. Explicit.'

42.   **Dresden: DC 185**, 12c. See R. Fuchs in *Philologus* NS 12 (1899) 407–421.

Erfurt: Ea Q 182, 12c, ff. 12ʳ–19ᵛ. *Inc.* 'Vita brevis ars vero longa . . . / . . . ut glutire non possit mortale est.'

*Metz: 1206, 12c, ff. 14–(34). 'Liber Amphorismorum Ypocratis.' *Inc.* 'Vita brevis ars vero longa tempus autem acutum experimentum fallax iudicium autem difficile . . . '

44.   London: BMr Ad 18,210, 13–14c, f. 181ᵛ. Fragment with comm. *Inc.* 'Vita brevis ars longa . . . / . . . (ends incomplete) declarant egritudine et tempora anni.'

51.   Erfurt: Ea F 246, no. 1, ff. 1–52ᵛ. Trans. of Const. Africanus with Galen comm.
— Ea F 255, no. 4, ff. 10–55ᵛ. *Inc.* as in Ea F 246, no. 1.
Leipzig: Univ. 1115, 13–14c, ff. 10ʳᵃ–62ᵛᵃ. Usual dedic. preface of Constantine. Text *inc.* 'Vita brevis ars vero longa . . . ' Galen comm. 'Plurimi interpretes . . . . ' Text *des.*: '. . . dabuntur quanto magis dabuntur tanto plus peiorabunt.' Comm. *des.*: '. . . quilibet poeta inveniens falsa et non esse Ypocrata confirmare poterit.'
— Univ. 1117, 13–14c, Fol., ff. 121ʳᵃ–196ʳᵇ. 'Liber Amphorismorum Ypocratis.' 'Pref. domini Constantini Affricani . . . . ' Text *inc.* 'Vita brevis ars vero longa . . . . '

52.   Paris: BN 6860A, 13–14c, ff. 27ʳᵇ–69ᵛ, incomplete. *Inc.* pref. 'Rev. domini Constantini Montis Cassinensis Monachus ad Glauconem discipulum suum. Licet petitionibus tuis continuis . . . ' Text *inc.* 'Vita brevis ars vero longa . . . . ' Galen comm. 'Plurimi interpretes huius libri . . . . ' Has no clear division between the *particula.*

54.   Vatican: VA Reg. Suev. 1270, ff. 1ʳᵃ–55ᵛᵃ (with beautifully illuminated initials on parchment). Const. Africanus' intro. with Hipp. text and Galenic comm.

55.   XIV Century
*Bergamo: Bibl. Çivica A. Mai MA 633 (Ex Delta IX.8), ff. 1ʳᵃ–37ᵛᵃ. 'Liber anforismorum Ypocratis cum commento Galieni.' *Inc.* 'Vita brevis ars vero longa . . . / . . . confirmare poteri (!) Explicit liber anforismorum Ypocratis cum comm. Galieni et sunt in Summa 329.' (Agrimi 42).
*Cues: Hospital 293, ff. 1–44. Aphor. cum comm. Galieni. Pref. of Constantinus Africanus. *Inc.* 'Licet petitionibus tuis . . . / . . . (*des.* Gal. comm.) non esse Ypocratis confirmare poterit.'
— *Hospital 294, ff. 4–45. Aph. cum comm. Gal. *Inc.* and *des.* as in 293 above.
— *Hospital 295, ff. 65ᵛ–111ᵛ. Aph. cum comm. Gal. *Inc.* and *des.* as in 293 above.
Erfurt: Ea F 276, early 14c, ff. 6–8, fragment. *Inc.* 'Vita brevis ars longa tempus autem acutum . . . / . . . ' Incomplete and ends in Part IV.

Ff. 8^v–18^v blank. At f. 19ra is gloss with *inc.* 'In huius libri principia . . .'
Kraków: BJ 824, ff. 13–28.

56.   **Milan: Amb. E 78 inf.**, ff. 5^r–38^v. *Inc.* pref. Constantini. *Inc.* text 'Vita brevis ars vero longa . . . ' Comm. 'Plurimi interpretes huius libri . . . / . . . ' *Expl.* '. . . confirmare poterit.'
      — ***Amb. N 35 sup.**, ff. 11^r–18^v. *Inc.* 'Vita brevis ars vero longa . . . / . . . desiccat coeperat.' (Agrimi 108).

60.   **Kraków: BJ 805**, 15c, ff. 1^r–98^v. 'Super Aforismos Ypocratis cum commento.'
      — **BJ 2315**, 14–15c, ff. 466va–489. Text without heading or comm. 'Vita brevis ars vero longa . . . / . . . fames enim exsiccat corpora.'

III

66.   **Montpellier 185**, 10–11c, ff. 1^v–2^r.

72. 66.
    Vatican: VAp 1116, 15c, ff. 54–(88). 'Adv. Incipiamus aphoris.' Aph. rearranged in three books.

75. Cardinalis: See the text attributed to Richardus Anglicus, p. 89 below. See also Jacquart 53–54.

77. 74a.
    Printed: *Articella* — Padua 1476; Venice 1483, 1487, 1491, 1493, 1500 (Klebs 116.1–6).

83. Wickersheimer notes a 14c Master Jean de Calvomonte, at Paris, for whom he cites no commentaries. G. Sarton, however, in his *Introduction to the History of Science* III.II (Baltimore 1948), 1679, refers to a Jacob of Montecalvo as connected with the University of Bologna in the second half of the 14c, but he cites no commentary.

89. Richardus Anglicus: This text may be by Cardinalis (p. 75 above). See Wickersheimer (1936) II 698; see also Jacquart 256–257.

92. 2a.
    *Salzburg: Codex Musei Carolina-Augusta 2169, 12c. 'Epistola Ypocratis qui medicinam artis peritiam docuit administrare.' *Inc.* 'Talem opertet esse medicum ut sit abundans . . . / . . . peritiam perveniat.'

97.   **Erfurt: Ea Q 320**, 14–15c, ff. 180–187. Comm. Hipp. Pronostica (astrol.). *Inc.* 'De pronostic. Ypo. quantum est de radice superiori . . . / . . . sin autem moritur. Et sufficit de iudiciis secundum lune in 12 signis.'

— **Ea Q 343**, second half 14c, ff. 180–182ᵛ. 'Dixit Ypocras. . . . se in manus illius . . . sin autem morietur. Expl.'

— **Ea Q 361**, early 14c, ff. 119ᵛ–121. *Inc.* as in Ea F 267; *des.* '. . . sin autem morietur. De presente . . . .'

— **Ea Q 379**, mid 13–14c, ff. 54ᵛ–57. *Inc.* as in Ea F 267; *des.*: '. . . veluti habentem percussuram.'

98.   **Escorial: L.III.30**, 15c, f. 393. 'Hipp. libellus de accesse aegrorum secundum lunae existentiam dispositionem.'

99.   *****Prague: Univ. 243**, ff. 188ʳ–192ᵛ. 'Hipp. tract. de aegritudinibus cognoscendis per astronomiam.' *Inc.* 'Dixit Ypocras . . . / . . . si autem non morietur. Exp.'

101.   *Printed*: Venice 'per M. Joannem Herzog de Landoia, Alamanum.' A.D. 1500, with *Minora opera Rasis*, Incun. 491, Bibl. Jagellonia, ff. 39ᵛ–41ᵛᵃ (Klebs 644.2).

102.   **Erfurt: Ea Q 228**, 14c, ff. 45–46ᵛ. *Inc.* and *des.* as in Ea Q 386.

— **Ea Q 349**, mid-14c, ff. 18–22. As in Ea Q 386.

— **Ea Q 368**, mid-14c, ff. 150–151. *Inc.* as in Ea Q 386 ; *des.* '. . . cum difficultate trinus. Expl. astro. Ypo. et sic est finis astron. Ypo.'

Kraków: BJ 566, 14c, ff. 1ʳ–3ᵛ. 'Sapientissimus Ypo. . . .' as in Cues: Hospital 307; end as in Ea Q 368.

Wrocław: Univ.IV.F.21, 14c, ff. 91–94. 'Hipp. Liber de pronosticationibus egritudinum secundum motum lune translatione Wilhelm de Moerbeke.' *Inc.* 'Sapientissimus Ypocras omnium medicorum peritissimus . . . / . . . et difficultate trinus. Expl. astrologia Ypo.'

IV

113.
XI Century
*****Orléans 283 (237)**, p. 1. (Indicia Hipp.: Diels 45.)
XIII Century
*****Cues: Hospital 307**, item 12, ff. 241ᵛ–242. 'Secreta.' *Inc.* 'Peritissimum omnium . . . / . . . scias eum vivere. Expliciunt secreta Ypo.'

114.   **Paris: BN 7008**, 13c, ff. 55ᵛ–57ʳᵃ. 'Meritissimum omnium rerum esse et domesticam et sapientiam in omnibus corporibus iusserat Ypocrates et in sepulchro suo poneretur sub capite ipsius . . . / . . .'

116.   **Erfurt: Ea Q 193**, end 13c, ff. 130ʳ⁻ᵛ. 'Pervenit ad nos quod cum Ypocras morti . . . / . . . quod desiderium habet in principio sue egritudinis potare aquam frigidam. Explicit secreta Ypo. deo gratias.'

117.   **Kraków: BJ 815**, 14c, ff. 321^r–322^v, with miniature. 'Incipiunt secreta Ypocratis. Pervenit ad nos quod cum Ypocras morti accederit precepit ut virtutes iste scripte . . . / . . . signum est inveniens mortis. Expliciunt secreta Ypocratis.'

120.   **Wrocław: III.F.20**, 14c, f. 54. 'Incipit liber prescientie Ypocratis. Hic est liber de veritate Ypo. qui intitulatur consumacio. Liber presciencie Y. qui inventus est in sepulchro eius in pixide eburnea et xxv propositionum.'

    — **III.Q.4**, ff. 69^{r-v}. 'Liber prescientiae Hippocratis.' *Inc.* 'Pervenit ad nos quod cum Ypocras morti appropinquerit . . . / . . . desiderio vehementer . . . Explicit.'

121.   **London: *Wellcome 49**, 15c, ff. 40^{rb-va}, 'Apocalyse hec sunt signa mortis inventa per Ipocratem . . . / . . . Desiderium dulcium rerum cum desiderio vehementi.'

122.   **Vatican: VA 2392**, 15c, f. 34va. 'Incipiunt secreta Ypocratis a magistro Gerardo Cremonensis translata. Pervenit ad nos quod cum Ypocras morti appropinquaret precepit ut virtutes iste in hoc libro scripte ponerentur in capsa eburnea et poneretur ipsa cum eo in sepulcro . . . quando in facie infirmi fuerit apostema . . . / . . . dulcium desiderium vehementi. Expliciunt secreta Ypocratis deo gratias. Amen.' Then follows: 'Incipiunt pronosticationes Rasis (*sic*). Dixit Ypocras quod quando in vii° die apparuerunt apostema nigra in posteriori parte auris morietur in VII° die . . . / . . . cuius sudor assellorum fetor lepram pronosticatur.'

123.   Col. 2 after first paragraph:

    Venice 1500 with *Minora opera Rasis*, f. 41^{va-b}, as in preceding edition.

130.   **London: Wellcome 544**, 14c, pp. 6ra–8ra. 'Hic incipit phisinomia Ypocratis et Philomonis. Discipuli si quidem Ypocratis depinxerint formam eius . . . / . . . aspectus quasi commixtus liticie et iucundidatis.'

    — **Wellcome 548**, 15c, item 20, ff. 151^v–152^v. 'Ypocras mandevit discipulis suis ut visitarent homines pallidi . . . / . . . declinatur ad hoc quod natura eum disposuit.

    Closely related to the *De contemptu mundi* or *Physionomia* is the brief tract entitled *Documenta Ypocratis ad cognoscendum homines*. With some variants, this text is related to those listed in TK 435–436.

133.   ***Monte Cassino 69**, 9c, p. 571 (De cibis).
    London: BMsl 84 is 12c.

134.   ***Berlin 4°, 198**, 12c, pp. 10–12.

V

145. **Vienna 2523**. F. 73ʳ: 'Epistula Ypocratis de similitudine mundi . . .'

150. **Vatican: VA 2392** is 15c.

155. **Vatican: VAp 1098** is 15c (listed in both columns).

156. **Vatican: VAp 1098** is 15c.

169. **DE GENITURA** [New text]
     XIII–XIV Century
     *Cambridge: CU 1386, I** (Diels 49).

Note 1:

Iustus or Justus of Tiberias, a Greek author, is named in St. Jerome's *De viris illustribus*. See P. Courcelle, *Late Latin Writers and their Greek Sources* (Cambridge, Mass. 1969), 95–96, and TK 1830 for listings.

For the texts attributed to Vindicianus see TK 1929, Index listings for the *Gynaecia*.

VII

206. **Vatican: VAp 1137**, 15–16c, ff. 98ʳ–101ʳ. 'Liber pronosticorum Ypocratis . . . ' (this text probably belongs with the group of texts listed under IX. *Capsula eburnea*, beginning on p. 110).

VIII

226. *De sacro morbo* does not seem to appear in Latin manuscripts in the Middle Ages.

237. Incipits:

Afforismorum Ypocratis huius nove . . . , see Aphorismorum Ypocratis . . .

HIPPOCRATES
LATINUS

INTRODUCTION

In the annals of medieval medical as well as cultural history the name and authority of Hippocrates of Cos knows no rival other than his later disciple, Galen. Yet there has so far been no systematic attempt to gather together, with any degree of completeness, the names and locations of manuscripts of the individual treatises that circulated in the Latin West before 1500 under the name or aegis of the famed physician of Cos. The present investigation of this subject, that is of the constituents of a 'Repertorium of Hippocratic Writings in Latin' or of a 'Hippocrates (Ypocras) Latinus,' was begun over four decades ago, particularly in the ill-fated years 1938 to 1939, while on a sojourn in Europe before the outbreak of World War II. The intention, then as now, was to provide the basis for determining the extent to which there was continuity in the transmission of Greek medicine, albeit in Latin dress, from antiquity to the early and later Middle Ages.[1] The research was thereafter continued sporadically whenever there was an opportunity to examine manuscripts in European depositories. In recent years the work has been greatly facilitated by the published results especially of the researches of two late scholars of medieval medical manuscripts, Augusto Beccaria and Ernest Wickersheimer,[2] as well as by the cataloguing of various manuscript collections.[3] However, there still remains the task of drawing out the individual works appearing under Hippocrates' name together with their commentaries, not only in the pre-Salernitan, but also in the succeeding centuries before about 1500. To this endeavor the present investigation is directed.

The scope therefore of the study will encompass all works known or cited before 1500 in Latin form under the name of Hippocrates of Cos together with their translators, where known, and commentators. This rule will be adhered to without regard to the authenticity or spurious character of the specific tracts. Although notice, where pertinent, will be taken of questions

---

[1] See my earlier survey, P. Kibre, 'Hippocratic Writings in the Middle Ages,' *BHM* 18 (1945) 371-412, henceforth cited as Kibre (1945).

[2] A. Beccaria, *I codici di medicina del periodo pre-Salernitano* (Roma 1956), henceforth cited as Beccaria (1956); and E. Wickersheimer, *Manuscrits latins du haut moyen âge dans les Bibliothèques de France* (Paris 1966), henceforth cited as Wickersheimer (1966).

[3] For the most part, these will not be cited separately; they can be found by turning to P. O. Kristeller, *Latin Manuscript Books Before 1600* (3rd ed.; New York 1965).

1

of authenticity, those works which, in the opinion of modern scholars, are deemed spurious or clearly fabrications of the Middle Ages will not be discarded. They will rather be retained as indicative of the nature of the medieval Hippocrates or of 'Ypocras latinus,' as he was known and cited by countless medieval scholars and physicians.

Furthermore, attention should be drawn to the fact that this study may be considered introductory, both to an historical study of the Hippocratic tradition in the Middle Ages that this author has currently under way, and to a possible future collection of the tracts making up the Corpus of Hippocratic Writings in the Latin Middle Ages. It will also be incorporated into the *Catalogus Translationum et Commentariorum* (ed. by P. O. Kristeller).

The decision to prepare and publish the listing of the above writings in installments, following the example of Professor Charles Lohr for 'Medieval Latin Aristotle Commentaries,' in *Traditio* 23 (1967) and subsequent issues, has been influenced by the desire to make available the findings to date of the present investigation and also to enlist suggestions and criticisms from other scholars.

Moreover, the adoption of an alphabetical arrangement by the first pertinent word in the title, rather than the consideration of the individual works in the order in which they became known in the Latin West, is intended to facilitate reference to them.

In each instance the principal title or that most generally cited will be followed, where applicable, by the other alternative titles, with cross references for the convenience of scholars and pertinent bibliographical references. There will then follow a brief synopsis of the content of the work and the manuscripts containing it in chronological order by centuries and then alphabetically by the name of the city in which the manuscripts containing it are located. Furthermore, although an effort has been made to examine as many of the individual manuscripts as possible either in their actual locations or by means of microfilms or other photographic reproductions, it has not been physically possible to examine all of them. Hence, for the guidance of scholars, an asterisk has been placed before those not so examined, but derived from catalogues or citations by other scholars. In the examination of manuscripts special thanks and acknowledgment are due Mlle Marthe Dulong who has helped in the analysis of the very large numbers of such manuscripts available in the several depositories in Paris. Acknowledgment is here also made for the clerical and other assistance rendered in the earlier stages of the study by successive student assistants: Ronald Doviak, Anne Halley, Erwin Jaumann, and Irving Kelter; and of grateful appreciation for the patience and cooperation of the many librarians and conservators of manuscripts, without whose able assistance, such a work could not be done.

Graduate School, City University of New York

LIST OF ABBREVIATIONS

In general, with but a few modifications, the abbreviations utilized for manuscripts are those of Lynn Thorndike and Pearl Kibre, *A Catalogue of Incipits of Mediaeval Scientific Writings in Latin* (Revised and Augmented Edition, Mediaeval Academy of America; Cambridge, Mass. 1963)

Archiv	*Archiv für Geschichte der Medizin*, now *Sudhoffs Archiv*
BC	Biblioteca Comunale
BE	Berlin, Preuss. Staatsbibliothek HSS.
Beaujouan (1972)	G. Beaujouan, 'Manuscrits médicaux du moyen âge conservés en Espagne' *Mélanges de la Casa de Velázquez* 8 (1972) 161-221.
Beccaria (1956)	A. Beccaria, *I codici di medicina del periodo pre-Salernitano* (Roma 1956)
Bern	Bern, Stadtbibliothek HSS.
BHM	*Bulletin of the History of Medicine*
BJ	Biblioteka Jagiellońska, Kraków
BL	Bodleian Library, Oxford
BLa	— Ashmole MSS
BLau	— Auct. MSS
BL Can. Lat.	— Canonicus Latin MSS
BL Can. Misc.	— Canonicus Miscellaneous MSS
BLd	— Digby MSS
BLf	— Fairfax MSS
BLr	— Rawlinson MSS
BLsa	— Savile MSS
BLse	— Selden MSS
BLt	— Tanner MSS
BM	British Museum (now British Library), London
BMad	— Additional MSS
BMar	— Arundel MSS
BMe	— Egerton MSS
BMh	— Harley MSS
BMr	— Royal MSS
BMsl	— Sloane MSS
BMst	— Stowe MSS
BN	Bibliothèque Nationale, Paris; Biblioteca Nacionale; and Biblioteca Nazionale
BNna	Bibliothèque Nationale, Paris, nouvelles acquisitions MSS
BU	Bologna, University Library MSS
Brussels	Brussels, Bibliothèque royale des ducs de Bourgogne MSS
c	century
c.	circa
Cesena	Cesena, Biblioteca Malatestiana MSS
CLM	Codex Latinus Monacensis (Bayerische Staatsbibliothek, Munich HSS)
CML	*Corpus medicorum latinorum* (1915-)
Col	Columbia University MSS
ColR	Columbia University Library: Collection of Rotographs formerly in possession of Lynn Thorndike
Comm.	Commentary on, Commentarius
Cop	Copenhagen, Bibliotheca regia Hafniensis MSS

CU or CUL	Cambridge, University Library
CUc	— Corpus Christi College MSS
CUcl	— Clare College MSS
CUg	— Gonville and Caius College MSS
CUma	— Magdalen College MSS
CUpem	— Pembroke College MSS
CUpet	— Peterhouse College MSS
CUsj	— St. John's College MSS
CUt	— Trinity College MSS
Dedic.	Dedicated to
Des.	Desinit
Diels	H. Diels, 'Die Handschriften der antiken Aerzte,' *Abhandlungen Akad. Berlin* (1905) vol. I; (1906) vol. II. Unless otherwise noted, all references are to vol. I. Reprinted Leipzig 1970.
Ea	Erfurt Stadtbücherei, Amplonian Collection MSS
ed.	edition, printed, or edited by
Er	Erlangen, Universitätsbibliothek HSS
Escorial	Escorial, La Real Biblioteca MSS
FL	Florence, Laurentian Library MSS
FLa	— Ashburnham MSS
FLb	— Biscioniani MSS
FLc	— S. Crucis MSS
FLg	— Gaddi MSS
FLs	— Strozzi MSS
FN	Florence, Biblioteca Nazionale MSS
FR	Florence, Riccardian Library MSS
Geneva	Geneva, University Library MSS
Ghent	Ghent, Bibliothèque de la ville et de l'université de Gand MSS
Giacosa	Pietro Giacosa, *Magistri Salernitani nondum editi* (Turin 1901)
Glorieux	P. Glorieux, *Répertoire des maîtres en théologie de Paris au xiiie siècle* (Paris 1933)
Gö	Göttingen, University Library HSS
Grabmann (1928)	Martin Grabmann, 'Mittelalterliche lateinische Aristotelesübersetzungen und Aristoteleskommentare in HSS spanischer Bibliotheken,' *Sitzungsberichte Akad. Munich* (1928) 51-62
GW	*Gesamtkatalog der Wiegendrucke* (Leipzig 1925-)
Haskins	C. H. Haskins, *Studies in the History of Medieval Science* (Cambridge, Mass. 1924)
Hermann	J. H. Hermann, *Die illuminierten Handschriften und Inkunabeln der National-Bibliothek in Wien* (Leipzig 1928-30) Vols. 1-3
HL	*Histoire littéraire de la France* (Paris: in process)
Kibre (1945)	P. Kibre, 'Hippocratic Writings in the Middle Ages,' *BHM* 18 (1945) 371-412.
Klebs	A. C. Klebs, *Incunabula scientifica et medica* (Bruges 1938)
Kristeller	P. O. Kristeller, *Iter Italicum* (Leiden 1965-67)
LC	Library of Congress, Washington
Lo Parco	Lo Parco, *Niccolò da Reggio* (1913)
Madrid	Madrid, National Library MSS
Montpellier	Montpellier, Bibliothèque de l'Ecole de Médecine MSS
MS, MSS	manuscript or manuscripts

†	MS destroyed or burned
PA	Paris, Arsenal MSS
PAM	Paris, Académie de Médecine MSS
Pansier (1903) or 1904	P. Pansier, *Collectio ophthalmologica veterum auctorum* (Paris 1903-)
PFM	Paris, Faculté de Médecine MSS
PG	Migne, *Patrologiae cursus completus*, series graeca
PGe	Paris, Bibliothèque Ste Geneviève MSS
PL	Migne, *Patrologiae cursus completus*, series latina
PM	Paris, Bibliothèque Mazarine MSS
pr	printed
Prag	Prague, Republic and University Library
pref.	Preface
prol.	Prologue or Prohemium
Renzi	S. de Renzi, ed., *Collectio Salernitana* (5 vols.; Naples 1852-1859)
Schwarz (1907)	Ignaz Schwarz, *Die medizinischen Handschriften der kgl. Universitäts-bibliothek in Würzburg* (Würzburg 1907)
Steinschneider (1905), (1906)	M. Steinschneider, 'Die europäischen Übersetzungen aus dem Arabischen bis Mitte des 17. Jahrhunderts,' *Sitzungsberichte Akad. Wien* 149 (1905); 150 (1906)
Studien	*Studien z. Geschichte d. Medizin* (ed. Karl Sudhoff, I-XXII; Leipzig 1907-1934).
Thorndike	Lynn Thorndike, *History of Magic and Experimental Science* Vols. I-VIII (New York 1964)
TK	L. Thorndike and P. Kibre, *A Catalogue of Incipits of Mediaeval Scientific Writings in Latin* (revised and augmented edition, Mediaeval Academy of America; Cambridge 1963) cited by col. number.
VA	Vatican Library (Bibliotheca Apostolica Vaticana) MSS
VAbarb	— Barberini MSS
VAOttob.	— Ottobon. MSS
VA Pal	— Palatine MSS
VA Reg. Suev.	— Regina Sueviae MSS
VA Urb	— Urbinas MSS
Venice	Venice, Bibliotheca Marciana MSS
Vienna	Vienna, National Bibliothek HSS
Wickersheimer	Ernest Wickersheimer, *Dictionnaire biographique des médecins en France au moyen âge* (2 vols., Paris 1936; reptd 1979)
Wickersheimer (1966)	E. Wickersheimer, *Manuscrits latins du haut moyen âge dans les Bibliothèques de France* (Paris 1966).

I. ACUTORUM (MORBORUM) or ACUTARUM (EGRITUDINUM), REGIMEN

Also occasionally entitled *Dieta acutorum*, and closely associated, but not identical with the *De victus ratione*,[1] which constituted one component of the

---

[1] Beccaria (1956) no. 28.5.

early Latin Corpus of Hippocratic writings in the West,[2] the present tract, frequently accompanied by a commentary by Galen, does not appear in Latin manuscripts until the twelfth century. Although the authenticity of the present work is generally accepted, it has on occasion been challenged.[3] In content the treatise adheres closely to the well known Hippocratic precepts of a 'general' pathology, the importance of diet, and the prescription of very simple or no medication. In the opening section, the author criticizes the Cnidian physicians, who from their experiences with patients in individual instances classified diseases into minute subdivisions, and endeavors rather to draw attention to the medical art as a whole. The acute diseases are those in which the fever is on the whole continuous. They comprised pleurisy, pneumonia, phrenitis, and ardent fever. In the regime prescribed, little use is made of drugs or medicines and an effort is made not to depart from the patient's regime while he was in good health. Sudden changes are held to be harmful. For example, although baths as a part of the regime are thought to be generally beneficial, their benefits are said to depend on whether the patient had a fondness for the bath when he was in good health or whether he was in the habit of bathing. The liquids to be imbibed comprise hydromel, oxymel, and wine, with the great standby, barley water or gruel, or ptisan, the only nourishment recommended for the period well after the crisis. Purges, simple herbals, and venesection are also resorted to in the regime. The tract was generally divided into three or four particula. The fourth which is less frequently found in the manuscripts pertains to diet.

The work appears to have remained current in manuscripts through the fifteenth century in the translation made from the Arabic, either by Constantinus Africanus at the close of the eleventh century, or by Gerard of Cremona in the middle of the twelfth century. Both are named as translators in the manuscripts, although Gerard of Cremona is more frequently noted.[4] Furthermore, at least one or possibly two of the variant texts found in the manuscripts may, in all probability, be assigned to the well known translator from the Greek, Nicholas de Reggio.[5]

---

[2] A. Beccaria, 'Sulle Trace di un antico canone latine di Ippocrate e di Galeno I,' *Italia Medievale e Umanistica* 2 (1959) 1-56.

[3] *Hippocrates*, with an English translation by W. H. S. Jones (The Loeb Classical Library; Cambridge, Mass. 1952) II 59-60, 63 ff.; 83 ff.; also Kibre (1945) 389 and note 113.

[4] See for example, the items noted on pp. 105, 108, 109, 111, and 112 below. On the two translators, Constantinus and Gerard of Cremona, see Thorndike I chap. 32, and II 87 ff.; also H. Schipperges, 'Die Assimilation der arabischen Medizin durch das lateinische Mittelalter,' *Archiv* Beihefte, Heft 3 (1964).

[5] For example, see below p. 14, Munich: CLM 13034, 14c; and p. 15, Vatican 2369, 14c; and for Nicholas de Reggio, see Lo Parco (1913).

One further observation that may be made regarding the above tract is the fact that since the *Acutarum egritudinum, Regimen,* was among the works used as texts to be lectured on by professors in the universities, not only were copies of the text reproduced accurately and in considerable numbers, but also, as here illustrated, they were frequently reproduced with the commentaries of university professors.

A. TRANSLATION

1. ARABIC-LATIN VERSION

This Latin translation from the Arabic is attributed both to Constantinus Africanus († 1087) and to Gerard of Cremona († 1187).

Manuscripts:

XII Century

Munich: CLM 23535, ff. 127r-131r. Part. I-III. Text only. Inc. 'Qui de egrotantium accidentibus in singulis egritudinibus .../... (des.) qui solo potu dietantur sed in illis aliquando conveniens est.'

Vatican: VA 6241, ff. 100r-103v. Text incomplete. Inc. 'Qui de egrotantium accidentibus ... /... in salsis et actionibus et regimentibus et permanentis ipsarum.'

— **VA Pal. 1196**, ff. 54r-59r. Part. I-III. Inc. 'Qui de egrotantium accidentibus ... / ... sed in illis aliquando conveniens est. Explicit liber Ypocratis peryton noyean noxematon.'

— **VA Pal. 1238**, ff. 26r-32r. Part. I-III. Inc. 'Qui de egrotantium accidentibus ... / ... sed in illis aliquando conveniens est. Explicit liber Ypocratis Periton.'

XIII-XIV Century

*Basel D.1.6, ff. 65r-98r (Schipperges, p. 34)

*Brussels 11459, ff. 38-48v. Inc. 'Qui de egrotantium accidentibus ...'

Cambridge: CUcl 12(KK.3.13), c. 1280, ff. 213v-221r. Anon. in MS. Inc. 'Qui de egrotantium accidentibus ...'

— **CUsj 78(D.3)**, ff. 61-64v. 'Incipit Periton noxion noxomaton. Qui de egrotantium accidentibus ... / ... qui solo potu dietantur sed in illis aliquando conveniens est. Explicit.'

Cues: Cusanus Med. 3, no. 4; Med. 6, no. 2; with Galen comm. (Diels 8, **102**).

Erfurt: Ea F 264, a. 1288, ff. 192–234va. 'Lib. Hipp. de regimine acutorum cum comm. Galieni.' *Inc.* 'Qui de egrotantium accidentibus ... / ... in illis aliquando conveniens est.' Galen comm. 'Illi qui sententias de assidis ... / ... ut sciat eas omnes preter hoc quod infirmus ei dicat ipsas.'

— **Ea F 266a**, ff. 62r–88rb. 'A Galieno commentatus translatio a Constantino confecta.' Comm. inc. 'Illi qui sententias ...'

— **Ea F 285**, a. 1260-70, ff. 87v–121. Text with Galen comm. *Inc.* 'Qui de egrotantium accidentibus ... / ... in illis aliquando conveniens est.' Comm. 'Illi qui sententias ... / ... ut sciat eas omnes preter hoc quod infirmus ei dicat ipsas.'

— **Ea F 293**, ff. 169ra–209ra, with Galen comm. (Diels 8, **102**).

— **Ea Q 173**, ff. 73r–84, fragment (*Ibid.*).

— **Ea Q 178**, f. 99, with Galen comm. (*Ibid.*).

— **Ea Q 182**, ff. 52r–58v (*Ibid.*).

*Florence: FL Laurent. Plut. LXXIII, cod. 28, ff. 77-81. Text only (Bandini III, 53).

*Heidelberg, BU 1080, item I (*Ibid.*).

*Laon 416, 13c, ff. 104rb–148rb, with Galen comm. as in Ea F 285.

London: BMh 3140, 13-14c, ff. 39r-43v. Illuminated initials. Text only. Inc. 'Qui

de egrotantium accidentibus . . . / . . . qui
solo dietantur potu sed aliquando conveniens est illis. Explicit liber regiminis acutorum.'

— **BMh 5425**, 13-14c, ff. 141ʳᵃ-174ʳᵇ.
Text with Galen comm. Text in lower margin: 'Qui de egritudinum accidentibus . . . /
. . . in illis aliquando conveniens est.' Galen comm. 'Illi qui sententias de absidis relatas scripserunt . . . / . . . eas omnes preter hoc quod infirmus ipsas ei dicit. Explicit commentum G. super Reg. acut. egrit. gloriosissimum.' The explicit is partially torn.

— **BMsl 1124**, ff. 51ʳ-57ᵛ. Text without Galen comm., but with extensive glosses. Inc. 'Qui de egrotantium accidentibus in singulis . . . / . . . qui solo potu dietantur sed in illis aliquando conveniens est. Explicit.'

— **BMsl 1610**, 13-14c, ff. 48ʳᵃ-52ᵛᵇ. Text only. Inc. 'Qũi de egrotantium accidentibus . . . / . . . qui solo dietantur potu sed hoc in illis aliquando conveniens est. Explicit.'

*Medical Soc. Wc 2ª, f. 17ᵛ (Diels p. 9).

Milan: Ambros. E.78 inf., ff. 62ᵛᵃ-91ʳᵇ. Text with Galen comm. Inc. 'Qui de egrotantium accidentibus . . . / . . . qui solo potu dietantur sed in illis aliquando conveniens est.' Galen comm. 'Illi qui sententias . . . / . . . ut scias eas omnes preter hoc quod infirmus eas ipsas ei dicat. Explicit tercius regiminis acutorum.' Formerly owned by 'Magister Franciscus de Legnano filius d. Joh. de Legnano.'

Montpellier 182 (bis), 13-14c, ff. 25-29ʳᵇ. Text without Galen comm. Inc. 'Qui de egrotantium accidentibus . . . / . . . qui solo dietantur potu sed in illis aliquando conveniens est.'

Monza: Bibl. dell' Insigne Coll. Basilica Parrochialis de San Giovanni Battista. Vol. III (f-8), 25, a. 1288, ff. 168-237ᵛ. Part. I-IV, with Galen comm. 'Incipiunt commenta Galieni super libro regiminis acutorum. Inquid Ypo. Illi qui sententias illis de . . . / . . . ipsas ei dicit. Finitus est tractatus tertius expositionis G. qua exponit librum Ypocratis de Regimine egritudinum

acutarum. Amen. Explicit liber aque vite Ypocratis qui dicit Yperioi Noxioni voxonator.' Then follows as item 4: 'In libro de dieta ea que post sermonem de acutis dicta sunt . . . / . . . potentia ergo ad esse incompletus ei per usum artis medicine. G. Dico quod medicina est scientia rerum per inventionem continuatarum(?) circa sanitate et cum egritudine . . . / . . . manifesta de quibus deinceps faciat sermonem. Explicit commentum Galieni super quarto Regiminis acutorum. 1288 quarta idus Januarii.'

Munich: CLM 187, a. 1282, ff. 220ᵛᵃ-(304ʳᵃ). Text Part. I-IV, with Galen comm. Inc. 'Qui de egrotantium accidentibus . . . / . . . in illis aliquando conveniens est.' Galen comm. 'Illi qui sententias illis de assidis relatas scripserunt . . . / . . . (Part. IV) de quibus deinceps faciam sermonem. Explicit quarta particula regimenti acutarum egritudinum et cum hoc libri Ypocratis commentati et scripti Parisius anno gracie 1282.'

— **CLM 13111**, ff. 97ʳ-105ʳ. Text only of Part. I-III. Interlinear and marginal glosses. Text inc. 'Qui de egrotantium accidentibus . . . / . . . qui solo dietantur potu sed in illis aliquando conveniens est. Explicit Regimen acutorum.'

New Haven: Yale Medic. Libr. 29, ff. 253ʳ-308ᵛᵃ. Galen comm. with text at the bottom of the page. Inc. 'Qui de egrotantium accidentibus . . . / . . . aliquando conveniens est.' Galen comm. 'Illi qui de assidis sententias illis relatas scripserunt . . . / . . . hec quod infirmus dicat ei ipsas. Expl. comm. in egrit. acutarum Ypo.'

— **Yale Medic. Libr.** (formerly Melk), late 13c, ff. 137ᵇ-200ᵇ. Galen comm. without text. 'Illi qui sententias illis de assidis relatas scripserunt . . . / . . . et medicus indiget ut scias eas omnes preter quod infirmus dicat ei ipsas. Explicit hoc commentum.'

Oxford: BL Laud. Lat. 65, ff. 102ʳ-109ᵛ. Text Part. I-III, without Galen comm. 'Qui de egrotantium accidentibus . . . / . . . qui solo dietantur potu sed in illis aliquando conveniens est. Explicit Regimen acutorum.'

— **BL Laud. Lat. 106**, ff. 185ᵛᵃ-189ᵛᵇ. Text Part. I-III, without Galen comm.

'Qui de egrotantium accidentibus in sin- gulis . . . / . . . qui solo dietantur potu sed in illis aliquando conveniens est.' Repeated at ff. 250ra-254rb, with extensive marginal notes.

— **Merton 220**, ff. 7ra-20va. Text Part. I-III, without comm. 'Qui de egrotantium accidentibus in singulis egritudinibus trac- tantes . . . / . . . qui solo potu dietantur sed in illis aliquando conveniens est.' Then ff. 78ra-109vb, Part. I-III, with Galen comm. Inc. 'Qui de egrotantium accidentibus . . . / . . . qui solo potu dietantur set in aliis ali- quando conveniens est.' Comm. 'Illi qui sententias illis de assidis relatas . . . / . . . et medicus indiget ut sciat eas omnes preter hoc quod infirmus ei dicat ipsas. Expli- ciunt. Regimenta acutorum.'

— **Merton 221**, ff. 103vb-160vb. Text Part. I-IV, with Galen comm. Inc. 'Qui de egrotantium accidentibus in singulis . . . / . . . aliquando conveniens est.' Galen comm. 'Illi qui sententias illorum de assi- dis relatas scripserunt . . . / . . . (Part. IV) deinceps faciam sermonem. Finit liber de dieta acutorum egritudinum.'

— **Merton 222**, ff. 186ra-197vb. Text with Galen comm. incomplete. 'Qui de egrotantium accidentibus . . . / . . . aliquando conveniens est.' Galen comm. 'Illi qui sententias illis de assidis relatas . . . / . . . dolorem non est secundum inconvenien- tiam . . . sanguis relentus . . .' (incomplete).

*New Coll. 166, f. 3 (Diels 9).

*St. John Bapt. 10, f. 61, with Galen comm. (Diels 9; 102).

Paris: **BN 6846**, 13-14c, ff. 70^{r}-100ra. Text Part. I-III, with Galen comm. 'Qui de egrotantium accidentibus . . . / . . . qui solo potu dietantur sed in illis aliquando conveniens est.' Galen comm. 'Illi qui sententias de absidis illis relatas scripserunt . . . / . . . et medicus indiget ut sciat eas omnes preter hoc quod infirmus ei dicat ipsas. Explicit tertia particula regiminis acutarum Ypo. cum Galieni commento.'

— **BN 6868**, 13-14c, ff. 60^{r}-68va. Part of Articella. Text without Galen comm. 'Qui de egrotantium accidentibus . . . / . . . congruum est qui solo dietantur potu sed in illis aliquando conveniens est. Explicit liber de Regimine **acutorum**.'

— **BN 6869**, 13-14c, ff. 101^{r}-139^{v}. Text with Galen comm. 'Qui de egrotan- tium accidentibus . . . / . . . aliquando con- veniens est.' Galen comm. 'Illi qui sen- tentias illis de assidis relatas . . . / . . . et medicus indiget ut sciat eas omnes preter hoc quod infirmus ei dicat ipsas.'

— **BN 6870**, 13-14c, ff. 217va-267va. Text with Galen comm. 'Qui de egrotan- tium accidentibus in singulis . . . / . . . ali- quando conveniens est.' Galen comm. 'Illi qui sententias de absidis illis . . . / . . . et medicus indiget ut sciat eas omnes preter hoc quod infirmus ei dicat ipsas. Explicit regimentum acutorum Ypo.'

— **BN 7030A**, 13-14c, ff. 161ra-198va. Text Part. I-III, with Galen comm. Imper- fect at the beginning, opens in the midst of Part. I '. . . est quando ergo epidemici qualitas . . . / . . . congruum est qui solo dietantur potu sed in illis aliquando con- veniens est.' Galen comm. (des.) '. . . in- diget ut sciat eas omnes preter hec quod infirmus ipsas ei dicat. Explicit commentum Galieni super librum Ypocratis de regimine acutorum. Deo gratias. Expliciunt com- menta medicine. Amen.'

— **BN 7036**, 13-14c, ff. 110^{r}-116^{r}, with illuminated caps. Text Part. I-III, without Galen comm. 'Qui de egrotantium acciden- tibus in singulis egritudinibus tractantes

... / ... congruum est qui solo dietantur potu sed in illis aliquando conveniens est.'

— **BN 14390**, 13-14c, ff. 27rb-34vb, Text. Inc. is illegible. Then Galen comm. at ff. 306rb-353ra. Part. I-IV, 'Verba Hyp. a magistro Gerardo ex Arabico translata.' Inc. 'Illi qui sententias illis de assidis relatas ... / ... manifesta de quibus deinceps faciam sermonem. Finitur liber de dieta acutarum egritudinum.'

— **BN 15115** (St. Victor), 13-14c, ff. 61^r-66^v. Text Part. I-III without Galen comm. 'Qui de egrotantium accidentibus in singulis egritudinibus tractantes ... / ... in illis minus conveniens est qui solo dietantur potu sed in illis aliquando conveniens est. Explicit liber de regimine acutorum secundum Ypocratem.'

— **BN 15457** (Sorb.), ff. 155^r-190rb. Text with Galen comm. Illum. initials. Inc. 'Qui de egrotantium accidentibus in singulis ... / ... et in illis aliquando conveniens est.' Galen comm. 'Illi qui sententias illis ... / ... indiget ut medicus sciat eas omnes preter hec quod infirmus ei dicat ipsas.'

— **BN 16174**, ff. 81^r-116ra. Text with Galen comm. Text in lower margin. 'Qui de egrotantium accidentibus ... / ... sed in illis aliquando conveniens.' Comm. 'Illi qui sententias illis de assidis relatas ... / ... quod infirmus ipsas ei dicat. Explicit comm. G. super librum Ypocratis de Regimine acutorum. Deo gratias.'

— **BN 16176**, 13-14c, ff. 39ra-43vb. Decorated initials. Text Part. I-III, without Galen comm. 'Qui de egrotantium accidentibus in singulis egritudinibus tractantes ... / ... qui solo dietantur potu sed in illis aliquando conveniens est.'

— **BN 16177**, end of 13c, ff. 249va-330ra. Illuminated initials. Text with Galen comm. Part. I-IV. 'Qui de egrotantium accidentibus ... / ... sed in illis aliquando conveniens est.' Galen comm. 'Illi qui sententias illis de assidis relatas ... Incipit liber quartus. In libro de dieta ea que post sermonem de balneis ... / ... de quibus deinceps faciam sermonem. Explicit

quarta particula regimenti acutarum egritudinum.'

— **BN 16178**, ff. 98ra-122va. Text with Galen comm. Part. I-III. 'Qui de egrotantium accidentibus in singulis ... / ... qui solo potu dietantur sed in illis aliquando conveniens est.' Galen comm. 'Illi qui sententias illis de assidis ... / ... et medicus indiget ut sciat eas omnes preter hec quod infirmus ei dicat ipsas. Explicit regimentum acutarum egritudinum. Deo gratias.'

— **BN 16188**, ff. 140ra-212va. With beautiful illuminated caps., dedicated to the Sorbonne by Jacobus de Padua. Text with Galen comm. Part. I-IV. 'Qui de egrotantium accidentibus ...' Galen comm. 'Illi qui sententias illis de assidis relatas scripserunt ... / ... de quibus deinceps faciam sermonem. Explicit quarta pars libri acut. cum comm. Galeni.'

— **BN 17157**, ff. 97ra-136vb. Illuminated caps. Text with Galen comm. Part. I-III. 'Qui de egrotantium accidentibus ... / ... qui solo potu dietantur sed in illis aliquando conveniens est.' Galen comm. 'Illi qui sententias illis de assidis relatas ... / .... medicus indiget ut sciat eas omnes preter hec quod infirmus ei dicat ipsas. Explicit regimen acutarum egritudinum.'

— **BN 18500**, end 13c, ff. 70ra-106rb. Illuminated caps. Text with Galen comm. Part. I-III. Inc. 'Qui de egrotantium accidentibus in singulis egritudinibus ... / ... (f. 71vb) morbo defficiente in critica.' Galen comm. 'Illi sunt qui sententias illis ... / ... ex consideratione.' Then on f. 72ra, the above is repeated in more complete form, with text des. '... qui solo potu dietantur sed in illis aliquando conveniens est.' Galen comm. des. '... ut scias eas omnes preter hec secundum quod infirmus ei dicat ipsas. Explicit regimen acutarum egritudinarum cum commento Galieni.'

— **BNna 729**, ff. 140(141)-144(145)^r. Text only. Part. I-III. Inc. 'Qui de egrotantium accidentibus in singulis egritudinibus ... / ... qui solo dietantur potu sed in illis aliquando conveniens est.'

— **BNna 1479**, ff. 32ʳ-61ᵛ. Text with Galen comm. Part. I-III. Inc. 'Qui de egrotantium accidentibus . . . / . . . in illis aliquando conveniens est.' Galen comm. 'Illi qui sententias illis de assidis . . . / . . . ei dicat ipsas. Expliciunt Regimenta acutarum Ypocratis cum commento Galieni. Amen.'

— **BNna 1480**, ff. 211ᵛ-265ᵛᵃ. 'Hic incipit liber de Regimine acutarum cum commento Galieni. Qui de egrotantium accidentibus in singulis . . . ' Galen comm. 'Illi qui sententias illis de assidis . . . / . . . ei dicat ipsas. Explicit Regimen acutarum egritudinum.'

— **BNna 1481** (Cluny 61), ff. 70ʳ-100ᵛ. Text with Galen comm. Part. I-III. Inc. 'Qui de egrotantium accidentibus in singulis . . . / . . . aliquando conveniens est.' Galen comm. 'Illi qui sententias illis de assidis relatas . . . / . . hec quod infirmus ei dicat ipsas. Explicit regimen acutarum.'

Richard of Furnival: 'Regimen acutorum cum commento Galieni,' in a volume (B), together with the Aphorisms and Pronostics (Delisle, *Cabinet* II 533).

*Reims 1001, fol. 17ᵛ (Diels 9).

*Reims 1002, ff. 50ᵛ-60. Text only. Inc. 'Qui de egrotantium accidentibus . . . ' (TK 1205).

*Saint Omer 617, item 9 (Diels 9). 'De regimine acutorum Ypocratis' (Pansier p. 13).

*Saint Quentin 104, item 4 (Diels 9). Text inc. 'Qui de egrotantium accidentibus . . .'

Salzburg: St. Peter b. III. 25(4), ff. 100ʳ-107ᵛ. 'Regimen acutarum febrium.' Lacks usual first paragraph, begins: 'Ptisana ex ordea vero facta optima et quam bene ad perfectionem excocta esse debet precipue . . . / . . . quam eis qui solum accipiunt succum quibus tamen intradum convenire videtur et versus in hiis minus congruum est qui solo dietantur potu sed in illis aliquando conveniens est. Expliciunt Regimenta acutarum febrium.'

— **Museum Carolini Augusti Codex 860**, ff. 100ᵃ-121ᵇ. 'De regimine acutarum aegritudinum' [cum commentario Galeni], translated by Gerard of Cremona. Inc. Galen comm. 'Illi qui sententias illis de

assidis . . . / . . . infirmus ipsas ei dicat.'

*Soissons 48, ff. 61-109.

Tours 790, 13-14c, ff. 158-196. Text with Galen comm. Inc. 'Qui de egrotantium accidentibus . . .' Galen comm. 'Illi qui sententias . . . '

Tours 791, end of 13c, ff. 61ʳᵃ-102ᵛᵇ. Part. I-IV. (Galen comm. libri acutarum). 'Qui nominatur liber aque ordei translatus a magistro Gerardo Cremonensi in Toledo de Arabico in Latinum. Verba Ypocratis (*sic*): Illi qui sententias illis de assidis relatas scripserunt in eo quod scripserunt . . . / . . . si hora calida fiat.' 'Galemus (*sic*): Non solum cum scripserunt rememoratores sententias . . . / . . . (Part. III) et medicus indiget ut sciat eas omnes preter hec quod infirmus ipsas ei dicat.' And des. Part. IV, as usual: '. . . de quibus deinceps faciam sermonem.'

†**Turin 1019** (I. IV. 36), f. 38 (Diels 9).

*Upsala C 661, f. 273. Text with Galen comm. 'De acut. victu: Cum de egrotantium accidentibus . . . ' (Diels, 1905, 103).

Utrecht BU 679, ff. E 30-73, with Galen comm. (Diels 9, 103).

Vatican: VA 2394, early 13c, ff. 109ʳᵃ-156ᵛᵃ. Fine illuminations. Text lacking. Galen comm. Part. I-III. Inc. 'Illi qui sententias illorum de assidis relatas scripserunt . . . / . . . et medicus qui indiget ut sciat eas omnes preter quod infirmus ipsas ei dicat. Explicit commentum Galieni super librum Ypocratis de regimine acutorum. Deo gratias.'

— **VA 2460**, early 13c, ff. 46ᵛ-51ʳ. Without Galen comm. 'Incipit liber Ypocratis pericon noxeon noximaton. Qui de egrotantium accidentibus . . . / . . . qui solo dietantur potu sed in hiis aliquando conveniens est.'

— **VA 2461**, 13-14c, ff. 68ᵛ-77ᵛ. Without heading, but with marginal glosses. 'Qui de egrotantium accidentibus in singulis egritudinibus . . . / . . . et in hiis congruum est qui solo dietantur potu sed in illis aliquando conveniens est. Explicit liber periton. Deo gratias.'

— **VA Borg. 432**, 13-14c, ff. 64ʳᵇ-114ᵛᵃ. Illuminated caps. and margins. Galen comm. without Hippocratic text. Part. I-IV.

Comm. inc. 'Illi qui sententias illorum de assidis relatas scripserunt . . . / . . . de quibus deinceps faciam sermonem. Finitus est liber quartus de dieta acutarum egrit.'

— **VA Chigi E. VIII. 254**, a. 1256 at Toledo, f. 67[vb].

— **VA Ottob. 1158**, 13-14c, ff. 63[ra]- 84[ra]. Galen comm. without text. Part. I-III. Inc. 'Illi qui sententias illis de absidis relatas scripserunt . . . / . . . et medicus indiget ut sciat has res(sic) omnes preter hec quod infirmus ei dicat. Explicit commentum Galieni super librum de aere aque et regionis' (sic).

— **VA Pal. 1079**, 13-14c, ff 60[rb]-64[ra], 97[r]-141[rb]. Text with Galen comm. Part I-IV. Inc. 'Qui de egrotantium accidentibus . . .' Galen comm. 'Illi qui sententias illis de assidis relatas scripserunt . . . (f. 130[r]) Incipit quartus liber de regimine acutarum editus ab Ypocrate filio Euclidis(sic) periti. In libro de dieta ea que post sermonem de balneis . . . (f. 141[rb]) inmanifesta de quibus deinceps faciat sermonem. Explicit commentum Galieni super quarto Ypocratis de Regimine acutarum egritudinum. Deo gratias. Amen.'

— **VA Pal. 1080**, 13-14c, f. 1. Text inc. 'Qui de egrotantium . . .' MS is no longer available at the Vatican. It was returned to Heidelberg.

— **VA Pal. 1082**, 13-14c, ff. 26[ra]-33[vb]. Galen comm. without Hippocrates' text. Comm. inc. 'Illi qui sententias de illis de assidis relatas scripserunt . . . . . . (incomplete) quod ipse sit veram . . . est quia Ypocras dixerit(?).' With marginal glosses.

— **VA Pal. 1089**, 13-14c, ff. 100[r]-107[r]. Text without Galen comm. Inc. 'Qui de egrotantium accidentibus . . . / . . . in illis aliquando conveniens est.'

Vendôme 206, ff. 43-49. Text without Galen comm. Inc. 'Qui de egrotantium accidentibus . . .'

Vienna: 2315, ff. 101vb-144rb. Text with Galen comm. With fine illuminations. Part. I-III. Inc. 'Cum de egrotantium accidentibus . . . / . . . in hiis minus congruum est qui solo potu dietantur sed in illis aliquando conveniens est.' Galen comm. 'Illi qui

sententias illis de assidis relatas scripserunt . . . / . . . et medicus indiget ut sciat eas omnes preter hec quod infirmus ei dicat ipsas. Expliciunt regimenta acutorum.'

*****Würzburg: M. p. Med. F. 3**, ff. 228[r]- 231[v] Galen comm. without Hippocrates text. 'Dieta acutorum. Illi qui sententias . . . ' (Diels).

XIV Century

*****Braunschweig Bibl. urb. 109**, f. 184. Galen comm. Part. I-IV (Diels 102).

*****Breslau Kornian 21** (Diels 8).

Cambridge: CUg 59 (153), ff. 152-250[b]. 'De regiminis acutorum Ypocratis cum commento Galieni. Text inc. 'Qui de egrotantium accidentibus in singulis egritudinibus . . . / . . . dietantur sed in illis aliquando conveniens est.' Galen comm. 'Illi qui sententias illis de assidis relatas . . . / . . . ut sciat eas omnes preter hec quod infirmus ei dicat ipsas. Explicit reg. acut, Ypocratis cum commento G.'

— **CUg 345 (620)**, 13-14c, ff. 89[ra]-92[vb]. Text without comm. 'Qui de egrotantium accidentibus . . . / . . . aliquando conveniens est.'

— *****CU Kings 21**, II, 13-14c, f. 150.

— **CUpem 228**, 13-14c, ff. 70[v]-112[v]. Text with Galen comm. Inc. 'Qui de egrotantium . . . ' Comm. 'Illi qui sententias . . . / . . . ei dicat ipsas.'

— **CUpet 14**, 13-14c, ff. 68[rb]-100[r]. Text with Galen comm. 'Qui de egrotantium accidentibus in singulis egritudinibus . . . / . . . ei dicat ipsas.'

Canterbury: St. Augustine's Abbey, 13-14c (James, 335-336, 339, 341, 345: items 1199, 1221, 1228, 1257).

— **Christ Church**, a. 1284-1331 (James 81, 122, 134: items 769-770, 1442, 1631).

Cesena D. XXIII. 4, with Galen comm. (Diels 8, 102).

*****Chartres 278 (258 et 666)**, f. 132. 'Hippocratis de regimine acutorum libri tres cum commentario Galeni.' 'Qui de egrotantium accidentibus in singulis egritudinibus tractantes . . . ' Galen comm. 'Illi qui sententias . . . '

*****Chartes 286 (342)**, f. 65 (Diels 8).

Cues: *Cusanus 293, ff. 129^r-160^v. 'Regimentum acutorum cum commento gloriosissimi Galieni', translated by Constantinus Africanus(?). More likely the translator is Gerard of Cremona (Schipperges, p. 34).

Dublin Trinity Coll. 502 (Diels 8).

Erfurt: Ea F 236, 14c, ff. 55^v-62^v.

—   **Ea F 246**, ff. 87^r-115 (Diels 102). 'Libri Ypocratis de regimento acutorum morborum cum commento Galieni; et sunt omnes fere de antiqua translatione.' Galen comm. 'Illi qui sentencias de assidis reflectas (relatas) ...'

—   **Ea F 255**, ff. 89^v-131^v (Diels 102-103). 'Hipp. liber de regimine acutorum morborum a Galieno commentatus.' Text: 'Qui de egrotantium accidentibus ...' Comm. 'Illi qui sentencias de assidis ...'

—   **Ea Q 178**, ff. 99ra–117. 'Qui de egritudinum accidentibus ... (Part IV) ... deinceps faciam sermonem.'

*Eton College 127, f. 133, with Galen comm. (Diels 8, 102).

Florence: *FL Laurent. LXXIII, Cod. XXI, no. viii, ff. 61-(67). 'Hipp. Regimen acutorum.' Inc. 'Qui de egrotantium accidentibus in singulis egritudinibus ...' (Bandini III, 46, 53).

—   *Fl Leopold (Strozziani) 88, f. 53 (Diels 8).

*Glasgow: Hunterian 32 (T.1.1.), ff. 6^r-9^r Regimen acutarum egritudinum.

Kraków: BJ 791, ff. 27^r-35va.

—   **BJ 814**, ff. 54^v-100. Text with Galen comm. 'Qui de egrotantium accidentibus in singulis egritudinibus ...' Galen comm. 'Illi qui sentencias illis de assidis relatas ...'

—   **BJ 815**, ff. 118^r.

—   **BJ 824**, ff. 38^v-51. 'Incipit liber Regiminis Acutorum Galeni.' (sic). 'Illi qui sentencias illis de assidis relatas ...'

Laon 413, ff. 92vb-123rb, with Galen comm. **London: BMad 18210**, early 14c, ff. 176^r-181^r, anon. in MS and without comm. Inc. 'Qui de egrotantium accidentibus ... / ... conveniens est. Explicit.'

London: BMar 162, ff. 167ra-186vb. 'Incipit particula prima regimenti acutorum. Qui de egrotantium accidentibus in singulis egritudinibus tractantes ...' Comm. 'Illi

qui sentencias illis de assidis relatas scripserunt in eo quod scripserunt ...' Incomplete in Part. II: '... necque etiam quispiam medicorum mihi. ..'

—   **BMar 215**, early 14c, ff. 162^r-169^r. Text without comm., but with extensive glosses. Inc. 'Qui de egrotantium accidentibus in singulis egritudinibus ... / ... minus congruum est qui sola dietantur potu sed in illis aliquando conveniens est. Valete.' A long poem on a medical subject follows at ff. 169^r-171^v.

—   **BMar 501**, f. 28^{r-v} (old no.; present 11). Fragment of text with comm.

London: *Wellcome 82 (Articella, c. 1300), item 9. Inc. 'Qui de egrotantium accidentibus ... / ... in illis tamen aliquando conveniens est. Explicit liber gloriosissimi Ypocratis de regimine acutorum.'

—   **83** (Articella, early 14c), ff. 26-31. Inc. 'Qui de egrotantium ... / ... congruum est qui solo dietantur potu sed in illis aliquando conveniens est.'

—   **84** (Articella, mid 14c), ff. 64ra-77va. Text with Galen comm. incomplete at beginning and close. Galen des. '... infirmus ei dicat. Explicit liber regiminis acutorum cum commento Galieni.'

—   **85** (Articella, c. 1375), item 3, with usual text inc. 'Qui de egrotantium ... / ... sed in illis aliquando conveniens est.'

*Madrid: BN 1407, ff. 69^v-104^v. Text in Part. I-IV, tr. Gerard of Cremona (Beaujouan, 1972, p. 181)

—   **BN 1408**, ff. 87-119^v. Part. I-III. (Beaujouan, 1972, p. 198). With Galen comm.

*Metz 174, no. 3 (Diels 9).

Montpellier 182, ff. 110^r-150vb. Part. I-III. Text with Galen comm. Qui de egrotantium accidentibus ... / ... aliquando conveniens est. Comm. 'Illi qui sentencias ... / ... infirmus dicat ipsas. Explicit reg. acutorum.'

Montpellier 188, ff. 89^r-149vb. Part. I-IV. Inc. 'Qui de egrotantium accidentibus in singulis ... / ... offert si hora calida fiat.' Galen comm. 'Illi qui sentencias illorum de assidis relatas ... / ... quibus deinceps faciam sermonem. Finit liber de dieta acutorum egritudinum.'

Munich: CLM 31, a. 1320, ff. 80ʳᵃ-130ʳᵇ (Liber H. Schedel). Part. I-IV with Galen comm. Inc. 'Qui de egrotantium accidentibus ... / ... offert si hora sit calida.' Galen comm. 'Illi de assidis qui sententias illis relatas scripserunt ... / ... manifesta de quibus deinceps faciam sermonem. Deo gratias. Amen. Explicit commentum G. super quarto regiminis acutorum Ypocratis. Deo gratias. Amen. Amen.' Tr. ascribed to Gerard of Cremona.

— **CLM 168**, ff. 210ʳ-260. Part. I-III. Text with Galen comm. Inc. 'Qui de egrotantium accidentibus ... / ... aliquando conveniens est.' Galen comm. 'Illi qui sententias ... / ... (f. 260ᵛᵇ) preter hec quod infirmus dicat ei ipsas. Explicit reg. acutorum Ypo.'

— **CLM 270**, ff. 73ʳᵃ-100ᵛᵃ. Part. I-III. Text with Galen comm. Inc. 'Qui de egrotantium accidentibus ... / ... aliquando conveniens est.' Galen comm. 'Quod illi qui sententias ... / ... infirmus dicat ei ipsas.'

— **CLM 3512**, a 1300, ff. 403ʳᵇ-432ᵛᵃ. Text with Galen comm. Part. I-III. Inc. 'Qui de egrotantium accidentibus ... / ... qui solo potu dietantur sed in his aliquando conveniens est.' Galen comm. 'Illi qui sententias illis de assidis relatas scripserunt ... / ... eas omnes preter hec quod infirmus dicat ei ipsas. Explicit tertia particula regiminis acutorum Ypocratis cum commento Galieni. Amen.'

— **CLM 13034**, ff. 112ᵛ-121ᵛᵃ. Part. I-III. 'Regimentum acutarum egritudinum cum commento Galieni.' Tr. differs from that of Gerard of Cremona. Inc. 'Que quidem accidentia si in principio morbi ...' 'Dixit Hippocras quod ista accidentia ... / ... sciat omnes preter hec quod infirmus ei dicat ipsas.' This may be a translation from the Greek by Nicholas of Reggio.

***Naples VIII**. D. 25 bis, f. 122. Galen comm. (Diels 102).

New Haven: Yale Medical Library, Codex Fritz Paneth, 14c, pp. 141-152, 'Incipit liber Ypocratis sapientissimi de regimine acutorum. Quia(sic) de egrotantium accidentibus in singulis egritudinibus

... / ... qui solo dietantur potu sed in illis aliquando conveniens est. Explicit.'

Oxford: All Souls 68, 13-14c, ff. 63ʳᵃ-82ᵛᵇ. Part. I-III. Text in upper margin with comm. Galen. Inc. 'Qui de egritudinum accidentibus in singulis egritudinibus ...' 'Incipit liber expositionis G. super lib. de Regimine Acutarum. Illi, qui sententias illis de assidis relatas ... / ... et medicus indiget ut scias eas omnes preter quod infirmus ei dicat. Finitus est tractatus expositionis Gal. qui exposuit librum Ypo.

***All Souls 71**, 14c, ff. 87-(113). (Inc. mutil. Diels 9, 102) with Galen comm. de regimine egritudinum acutarum. Deo gratias.'

New College 170, f. 206b, Galen comm. (Diels 103).

University College 89, f. 203 (Diels 103). Galen comm.

For **Paris** MSS on the border between 13 and 14c, see under 13th century MSS.

Paris Univ. 580, ff. 287ʳᵃ-358ʳᵃ. Text with Galen comm. Part. I-III. Inc. 'Qui de egrotantium accidentibus in singulis egritudinibus ... / ... qui solo potu dietantur sed in illis aliquando conveniens est.' Galen comm. 'Illi qui sententias illorum de assidis relatas ... et medicus indiget ut sciat eas omnes preter hec quod infirmus ei dicat ipsas. Exp. Reg. acut. egrit.'

***Prag 2352**, ff. 83ʳ-89ʳ. Text without Galen comm. Part. I-III. Inc. 'Qui de egrotantium accidentibus ... / ... sed in illis aliquando conveniens est. Explicit Regimen acutarum.'

Reims 1003, f. 185ᵛ (Diels 9).

***Rouen 978** (I 57), ff. 33ᵛ–39 (Diels 9).

***St. Mihiel 37** (Diels 9).

Tours 792, ff. 1ʳᵃ-46ᵛᵇ. Part. I-III. Although the catalogue describes this as a duplex translation, i.e. by Constantinus Africanus and Gerard of Cremona, it differs only in slight degree from that noted in the preceding examples. Text inc. 'Qui de egrotantium accidentibus in singulis ... / ... congruum est qui solo potu dietantur sed in aliis aliquando conveniens est.' Comm. 'Illi qui sententias illis de assidis relatas ... (the catalogue describes as the second translation the Galen comm. inc. 'Non solum tamen scripserunt rememoratores sententias relatas . . .' However, this is the same as the second paragraph of the Galen comm. in several other examples). The des. is as usual: '. . . medicus indiget ut sciat eas omnes preter hec quod infirmus ei dicat ipsas. Explicit regimentum acutarum egritudinum.'

Vatican: VA 2369, ff. 55ᵛᵇ-59ʳᵃ. Part of Articella, tr. anon. 'Incipit liber de regimine acutorum Ypo.' Without Galen comm. Part. III. Accompanied by glosses. Inc. 'Qui medicine scripserunt Knidianas mentes vocatas quocumque quidam patiuntur . . . / . . . aliquando nunc autem qui solo potu utantur. Deo gratias.' Possibly tr. by Nicholas de Reggio since other works in the Codex are tr. by him. See Lo Parco, 1913, 285; Kristeller, *Iter* II, 313.

— **VA 2390**, ff. 23ʳᵃ-36ʳᵇ. Part. I-III. Galen comm. without Hippocratic text. Inc. 'Illi qui sententias . . . / . . . et medicus indiget ut sciat eas omnes preter quod infirmus ipsas ei dicat. Finitus est.'

— **VA 2391**, ff. 127ʳᵃ-159ʳᵇ. Part. I-III. 'Hipp. De regimine acutorum cum duplici textu interpr. antiqua scilicet et altera ex arabico.' The text and comm. are as usual: Inc. 'Qui de egrotantium accidentibus in singulis egritudinibus . . . / . . . qui solo potu dietantur sed in illis aliquando conveniens est.' Comm. 'Illi qui sententias illis de assidis relatas scɩipserunt . . . / . . et medicus indiget ut sciat eas omnes preter quod infirmus dicat ei ipsas. Expliciunt regimenta acutorum.'

— **VA 2393**, early 14c, ff. 49ᵛ-70ʳᵇ. Comm. Galen Part. I-III, without text. Inc. 'Illi qui sententias scripserunt . . . / . . . et medicus indiget ut sciat eas omnes preter quod infirmus ipsas ei dicat Explicit commentum regiminis acutarum.'

— **VA 2395**, ff. 75ʳᵃ-106ʳᵇ Galen comm. with Hipp. text in margin. Part. I-III. Inc. 'Qui de egrotantium accidentibus in singulis . . . '. Galen comm. 'Illi qui sententias de assidis relatas scripserunt in eo . . . / . . . preter hec quod infirmus ipsas ei

dicat. Explicit commentum Galieni super librum Ypocratis de regimine acutorum. Deo gratias.' At ff. 163ᵛᵃ-164ʳᵇ, there is a fragment of 'Galen super 4to de regim. acut.' 'In libro de dieta ea que post sermonem de balneis dicta sunt . . . / . . . (incomplete) secundum autem asperam prope inmoderatam enim siccitatem.'

— **VA 2417**, ff. 96ʳ-127ᵛᵇ. 'De regimine acutorum lib. VIII (*sic*) cum comm. Galieni et variis scholiis aliorum.' Part. I-IV. Inc. Galen comm. 'Illi qui sententias illis de assidis relatas scripserunt . . . / . . . infirmus ipsas ei dicat. Finitus est tractatus tertius expositionis G. qui exponit librum Ypocratis de regimine egritudinum acutarum. Finitus est liber Ypo. Yperitonis noxeon noxomaton.' Then at ff. 138ʳᵃ-149ᵛᵇ of this MS is 'Liber IV de regimine acutorum cum comm. Galieni.' Inc. Galen comm. 'In libro de dieta ea qui post sermonem de balneis dicta sunt . . . / . . . inmanifesta de quibus deinceps faciat sermonem. Explicit commentum G. super IV Regim. acutorum.' At ff. 267ᵛᵇ-273ᵛᵇ, is the Hippocratic text. Part. I-III. 'Periton exon noxomaton.' Inc. 'Qui de egrotantium accidentibus in singulis egritudinibus . . . / . . . solo dietantur potu sed in illis aliquando conveniens est. Explicit liber peryton oxeon noxomaton Ypocratis.'

— **VA 2428**, (Articella, 14-15c), ff. 136ʳ-164ᵛᵇ. 'De regimine acutorum lib. III cum comm. Galieni et duplici textus expositione et quibusdam scholiis.' Inc. 'Qui de egrotantium accidentibus in singulis egritudinibus tractantes potuerit . . . / . . . in illis aliquando conveniens est.' Galen comm. 'Illi qui sententias de illis assidis relatas scripserunt . . . / . . . hec quod infirmus ei dicat ipsas.'

— **VA 4419** (Articella), ff. 135ʳᵃ-160ᵛᵇ. Text with Galen comm. Inc. 'Qui de egrotantium accidentibus in singulis egritudinibus tractantes . . / . . . (incomplete) post multam considerationem in hiis.' Galen comm. 'Illi qui sententias illis de assidis relatas . . . / . . . (incomplete) caput vehemens.'

— **VA 4420**, early 14c, ff. 23ᵛᵃ-56ᵛᵇ. Galen comm. without text. Part. I-IV. 'Illi qui sententias illis de assidis relatas ... Non solum cum scripserunt rememoratores...' Part. IV, De dieta: 'In libro de dieta ea que potest fieri ... / ... de quibus deinceps faciam sermonem. Expliciunt commenta super quartum librum reg. acut. Ypocratis.'

— **VA 4439**, ff. 25ʳᵃ-27ᵛᵇ. Text without Galen comm. Part. I-III. Inc. 'Qui de egrotantium accidentibus ... / ... qui solo dietantur potu sed in illis aliquando conveniens est.' Text partially repeated at ff. 109ᵛᵃ-111ᵛ: 'Qui de egrotantium accidentibus ... / ... requiescat et ...'

— **VA 4455** , ff. 39ᵛ-40ᵛ, fragment of the text. Inc. 'Qui de egrotantium accidentibus in singulis egritudinibus tractantes ... / ... perite potus cibum transacte.'

— **VA 4466**, ff. 37ʳᵃ-55ᵛᵃ. Text with comm. Mundinus. Inc. 'Qui de egrotantium accidentibus...' For Mundinus comm. see Mundinus, below.

— **VA Pal. 1101**, ff. 103ʳᵃ-131ʳᵇ. Galen comm. without text. Part. I-III. 'Incipit commentum de Regimine egritudinum acutarum. Qui sententias illis de assidis relatas scripserunt in eo quod scripserunt de accidentibus ... / ... eas omnes preter quod infirmus ipsas ei dicat. De egritudinibus acutarum exponitur a G. Liber explicit.'

— **VA Pal. 1102**, ff. 83ᵛᵃ-116ᵛᵇ. Text with Galen comm. Part. I-III. Inc. 'Qui de egrotantium accidentibus ... / ... qui solo potu dietantur sed in aliis aliquando conveniens est.' Galen comm. 'Illi qui sententias illis de assidis relatas ... / ... sciat omnes preter hec quod infirmus ei dicat ipsas. Expliciunt libri regiminis acutarum egritudinum.'

— **VA Pal. 1103**, ff. 145ʳᵇ-179ᵛᵃ. Part I-III. Illuminated text with Galen comm. Inc. 'Qui de egrotantium accidentibus ... / ... aliquando conveniens est.' Galen comm. 'Illi qui sententias illis ... / ... preter hoc quod infirmus ei dicat.'

— **VA Pal. 1104**, ff. 52ʳᵃ-71ᵛᵇ. Galen comm. with only the lemmata of the Hippocratic text. Galen comm. incipit: 'Illi qui

sententias illis de assidis relatas scripserunt ... Non solum cum scripserunt rememoratores ... / ... Et medicus indiget ut sciat eas omnes preter hec quod infirmus ipsas ei dicat. Explicit.'

— **VA Pal. 1231**, ff. 78ʳ-83ᵛ. Text without Galen comm. but with marginal and interlinear glosses. Inc. 'Qui de egrotantium accidentibus in singulis egritudinibus ... / ... qui solo dietantur potu scilicet sed in illis aliquando conveniens est. Explicit liber Ypocratis de reg. acutarum.'

— **VA Reg. Suev. 1302**, ff. 160ʳᵃ-198ᵛᵇ. Text with Galen comm. Part. I-III. Illuminated caps. Inc. 'Qui de egrotantium accidentibus ... / ... solo potu dietantur sed in illis aliquando conveniens est.' Galen comm. 'Illi qui sententias illis de assidis relatas ... / ... et medicus indiget ut sciat eas omnes preter quam infirmus ei dicat ipsas. Explicit regimen acutarum egritudinum.'

— **VA Reg. Suev. 1304**, 13-14c, ff. 32ʳᵇ-37ʳᵃ. Text without Galen comm. Part. I-III. 'Incipit liber Ypocratis de regimine egritudinum acutarum.' 'Qui de egrotantium accidentibus in singulis egritudinibus ... / ... qui solo dietantur potu sed (in) illis aliquando conveniens est. Expletus liber de regimine acutarum.'

Venice S. Marco cl. XIV. I, f. 61 (Diels 9).

Vienna: 29, ff. 81ʳᵃ-108ʳ, 108ʳᵃ-116ʳᵇ. Galen comm. without Hippocratic text, but with marginal glosses. Galen comm. inc. 'Illi qui sententias illis de assidis relatas scripserunt ... / ... illi de assidis et medicus indiget ut sciat eas omnes preter quam infirmum ipsas ei dicat.' Then follows at ff. 108ʳᵃ-116ʳᵇ, the Galen comm. on Part. IV: 'In libro de dieta ea que post sermonem de balneis dicta sunt ... / ... de quibus deinceps faciam sermonem. Explicit quartus liber regiminis acutorum cum commento G. principis medicorum. Deo gratias.'

— **128**, ff. 125ʳᵃ-155ᵛᵃ. 'Galen comm. in Hipp. De victus ratione in morbis acutis,' without Hippocratic text. Inc. 'Illi qui

sententias illis de assidis relatas scripserunt
. . . / . . . preter quod infirmus eas ipsas
dicat. Explicit commentum Galieni super
librum Ypocratis de regimine egritudinum
acutarum.'

— **2305**, ff. 118ra-160r. Hippocrates,
'De dieta acutorum,' with Galen comm. Inc.
'Qui de egrotanium accidentibus . . / . . .
qui solo potu dietantur sed in illis aliquando
conveniens est.' Galen comm. 'Illi qui
sententias illis de assidis relatas scripserunt
. . . / . . . et medicus indiget ut sciat eas
omnes preter hec quod infirmus dicat ipsas.'

— **2309 (Univ. 909)**, early 14c, ff.
69ra-114rb. Text with Galen comm. Parts
I-IV. Hipp. text in margins inc. '.Qui de
egrotantium accidentibus . . .' Galen comm.
'Illi qui sententias . . . / . . . et medicus indiget ut sciat eas omnes preter quod infirmus
ipsas ei dicat.' Part. IV: 'In libro de dieta
ea que post sermonem de balneis dicta sunt
. . . / . . . Explicit super librum regiminis
acutarum Ypocratis commenta Galieni scriptum a Nicolao de Karulo de Deliceto supra
quartam particulam.' Marginal notes, and
at the close: 'Magister Michael Borsch de
Bopping testatus est hunc librum ad libra-
riam facultatis artium studii Wienn. cuius
anima feliciter vivatur in eterna patria.'

— **2320**, ff. 219va-270va. 'Hipp. de
victus ratione in acutis cum commento
Galieni.' Part. I-III. Illuminated caps.
Inc. 'Qui de egrotantium accidentibus . . . /
. . . in illis aliquando conveniens est.' Galen
comm. 'Illi qui sententias . . . / . . . et
medicus indiget ut sciat eas omnes preter
hec quod infirmus ei dicat ipsas. Explicit
Regiminis acutarum egritudinum.'

— **2328 (Rec. 948)**, a. 1314, ff. 34ra-
97vb Part. I-IV. 'Liber regiminis acutorum cum commento Galieni.' Hermann
(1928), 15-16. Des. Galen comm. '. . . et
medicus indiget ut sciat eas omnes preter
hec quod infirmus ei dicat. Deo gratias.
Age sicut dignior est. Amen. Amen.'
Then follows Part. IV. 'Incipit quarta particula. In libro de dieta ea que post sermonem de balneis dicta sunt . . . / . . . de
quibus deinceps non faciam sermonem. Deo
gratias. Amen. Explicit super librum regi-

minis acutarum Ypocratis commentum Galieni scriptum a Nicolao de Karulo de Deliceto supra quartum particulam.'

XV Century

Bologna: BU 1536(2859), ff. 67r-104r.
Text without comm. Part. I-IV. Inc. 'Qui
de egrotantium accidentibus in singulis egrotantibus tractantes . . . , (Part. IV, f. 88v)
Causus autem fit cum ex siccitate . . . / . . .
et caput radens stiptica vel constipatica
offert si hora calida fiat. Finita est quarta
particula regiminis acutorum.'

*Canterbury: Christ Church a. 1442.
libri Thomae Prioris (James 1344, 1631).

*Cop 3479, F. 91. (Diels 8).

Erfurt: Ea F 287, a. 1468-71, ff. 114rb–
153va, Galen comm. (Diels 102).

Kraków: BJ 809, a. 1428-31, ff. 169-
192. 'Expliciunt glose magistri Girardi de
Cremona supra Regimen acutorum deo gratias a.d. 1431.'

Munich: CLM 640, ff. 35bisv-52v. Galen
comm. only on Part. IV. 'Incipit commentum prohemiale Galieni super quarta
particula regiminis acutorum Ypo. In libro
de dieta ea que post sermonem de balneis
dicta sunt . . ., (f. 36r) In libris tribus pre-
terius Ypo. posuit curam morborum acutorum in generali. Hic Ypo. ponit curam
in speciali cum hoc ponendo curam omnium
morborum. Quarta particula regiminis acutorum Ypocratis incipit foeliciter. Casus
autem fit cum desicare . . . / . . . offert si
hora sit calida. Quarta particula regiminis
acutorum finit foeliciter. Laus deo.'

— **CLM 4395**, ff. 105r-(128)r. Text
without Galen comm. Part. I-III. At ff.
206r-210v, is Bernard de Gordon comm.,
here, however, anon. See Bernard de Gordon
comm. below.

*Naples: BN VIII.d.26, membr. Galen
comm. only (Kristeller I,404).

Oxford: BL Can. class. lat. 272, c.1400,
ff. 93rb-96rb. Text without comm. Part.
I-III. Inc. 'Qui de egrotantium accidentibus in singulis egrotantibus tractantes . . . /
. . . congruum est qui solo dietantur potu
sed in illis ptisana aliquando conveniens est.
Explicit liber Regiminis acutorum Ypocratis.'

— **St. John Bapt. College 197**, f. 366 (Diels 9).

*****Pavia BU 383**, ff. 47vb–71ra, with Galen Comm. (Diels 103).

Perugia 44 (A 44), ff. 54-58 (Diels 9).

Prag: Univ. 1609(VIII. G.27), ff. 29^r-39^v. Text without Galen comm. Part. I-III. 'Hipp. Regimenta(sic) acutorum. Qui de egrotantium accidentibus . . . / . . . conveniens est. Explicit Regimenta acutorum.'

*****St. Gall. Vadian 431**, a. 1465, with Galen comm. (Diels 8, 102).

*****Utrecht BU 695***, ff. 122-127 (Diels 9).

Vatican: VA 2392, a. 1425, ff. 35ra-57vb. Galen comm. without text. Part. I-IV. With glosses. Inc. 'Illi qui sententias illis de assidis . . . cap.1: Ptisana igitur ordei apud me recte electa est . . ., (Part. IV) In libro de dieta ea que . . . / . . . de quibus deinceps faciam sermonem. Explicit comm. Galieni super quarto regiminis acutorum.'

— **VA Pal. 1316**, ff. 187^v-193^v. Text without Galen comm. but with marginal gloss. 'Liber de egritudinibus acutarum.' Inc. 'Qui de egrotantium accidentibus in singulis egritudinibus . . . / . . . in illis minus congruum est qui solo potu dietantur sed in hiis aliquando conveniens est. Hec est finis libri Ypocratis de regimine morborum acutorum.' Marginal gloss: 'Primo nota liber ille intitulatur liber egritudinum acutarum et eius subiectum est corpus humanum . . .' (TK 930).

*****Vendôme 170**, ff. 1-30.

Vienna: 2438, ff. 82^r-88^v. Hipp. text without Galen comm. Part. I-III. 'De ratione victus in morbis acutis.' First page badly defaced. Inc. 'Qui de egrotantium accidentibus in singulis . . . / . . . et in hiis minus congruum qui solo dietantur potu sed in illis aliquando conveniens est.'

— **2500**, 14-15c, ff. 69^v-77ra. Text without Galen comm. but with marginal glosses. 'Qui de egrotantium accidentibus . . . / . . . qui solo dietantur potu sed in illis quan-doque conveniens est. Telos 3 libri Reg. acutarum.'

— **4788**, ff. 114^v-134^r. Text without comm. Part. I-III. Inc. 'Qui de egrotantium accidentibus . . . / . . . qui solo potu dietantur sed in illis aliquando conveniens est. Finis regiminis acutarum.'

— **5314**, a. 1405, ff. 144^r-214^v. Galen comm. without text. With marginal glosses throughout to explain the tenor of each paragraph. Part. I-III. Inc. 'Illi qui sententias de assidis scripserunt in eo . . . / . . . et medicus indiget ut sciat res omnes preter quod infirmus ipsas ei dicat. De regimine acutarum egritudinum liber expositus. Explicit commentum Galieni super librum de regimine acutarum egritudinum.'

— **5357**, ff. 178ra-234vb. 'De regimine acutorum liber latine versus ex Arabico et ex Graeco cum Galeni commentariis.' Part. I-III. Inc. 'Qui de egrotantium accidentibus . . . / . . . aliquando conveniens est.' Galen comm. 'Illi qui sententias . . .', then follows what purports to be a second comm. translation, but is actually paragraph 2 of the Galen comm. in other MSS: 'Non solum tamen scripserunt . . . / . . . et medicus indiget ut sciat eas omnes preter hoc quod infirmus ei dicat ipsas. etc. Deo gratias. Explicit regimentum acutarum egritudinum anno domini (1484?).' At ff. 88ra-174ra, an anon. Comm. accompanies the text. Comm. inc. 'Circa principium huius libri nota primo . . . .' Inc. text as usual: 'Qui de egrotantium accidentibus . . . / . . . (des. that of the Galen comm.) Et medicus indiget ut sciat eas omnes preter hoc quod infirmus ei dicat ipsas. Expliciunt acutorum regimenta.'

*****Visconteo Sforzesca Bibl.** a. 1459, 'Scriptum vetus super Regim. acutorum.' (*Giornale Storico Italiano* I [1883] 40)

Wolfenbüttel 2194 (17.2 Aug.), a. 1444, ff. 110-137. Part. I-III, without Galen comm. (Diels 9).

B. COMMENTARIES

1. ANONYMOUS COMMENTARY: ANNOTA-
   TIONES IUXTA LIBRUM REG . ACUT. . . .
   See 'Et primo de dieta . . .'.

2. ANONYMOUS COMMENTARY: ARS QUE
   MODUM . . .

Manuscript:

London: **BMr 12.D.XIII**, 14c, ff. 227ʳ-
243ᵛᵃ. Ends incomplete in Part. IV. 'Super
regimen acutorum.'. Prol. comm. 'Ars que
modum et qualitatem operationis docet ars
ab antiquis duobus modis tradita fuisse . . .'
Text lemma underlined in red: 'Qui de
egrotantium accidentibus . . .' Comm. continues: 'In hac propositione contradicit
illis qui erant de absidis sicut dicit alia
translatio qui in doctrina acutarum egritudinum in duobus . . . / . . . balneum operatione sua cum ipsa et interiora virtute licet
propter evacuationem redeat fortior.' Breaks
off here with the end of the MS.

3. ANONYMOUS COMMENTARY: CIRCA PRIN-
   CIPIUM HUIUS LIBRI . . .

Manuscript:

Vienna: **5357**, 15c, ff. 88ʳᵃ–174ʳᵃ. 'Hipp.
De regimine acutarum cum commentariis.'
Comm. inc. 'Circa principium huius libri
nota primo quot et que sint cause; 2º Quid
sit subiectum huius scientie circa quod ver-
satur; 3º Quid fuerit; 4º Cui parte philosophie subordinetur; 5º Que utilitas; 6º Quis
cedo; 7º Modus doctrine.' Then follows the
text incipit 'Qui de egrotantium accidentibus . . .' and 'Liber Ypo. de regimine
egritudinum acutorum dividitur. Quia primo
ponit . . . / . . . verum et aliarum ex eis qui
sunt similes illis de albadis,' then usual Galen
comm. des. 'Et medicus indiget ut sciat
eas omnes preter hec quod infirmus ei dicat
ipsas. Expliciunt acutorum regimenta.' At
ff. 178ʳᵃ-234ᵛ, there is the usual Latin text
with the Galen comm. dated: 'a.d.
MLXXXIIIIᵗᵒ' (sic).

4. ANONYMOUS COMMENTARY: ET PRIMO DE
   DIETA . . .

Manuscript:

Vatican: **VA Pal. 1180**, 15c, ff. 114ʳ-115ʳ.
'Annotationes iuxta librum Regimenti acutorum sunt aliqua notanda. Et primo de
dieta per comparationem ad virtutem unde
alia virtus est fortis alia debilis . . . / . . .
competit. Et sic patet etc.' (TK 803).

5. ANONYMOUS COMMENTARY: MATERIA IS-
   TIUS LIBRI . . .

Manuscript:

Paris: **BN 6963**, a. 1257, ff. 24ʳ-28ʳ
(from notes taken by Mlle Marthe Dulong).
'Rationes super libro de Regimine acutorum.
Materia istius libri de regimine acutorum est
docere modum curationis illarum acutarum
egritudinum. . . ' (8 lines, then first underlined quotation of text): '*Qui de egrotan-*
tium accidentibus Reprehendit antiquos
duobus modis . . . Item ubi dicit: *Que*
quidem in diversis egris etc. Reprehendit
ipsos . . . (f. 27ᵛ, last underlined quotation):
Balneum multo convenientius . . . (f. 28ʳ,
des.) quoniam maturacione indiget spacio
longo. In fine autem huius libri repetit
Ypocras omnia sumatim que dicta sunt in
hoc libro. Explicit.'

6. ANONYMOUS COMMENTARY: NOTA LIBER
   ILLE . . .

Manuscript:

Vatican: **VA Pal. 1316**, 15c, f. 187ᵛ,
Comm. or marginal gloss accompanying the
text. 'Nota liber ille intitulatur liber egritudinum acutarum et eius subjectum est
corpus humanum . . .' (TK 930).

7. ANONYMOUS COMMENTARY: NOTA QUOD
   CUM INCEPIMUS . . .

Manuscript:

Vatican: **VA Pal. 1229**, a. 1459, ff.
254ᵛᵃ-259ᵛᵇ, following the Compendium re-

gimenti acutorum. 'Notabilia Regimenti acutorum Ypocratis et Galieni. Nota quod cum incepimus dare ptisana oportet eam ... / ... qui indiget maturatione in spatio longo. Explicit summa Regimenti acutorum Ypo. cum suo commento Galieni.'

8. ANONYMOUS COMMENTARY: NOTA QUOD LIBER ISTE ...

Edition:

Articella, printed Venice 1487, ff. 73-119vb (Klebs 116.5; TK 930). Prologue comm. Hipp. de reg. acut. morborum. 'Nota quod liber iste tres habet titulos ...'

9. ANONYMOUS COMMENTARY: OMNE QUOD FIT ...

Manuscript:

Paris: BN 7131, 14c, f. 166^{va-vb}. 'Incipiunt notabilia super librum regiminis acutarum egritudinum. Omne quod fit iuvamentum in sanatione ... / ... et cibis in die balneatur cum balneum non resolvit humores flegmaticos. Expliciunt notabilia regimenti acutarum egritudinum.'

10. ANONYMOUS COMMENTARY: OPERANTE ERGO TE ...

Manuscript:

Vienna 5314, a. 1405, ff. 332^v-336^r. 'Frag. ex libris de praenotionibus et de regimine acutarum aegritudinum. Operante ergo te circa acutas valetudines solicitum fieri. Primum in facie egrotivi prognoscabitur(?) utrum sanis similis sit et si sibi sane similiter ... / ... per ventrem verius attrahentibus et apperientibus easdem humores.'

11. ANONYMOUS COMMENTARY: TESTE G. IN FINE ...

Manuscript:

Venice: VE XIV, 8(202), f. a. 532, 4to, 13-14c, ff. 44ra-53^r. 'Incipit lectura supra libro regiminis acutorum. Teste G. in fine pronosticorum et Haly super tegni perfectior est medicorum cuius estimatio ... / ...

potest sequi balneum. Expliciunt glose super regimentum acutorum' (TK 1569).

12. COMMENTARY OF ANTONIUS DE SCARPARIA

1377-1422. Doctor of Arts and Medicine at Bologna. *Questiones* and other commentaries by him occur in the same MS.

Manuscript:

Vatican: VA 4447, 14c, ff. 99ra-157rb, I-III. Text lemma: 'Qui de egrotantium accidentibus in singulis egritudinibus ... ' followed by Comm. 'Lecturus istum (librum) Ypocratis de regimine acutorum morborum ante quod necessariam ... et hec expositio... pro regimine acutorum Ypo. die xxvi Julii a.d. 1387 (sic) in die mercurii et ego Johannes...' (f. 113vb the close of book I). Books II and III follow to f. 157rb: 'Et hec a superioris dieta sufficiant pro expositione tertii libri de regimine acutarum Ypocratis ac per commentum pro complemento lecture presentis anni et ultimi mei studii. Explicit ... Johannis ac Antonii de Assaro cuius vita usque ad tempus 2^a et futurum credo ... In anno domini MCCCLXXXVII, anno in quo legi librum tegni Galeni et librum pronosticorum Ypocratis et lecturum eiusdem de regimine acutorum morborum de quo sunt altissimo deo gratiae et infinite secundum bonitatem et gratiam melioris auctoris omnis. Amen.'

13. COMMENTARY OF ARNALD OF VILLANOVA

† 1311. A Catalan; practicing physician; noted writer on medicine and alchemy as well as on ecclesiastical history, he was most prominently associated with the Universities of Naples and Montpellier. See HL 28, 26-104; Glorieux I, 421; and Thorndike II, chap. 68; III, chap. 4; TK 939.

Manuscripts:

Erfurt: Ea F 264, a. 1288, ff. 8^v-9ra, anon. in this MS. Inc. 'Nota (Notandum) quod quinque sunt considerationes libri regimenti acutorum ...' (TK 939).

Paris: BN 7031, 16c, ff. 18^r-23^v. 'Compendium reg. acutarum editum a magistro Arnaldi de Villanova. Nota quod quinque sunt considerationes libri Regimenti acutarum. Prima consideratio est . . . / . . . et sic est finis a dei gratia deo gracias. Explicit compendium Regimenti acutarum, editum a magistro Arnaldo de Villanova.'

Vatican: VA Pal. 1211, 15c, f. 27^{ra-vb}. Inc. 'Notandum est quod quinque sunt considerationes. Penes quod continetur tota utilitas . . . / . . . minera siccitate. Et est finis distinctio a. Regiminis acutarum secundum magistrum Raynaldum de Barchinona' (sic).

Erfurt Ea Q 368, 14c, ff. 88-92^v. 'Arnaldus de Villanova, De regimine acutorum. Intentio Ypocratis in libro regimenti . . .' Cf. HL 28, 66, item xx: 'Compendium regimenti acutorum. Nota quod quinque sunt considerationes libri regimenti acutorum . . .' Pr. Opera 1504, ff. 246va-247ra.

14. COMMENTARY OF BERNARD DE GORDON † ca. 1320. Professor of Medicine at Montpellier: Wickersheimer 74-76. His commentary appears in two forms, one of which is apparently a compendium.

Version I: Inc. 'Regimen acutarum egritudinum consistit in tribus: in dieta, potionibus et potibus . . .' (TK 1344); occurs with slight variations in word order in the following manuscripts.

Manuscripts:

Cambridge: CU 1708(Ii.1.16), 14c, ff. 54^r-60^v.

— **CUg 373(595)**, 14c, ff. 97-99^r;

*Canterbury; **St. Augustine's Abbey** (James 338, item 1215). 'Tractatus Bernardi de Gordon super Regimenta acutorum Ypocratis . . .'

*Chartres 393, 14c, ff. 1^v-4;

Cues: *Cusanus 308, 14c, ff. 103-106;

Erfurt: Ea F 236, 14c, ff. 221-223, where it is anon.

Munich: CLM 340, a. 1304, ff. 252vb-259^v. 'Regimentum acutarum egritudinum consistit in tribus in dieta potionibus et potibus . . .'

— **CLM 4395**, 15c, ff. 206^r-210^v (TK 29).

— **CLM 8808**, 15c, ff. 23ra-25vb. (Bernard de Gordon) 'Eiusdem Regimen acutarum egritudinum. Regimen acutarum egritudinum consistit in tribus in dieta potionibus et potibus alterivis et secundum opus nostrum dicitur in tres particulas . . . / . . . bacularii tempore cursus primi etc. Explicit.'

Paris: BN 16189, 13-14c, ff. 185rb-187va. 'Tractatus brevis et utilis supra regimentum acutarum factus a magistro Bernardo de Gordonio. Consistit in tribus in dieta, potionibus et potibus alterativis. Secundum hoc opus unum dividitur in tres particulas. Prima continet dietam cibi et potus; secunda medicinas evacuativas, tertia alterativas seu digestivas seu mundificativas . . . De primo sic agitur. Cibus ille qui super omnem cibum . . . / . . . sumatur. Iam benedicto diutissime in ore tenendo.'

There then follows at ff. 187va-188rb, another tract. 'Incipit alius tractatus brevis et utilis super regimentum acutarum. Cum omnis prolixitas noverca sit veritatis ideo ego videns regimentum acutarum diffuse traditum fui motus a more mei socii magistri Johannis de Confluento hunc librum a capite breviter sub quodam epylogo pertractare. Regimen acutarum consistit in tribus in dieta, potibus alteratis et medicinis . . . / . . . apti sic fit cura in febribus acutis et per viam exempli secundum magis et minus intellige inciditis morbum. Deo gratias.'

Vatican: VA Pal. 1083, a. 1448, ff. 278^v-283^r. 'Incipit tractatus de Regimine acutarum. Regimen acutarum egritudinum consistit in tribus in dieta in potionibus et potibus alterativis . . . / . . . hec autem omnia facta sunt post lecturam continuam xi annorum. Qui autem ista brevius habere voluerit accipiat subsequentia qui tamen fuerit facta in statu baccalarii tempore cursus primi. Explicit tractatus unus de regimine acutarum Bernardi de Gordon, quem com-

posuit post lecturam xi annorum. Sequitur
aliqua de eodem eiusdem adhuc in bacca-
lario existentis. Cum omnis prolixitas noverca sit veritatis ideo ego intendens librum
regimenti diffuse late quoque conditum sui
motus amore mei socii magistri Iohannis
de Confluento hunc librum a capite breviter sub quodam epilogo pertractare de
obmissis et tamen de illo.'

Vienna 5306, 15c, ff. 132^r–134^v. *Inc.*
'Regimen acutarum egritudinum consistit in
tribus . . . ' (TK 1344).

Editions:

Version I was printed at Ferrara 1486, ff.
2va–5ra, with Bernard de Gordon's Practica
seu Lilium medicinae. (Klebs 177.2; IAL
B386). Titulus and incipit: 'Tractatus brevis et utilis supra regimentum acutarum
factus a magistro Bernardo de Gordonio.
Consistit in tribus in dieta potionibus et
potibus alterativis . . .'
Later printings at Venice, 1521, ff. 95^r-97^r;
and Frankfurt, 1617, ff. 58-79.

Version II: *Inc.* 'Circa initium presentis
libri . . .'

Manuscripts:

Vatican: VA Pal. 1083, a. 1448, ff. 121ra-
207va. Text *inc.* 'Qui de egrotantium accidentibus in singulis egritudinibus tractantes
potius . . .' Comm. 'Circa initium presentis
libri Ypocratis de regimine acutorum quem
per dei gratias habere . . . Primum utrum
medicina sit scientia. Secundum utrum sit
eius divisio in practicam et speculativam. . .'
text of book III ends f. 201^r, '. . . sed in
illis aliquando conveniens est.' Comm. ends
(f. 207^v): '. . . et omnium sensuum clari-
ficationem. Et sic est finis huius commentarii super librum Regimentis acutarum.'
Notes follow at ff. 207va-208rb; and at ff.
278^v-285^v is Versio I. See above.
— **VA Pal. 1229**, 15c, ff. 251ra-252va
erroneously ascribed to Bernard de Gordon:
'Compendium regimentis acutarum Bernardi de Gordonio.' *Inc.* 'Circa librum
regimenti acutarum quinque sunt considerationes . . .' 'Prima consideratio est . . . /
. . . acutarum Bernardi de Gordonio' (*sic*).

Unclassified is: **Escorial K ii 7**, ff. 27^v-31^v
(Beaujouan [1972] 178).

15. COMMENTARY OF DINO DEL GARBO DE FLORENTIA

† 1327, Sept. 30. Professor of Medicine
at Bologna, Siena, Padua, and at Florence.
Author of a number of commentaries, on
Hippocrates, Galen, and Avicenna. Wickersheimer, 119.

Manuscripts:

Paris: BN 6872, 14–15c, contains several
of these commentaries; and at ff. 80va–121^r,
'Questiones super Regimentum acutarum'
(Part. 1,2,3, and 4). 'Super primum acutorum. Qui de . . . In isto libro primo . . .'

16. COMMENTARY OF GENTILE DA FOLIGNO

† 1348, 18 June, of the plague. A practicing physician, professor of medicine, and
author of numerous medical tracts and commentaries. (Thorndike III, Chap. 16);
Wickersheimer, 175-76.

Manuscripts:

Munich: CLM 244, 14c, ff. 119^v-120^{r-v}.
Comm. Ypocratis de acutis morbis. *Inc.*
'Dixit Ypocrates in ista particula quod pronosticationes in acutis morbis super salute
vel morte . . . / . . . est gradus certitudinis
in iudicio. Deo gratias in die Sancti Blasii
2da hora noctis Padua cum domino Ambrosio
de Mediolano. Gentilis.' (TK 453).
Vatican: VA 2418, 15c, ff. 212ra-. Gentile
da Foligno, Comm. Acut. *Inc.* 'Dixit
Ypocras in secunda particula afforismorum
quod . . .' (TK 453).

Editions:

Printed at Venice 1520, *Questiones et tractatus extravagantes*, ff. 97rb-98rb. Gentile da
Foligno, 'De doctrina pronosticationis in
morbis chronicis et acutis. Dixit Hippocrates secunda particula afforismorum quod
. . .' (TK 454).

17. COMMENTARY OF JOHANNES or P. DE CAPITE STAGNO

Possibly Pierre Borelli at Montpellier in 1313 or Petrus de Capite Stagno (or Hominis dei de Capite stagno) master of arts and medicine, involved in 1331 controversy over licensing in University of Paris: Wickersheimer 620, 640.

Manuscript:

Oxford: BL Laud. Misc. *558, a. 1459, ff. 199ʳ-262ʳ. 'Incipiunt questiones super librum Hippocratis appellatum de regimentibus acutorum et primus prologus. Eorum que fiunt. Quedam fiunt a natura tantum, quedam ab arte tantum. Et quedam a natura et ab arte simul ...' (Cap.1): 'Ptisana vero ordeacea merito ... Utrum ptsiana est viscosa. Et arguitur quod non fit ex hoc ... / ... quia aqua calida facit ad digestionem. Nam Galienus docet facere embrocationes quinto de simplici medicina quare ratio non concludit. Et sic est finis huius deo gratias. Expliciunt questiones super librum Ypo. dictum de regimine acutorum facte a magistro Jo (P). de Capite Stagno, scripte per Hermannum Zurke, alias de Gripeswaldis pro domino decano suo, Gilberto Kymero, in anno domini M.CCCCLIX° vicesimo octavo die mensis Novembris in vico Draconum.'

18. COMMENTARY OF JOHANNES DE ST. AMAND.

Canon of Tournai, c. 1261, physician, and author of a number of medical commentaries. See further HL 21, 254-266; Thorndike II, 510 ff. The 'Abbreviatio Galeni Comm. In Regimen acutorum,' occurs in two versions: TK 1624, 1498, respectively, and HL 21, 257; Wickersheimer 476.

Version I:

Manuscripts:

*Bruges 474, 13c, ff. 60ʳᵃ-115ᵛᵇ, anon. Inc. 'Ut testatur Averroys elementa sunt propter mixtum ...' (TK1624).
*Brussels 14320, 14c, ff. 46ʳᵃ-91ᵛᵇ (TK 1624).
Cambridge: CUg 86(168), 13c, pp. 309-427. 'Notule in Hipp. Reg. morb. acut.'

Inc. 'Sicut testatur Averroys elementa sunt propter mixtum ...' (TK 1498).
Erfurt: Ea F 282, 14c, ff. 76-131ᵛ. Inc. 'ut testatur Averroys elementa sunt' ...
*Soissons 48, 13c, ff. 61-109. Anon. in MS. 'Ut testatur Averroys ...' (TK 1624). Version II:

Manuscripts:

Paris: PA 1080, 14c, ff. 34-36 [Johannes de St. Amand, Liber regiminis acutorum morborum abbreviatus]. Title from explicit. Cf. HL 21, 257. Notes on this MS were taken by Mlle Marthe Dulong. Inc. 'In libro acutorum determinatur de cura febrium acutarum et regimine earum ... / ... et patet quod dicit quare super balneum.'

Seville BC 5-1-45, ff. 42-44,

19. COMMENTARY OF MARSILIUS DE SANCTA SOPHIA

† 1405. Professor of medicine at Padua and Pavia; Wickersheimer 538.

Manuscripts:

Paris: BN 6860, 15c, ff. 39ʳᵃ-70ᵛᵃ. 'Expositio Marsilii super libro Regiminis acutorum.' Inc. text: 'Qui de egrotantium etc. "Comm." Intentio Ypo. in libro presenti est nobis tradere notitiam regimentis acutorum morborum et continet iste liber libros pertractantes quatuor. In libro primo ... / ... hec autem omnia consideratur ratione dispositiones iacet videlicet prima ... patet totum quod continetur in hoc. Et hic sit finis libri et narrationes fiant de tota lectura quantum adtextum totius lecture huius anni. Deo gratias. Expleto pia laudetur Virgo Maria.'
— BN 6935, 15c, ff. 271ʳᵃ-292ʳᵃ. The MS is very faded. 'De regimine acutorum' here anon. Text inc. 'Qui de egrotantium ...' followed by the Comm. 'Intentio Ypocratis in libro presenti est nobis tradere notitiam regiminis acutorum morborum et continet istᵉ liber libros quatuor. In libro primo Ypocrates prohemium ponit deter-

minat autem de regimine acutorum per cibum specialem que appellatur ptisana . . . / . . . quod continetur in libro. Et hic est finis libri et narrationes fiant de tota lectura quantum ad textum totius lecture huius anni. Deo gratias. Expleto pia laudetur Virgo Maria. Amen.' (TK 760).

Vatican: VA Pal. 1221, 15c, ff. 193ra-218vb. Text lemma followed by Comm. 'Intentio Hippocratis in libro presenti est nobis pronosticare in morbis acutis notitiam tradere . . . / . . . preter naturam quod cadit in illa. Error maior est quod mensura egritudinis . . . paucitas enim (eius) erroris est de opere sapientis in arte tamen sic patet. Summa libri pronosticorum (sic) xi mensis Augusti 1377 sub magistro Marsilio de Sancta Sophia de Padua. Explicit.'

— **VA Pal. 1316**, 15c, ff. 228^r-257rb. Comm. Hipp. Acut. morb. Inc. 'Intentio Hippocratis in libro presenti est nobis tradere . . .' and so on as in BN 6860 above. (TK 760).

— **VA Rossiana 934**, 14c, ff. 1ra-37ra.

20. COMMENTARY OF MONDINO DE' LUZZI DE BOLOGNA

† 1326. Professor of surgery, anatomy, and medicine in Bologna and Padua universities.

Manuscripts:

Munich: CLM 13020, a. 1319, ff. 57ra-79va. Mundinus Super Hippocratis de Regimine acutorum libros III. Text *inc.* 'Qui de egrotantium accidentibus . . .' followed by the Comm. Inc. 'Sicut ponit Averroes primo sui Colliget capitulo de diffinitione medicine omnis ars operativa continet s. substantia entia et operativa . . . / . . . si esset omnino mala. Deo gratias. Explicit scriptum super libros tres de regimine acutorum Magistri Mundini egregii doctoris deo gratias.'

Vatican: VA 4466, a. 1317, ff. 37ra-55va (TK 1495). Text *inc.* 'Qui de egrotantium accidentibus . . .' followed by Comm. Inc. 'Sicut ponit Averroys primo sui Colliget capitulo deffinitione medicine omnis ars operativa continet tria s. substantia entia

et operativa . . . / . . . si esset omnino mala. Deo gratias. Expliciunt reportationes super libros Tegni pronosticorum a primo secundoque libro regiminis acutorum morborum facte sub egregie doctore magistro Mundino per Bortuonum (Bertuonum?) de Bonia (Bononia?). In anno domini MCCCXVII xxi die mensis Augusti.'

21. COMMENTARY OF PETRUS HISPANUS

† 1277. Associated with the Universities of Paris and Siena as student and member of the faculty of arts. Became a specialist in medicine and was the author of the widely used *Thesaurus pauperum*, emphasizing empirical medicine, also of commentaries on Hippocratic tracts, on Galen and on Isaac's *Diets*, and so on. He was also the author of significant tracts on logic, and ascended the papal throne as John XXI. See further Thorndike II, chap. 58; also Grabmann, 1928, 101-102; and Wickersheimer 638-640.

Manuscripts:

Madrid: BN Cod. 1877, ff. 110^r-123^v (Grabmann [1928] 101-102). 'Scriptum super libro regiminis acutorum.' Inc. 'Quoniam ut ait Philosophus in libro Analecticorum . . . / . . . Expliciunt notule Hispani super regimen acutorum.'

Munich: CLM 8951, 15c, ff. 169rb-194^r. Scriptum super Regimen Acutorum. *Inc.* 'Quoniam ut ait Philosophus in libro Analecticorum omnis doctrina et disciplina intellecta supra . . . / . . . volis et in hoc terminatur hoc (illegible). Expliciunt notule magistri Petri Hyspani super Regimentem acutorum.'

Vatican: VA 4455, 14c, ff. 39^v-40^v. Only a fragment. 'Parvo potus abuntans acto . . .'

22. COMMENTARY OF THADEUS FLORENTINUS

Thadeus Florentinus or Taddeo Alderotti (1223-1295). Practicing physician and professor of arts and medicine at Bologna; author of numerous commentaries and other medical tracts. See further Pansier in *Janus* (1904) 511; and G. Pinto, *Taddeo da Fiorenza o la medicina in Bologna nel XIII secolo*, (1888) 48 pp. For the Comm. on Hippocrates Acutorum morborum regimen, see TK   925.

Manuscripts:

Bethesda, National Medical Library (AFML) 492, 14c, ff. 25ʳ-61ᵛ, incomplete Comm. pref. 'Nostis enim quod neque hoc neque aliud aliquid opus scripsi gloriam . . .' Followed by the Hippocratic text: 'Qui de egrotantium accidentibus . . .' etc.; and the Galen comm. 'Non solum cum scripserunt rememorationes . . .'

Paris: BN 7030B, 13c, ff. 1ʳ-5ᵛ, incomplete and almost illegible. 'Commentarius

in Opus Acutorum Hippocratis auctore Thadeo Florentino medico. Item super librum Aphorismorum seu liber artis Aphorismorum Ypocratis eiusdem Thadei.' *Inc.* (illegible) . . . / . . . (*des.*) . . . 'ad medicinam discernant.'

Edition:

Printed 1527, ff. 247-342. 'Expositio Hippocratis in preclarum regiminis acutorum morborum Hippocratis volumen expositio.' Taddeo's expositio *inc.*: 'Liber iste dividitur in duas partes s. in prohemiale et tractatum . . . / . . .' ends incomplete in lib. tertius.

De adventu medici ad egrotum: see Visitatio infirmorum

II. DE AERE (AERIBUS), AQUIS, LOCIS (REGIONIBUS)

This tract relates to the effects of climate or meteorological changes and location upon health and disease, and also to the influence of geography and climate on man's physical and moral development. In this regard it draws a comparison between the nature and shapes of peoples of Asia and Europe.[1] The treatise which is generally accepted as an authentic work of Hippocrates was apparently well known in antiquity. Erotian cited it and Galen and Rufus of Ephesus commented on it.[2] St. Basil in the fourth century utilized it in his *Hexaemeron*.[3] Moreover, the work was among the earliest of the Hippocratic writings to be known in the Latin West. A Latin translation, made from the Greek, in all probability in the late-fifth or early-sixth century, constituted one of the works making up the Corpus of Hippocratic writings current in Latin at the time.[4] The treatise was then reintroduced to the Latin West along with other Greek writings in a translation made presumably from the Arabic in the twelfth century.[5] And it was this later version that was re-

---

[1] *Hippocrates*, with an English translation by W.H.S. Jones (Loeb Classical Library) I 66 ff.

[2] Kibre (1945) 393-394, and notes 137-143.

[3] For St. Basil's *Hexaemeron*, see PG 29; and for the influence of this work in the west see especially Thorndike I chap. 21.

[4] A. Beccaria, 'Sulle Trace di un antico canone latine di Ippocrate e di Galeno I,' *Italia medievale e umanistica* 2(1959) 1-56.

[5] Kibre (1945) 359, note 141; Hans Diller, 'Die Überlieferung der Hippokratischen Schrift περὶ ἀέρων, ὑδάτων, τόπων,' *Philologus Supplementband* 23, Heft 3 (1932), 1-190 reproduces this translation (pp. 83-104).

In at least one instance, MS Vatican Pal. 1079 (p. 27 below), there is a suggestion that the work was translated from the Greek by Bartholomaeus of Messina, the thirteenth-century translator from the Greek in the court of Manfred (son and successor to Frederick II). See

produced in the manuscripts and early printed editions. In general the work is not found as abundantly in the manuscripts as the previous work, largely perhaps because it was not utilized as a university text. This fact too probably accounts for the paucity or absence of commentaries on the work.

A. TRANSLATIONS

1. ANONYMOUS GREEK-LATIN VERSION

The earliest version by an anonymous translator, made probably in the late-fifth or early-sixth century, is extant in the following two ninth-century manuscripts.

Manuscripts:

IX Century

Milan: Ambros. G.108 inf., 2nd half 9c, ff. 19 bis^r–21^v. *Inc.* 'Medicinam si quis vult recte discere . . . / . . . horum enim non alia gens, quae similiter capitalia . . .' (Mutilated at the close). Beccaria 92.3, p. 289.

Paris: BN 7027, ff. 13^v-32^v. 'Incipit liber Ypocratis de aëribus, locis et de aquis. Medicinam si quis vult recte querere hec debet agere primum considerare tempora anni . . . / . . . meliores et in ceteris que in terra gignuntur omnia consequentia terre que autem melior naturas fuerint et in speciem habebunt si ex his autem considerans, reliqua iudicabis. Explicit liber Ypocratis de aeribus et de locis et de aquis.' Ed. from this MS by H. Kühlewein, in *Hermes* 40 (1905) 248-274. cf. Beccaria 28.3; Wickersheimer (1966) LXV.3.

2. ARABIC(?) - LATIN VERSION OF MARCUS TOLETANUS

This translation from the Arabic(?) is the work of Marcus Toletanus, that is Marc, canon of Toledo (c. 1191–1216). Usual *Inc.* 'Quisquis ad medicine studium (statum) accedere curat necesse primitus . . . / . . . res-

tant illa contemplare ab his et non errabis a veritate' (TK 1249). Ed. Hans Diller, 'Die Überlieferung der Hippokratischen Schrift . . .' *Philologus, Suppl.* 23,3 (1932) at 83-104. See also Marie-Thérèse d'Alverny et Georges Vajda, 'Marc de Tolède, traducteur d'Ibn Tumart,' *Al-Andalus* 16(1951), 99-140, 259-307, and the earlier literature there noted.

Manuscripts:

XIII Century

Erfurt: Ea F 271, late 13c, ff. 25-28. 'Quisquis ad medicine studium accedere voluerit . . . / . . . ut patet intuenti ipsum.'

Laon 414, no. 5, 'Hipp., De aere aquis et locis . . . Sic etiam dicturi sumus . . .'

London, BM Cotton Galba E.IV, c. 1200, ff. 201va-204vb. 'Incipit liber de aere et aquis. Quisquis ad medicine studium accedere curat necesse primitus est anni tempora et que in eis generantur . . . / . . . illa contemplare ab hiis et non errabis a veritate. Explicit liber' (TK 1249; Haskins, 94, anon.)

Vatican: VA Chigi E.VIII.254, early 13c, ff. 126^v–130vb. *Inc.* 'Quisquis ad medicine studium accedere curat necesse est primitus . . . / . . . illa contemplare ab hiis et non errabis a veritate. Benedictus deus. Amen. Amen. Amen.'

XIV Century

*Madrid: BN 1978, f. 95 (a brief extract: Beaujouan (1972), 183; not seen).

---

in this regard J. Ilberg, 'Zur Ueberlieferungsgeschichte des Hippocrates,' *Philologus* 52 (1894) 422-430; and for Bartholomaeus of Messina, also Thorndike II 314 and notes. However, the assignment of the translation of the tract in Vienna 2328 to the Greek translation of Isaac Toletanus appears clearly erroneous.

— *BN 3066, ff. 9-12ᵛ (Beaujouan (1972) 186; not seen). 'Incipit liber Ypocratis de aqua et aere et ventis.'

New Haven: Yale Medical Libr., codex Fritz Paneth, pp. 161-172ᵃ. 'Quisquis ad medicine studium accedere curat necesse est primitus anni tempora . . . / . . . contemplare ab hiis et non errabis a veritate.'

Oxford: BLa 1471, ff. 188ʳᵃ–193ʳᵇ. *Inc.* 'Quisquis ad medicine statum accedere curat. . .'

— **BL Canon. Misc. 307**, ff. 110ʳᵇ-114ʳᵇ. 'Incipit liber Ypocratis de aere et aqua. Quisquis ad medicine studium accedere curat necessarie est primitus anni tempora et que in eis generantur . . . / . . . quo queris que de naturis restant illa contemplare ab hiis et non errabis a veritate. Explicit liber Ypo. de aere et aqua.'

Paris: PA 1080, c. a. 1333, ff. 37-40. This work together with other Hippocratic works was abbreviated by Johannes de St. Amando. (Notes taken by Mlle Dulong). 'Liber de aere et aqua.' *Inc.* 'Quisquis ad medicine studium accedere curat necesse est primitus anni tempora et que in eis generantur attentius inquirat . . . (f. 39, book II) Dicendum quoque nobis est de Asye et Europe . . . / . . . et non errabis a veritate quia predicta satis sunt manifesta et aperta.' Completed in the Latin quarter at Paris by a lector of Aristotle.

***Prag: Univ. XIII.F. 26(2364)**, early 14c, ff. 42ʳ-44ʳ. 'Liber de aere et aqua.' Inc 'Quisquis ad medicine studium . . . / . . . vel malignitati.'

Rome: Angelica 1338(T.4.3), ff. 28ʳᵃ-32ʳᵇ. Without heading. 'Quisquis ad medicine studium accedere curat necesse est . . . / . . . illa contemplare ab his et non errabis a veritate.'

Vatican: VA 2382, ff. 100ʳᵃ-103ʳᵇ. 'De aere et aqua et regionibus.' *Inc.* 'Quisquis ad medicine statum accedere curat necesse est primitus anni tempora et que in eis generantur . . . / . . . restant illa contemplare ab his et non errabis a veritate. Explicit Y. de aere et aqua.' ('interp. lat. Marci Toletani' but no translator is named

in the MS. See Diller, *art. cit.*, *Philologus Suppl.* 23,3 [1932] 57).

— **VA 2417**, ff. 251ʳᵇ-254ᵛᵇ. 'Hipp. de aere, aqua, et regionibus.' *Inc.* 'Quisquis ad medicine studium accedere curat et necesse est primitus . . . / . . . de naturis restant illa contemplare ab hiis et non errabis a veritate. Explicit liber Ypo. de aere et aqua.'

— **VA Pal. 1079**, early 14c, ff. 52ᵛᵃ-56ᵛᵃ. *Inc.* 'Quisquis ad medicine studium accedere voluerit . . . / . . . diximus ita est si quisque querit que de naturis restant illa contemplare ab his et non errabis a veritate. Finit primus secundus et tertius de aere et aqua et regione.' However, Johannes Ilberg, 'Zur Ueberlieferungsgeschichte des Hippokrates,' *Philologus* 52 (1894) 422-430, attributes this translation to Bartholomaeus of Messina of the thirteenth century, the official translator from the Greek at the court of Manfred, son and successor of Frederick II.

Venice: San Marco Cl. VII, cod. XI, ff. 37ʳᵃ–38ʳᵇ, tr. Marcus of Toledo. *Inc.* 'Quisquis ad medicine statum accedere curat . . . / . . . non errabis a veritate.'

3. Greek(?)-Latin Version of Isaac Toletanus

This Translation from the Greek(?) is erroneously ascribed to Isaac Toletanus.

Manuscripts:

***Vienna: 2328**, Fol., a. 1314, ff. 97ᵛᵇ-99ʳᵃ. 'Incipit liber de aëre, aqua et regionibus translatus per Isaac Toletanum ab ydiomate greco in latinum.' *Inc.* 'Quisquis ad medicine studium (alius statum) accedere curat necesse est prius . . . / . . . (incomplete) consimiles sunt eadem causa quia eorum tempora vicina sunt nulloque spermus (?) modo corrumpitur nisi habundantia.' MS ends here. This is a beautiful MS with illuminations on f. 1, described by Hermann V (1928), 15-16.

***Vienna 2328b** (Wien II, 57) is described by Steinschneider, (1905) 54 as 'Marcus Toletanus, Canonicus, Hippokrates de aere aquis etc.' The latter text is also described as a translation from the Arabic, made probably in Salerno in the second half of the twelfth century, by Diller *art. cit., Philologus* Suppl. 23,3 (1932) 83-104, 105. (I failed to resolve this question when I was last in Vienna.)

XV Century

Gdansk(Danzig): Polish Academy of Sciences Mar. F. 238, ff. 167ᵇ-170ᵇ. 'Incipit liber de aere et aqua Ypocratis.' Des. '. . . ab aliis et non errabis a veritate etc. Explicit et finitur primus et secundus et tertius liber de aere et aqua Ypocratis cohos (sic) gloriosissimi et est optimus et valet tantum de auro ut patet intuenti ipsum etc.' (O. Günther, *Katalog der Handschriften der Danziger Stadtbibliothek* V 250-260).

Kraków: BJ 817, pp. 103–110ᵛᵃ. 'Incipit liber peryto noxomaton Ypocratis de aere, aqua et regionibus.' *Inc.* as in Clm 640.

Munich: CLM 640, ff. 74ʳ-77ᵛ, 128ʳ-138ᵛ. 'Liber Hippocratis de aere et aqua et regionibus. Incipit feliciter. Quisquis ad medi-cine studium accedere cura necesse est prius omnia tempora . . . / . . . de hiis autem que diximus ita est s. quoque queras que de naturis restant illa contemplare ab his et non errabis ab veritate. Liber Hippocratis de aere et regionibus finit feliciter.'

Editions:

Printed with Razi, *Liber Almansoris*, 1481, 1497, 1500 (Klebs 826. 1-3); and with Maimonides, *Aphorismi*, 1500 (Klebs 644.2). See further the *arts. cit.* by J. Ilberg, *Philologus* 52(1893-94) 422-430; H. Diller, *Philologus Suppl.* 23(1932) 83-104.

In the incunabula editions, the text is that of the translation ascribed to Marcus of Toledo. See for example the edition of Venice 1497, noted above, ff. 42ᵛᵇ-45ʳᵃ. 'Hyp. de aere et aqua et regionibus liber. Quisquis ad medicine statum accedere curat necesse est prius anni tempora et que in eis generantur attentius requirat. Que quidem non solum . . . / . . . illa contemplare ab his et non errabis a veritate.'

Venice 1500, ff. 42ᵛᵇ-45ʳᵃ, as in preceding.

Affectionibus (De), see De Passionibus
Alimento (De), see De cibis, Nutrimentum, and Victus ratione (De)
Anatomia, see Epistolae: Anathomia
Antiqua medicina, or **De vetere medicina**, does not seem to appear in Latin manuscripts in the Middle Ages.

In these pages, the Repertorium of Hippocratic writings in the Middle Ages begun in *Traditio* 31 (1975) 99-126 is continued, with the works listed alphabetically by the first significant word of the commonly used title.

III. **APHORISMORUM, LIBER**

Of the several works included in the Hippocratic Corpus that were early made available to the West in Latin translation, the best known and most widely disseminated was the *Aphorisms*. Still cited in the nineteenth century as 'the physicians' Bible,' this collection of disjointed and terse statements on the medical art, with the well known opening phrases: 'Life is short, art is long, opportunity fleeting, experience treacherous (or deceptive), judgment difficult. . .' was made synonymous with the medical art by Dante (*Paradiso*, canto XI, 1, 4).[1] It was also among the earliest of the Hippocratic tracts to be translated from Greek into Latin. According to the late Augusto Beccaria, who had carefully studied the earliest extant texts of the eighth and ninth centuries, these were derived from a Latin recension or archetype of the early

---

[1] *Hippocrates* with an English translation by W. H. S. Jones (Loeb Classical Library; London 1959) IV xxxiii-xxxv; also Augusto Beccaria, 'Sulle tracce di un antico canone latino di Ippocrate e di Galeno, I,' *Italia medioevali e umanistica* 2 (1959) 1-56; and more particularly his 'Gli Aforismi di Ippocrate nella versione e nei commenti del primo medioevo, II,' *ibid.* 4 (1961) 1-75. Both articles are henceforth referred to respectively as Beccaria (1959) and Beccaria (1961). For the *Aphorisms'* early dissemination see especially Beccaria (1961) 1 ff. and the bibliography there cited; also my earlier survey, 'Hippocratic Writings in the Middle Ages,' *BHM* 18 (1945) 371-412, henceforth referred to as Kibre (1945).

sixth century either at Ravenna, the center of the translating activity under
Theodoric the Ostrogoth, or possibly at Corbie.[2] Beccaria discounted the
expressed earlier views of Rudolf Beer and Pierre Courcelle that they emanated
from an archetype prepared at Vivarium in the sixth century, by way of
the Lateran (to which manuscripts had been taken from Vivarium after the
death of Cassiodorus).[3] Even earlier the *Aphorisms* were known and cited in the
writings of the Latin-speaking Church Fathers, St. Jerome and St. Augustine of
Hippo.[4]

In substance the early Graeco-Latin version by an anonymous translator is
similar to the later recensions. It is, however, roughly distinguishable from the
latter by the use of the term *prolixa* for *longa* in the incipit: 'Vita brevis ars
(autem) prolixa tempus (acutum) vero velox experimentum autem fallens
(fallax). . . .' But like the later versions it was divided into the seven particulae
believed to have been arranged by Galen, although possibly antedating him.[5]
Each particula with some repetitions covers a variety of subjects. The first,
after the brief preface introduced by the incipit noted above, relates to purging,
either spontaneous or artificial, and to diet for invalids, or dietetic therapeutics;
the second, to the relation of sleep to disease, to fevers, diet, and the like; the
third deals chiefly with the relation between changes of seasons, winds, and
atmospheric conditions in general, as well as to the occurrence of various types of
disease to which man is subject in the progressive stages of his life; the fourth
is on emetics and purgatives, on diagnostics, especially in fevers, and on
urines; the fifth, in somewhat similar fashion to the preceding, describes the
effects of heat and cold, especially in surgical cases, and includes information on spasms, tetanus, epilepsy, affections of the chest with the various
methods of caring for them, and on women's diseases; the sixth includes a
heterogeneous collection of aphorisms on prognostics, characterizations of
diseases, and therapeutics; and the seventh particula describes accessory
symptoms, complications, and sequences of diseases, with many repetitions from
the first and sixth divisions.[6] In a few rare instances, an eighth particula relating
to acute diseases was included.[7]

---

[2] Beccaria (1961) 22 ff.

[3] Rudolf Beer, 'Bemerkungen über den ältesten Handschriftenbestand des Klosters Bobbio,'
Anzeiger der kaiserlichen Akademie der Wissenschaften zu Wien, phil. hist. Klasse 48 (1911)
78-104; Pierre Courcelle, *Les lettres grecques en Occident de Macrobe à Cassiodore* (2nd ed.;
Paris 1948) 374 and 376 ff. For the supposed relations between Vivarium and Bobbio, see
below, under commentary of Aptalio or Attalio.

[4] See my earlier study, Kibre (1945) 374 ff.; also Courcelle (1948) 74, 75 n.; 181 n. 7.

[5] Beccaria (1961) 7, 41; Courcelle (1948) 388.

[6] Hippocrates (Loeb ed. 1959) IV 98-221.

[7] See MS Vendôme 172, below; and Beccaria (1961) 7.

The early translation of the text is usually accompanied by a commentary of doubtful authorship. The conjecture that it was derived from a Greek version prepared by Stephan of Athens, the Alexandrian physician of the sixth or seventh century, put forward by Courcelle,[8] has been rejected by Beccaria, who maintained that the commentary was compiled in Latin at Ravenna, no earlier than the seventh century.[9] Be that as it may, the commentator identifies himself in several manuscripts as Oribasius, presumably the fourth-century physician to the Emperor Julian the Apostate. For example, in Vatican 3426, below, there is the assertion, ' I, Oribasius, at the reigning Ptolemy's suggestion, have collected and arranged (this) as a commentary.'[10] On the other hand, in another manuscript, Vendôme 172, below, Oribasius is indicated as the author of the prologue alone, while the commentary proper is attributed to others. Furthermore, the commentator, after identifying the early translator of the text as Pelops, the teacher of Galen, went on to name as commentators on it, Pelops, Licus, Suranus, Rufus, Dominus, Galen, Attalio, 'and many others' (et multi alii).[11] Among those named as commentators, Attalio or Aptalio may perhaps be associated with the Attalio who appears as author of a preface to the Oribasius or Pseudo-Oribasius commentary, in two twelfth-century manuscripts.[12]

The Pseudo-Oribasius commentary is of interest since it preserved the structured program of medical teaching derived probably from the Alexandrian school, a program that characterized such instruction in the medieval universities. For example, it enunciated the six points to be covered in discussions of the text, namely the title, authorship, purpose, usefulness, the order in which it was to be read or studied, and the divisions of the text.[13] Moreover, it divided medicine into theory and practice, the former defined as relating to the intellectual side of the art of medicine, and the latter, *practica*, as the manual activities of the physician involved in the care and treatment of patients.[14]

---

[8] Courcelle (1948) 387.

[9] Beccaria (1961) 41 ff., 57 ff., 49 ff. ; Courcelle (1948), 387.

[10] This Vatican manuscript (VA 3426), which appears not to have been previously described, is of interest too, since its titulus reads: ' Incipit commentum Galieni super Aphorismos.' The name *Galieni* is however, written in, in a hand later than that of the manuscript which is early twelfth century.

[11] In addition to Vendôme 172, see also Vatican 3426, 11-12c, fols. 1v-2r, and London BMr 12.E.XX, fol. 116v, etc. I am planning an edition of this preface or commentary.

[12] For Attalio, Aptalio, or Attale, see below, manuscripts: Auxerre 22, fols. 70r-76r, ' Incipit expositio Aptalionis in VII libros Aphorismorum; and BMr 12.E.XX, fol. 1r: ' Incipit expositio Aptalionis etc.'

[13] For the six points to be covered in lectures or commentaries on the texts, see Courcelle (1948) 386, 387 f.

[14] See for example Glasgow Hunt. 96 (T.4.13), 9th cent., fols. 98v-99r, indicated below, and the manuscripts following.

In some recensions the subjects to be studied before undertaking medical study are enumerated, that is, grammar, rhetoric, dialectics or logic, arithmetic, geometry, music, and astronomy or astrology, with some variations, such as the substitution of philosophy for astronomy, with the inclusion, also, in some instances, of the study of herbs, medicaments, metals, and the four elements.[15]

Besides the early Graeco-Latin version of the text, which together with its Pseudo-Oribasius commentary continued to circulate in manuscript through the twelfth century, at least two other Latin translations appeared in that century. One of these was made presumably from the Greek, but there is no attribution to a translator in the manuscripts. This recension, is, however, characterized in a preface as a new edition: 'Afforismorum Ypocratis huius nove edicionis...,' prepared because the existing defective translations obscured rather than elucidated the truth.[16] The commentary that accompanied this recension is also ascribed to Oribasius, but it bears no resemblence to the earlier commentary. In this instance, after a brief preface introduced by the above incipit, the commentary continues: 'Temporibus Ypocratis doctissimi viri....'[17] It is possible that this translation of the text, which is similar to that to which the name of Constantinus Africanus (†1087) is attached in manuscripts of the thirteenth century, may be by Burgundio of Pisa (†1193). Burgundio's Latin recension of the Aphorisms from the Greek was highly praised in the thirteenth century by Taddeo Alderotti, professor of medicine at Bologna. Taddeo asserted that he had found Burgundio's translation from the Greek far superior to that of Constantinus Africanus made from the Arabic. However, Taddeo was obliged, as he admitted, to use the Constantinus version because it was more widely known ('non quia melior, sed quia communior'). He went on to note, moreover, that he had endeavored to correct Constantine's readings by those of Burgundio.[18] But so far neither the name of Burgundio nor that of Constantinus as translator of the Aphorisms has been noted in the twelfth-century manuscripts examined for this study. Indeed it is only in an early fourteenth-century manuscript of the text that Burgundio's name, in conjunction with that of Niccolò da Reggio, appears as translator of an incomplete version from the Greek.[19] And only in thirteenth-century manuscripts usually accompanied by Galen's commentary is Constantinus Africanus clearly named as the translator of the text and commentary from the Arabic in a dedicatory preface addressed to Glaucon[20] (or Actio)[21] in some recensions.

---

[15] See for example below, London BMar 166, early 9th cent., fol. 83v; also Bern 232, 10th cent., fols. 1r-38v.

[16] See for example Edinburgh National library (Advoc.) 18.3, 13 (11), fols. 50r-124v, below.

[17] For example Bern A.52, 12th cent., fols. 21ra-68v, below.

[18] See below, Commentators: Taddeo Alderotti.

[19] See below, Translations: 5. Burgundio of Pisa and Niccolò da Reggio, Vienna 2328.

[20] Apparently the name Glaucon is derived from Glaucon, the philosopher, to whom Galen

The later Latin translations of the *Aphorisms* were all made direct from the Greek. That of Niccolò da Reggio, together with Galen's commentary, was completed on or before 1314 at the Angevin court at Naples. And as suggested above, it purported to be a translation of those portions only that had not been translated by Burgundio of Pisa.[22] The remaining translations from the Greek were products of humanist interest in and resuscitation of classical Greek texts. They comprise the translations of Theodore Gaza († 1478), Lorenzo Laurenziano († 1515), and Niccolò Leoniceno († 1524), as well as several others in the course of the succeeding sixteenth to eighteenth centuries, which are beyond the scope of the present survey.

Although our intention here is to concentrate on the Latin versions of the Hippocratic *Aphorisms*, we should draw attention in passing to the vernacular translations, that is to those in Catalan, English, French, Irish, and so on. However, since these, with but a few exceptions, were produced after 1500, they have not been covered here in detail.

In general, the procedure in the following listing is as follows. First the early Greek-Latin version and the early commentaries on it. The manuscripts in which these are found are arranged chronologically by century. Under a given century, the manuscripts are listed in the alphabetical order of the city and collection in which they are found, and where there are several of them, in chronological order by years. In each instance, the incipit and desinit of the text and of the commentary is included. In the second and third divisions, are the later Latin translations without the name of the translator, together with the commentaries, and the manuscripts arranged as under the preceding instances. In the fourth division are the manuscripts which contain the name of Constantinus Africanus as translator from the Arabic, together with Galen's commentary. Then follow the Graeco-Latin translations of the fourteenth through the fifteenth centuries. Following the translations will come the commentaries; the anonymous commentaries arranged alphabetically by the first word of the incipit of the commentary; and those with authors, alphabetically by the name of the commentator.

Inevitably in compiling the following listings, omissions may well have occurred. It has not been possible to cover all the known collections of manuscripts. But one may hope that the present Repertorium will draw attention to these writings as continuing the Greek medical tradition in Latin dress.

---

dedicated some of his works. However, Constantinus Africanus refers to him as if he were a contemporary. For earlier literature on Constantinus, see Thorndike I, chap. 32; and pp. 750 ff.

[21] Actio may be derived from Acron, who is associated with Empedocles. He is named by Galen in describing the medical sect of Empirics. Thorndike I, 56.

[22] See note 19 above.

A. Translations

1. Greek-Latin Version by an Anonymous Translator of probably the Sixth Century

The usual text *incipit* and *desinit* of this version is: 'Vita brevis, ars (autem) prolixa, tempus (acutum) vero velox, experimentum autem fallens (fallax), determinatio molesta... / ... famen enim siccat corpora.'
The commentary that frequently accompanies this version begins as follows: *Prol.* 'Medicina partitur secundum minorem partitionem (portionem) in partes duas, id est theorica et practica. Theorica est quod intellectum medico subcumbit. Practica enim quod operante manibus a medico sit ...' *Comm. proper*: 'Quia (quoniam) necesse est semper in omnibus codicibus (omni libro) prius predici capitula necessarii operis ... / ... quos iam superius dixerat quod in praesenti cognoscimus.'

Manuscripts:

VIII Century
*Bern 611, f. 148ᵛ. Contains the beginning of the comm. prol. 'In aforismum. Medicina autem partitur ... ipsa fysieloica in sex, in elementis, in humoribus ...'. Beccaria (1961), 26.
*Modena: Archivio Capitolare cod. O.1.11, ff. 25ʳ-36ᵛ. *Inc.* mutil.: *des.* illegible. Beccaria (1956), 93.2; (1961), 8-10.

IX Century
Glasgow Hunt. 96 (T.4.13), ff. 98ᵛ-99ʳ, contains the introduction to the comm. only. The text that follows does not coincide with that of Hippocrates. Comm. *inc.* 'Medicina partitur secundum minorem portionem in partes duas, id est teuretica (*sic*) et practica. Teuretica est quod intellectum medico subcumbit. Practica enim quod operante manibus a medico sit ... (practica) enim pars medicine dividitur in curam et dieta ... / ... (99ʳ) Cyrurgia enim secare aut incidere que superflua sunt in corpore. Hec est partitium medicine.' From here there follows, 'De pulsibus.

Plurimi non solum ...' etc. Not in Beccaria (1956); but is in Beccaria (1961), 26.
Karlsruhe: Badische Landesbibl. cod. Reichenau CXX, ff. 120ʳ-181ᵛ, 200ʳ-204ᵛ. Comm. Prol. *inc.* 'Medicina partitur secundum minorem portionem in partes duas ... / ... Haec est portio medicinae.' Comm. 'Quia necesse est semper in omnibus codicibus prius predici capitula necessarii operis ... Sermo brevis integrum sensum propositae rei scribens. (Cap. 1). Vita brevis ars autem prolixa tempus vero velox ... Continue Ypocras in initium locutionis suae propulsare videtur magis quam advocare ... / ... (*des.* Part. VII) quod iam superius dixerat quod in praesenti cognoscimus. Explicit aforismorum particula septima breviter cum expositione sua.' Beccaria (1956), 56.9; (1959), 6-7; (1961), 27.
London: BMar 166, early 9c, ff. 82ᵛ-90ᵛ (old no. 80ᵛ-88ᵛ). Text with a variant comm. 'De arte prolixa pauca incipiam. In principio creavit deus celum et terram. Ex terra autem homo factus est et pro quoniam facta sunt igitur ex iiii elementis dicitur constare mundus scilicet ex igne aqua terra vento et aere idem ex calido et frigido et sicco et humido ... (f.83ʳ). Vita brevis, ars prolixa, tempus autem (velox) experimentum fallens, determinatio molesta, unde inspiciamus qualem oportet medicum esse ...' At f. 83ᵛ, the seven liberal arts are listed as necessary for the physician, together with the admonition that the physician also study ethics. Beccaria (1956) 83.13. A comm. with a similar incipit but without the Hippocratic text is found in Paris BN 14935, 11-12c, ff. 106ʳ-106ᵛ (107). See Beccaria (1956), 40.3; 83.13; and Wickersheimer (1966), LXXXV.3.
Paris: BN 7021, 9-10c, ff. 1ʳ-118ᵛ, mutil. at beginning and close. Text (ff. 1ʳ-18ʳ) opens in midst of Part. I; *des.* f. 18ʳ, '... medicaminibus non curantur ferro curantur quod ferro non curantum fuerit, igne curatur. Quod igni non curatum fuerit ista puta

incurabilia. Expliciunt Aforismi Hypocratis Magni medici Choy. (Comm.) In nomine Domine incipit argumenta Aphorismorum Hyppocratis magni medici Choy. Quoniam necesse est semper in omnibus libris prius predici capitula necessarie future est dicendum . . . (f. 19ʳ) Quid est aforismus? Sermo brevis integrum sensum proposita rei scriberis. Explicit gomentum Aforismorum. Incipiunt Expositiones Aforismorum liber primus. Vita brevis est, ars autem prolixa, tempus vero velox experimentum autem fallens. Continuo Hippocras in initio locutionis suae propulsare videtur magis quam advocare . . . (continues through Part. VII, and ends, f. 118ᵛ, incomplete) qui est omne concavitatis dixit sed demus exemplum.' Recipes follow at ff. 118ᵛ-119ʳ. MS noted TK 260; Beccaria (1956), 27.1-2; (1961), 6, 10, 26; Wickersheimer (1966), LXIV.

— **BN 7027**, ff. 66ʳ-175. Comm. *inc.* 'Medicina autem partitur secundum minorem portionem in partes duas . . . haec sunt partes medicinae . . . Comm. Aforismorum: Quia necesse est semper in omnibus codicibus praedici capitula . . . Sermo brevis integrum sensum propositae rei scribens. (Text, f. 68ᵛ) Vita brevis ars autem prolixa tempus vero velox experimentum autem fallens. Continuo autem Ypocratis in initio locutionis sue propulsare videtur magis quam advocare . . . / . . . (Part. VII, f. 175) usque ad ossum et quamvis sanitas fit . . .' Mutil. at close. Beccaria (1956), 28.6; (1961), 5, 26. Wickersheimer (1966), LXV.6.

— **BN 11219**, ff. 1ʳᵃ-11ᵛᵇ, 212ʳᵃ. Part. II-VII, incomplete at beginning and at close. Without comm. Beccaria (1956), 35.1; (1961), 6; Wickersheimer (1966), LXXVII.1.

X Century

Bern: Burgerbibl. (Stadt- u. Hochschulbibl.) 232, ff. 1ʳ-38ᵛ. 'In Aphorismis Hippocratis comm.' Lacks several aphorisms and is mutilated at the close. List of caps. precedes: (ff. 1-4ʳ) 'Incipiunt capitula. I. Vita brevis . . . / . . . ccxcvi. Circa vetus aegritudines. I. Vita brevis ars autem prolixa tempus acutum vero velox experimentum autem fallens determinatio moles-

tam. (Comm.) A. Vita brevis ars autem prolixa dixi eo quod ars medicine multas artes precurrens sit sive antea quam ad medicinam ingrediatur idest grammatica rethorica astronomia musica mathematica philosophia geometrica. Scire de erbis de medicaminibus de metallis de elementis hoc est quod est ignis aqua terra aer unde conspartum est corpus hominis. Tempus vero velox dixi hoc est acutum quia passiones hominis acute maxime quattuor tempora habeant. Initium augmentum statim et declinationem . . . (comm. lacking four aphorisms 238-262; ending with aphorism 295) Quibus in febribus constitutis de naribus sanguinem fluit. Pessimum in diebus creticis si manaverit digestionis utile et bone sue . . . sudores boni in diebus creticis fuit. Si a luna et malis fiat. Si valde et veloces expelluntur in fronte et velud defluentes et frigide valde multum multumque necesse est huius . . .' Mutilated at the close. Beccaria (1956), 122; (1961), 63 ff.

*Chartres: Bibl. munic. cod 75 (55), fragments. 'Comm. aforisma' Part. II . . . (VII). Mutilated at the close. Beccaria (1956), 12; (1961), 27; Wickersheimer (1966), XIII.

*Einsiedeln: Stiftsbibl. cod. 313 (542), pp. 1-213. Comm. on Part. I-VII: mutilated in Part. VI. 'Incipit prologus istius libri aforismi. Medicina partitur secundum minorem portionem in partes duas . . . Haec est portio medicinae.' List of capp. precedes each Particula, then the comm.: 'Incipit expositio super Aforismum. Quia necesse est semper in omnibus codicibus prius praedici capitula . . . Sermo brevis integrum sensum propositae est scribens.' Text follows at p. 6: 'Vita brevis ars autem prolixa tempus vero velox experimentum autem fallens. Continuo Yppocras in initio locutionis sua propulsare videtur magis quam advocare . . . / . . . (*des.* Part. VII) quos iam superius dixerat, quod in praesenti cognoscimus. Explicit Aforismorum particula septima.' TK 734; Beccaria (1956), 126.1; (1961), 28.

Glasgow: Hunt. 404 (V.3.2), ff. 34ʳ-147ᵛ. Part. I-VII. A list of 41 aphorisms precedes.

Inc. 'Vita brevis ars autem prolixa. Tempus vero velox experimentum autem fallens . . .' (f. 35ʳ) Comm. *incipit*: 'Medicina partitur secundum minorem portionem in partes duas id est theorica et practica. Theorica est que intellectum medico subcumbit. Practica enim que operante manibus a medico sit. Et theorica partitur in tria id est . . . In perfectione unde si medicus scire debet qua artes precurrende conat qua ad medicinam ingreditur. Hoc est grammatica rhetorica musica mathematica philosophia geometria et arithmetica. Etiam debet scire de erbis, de medicaminibus, de metallis, de elementis. Continues as in Einsiedeln Stift. 313, above. Beccaria (1956), 73.18; (1961), 27.

Lincoln 333 (37), ff. 1ʳ-3, fragment of the text without comm. Not in Beccaria (1956).

*Montecassino: Archivio della Badia V.97, ff. 199ᵇ-282ᵃ. Part. I-VII. 'Incipit prologus super expositionem Aforismi. Medicina partitur secundum minorem portionem in partes duas . . . Haec est portio medicinae.' (Comm.) 'In nomine domini nostri Iesu Christi. Incipit commentum Aforismorum. Quia necesse est semper in omnibus codicibus prius predici capitula . . . quod aforismi sunt tot partes.' List of caps. for each of the seven particula. 'Incipit liber primus. Quid est aforismum? Sermo brevis integrum sensum praepositae rei scribens . . . Continuo Yppocras in initio laudationis suae pulsor videtur magis quam advocator . . . / . . . (*des.*) quos iam superius dixerat, quod in praesenti cognoscimus. Explicit Aforismi cum expositione sua. Lege feliciter.' Comm. prol. printed in Renzi, *Collectio Salernitana* I, 87; Kühlewein, 'Mitteilungen aus einer alten lateinischen Übersetzung der Aphorismen des Hippokrates,' *Hermes* 17 (1882) 484-88; Beccaria (1956), 95.25; (1961) 27.

XI Century

Brussels 3701-15, ff. 34ʳᵃ-65ᵛᵇ. Comm. on Part. II-VII. Mutil. at beginning and close: '. . . vincuntur humores et passio et fit determinatio ad salutem et quando cognoscitur quia ad perfectum determinata est egritudo. Quando futura nos levior supervenerit. Plenum qui enim dicit . . .' Part. VII closes

incomplete, f. 65ᵛᵇ: '. . . qui cito determinare potest. Si vero cum tristitia vel aliqua cognitione malum est quia significat . . .' Beccaria (1956), 6.36; (1961), 29.

*Gotha: Herzogl. Bibl. 63 (Membr. II. 144), 11-12c, f. 104 (Diels).

Montpellier 185, ff. 1ᵛ-98ʳ. Comm. on Part. I-VII. 'Incipiunt Aforismorum capitula. Lector est modicus sensus qui intima multa demonstrans. Aforismus est sermo brevis integrum sensum propositae rei scribens debet scire medicus presencia, preterita et futura. Ipocras ait. Vita brevis ars proxima (*sic*) tempus velox experimentum fallens, determinatio molesta. Oportet autem medicum non solum seipsum previdere que oportet facere . . . (f. 2) expliciunt capitula. Incipit prologus istius libri Afforismi. Medicina partitur secundum minorem partionem in partes duas . . . Haec est portio medicinae.' (f. 3ʳ) 'Incipit expositio super Aforismum. I. Quia necesse est semper in omnibus codicibus prius predici capitula . . . quot aforismi sunt tot partes. Vita brevis, hars (*sic*) autem prolixa, tempus vero velox experimentum fallens, determinatio molesta. Continue Hypogrates inicio locutionis suae pulsare videtur magis quam advocare . . . / . . . (Part. VII, *des.*) quos iam superius dixerat, quod in presenti cognoscimus. Explicit aforismorum particula septima breviter cum expositione sua.' Beccaria (1956), 16.2; (1961), 28; Wickersheimer (1966), XXIX.2.

Paris: BN 7099, 11-12c, ff. 1-12ᵛ. Part. I-VII, without comm. 'Incipit liber anphorismorum Ypocratis. Vita brevis ars prolixa tempus vero velox experimentum autem fallax . . . / . . . (*des.*) famen adhiberi convenit. Fames enim siccat corpora. Explicit liber Anforismorum Ypocratis.' MS is very faded. Wickersheimer (1966), LXVII.1.

*Rouen: Bibl. munic. cod. 1407 (0.55), ff. 195ʳ-198ᵛ, 199ʳ-201ᵛ, 215ʳ-222ᵛ. Comm. without prol. 'Quia necesse est semper in omnibus codicibus prius praedici capitula . . . Quid est aforismus? Sermo brevis integrum sensum preposita rei scribens.' Text (f. 196ʳ) 'Vita brevis est, ars autem prolixa, tempus vero velox . . . / . . . (des. Part. VII) quod si igne non curatum fuerit, ista puta incurabilia.' There are lacuna in Part. IV, V-VI, and VII. Mutilated at the close. Beccaria (1956), 44.3; (1961) 3, 11, 29; Wickersheimer (1966), CIX.3.

Vatican: VA 3426, ff. 1ʳᵃ-77ʳ. Titulus: ' Incipit liber (Galieni, sic in a later hand than the rest of the MS) super amphorismos. Medicina partitur secundum minorem partitionem in partes duas id est in theoretica et practica. Theoretica est quae intellectu medico succumbit. Practica enim quae operante manibus a medico fit. . . . / . . . haec est portio medicinae.' Comm. 'Quoniam necesse est semper in omni libro quaedam necessaria praedici idcirco hic esse praedicendum existimo quod Ypocras nos ut magnanimus . . . (f. 1ᵛ-2ʳ, lists the early translator and commentators) commenta collegi et ordinavi ego Aribasius (sic) monente Ptolomeo et regnante, post septuaginta perfectissimorum medicorum ruminationem una relegentium et philosophicas questiones discutientium. Queritur etiam in qua parte artis medicinae redigitur presens liber. Medicina enim speculativa est et activa. Sed dicimus quia in utramque redigitur. Omnium enim egritudinum speculationem comprehendit. Nec non et actualia tamquam cognita sibi annectit. Speculatio parvo tempore comprehendi non potest. Actus quoque multo tempore comprehenditur. Igitur in hoc quod parvo tempore non comprehenditur sedule studendum videtur. Set qui se non eligat in ea permanere doctrina in qua semper posset esse securus. Ergo secundum utrasque redigitur presens liber. Ordo legendi si queratur quantum ad introducendos tertio loco legi debet sed quantum ad doctos etiam in primo. Et qui introducendi sunt. Primitus legant sacramentum ipsius Ypocratis. Post sacramentum librum preceptorum et librum Ysagogarum Surani. Tertio loco librum hunc in quo totius artis speculatio continetur. Docti enim hunc in ultimo relegunt ut ea quae in alii legerunt hic omnia commemorent . . . (f. 2ᵛ) Si etiam requiras certam rationem quot aforismi tot libri partes. Quid est aforis-

mus? Sermo brevis integrum sensum proposite res describens. Sed iam ad ipsum aforismi textum redamus.' (Text is introduced with decorated initials). 'Vita brevis ars autem prolixa tempus vero velox experimentum autem fallens determinatio molesta.' Comm. follows: 'Continuo Ypocras in initio locutionis suae propulsare videtur magis quam advocare audientes . . .' (f. 3ʳ): 'In primo aforismo de prolixitate artis' (to cap. 38); (f. 12ʳ, Part. II) 'Intellectus istius aforismi talis est . . .' (to cap. 52); (f. 24ᵛ, Part. III) 'In mutationes temporum . . .' (Aphorisms or caps., from here on are not numbered); (f. 35ʳ, Part. IV); 'Qui ergo gravitas? . . .'; (f. 47ᵛ, Part. V): 'Quibus urine crasse . . .'; (f. 56ʳ, Part. VI): 'Menstrua educit . . .'; (f. 72ʳ, Part. VII): 'Videamus unde rigor . . . / . . . (f. 77ʳ, des.): pretermittimus optimis quibuscumque ea relinquentes velud se indicendo exeant velut etiam omne in (?) tempta conmodius exponant. Usque ad istum locum completa est expositio cum textu. Hi alii remanserunt aforismi nove exponuntur quia aliqui dicunt scriptores hic peccaverunt ut sunt reciproca. Alii non dicunt Ypocras dementiam (?) pertulisse dum ad finem istius codicis venit et post modum ubi ad sanitatem reverens est ipsos afforismos addidit quos iam superius dixerat quod in presenti cognoscimus.' A number of medical recipes or prescriptions follow. The MS, not noted by Beccaria, has hitherto been undescribed.

— **VABarb 160**, ff. 143ʳ-198ᵛ. Comm. Part. I-VII. 'Incipit prologus istius libri Aforismi. Medicina partitur secundum minorem partitionem in partes duas . . . Haec est portio medicinae.' Comm.: 'Incipit expositio super Aforismum. Quia necesse est semper in omnibus codicibus prius praedici capitula necessarii operis . . . Sermo brevis integrum sensu proposite rei scribens.' Text and comm. on Part. I-VII follow, each with its own list of caps. Inc. f. 143ᵛ: 'Vita brevis ars autem prolixa, tempus vero velox, experimentum autem fallens, determinatio molestia. Continuo Ypocras in initio locutionis suae propulsare videtur magis quam advocare . . . / . . . (des. Part. VII, f. 198ᵛ):

et quos iam superius dixerat, nunc in praesenti cognoscimus. Finitus est Deo gratias. Amen.' Beccaria (1956), 108.16; (1961), 28.

Vendôme: Bibl. munic. cod. 172, end 11c, ff. 1ᵛ-11ʳ; 11ʳ-72ᵛ. *Inc.* 'Vita brevis, ars autem prolixa, tempus vero velox, experimentum autem fallens, determinatio molesta . . . / . . . (*des.* as in Rouen: Bibl. munic. 1407, above) quod igne non curatum fuerit, istud puta incurabile. Explicit Aforismorum part. VII.' Comm. (f. 11ʳ) Incipit prologus Uribasii super Aforismos Ypocratis (but actually the usual prologue is omitted, the *inc.* is that of the comm. proper): Quoniam necesse est semper in omni libro quaedam necessaria praedici . . . Quid est aforismus? Sermo brevis integrum sensum propositae rei describens. Sed iam ad ipsum Aforismorum textum redeamus . . . Subsequitur commentum multorum phylosophorum, physicorum loicae sectae antrosophystarum. Vita brevis, ars autem prolixa, tempus vero velox . . . Continuo Ypocras in initio locutionis suae propulsare videtur magis quam advocare . . .' Continues through Part. VIII (VII) Aphorism 46, mutilated at the close. Beccaria (1956), 46.2-3; (1961), 6, 28; Wickersheimer (1966), CXVII.2-3.

XII Century

Auxerre Bibl. municipale 22(22), 12c, ff. 70ʳ-76ʳ. 'Incipit expositio Aptalionis in vii libros aphorismorum Ipocratis. Vita brevis ars autem prolixa tempus vero velox experimentum autem fallens determinatio molesta. Vitam brevem artem autem prolixum dixit eo quod ars medicine multas habet artes precurentes sibi antequam ad medicinam ingrediatur id est grammaticam rethoricam musicam mathematicam philosophiam geometricam. Scrire de erbis de medicaminibus de metallis de elementis hoc est quod est ignis aqua terra aer unde conjunctum est corpus hominis. Tempus velox dixit hoc est acutum quia passio omnis maxime acuta quatuor tempora habet . . .' Not in Beccaria or Wickersheimer.

*Escorial N.111.17, 12c, ff. 2ᵛ-34ᵛ. Hippocrates text with Ps.-Oribasius comm. Prol. *Inc.* 'Medicina partitur secundum minorem partitionem in partes duas . . .'

Text continues through Part. VII, *des.*: '. . . quia plus siccat luna(?) quam si unguantur aut a cibis abstineant.' Not in Beccaria.

London BMr 12.E.XX, ff. 1ʳ-32ᵛ, 114ᵛ-116ᵛ. Has a fine illuminated capital. (f. 1ʳ) 'Incipit expositio Aptalionis in vii libros Aphorismorum Ypocratis. Vitam brevem artem autem prolixam tempus vero velox experimentum fallens determinatio molesta. Vitam brevem artem autem prolixam dixit eo quod ars medicinae multas habet artes precurantes sibi antequam ad medicinam ingrediatur. Id est grammaticam, rethoricam, musicam, mathematicam, philosophiam, geometricam scire de herbis de medicamentibus de metallis de elementis hec est quod est ignis, aqua, terra, aer, unde compactum est corpus hominis. Tempus velox dixit hec est acutum quia passio omnis maxime acuta . . .' Book I (*sic*) ends f. 4ᵛ, '. . . si illa effundantur qui non oportet. Explicit liber primus. Incipit secundus. In quocunque morbo . . . / . . . (f. 9ᵛ) parvum corpus habuerit non solum in iuventute sed in senectute bene viget. Explicit liber secundus. Incipit tercius. (f. 10ʳ) Cum mutationes temporum maxime generant morbos et in temporibus magne mutationes . . . / . . . (f. 11ᵛ) epilepsiam maniam et alia quoque talia. Explicit liber tercius. Incipit quartus. Pregnantes medicantibus purgari . . . / . . . (f. 19ʳ) facta et errupens solutio. Explicit liber quartus. Incipit quintus. Spasmus de elleboro mortale. In vulnere spasmus . . . (f. 24ʳ) calor propterea isti inflationes maxime patiuntur. Explicit liber quintus. Incipit sextus. In diuterna lienteria . . . / . . . (f. 27ᵛ) ut illa muceillago preteritis existimatur. Explicit liber vi. Incipit septimus. In acutis morbis frigida . . .' continues to f. 32ᵛ, '. . . quod igne non curatum fuerit istud puta incurabile.' The work is followed at f. 33ʳ by Galen, 'Ad Glauconem De curatione febrium.' At f. 114ʳ, the *Aphorisms* begins again. 'Vita brevis ars autem prolixa . . . together with the comm., and at f. 116ʳ, 'Incipit prefatio in libro afforismorum. Quoniam necesse est semper in omni libro quedam necessaria predici . . .

In presenti igitur libro intentio est (f. 116ᵛ) totius artis breviter capitula disponere. In hoc namque libro describit hominis vitam naturasque rerum artis prolixitatem temporis . . . Apud Latinos autem per translationem Pelops qui acutissime verbum e verbo transferens imitatus est Ypocratis breviloquium. Commentores fuerint idem Pelops, Ilicus et Soranus et Rufus et Dorius (?) et Gallienus et Atalio et multi alii. Commenta recollegi et ordinavi ego Oribasius monente Ptolomeo et regnante. Post septuaginta perfectissimorum medicorum . . . Queritur etiam in qua parte artis medicine redigitur presens liber. Medicina enim speculativa est vel activa. . . . Speculatio parvo tempore comprehendit potest. Activus quod que multo tempore comprehenditur. Igitur quia parvo tempore non comprehenditur sedule studendum videtur. sed quis se non eligit in ea permanere doctrina in qua semper possit esse securus ergo . . . redigitur presens liber. Ordo legendi . . . et primo et qui introducendi sunt primum legant sacramentum ipsius Ypocratis. Post sacramentum ipsius librum et librum Ysagogorum facuit in tertio loco librum hunc.' TK 260, 1705; not in Beccaria (1956); but is noted by Beccaria (1961) 29.

Paris: BN 4888, ff. 105ʳ-127ᵛ. Without heading. *Inc.* 'Necesse est semper in omni libro quedam necessaria predici idcirco hic esse praedicendum existimo quod Hypocras nos ut magna minus patet . . . In presenti igitur libro intencio eius est totius artis breviter capitula disponere. In hoc namque libro describit hominis vitam naturasque rerum artis prolixitatem temporis velocitatem experientie fallacia egritudines et earum accidentia . . . (text) Vita brevis ars autem prolixa tempus vero velox experimentum autem fallens determinatio molesta. Continuo Ypocras in initio sue locutionis . . . / . . . (f. 127ᵛᵃ) unde malus dixit esse Ypocras aliquibus hoc est mortale.' Not in Beccaria (1956); but is in Beccaria (1961), 29. Not in Wickersheimer.

— **BN 6951**, ff. 178ʳ-ᵛ. Fragment of comm. on the *Aphorisms*, identifiable by the *des.* (See above Vatican 3426, and VABarb 160). *Ex abrupto*: 'Ypocratum dicebat hoc apud se . . . / . . . (*des.*) usque ad istum locum completa est expositio cum textum Hypocrati qui remanerent aforismi non exponuntur quia aliqui dicent scriptores hic peccaverunt ut sint reciproca. Alii vero dicunt Ypocratem dementiam pertulisse dum ad finem istius codicis venit et post modum ubi ad sanitatem reversus est ipsos aforismos addidit quos iam superius dixerat quod in presenti cognoscimus.' Not in Beccaria or Wickersheimer.

— **BN 7029**, ff. 32ʳ-48ᵛ. Without heading; but with extensive glosses. Comm. *inc.* 'Medicina partitur secundum minorem portionem in partes duas id est in theorica et practica. Theorica est que intellectivum medici succumbit. Practica enim que operantibus manibus a medico fit . . .'; f. 33ʳ,   'Medicina dividitur in duas partes idest in theoricam et practicam . . .' The text *inc.* (f. 42ᵛ) follows: 'Vita brevis ars vero prolixa . . . / . . . (*des.*) corporibus humidas carnes habentibus famen adhibere melius. Famen enim exsiccat corpora. Explicit liber afforismorum Ypocratis.' Not in Beccaria or Wickersheimer.

— **BN 14935**, ff. 98ʳ-ᵛ, 106ʳ-ᵛ, 107, 111. De arte prolixa pauca incipiam. In principio creavit Deus celum et terram. Ex terra autem homo factus est . . . / . . . Item in pueris et in iuvenibus, sanguis, in viris colera rubea vel nigra.' The manuscript is fragmented but the opening words of the comm. are similar to those of London BMar 166, above. Beccaria 40.3, 5; Wickersheimer LXXXV. 3.

*Pommersfelden Bibl. Schönborn 2766 (Diels 16).

Vatican: VA Reg. Suev. 1809, late 12c, ff. 1ʳᵃ-49ᵛᵃ. Comm. 'In Hipp. Aphor.' mutilated at the beginning, opens in the midst of Part. I. Identifiable as the Ps. Oribasius comm. by the *desinit* (cf. Karlsruhe Badische Landesbibl. above): 'Quia aliqui dicunt scriptores haec peccaverunt universaliter reciprosa alio vero ducunt Ypocratem denunciant pertulisse dum ad finem istius codicis venit et post modum ubi ad sanitatem reversus est ipsos aforismos addunt quos iam superior; dixerat quod in presenti ea cognoscimus. Explicit aforismi cum expositione sua. Lege feliciter id est subtilitate idem studiosi.' Short notes follow. Not in Beccaria.

2. Anonymous Translation Possibly also from the Greek

Appears in manuscripts of the early 12th through the 14th century, usually with a commentary attributed to Oribasius or Ps.-Oribasius.

Text *inc*: 'Vita brevis ars vero longa tempus autem acutum . . . / . . . (*des.* varies, but the most usual one is): habentibus famen adhibere fames enim siccat corpora' Comm. prol.: 'Aphorismorum Ypocratis huius (cuius) nove editionis ea causa extitit quia antique . . .' Comm. proper: 'Temporibus Ypocratis doctissimi viri pro multiplici medicorum varietate . . . / . . . (*des.*) accidentalis corporis calore favente carente desiccatur et in corpus attenuatur. Explicit glose aphorismorum.' TK 1704, 113, 1559; Beccaria (1961) 25.

Manuscripts:

XII Century

Bern A.52, ff. 21ra-68v. (Comm. in Hipp. Aphorismos). 'Temporibus Ypocratis doctissimi viri pro multiplici medicorum varietate. Multa de diversa huius artis capitula inventa fuere. In quibus vir iste clarissimus studiose legendo rationabiliter intelligendo continuam operam dedit . . .' (f. 21va) 'Titulus incipit liber amphorismorum Ypo. Hec nom divino presagio est sortitus. Ypocras vero interpretatur equi rector vel artis sustentator. Hec enim refrenando effrenitatem stultorum . . . / . . . (f. 68va) abstinentia. Fames enim desiccat corpora abstinente enim aliqua . . . vel accidentalis corporis calor favente carente desiccatur unde corpus attenuatum est.'

Edinburgh: National Library (Advoc.) 18.3, 13(11), ff. 50r-124v. 'Afforismorum Ypocratis huius nove editionis ea causa existit quoniam antique multum eorum que vitiosis translationis in esse assolent: culpe genus desunt adeo idem. Hec translatio merito debeat appellari sed potius veritatis ablatio. (Comm. proper) Temporibus Ypocratis doctissimi viri. . . . (at f. 51va, usual text) Vita brevis ars vero longa tempus acutum. . .' Comm. 'Vita brevis id est multis accidentibus sensibilis. . .'

— **Univ. 163 (111)**, ff. 72v-118v. 'Incipit prologus in afforismis Ypocratis. Afforismorum Ypocratis huius edicionis causa exstitit quoniam antique . . . / . . . septima in acutis morbis.' Text follows: 'Incipiunt aforismi Ypocratis. Vita brevis ars vero longa . . . / . . . (*des.*) fames siccat corpora.'

Oxford: BLd 108, ff. 26r-76r, 76r-90v. 'Incipiunt gloss aphorismorum. Temporis Ypocratis doctissimi viri pro multiplici medicorum varietate multa ac diversa huius artis capitula inventa fuere. In quibus vir iste clarissimus studiose legendo rationabile intelligenda . . .' Only the catch words of the text are given through Part. VII. Part. I. 'In perturbationibus ventris' etc. Premisso prologo ad suam accedit intentionem . . .' (f. 32) Part. II. 'In quo morbo' etc. Premissa particula naturali virtute attributa. . . .' (f. 39) Part. III. 'Mutaciones temporum etc. Diximus humanum corpus tribus . . .' (f.46) Part. IV. 'Pregnantes purgare etc. Premissis particulis tribus. . .' (f. 57) Part. V: 'Spasmus ex ellebore mortale. Premissa particula sanguinis atributa . . .' (f. 66v) Part. VI: 'In diuturnis lienteriis etc. Hec particula flegmatico humori non inmerito assignatur . . .' (f. 72v): 'VIIa et ultima particula. In acutis morbis frigiditas malum. Quoniam in superioribus particulis Ypocras de egritudinum sintomatibus . . .' (f. 76r) Comm. *des.* '. . . humiditas vel accidentalis corporis calore favente cadente dessicatur et inde corpus attenuatur. Explicit glose aphorismorum. At ff. 76r-(90v): 'Oribasius (Glossae) Aphoris. Prol. Aphorismorum Ypocratis huius nove editionis . . .'

Paris: BN 7102, ff. 33r-94v. Fine illuminated initials. 'Prologus Oribasii in librum amphorismorum Ypocratis. Aphorismorum Ypocratis huius nove editionis ea causa extitit quoniam antique nullum earum que vitiosis . . . / . . . (f. 35ᵛ) hanc discesse editionem et ea quam maxime vitasse vitia que antequam supra dictum est incurisse sed iam Ypocras audiatur. Incipit prefatium Ypocratis.' Comm. proper omitted. (f. 35ᵛ, text) 'Vita brevis ars vero longa tempus autem acutum experimentum vero fallax iudicium autem difficile . . . / . . . (des. f. 94ʳ⁻ᵛ) corporibus carnes humidas habentibus famen adhibere fames enim siccat corpora.' The glossator in a 13th cent. hand compares this text with the earlier translation from the Greek. The gloss continues to f. 94ᵛ. Beccaria (1961), 25. Not in Wickersheimer.

Vatican: VA Ottob. 2298, ff. 14ᵛ-29ʳ. Part. I-VII. Comm. prol. *inc.* 'Amphorismorum Ypocratis huius nove editionis ea causa extitit . . .' The text (f. 15ʳ) suggests the earlier translation from the Greek: 'Vita brevis ars vero prolixa tempus autem acutum experimentum vero fallax iudicum autem difficile. Oportet autem non solum seipsum prebere . . . / . . . (f. 29ʳ⁻ᵛ) corporibus humidas carnes habentibus famen debes adhibere fames enim siccat corpora. Explicit liber Aphorismorum Ypocratis.' There are extensive marginal and interlinear glosses throughout.

XIII Century

***Admont 254**, ff. 74ʳ-82ʳ. Comm. Prol. 'Aphorismorum Ypocratis huius nove editionis . . .' Comm. proper: 'Temporibus Hippocratis doctissimi . . .'

Cambridge: CUpet 251, 12-13ᶜ, ff. 64ʳᵃ-80ᵛᵇ, 97ᵛᵃ-102ᵛᵇ. 'Incipiunt aphorismi Ypocratis. Vita brevis ars vero longa tempus autem acutum experimentum fallax iudicium vero difficile. Oportet ergo non solum se ipsum prebere . . . (comm. without prol.) Temporibus Ypocratis doctissimi viri pro multiplicia medicinarum varietate multa ac diversa huius artis capitula inventa fuerit. In quibus vir iste gloriosus studiose legendo rationabiliter . . . Unde hunc librum que intitulatur liber aphorismorum composuit communi utilitati . . . In principio autem vii requiruntur: materia, intentio, causa inventionis, utilitas, cui parti philosophie supponatur. Divisio et titulus. Materia huius libri est humani corporis . . . / . . . (des. text, f. 80ᵛᵇ)

corporibus humidas carnes habentibus famen adhibere convenit fames enim desiccat corpora.' Comm. ends: 'In fine libri qui Ypocras curialiter insegnit curam universalem . . . enim aliquo quia nutrimentum deficit substantialis humanis vel accidentalis corporis calore favente carente desiccatur . . . corpus accenuavit.' (text) 'Si a febre habito in more non existente in collo suffocatio temperate innascatur et deglutire non possit mortale.' At ff. 97ᵛᵃ-102ᵛᵇ, the comm. prol. follows: 'Incipit ars prologus amphorismorum Ypocratis. Amphorismorum Ypocratis huius nove editionis ea causa extitit quoniam antique nullum eorum vitiosis translationibus inesse adsolent culpe genus defuit. Adeo ut hec translatio merito debeat appellari sed potius veritatis ablatio. Quippe que superflua plurima addere et eorum que ab Ypocrate posita in omnibus grecis codicibus atque expositoribus inveniuntur multa preter . . . (f. 97ᵛᵇ) Incipit liber primus amphorismorum Ypocratis. Vita brevis ars vero longa tempus autem acutum . . ./ . . . (through the seven particula; *des.* f. 102ᵛᵇ) Corporibus humidas carnes habentibus famen adhibere. Fames enim exsiccat corpora. Si a febre habito tumore non existente in collo suffocato nascitur et degluttire non possit mortale. Explicit liber aphorismorum Ypocratis.' The Prognostica follows.

Erfurt: Ea F. 238, late 13c, ff. 9-19. 'Incipit prologus Aph. Ypo. Amphorismorum Hippocratis huius nove editionis . . .' Comm. proper follows; 'Temporibus Ypocratis doctissimi . . .' Text: 'Vita brevis . . . / . . . innascitur ac deguttire non possit mortale.'

London: BMh 3140, ff. 21ʳ-29ʳ. Decorated initial showing figures of two men conversing. Has frequent interlinear and marginal notes. Text (ff. 21ʳ-28ᵛ): 'Incipit liber aphorismorum Ypocratis. Vita brevis ars vero longa tempus autem acutum experimentum vero fallax iudicium autem difficile . . . / . . . (des. in aphor. 60, Part. VII) corporibus humidas carnes habentibus famen adhibere convenit fames enim siccat

corpora.' At ff. 28ᵛ-29ʳ, comm.: 'Prologus
Afforismorum Ypo. Afforismorum Ypocratis
huius nove editionis ea causa extitit . . . / . . .
(f. 29ʳ, des.) et pauper quidam distinctione
dives vero intellectu.'

— **BMr 8.C.IV**, c. 1300, ff. 186ʳᵃ-
209ᵛᵇ. 'Gloss super afforismos Ypocratis.
(*Inc.*) Temporibus Ipocratis doctissimi viri
pro multiplice medicorum varietate multa ac
diversa. Huius artis capitula.' Analysis of
each of the seven capitula follows. (f. 186ʳᵇ)
'Incipit liber amphorismorum Ypocratis hec
nomen divina presagio . . . / . . . (*des.* f.
209ᵛᵇ) humiditas corporis autem calore
favente carente desiccatur et in corpore
attenuatur.'

Paris: BN 13275 (?), 13c, ff. 9ᵛᵃ-10ᵛᵇ.
(without heading, following Johannitius,
Isagoge). 'Amphorismorum huius nove editionis . . . (blank space in the MS, then
continues as in CUpet 251, above) existit
quoniam antiqui nullum earum que vitiosis
translationibus inesse assolet culpe genus
defuit. Adeo ut translatio merito debeat
appellari sed potius veritatis ablatio. Quippe
que superflua plurima addere et eorum ab
Ypocrate posita in omnibus grecis codicibus
atque expositoribus . . .' (the text then
follows) (9ᵛᵇ) Vita brevis ars vero longa
tempus autem acutum experimentum vero
fallax iudicium autem difficile. Oportet
autem non solum . . .'

XIV-XV Century

London BMh 2399, f. 69ʳ⁻ᵛ, incomplete.
(Comm. prol.) 'Temporibus Ypocratis doctissimi viri pro multiplici medicorum variete
multa ac diversa capitula huius artis inventa fuere . . .' Goes only through the
first particula of the *Aphorisms*.

Oxford: BLa 1475, ff. 183-244. 'Incipiunt glosule super Afforismos Ypocratis.
Temporibus Ypocratis doctissimi viri pro
multiplici medicorum varietate . . . / . . .
(*des.* Aphor. 6, Part. VII) dessicatur et
inde corpus attenuatur. Expliciunt glosule
super afforismos Ypocratis.' Followed by
the statement in the margin: 'Nota secundum quosdam libri hic deficiunt glose super
quatuor afforismos.' Preceded at ff. 113-181,
by the usual *Aphorisms* text; and a comm.

Inc. 'Corpora humana continua resolutione . . .

Vienna 2439, ff. 81ʳ-88ᵛ. (Comm. prol.)
'Aphorismorum Ypocratis . . .' (comm.)
'Temporibus Ypocratis doctissimi viri pro
multiplici . . . (through Part. VII). TK 1559.

3. ANONYMOUS TRANSLATION

Similar to the preceding and to the
translation that follows by Constantinus
Africanus, text and various anon. comm.

Text *inc.* 'Vita brevis ars vero longa.
tempus autem acutum (strictum), experimentum vero fallax (timorosum), iudicium
difficile . . . / . . .' The *des.* varies according
to the differing number of aphorisms included in Part. VII. That is either Aph. 59:
'. . . ut deglutire (glutire) non possit mortale
(est),' or Aph. 60: '. . . fames que enim
desicat (siccat) corpora,' or Aph. 68: '. . .
tanto plus peiorabitur (peiorabuntur).'

Manuscripts:

XII Century

*Auxerre 240 (203), ff. 13-(34). Part of
an *Articella*. 'Liber amphorismorum Ypocratis. Vita brevis ars vero longa . . . / . . .'

*Barcelona Ripoll, ff. 44 *et seq.* (Pietro
Giacosa, *Magistri Salernitani nondum editi*
[Turin 1901] 50).

*Einsiedeln 32, ff. 243-269. 'Liber
aphorismorum Ypocratis. Vita brevis ars
vero . . . / . . . non possit mortale.' Marginal
and interlinear glosses throughout.

Lincoln Cath. 220 (c.4.8), ff. 1-(20).
Text is incomplete. F. 1 is illegible; text
begins in Part. V, and closes: '. . . iam
contemptata commodius exponant.'

Milan Ambros. H. 59 inf., ff. 9ᵛ-18.
Part of an Articella. 'Liber afforismorum
Ypocratis. Vita brevis ars vero longa tempus
autem acutum experimentum vero fallax
. . . / . . . convenit fames enim exsicat corpora.'

Munich CLM 409, early 12c, ff. 1ʳ-30ᵛ
(Liber H. Schedell). 'Amphorismi Hippocratis cum brevi commentariolo' (TK 181).
'Vita brevis ars vero longa tempus acutum
autem acutum (*sic*) experimentum . . . / . . .
mediocriter dulcia calida.' Comm. 'Brevis

quod per se est vita nostra brevis et ad huius artis comparationem sit igitur in lectione . . . / . . . mediocriter dulcia calida . . . aliis signis perpendantur tamen per parva.' (Not clear where the comm. ends).

Vatican: VA 6241, ff. 9ʳ-17ᵛ. 'Aphorismi Hippocratis. Vita brevis ars vero longa tempus vero acutum . . . / . . . habentibus famen adhibere convenit fames enim siccat corpora.' At f. 48, there is a brief comm. 'Scripta super Aph. Cum corpus humanum . . .'

— **VA Pal 1196**, ff. 11ʳ-19ʳ. Usual text. *Inc.* 'Vita brevis ars vero longa tempus autem acutum . . . / . . . repente innascitur ut deglutire non possit mortale. Explicit liber Aph. Ypocratis.' The MS has astronomical figures in the lower margins, and extensive marginal glosses.

— **VA Pal 1215**, early 12c, ff. 31ʳ-44ᵛ. Usual text. *Inc.* 'Vita brevis ars vero longa tempus . . . / . . . corporibus humidas carnes habentibus famen adhibere convenit fames enim corpora desiccat.'

— **VA Pal 1238**, early 12c, ff. 10ʳ-19ᵛ. Usual text with extensive marginal notes. Text *inc.* 'Vita brevis ars vero longa tempus autem acutum . . . / . . . ut deglutire non possit mortale.'

— **VA Rossi 334**, ff. 9ʳ-20ʳ. Usual text with many marginal notes. 'Incipit liber aphorismorum Ypocratis. Incipit opuscula prima. Vita brevis ars vero longa tempus autem acutum experimentum vero fallax iudicium autem difficile. Oportet autem non solum se ipsum . . . / . . . ut deglutire non possit mortale. Expliciunt amphorismi Ypocratis.'

Vienna 253, ff. 1ʳ-47ʳ. Usual text. *Inc.* 'Vita brevis ars longa tempus acutum . . . / . . . ut deglutire non possit mortale est.' Preceding the text on the first fly leaf verso is the following statement: 'Isti amphorismi Ypocratis dati sunt mihi per Dominum Iohannem de Aryes (?) licentiatum decretorum nec non cancelarium illustrissimi principis Alberti ducis Austrie.'

XIII Century

*****Bamberg Bibl. publ. 697.** Text without comm. (Diels).

— **700.** Text without comm. (Diels).

Bern 295, 13-14c. ff. 17ᵛ-21ᵛᵃ. Incipit liber Aphorismorum Ypocratis. Vita brevis ars vero longa tempus autem acutum experimentum vero fallax iudicium vero difficile . . . / . . . (through Part. VII) corporibus habentibus humidas carnes amen adhibere convenit fames enim corpora siccat. Explicit.'

— *****471**, 13-14c, ff. 11ʳ-43ᵛ. 'Comm. in Hipp. Aphorismos.' (Diels)

Cambridge: CUc 364, ff. 13ᵛ-28ʳ. Usual text. *Inc.* 'Vita brevis ars vero longa . . .' followed by 'Scholium in Hippocratis Aphorismos. Aphorismus dicitur sine diffinitione ab (a) quod est . . .' (TK 113)

— **CUpet 247**, I, ff. 1-5. Text is imperfect. Begins in Part. IV, continues through Part. VII. (*des*) '. . . corporibus habentibus humidas carnes famen adhibere convenit. Fames enim siccat corpora. Explicit liber Aphorismorum.' With interlinear glosses.

— **CUpet 247**, IV, ff. 1ʳ-17ᵛ. Usual text. *Inc.* 'Vita brevis ars vero longa tempus autem acutum . . . / . . . corporibus humidas carnes habentibus famen adhibere convenit fames enim exsiccat corpora. Si autem febre habito tumore non existente in collo suffocatio repente innascitur ut deglutire non possit mortale.' Interlinear and marginal glosses throughout.

— **CUpet 248**, ff. 16ʳ-. Text *inc.* mutilated; *des.* (Part. VII) ' . . . nascitur ut deglutire non possit (mortale).' Comm. Aphorismus enim dicitur ab a quod est . . .'

— **CUsj 99 (d. 24)**, ff. 46ʳ-54ʳ; and again at ff. 103ʳ-112ᵛ. Usual text. *Inc.* 'Vita brevis ars vero longa . . . / . . . ut deglutire non possit mortale.'

— **CUt 1083 (O.I.59)**, early 13c, ff. 9ᵛ (16ᵛ)-26ʳ. Usual text. *Inc.* 'Vita brevis ars longa tempus autem acutum . . . / . . . fames enim siccat corpora. Explicit liber afforismorum.' Anon. gloss: 'Vita brevis. Premittit hanc prefaticulam amphorismis suis Ypocras. Vita ex causis non fuit quorundam medicorum vanitas . . . / . . . fames enim siccat corpora.'

*Chartres 160 (153), 12-13c, ff. 9-(23ᵛ). 'Aphorismi Hypochratis. Vita brevis ars vero longa . . .'

*Clermont-Ferrand 213 (180), ff. 12ᵛ-(26ᵛ). Usual text. *Inc.* 'Vita brevis ars longa, tempus autem acutum . . . / . . . siccat corpora. Si a febro abito tumore . . . et deglutire non possit mortale est.'

— **214 (181)**, ff. 72ᵛ-(92ᵛ). Usual text. *Inc.* 'Vita brevis ars vero longa . . . / . . . corpora desiccat. Explicit liber afforismorum Ypocratis.'

*Durham Cath. C IV (4) (1), ff. 1-11ʳ. Variant *inc.* 'Ars longa vita brevis . . .' (TK 144).

Erfurt: Q 173, ff. 13ᵛ-25ᵛ. 'Incipit liber Amphoris. Vita brevis . . . / . . . Famen adhibere fames enim siccat corpora.'

*Florence: FL Plut. 73.28, ff. 11ᵛ-24 (Bandini III 52).

*Heidelberg Univ. 1080, 13-14c, item 3 (Diels).

London: BMar 215, 13-14c, ff. 124ʳᵃ-131ᵛ. Text with extensive marginal and interlinear glosses. Text *inc.* 'Vita brevis ars vero longa tempus acutum experimentum vero fallax iudicium autem difficile . . . / . . . corporibus humidas carnes habentibus famen adhibere convenit. Fames enim siccat corpora.' Gloss *inc.* 'Vita brevis. Iste liber intitulatur liber Aphorismorum. Dividitur in partes duas s. in prohemium et tractatum. In prohemium duo . . . / . . . simul habere posuit a solatio.'

— **BMr 12.B.XII**, early 13c, ff. 214ᵛ-223ʳ. Usual text. *Inc.* 'Vita brevis ars vero longa. Tempus acutum experimentum vero fallax. Iudicium autem difficile . . . / . . . corporibus humidas carnes habentibus famen adhibere oportet famen enim corpora siccat.'

— **BMr 12.E.VIII**, early 13c, ff. 1ʳ-28ʳ. Usual text. *Inc.* 'Vita brevis ars longa. Tempus autem acutum experimentum vero fallax. Iudicium autem difficile . . . / . . . corporibus humidas carnes habentibus famen adhibere convenit. Fames enim desiccat corpora.'

— **BMsl 1124**, ff. 36ᵛ-45ᵛ. 'Vita brevis ars vero longa tempus acutum experimentum fallax iudicium difficile . . . / . . . corporibus

habentibus humidas carnes adhibere convenit fames que enim dessicat corpora. Explicit segmenta Ypocratis.' Marginal glosses throughout.

Munich: CLM 3856, ff. 7-15ʳ Usual text. *Inc.* 'Vita brevis ars vero longa . . . / . . . dessicat corpora.'

— **CLM 13111**, ff. 6ᵛ-15ʳ. Usual text. *Inc.* 'Vita brevis ars vero longa . . . / . . . nascitur ut deglutire non possit mortale. Explicit liber afforismorum.'

— ***CLM 19425**, ff. 1-. Text with comm. mutilated (Diels).

— **CLM 22292**, 13-14c, ff. 62ʳ-68ʳ, et ff. 72ʳ-116ʳᵇ. Usual text. *Inc.* Vita brevis ars vero longa . . . / . . . deglutire non possit mortale.' At ff. 72ʳ-116ʳᵇ is a comm. 'Triplex heresis medicorum . . .' See below Anonymous commentary: Prologus Premittit in quo . . .'

New York Academy of Medicine 8, ff. 1-7. Usual text. *Inc.* 'Vita brevis ars vero longa . . . / . . . fames enim siccat corpora.'

Oxford: BLa 1285, ff. 149ʳ-158ᵛ, incomplete at beginning. Opens in the midst of the *Aphorisms*; Part I; *des* . . . 'humidas carnes habentibus famen adhibere convenit fames enim siccat corpora.' Then again at ff. 167ʳ-174ᵛ, is the usual text: Vita brevis ars vero longa tempus acutum . . . / . . . incomplete at close.

— **BLa 1470**, late 13c, ff. 301ʳᵃ-307ᵛᵃ. Usual text. *Inc.* 'Vita brevis ars vero longa . . . / . . . corporibus humidas carnes habentibus famen adhibere fames enim siccat corpora.' Some marginal notes accompany the text.

— **BL Lat. Misc. E. 2 (8847)**, ff. 20ʳ-26ᵛ (Notes by Marthe Dulong). Extensive interlinear and marginal glosses and interesting marginal diagrams. Title in later hand. 'Afforismum Ypocratis.' Usual text: 'Vita brevis ars vero longa tempus autem acutum experimentum vero fallax iudicium autem difficile. Oportet autem non solum . . . / . . . (ends incomplete in Part. VII) in dolore diuturno circa venemen carnes malum.'

— **BL Laud. Auct. F. 5.30. (2753)**, ff. 10ʳ-17ᵛ. Usual text without comm. *Inc.*

'Vita brevis ars vero longa ... / ... corporibus humidas carnes habentibus famen adhibere convenit fames enim exsiccat corpora.'

— **BL Laud. Lat. 65**, ff. 16ʳ-33ᵛ. Usual text without comm. but with extensive marginal glosses accompanying the text. Text *inc.* 'Vita brevis ars vero longa tempus acutum ... / ... adhibere convenit fames enim siccat corpora.'

— **BL Laud. Lat. 106**, ff. 5ʳᵃ-9ᵛᵇ. Usual text with beautifully illuminated initials. *Inc.* 'Vita brevis ars vero longa ... / ... famen adhibere convenit fames enim dessicat. Si a febro habito tumore non existente in collo suffocatio dependente innascitur ut deglutire non possit mortale.'

— **BL Laud. Misc. 237 (1013)**, ff. 208ᵛ-216ᵛ. Decorated margin and capital. Writing is faded. Usual text, without comm. but with extensive marginal glosses. Text *inc.* 'Vita brevis ars vero longa tempus autem acutum ... / ... (*des.*) corporibus humidas habentibus carnes famen adhibere fames desiccat corpora.'

— **BL Rawl. C 543**, ff. 17ʳ-18ᵛ. Incomplete text. *Inc.* 'Vita brevis ars vero longa ... / ... (incomplete) non movere neque facere novum neque farmaciis ...' Extensive marginal glosses.

— ***New Coll. 166**, ff. 23ᵛ-34ᵛ. Usual text with comm. (Diels).

Paris:

— **BN 7030**, late 13c, ff. 20ᵛ-36ᵛ. Usual text without comm. 'Vita brevis ars vero longa tempus autem acutum experimentum vero fallax iudicium autem difficile ... / ... ut deglutire non possit mortale. Expliciunt amforismi Ypocratis.'

— **BN 7038**, late 13 or early 14c, ff. 68ᵛ-70ʳ, without heading, incomplete text. Usual *inc.* 'Vita brevis ars vero longa tempus autem acutum ... / ...' (ends in Part. II).

— **BN 7104**, late 13c, ff. 137ʳ-157ʳᵃ. Usual text, with fine illuminated initials. *Inc.* 'Vita brevis ars vero longa tempus

autem acutum experimentum fallax ... / ... tanto magis plus peiorabuntur. Finiunt aphorismi divini Hippocratis.'

— **BN 14960 (St. Victor 1542)**, late 13c, ff. 184ʳ-226ʳ. Usual text with illuminated capitals. *Inc.* 'Vita brevis ars vero longa ... / ... (*des.* Aphor. 59, Part. VII) habito tumore non existente in collo et suffocatio repente innascitur ut deglutire non possit mortale est. Explicit liber afforismorum Ypocratis Amen. Deo gratias.'

— **BN 16176**, late 13c, ff. 7ᵛᵇ-15ʳᵃ. Slightly variant text with decorated initials. *Inc.* 'Vita brevis ars vero longa tempus autem variabile (*sic*) et acutum experimentum vero fallax iudicium autem difficile ... / ... (*des.* Aphor. 59, Part. VII) Si a febre habito tumore non existente in colle suffocatio repentente innascitur ut glutire non possit mortale. Expliciunt afforismi Ypocratis.'

— **BN nouv. acq. 729**, ff. 12ʳ-23ᵛ. Usual text, without comm. *Inc.* 'Vita brevis ars vero longa ... / ... (*des.*) fames enim desiccat corpora.'

— **PA 867 (72 S.A 1)**, early 13c, ff. 240ʳ-263ᵛ, incomplete. Text without comm. and without title. *Inc.* 'Vita brevis ars vero longa tempus acutum experimentum fallax iudicium autem difficile. Oportet autem medicum non solum se ipsum prebere ... / ... (ends ex abrupto, in paragraph) 'Si vero in febribus causon nigras nubes habet in quartarium transmutari significat. Si vero ...' (Notes by Mlle Marthe Dulong).

— ***PA 948 (69 S. A. L)**, ff. 13-(22ᵛ). 'Liber Afforismorum Ypocratis. *Inc.* Vita brevis ars vero longa ...'

*Prag: Univ. V. F. 19 (941), a. 1288, ff. 1ʳ-12ᵛ. Usual text without comm. *Inc.* 'Vita brevis ars vero longa ... / ... (*des.*) deglutire non possit mortale. Explicit liber aphorismorum Ypo.'

*Rebdorf Bibl. d. August. Chorherrn 11 (Diels).

*Reims 1001, f. 10ᵛ (Diels).

— **1002**, f. 31 (Diels).

*St. Omer 617, item 2 (Diels).

*Turin: Bibl reg. 1069 (I. IV.36), f. 1 (No longer extant: Diels).

— *Bibl. civica 80, 'Aphorismi' (Kristeller II, 80).

Vatican: VA 2460, 13-14c, ff. 30ʳ-39ʳ. Usual text, without comm. *Inc.* 'Vita brevis ars vero longa tempus acutum experimentum vero fallax iudicium autem difficile . . . / . . . (*des.*) et deglutire non possit mortale. Explicit. Liber amphorismorum Ypocratis.' Followed at ff. 39ʳ-42ʳ by 'Amphorismi Iohannis Damasceni.'

— **VA 2461**, 13-14c, ff. 10ᵛ-22ʳ. Aphorisms with extensive marginal glosses. Usual text, without comm. *Inc.* 'Vita brevis ars vero longa tempus autem acutum experimentum vero fallax iudicium autem difficile . . . / . . . (*des.*) famen adhibere oportet fames enim exsiccat corpora.'

— **VA Chigi E. VIII. 254**, a. 1256, at Toledo.

Vienna: 2504, ff. 53ʳ-69ᵛ. Decorated initials. Usual text. *Inc.* 'Vita brevis ars vero longa . . . / . . . (*des.*) ut deglutire non possit mortale. Explicit liber aphorismorum.'

— **2525**, ff. 14ʳ-30ʳ. Slighty variant text. *Inc.* 'Vita brevis ars vero longa tempus autem velox experimentum vero fallax iudicium autem difficile. Oportet autem non solum . . . / . . . (*des.*) fieri statim. Corporibus humidas carnes habentibus famen adhibere fames enim corpora desiccat. Explicit liber Aphorismorum.'

XIV Century

*Admont 93, late 14c, ff. 130-136ᵛ. Aphorisms, incomplete text. *Inc.* 'Vita brevis ars vero longa . . .' Marginal gloss. *Inc.* 'Afforismus est oratio particularis et brevis . . .'

*Breslau Kornian 21 (Diels).

Cambridge:

— **CUg 345 (620)**, ff. 78ʳ-88ᵛᵇ. Text without comm. *Inc.* 'Vita brevis ars vero longa tempus acutum . . . / . . . (ends incomplete in Part. VI) valde de sapientia cum . . . .'

— **407 (413)**, II, f. 28ᵛ. Text without comm. 'Vita brevis ars vero longa tempus acutum . . .'

Canterbury: St. Dover's Priory a.1389 (James, *Ancient libraries* 481, 483). nos. 348, 362: 'Amphorismorum Ypocratis (Liber).

Vita brevis ars . . .'

*Cesena Malatest. D.XXIII, 4 (Diels).

*Dublin: Trinity 0.2.29 (Diels).

Erfurt: Ea F 258, early 14c, ff. 122ᵛ-123. 'Aphorismi Ypocratis abbreviati. Part. prima. *Inc.* 'Vita brevis ars vero . . . / . . . fames enim corpora desiccat. Expl. Amph. Y. Deo gracias.'

— **Ea F 276**, ff. 6-8, fragment. *Inc.* Part. I. 'Vita brevis ars longa . . . / . . . (ends in Part. IV). At ff. 36ᵛ-42ᵛ, are 'Glossae ad Hipp. Aphorismos spectantes.' *Inc.* 'In huius libri principio ad promptiorem ipsius subtilitatis . . . / . . . consumandam convertitur, unde corpora desiccantur.'

— **Ea Q 232**, a. 1393-1394, ff. 2-181ᵛ.

— **Ea Q 254**, ff. 22-124. 'Scholae Hipp. Aphorismorum lib. I-IV.'

*Escorial L.III.18, ff. 16-38. Articella. 'Incipit liber aforismorum Ipocratis. Vita brevis ars vero longa . . . / . . . et deglutire non possit mortale. Explicit'

*Goerlitz Bibl. urb. (Diels).

Kraków: BJ 781, a. 1334. ff. 13ʳᵃ-54ᵛᵃ 'Textus Amphorismorum Hippocratis.'

— **BJ 813**, a. 1364-1368. 'Liber Amphorismorum Ypocratis.'

*Leipzig: Univ. 1204 (olim 1198. Repos. med. 11.24), f. 44ᵛ, with marginal notes (Diels).

London: BMr 8. B. XIV, f. 153, a single leaf from a comm. on the Aphorisms, containing the end of Part. II, and beginning of Part. III. 'Mutationes temporum. In secunda particula de signis . . .'

— **BMr 12.D.XIII**, ff. 145ᵛᵃ-163ʳᵃ. Comm. 'Liber afforismorum Ypocratis in VII dividitur particulas. In prima postquam de modo conservandi . . . / . . . (*des.*) corpora siccat ut predictum est. Expliciunt afforismi Ypocratis.'

— **BMsl 1610**, early 14c, ff. 19ᵛᵃ-25ʳᵇ. 'Hic incipiunt anforismi Ypocratis. Vita brevis ars vero longa tempus acutum iudicium difficile experimentum fallax . . . / . . . corporibus humidas carnes habentibus famen adhibere convenit fames enim siccat corpora.' With extensive marginal and interlinear glosses.

London: *Wellcome 82 (Articella), c. 1300, ff. 33-50. Hippocrates. Amphorismi. *Inc.* 'Vita brevis ... / ... non possit mortale.'

— *85 (Articella), c. 1375, item 4. Usual text. *Inc.* 'Vita brevis ars vero longa ... / ... in collo suffocatio nascitur deglutire non possit mortale.'

— *352, late 14c, Aphorisms, incomplete. Part. I. *Inc.* 'Vita brevis ars vero longa tempus acutum experimentum fallax ... / ... ex inflammatione epatis singultus malum.' (Aphor. 17 of Part. VII).

*Madrid: BN 29: 97-25, no. 35 (1727 Invent.), 14c, ff. 130-. Usual text. *Inc.* 'Vita brevis ars vero longa tempus autem acutum ... / ... fames enim exsiccat corpora' (Vallicrosa, p. 125).

*Metz: 177, items 4 and 5 (Diels).

*Montpellier: 182bis, item 2 (Diels).

Munich: CLM 694, ff. 2r-4v. Text only, incomplete. *Inc.* 'Vita brevis ars vero longa tempus acutum ...'

— CLM 11322, ff. 20r-26v. Usual text, without comm., *des.*: ' ... ut deglutire non possit mortale.'

New Haven: Yale medic. Fritz Paneth pp. 14-30. Usual text. *Inc.* 'Vita brevis ars vero longa ... / ... nascitur ut deglutire non possit mortale.' Text is accompanied by a gloss: 'Aphorismus enim dicitur ab a quod est sine et rismos quod est diffinitio quasi sine diffinitione quia in toto libro amphorismorum nulla reperitur diffinitio ...'

*Nuremberg 8ᵃ 23, items 1, 2, 4 (Diels).

*Orléans, Charles d', Library: 'Liber Aphorismorum et Prognostica Hipp.,' listed among books won by Jean Caillau at checkers (P. Champion, *Library of Charles d'Orleans*, pp. 46-47).

Orléans 298 (251), 14c, pp. 163-177a. Text and anon. comm. Part. I-VII. Text. 'Vita brevis ars vero longa ... / ... fames enim dessicat corpora. Explicit liber amphorismorum.' Anon. Comm. 'In libro principe et prevertatione subtilitatis ...' See also Vatican 10281, below.

Oxford: Coll. Merton 225, ff. 38ra-49rb. Usual text, without comm. 'Vita brevis ars vero longa tempus autem acutum ... / ...

corporibus humidas habentibus carnes famen adhibere fames enim desiccat corpora. Finis hisce.'

Paris: BN 6868, late 13 or early 14c, ff. 9rb-19ra. 'Incipit liber aphorismorum Ypocratis. Vita brevis ars vero longa tempus autem acutum experimentum fallax iudicium autem difficile. Oportet autem ... / ... corporibus humidas carnes habentibus famen adhibere convenit. Fames enim corpora dessiccat.'

— *PA 864 (57 S.A.1), ff. 10-(22). 'Liber Amphorismorum Ypo.' *Inc.* 'Vita brevis ars vero longa ...'

*Perugia Comunale Augusta N 90, ff. 17v-35v. 'Aphorismi Ypocratis. Vita brevis ars vero longa ...' (Kristeller II 62).

*Prag Univ. XIII F. 14 (2352), ff. 32r-43v. Aphorisms with marginal and interlinear glosses or notes. Usual text. *Inc.* 'Vita brevis ars longa ... / ... ut deglutire non possit mortale.'

*Reims 1003, f. 23 (Diels).

*Rouen 978 (I. 57), ff. 5v-(10). Imperfect (Diels).

*Toledo Bibl. capit. 97-25.

Vatican:

— VA Pal 1089, 13-14c, ff. 27r-43v. Usual text. *Inc* 'Vita brevis ars vero longa ... / ... (*des.*) convenit fames enim exsiccat corpora.' Part of an Articella.

— VA Regin. Suev. 1304, 13-14c, ff. 4vb-10ra. Illuminated initials and extensive marginal glosses. Usual text. *Inc.* 'Vita brevis ars vero longa ... / ... (*des.*) corporibus humidas carnes habentibus famen adhibere bonum est fames enim corpora desiccat. Explicit liber Amph. Ypo.'

Vienna 96, ff. 55ra-59ra. Usual text without comm. *Inc.* 'Vita brevis ars vero longa . . / . . . (*des.*) glutire non possit mortale est.'

— **2500**, 14-15c, ff. 23^v-28^r. 'Excerptum Amph. Ypocratis habens septem particulas.' *Inc.* 'Vita brevis ars longa . . . / . . . (*des.*) corporibus humidas . . . convenit fames enim corpora siccat. 'Finis Amphorismorum. Explicit liber afforismorum Ypocratis.' At ff. 163ra-165va, there follows: 'Hipp. Aphorismi secundum materias.' *Inc.* Vita brevis ars vero longa. Primus part. egritudinum alie ad alias . . . / . . . corporibus humidas carnes habent. Telos. Finis Deo gratias. Amen.'

— **2524**, ff. 71^r-82^v. Usual text. *Inc.* 'Vita brevis ars vero longa tempus autem acutum . . . / . . . (*des.*) corporibus humidas carnes habentibus famen adhibere evenit fames enim dessicat corpora.'

XV Century

Bologna: Univ. 1536 (2859), ff. 23^v-51^r, 67^r-104^r. Usual text. *Inc.* 'Vita brevis ars vero longa tempus autem acutum experimentum vero fallax . . . / . . . . (*des.* Aphorism 68, Part. VII) dabuntur quanto magis dabit tanto magis plus peiorabuntur. Expliciunt amphorismi divi Ypocratis.'

*****Bordeaux 117-118**, ff. 210-(232). 'Ordo amphorismorum. Incipit. Vita brevis, ars vero longa, tempus autem acutum . . . / . . . que ad hyemen junguntur. Explicit ordo Amphorismorum Ypocratis. Deo gratias.'

*****Breslau Vratislav Bibl. Acad. Ac III. F.3.a. 1405**, p. 141. Text without comm. (Diels).

— **Ac IV. F.24**, 15c, ff. 1-119. Aph. with Galen comm. (Diels).

*****Cambridge: King's Coll.** Catalogue for 1452: 'Liber amphorismorum Ypocratis'.

— **CU 671 (Dd. XI.45)**, f. 9^{r-v}, fragment.

*****Canterbury: St. Augustine's Abbey Nos. 1257; 1261.** 'Glossa Amphorismorum Ypocratis.' (James, *Ancient Libraries*, p. 345).

*****Copenhagen: Hanniensis Bibl. reg. 3479**, f. 49 (Diels).

*****Cues: Hospital 222**, ff. 107-143^v. 'Vita brevis ars longa tempus autem acutum . . .'

*****Dublin: Amplesworth Abbey 180 (II)**, early 15c, Dorothy Waley Singer, 'Catalogue of Medical MSS,' deposited in the British Museum, MSS Collection, for this and the following items.

— *****Trinity Coll. 1318**, a. 1413.

— **1333 (II)**.

— **1388**.

— **1436**.

*****Florence: FL Plut. 73, 13**, 30 ff. Part. I-VII. Usual text without comm., but with corrections and marginal glosses. *Inc.* 'Vita brevis ars vero longa tempus autem acutum . . . / . . . fames enim siccat corpora. Explicit.'

— *****Leopold (Biscionian) 24**, f. 1 'Aphorismi Latini redati versibus elegiacis. (*Inc.*) Vita brevis nostra est . . . / . . . non valet ingenio.' (Diels).

Glasgow: Univ. 259, a. 1432.

*****Hamburg: Uffenbach 107**, a. 1431, no. 4 (Diels).

Kraków: BJ 804, ff. 11^r-13^r. 'Incipit Registrum super Amphorismos Ypocratis.'

— **805**, ff. 1-. 'Super Afforismos Ipocratis cum expositione comm. Vita brevis . . .'

— **2510**, ff. 1-45. 'Liber Amphorismorum Ypocratis Choensis, filii Eraclidis, primi medicine racionalis inventoris cum comm.'

— **Muzeum Czartoryskich 1315**, pp. 741-746. 'Amforismi Ypocratis. Vita brevis ars vero longa . . .'

*****Leipzig: Univ. 1114 (olim 1094-Repos. med. 142)**, a. 1456 (Diels).

London: BMr 8.B. XIV, f. 153, single leaf containing the close of Part. II, and the beginning of Part. III. 'Mutationes temporum in secunda de signis . . .'

— **BMsl 963**, ff. 80^v-85^r. 'Ypocras dicit sic. Vita brevis ars vero longa tempus acutum experimentum vero fallax iudicium difficile. Oportet se ipsum non sole. . . . Primo pro dolore capitis recipe pulegii . . . (then on the throat, face, eyes, ears, and teeth; next flebotomy . . . *des*, f. 85^r) confortat et corpus in sanitate consequat.

Visum iuuat super omnia. Explicit tractatus de sanitate corporis secundum Ypocratis.'

— **2391**, late 15c, ff. 130ʳ-133ᵛ.

*Wellcome 86 (Articella) a. 1463, ff. 21ᵛ-44ᵛ. Usual text. 'Vita brevis . . . / . . . (*des.*) deglutire non possit mortale.'

— ***353**, late 15c, ff. 3-57. 'Comm. Aphorismi Florenti. Divi Ypocratis liber. Vita brevis ars vero longa . . . / . . . calidis minorem significat egritudinem. Explicit.' ***Metz 282**, nos. 7 and 8 (Diels).

Munich: CLM 645 (H. Schedel), ff. 1ʳ-23. Usual text. *Inc.* 'Vita brevis ars vero longa . . . / . . . . (*des.*) desiccat corpora.'

— **CLM 692**, a. 1464, ff. 160ʳ-181ʳ. Usual text. *Inc.* 'Vita brevis ars vero longa . . . / . . . (*des.*) siccat corpora. Anno lxiiii sequenti die post Urban. pape in Padue.'

— **CLM 694**, ff. 2ʳ-4ʳ. Only a portion of the text. *Inc.* 'Vita brevis ars vero longa tempus acutum . . .'

— **CLM 4395**, f. 62 (Diels).

— **Univ. 4°. 692**, a. 1489, ff. 41 (42)ʳ-153ᵛ. A beautiful MS. Usual text. *Inc.* 'Vita brevis ars vero longa . . . / . . . (*des.*) peiorabuntur.' Comm. 'Iste est liber amphorismorum Ypocratis qui dividitur in vii particulas . . . In hoc Amphorismo tangit Ypocras . . .'

*Novacella–Neustift 453, 15c, ff. 39–54. Aphorisms. *Inc.* 'Vita brevis ars vero longa . . .

Oxford: BLas 393, ff. 30ʳ-31ᵛ. Part. I-III only. *Inc.* 'Vita brevis ars vero longa . . .', ends incomplete in Part. III.

— **BL Can. misc. 241**, ff. 39ʳ-321.

Paris: BN 6855, text with comm.

— **BN 6883 A**, badly faded. Includes 'Liber Aphorismorum cum commento.'

— **BN 6995**, a. 1496, ff. 129ʳᵃ-136ʳᵃ. 'Afforismorum Ypocratis liber.' Usual text. *Inc.* 'Vita brevis ars vero longa. Tempus autem acutum. Experimentum falax. Iudicium autem difficile . . . / . . . (*des.*) quanto magis dabit tanto magis peiorabuntur. Finis septime particule.' Followed at f. 136ʳᵇ, by 'Aliquos aphorismos Joanni Damasceni. (*Inc.*) Vita brevis est ad cognoscendum vires omnium . . .'

— **BN 7124**, a. 1487, ff. 492ʳ-533ʳ. usu-

al text. *Inc.* 'Vita brevis ars vero longa tempus autem acutum experimentum vero fallax . . . / . . . (*des.*) dabuntur quanto magis dabit tanto plus peiorabuntur. 1487. Finis amphorismorum per me Hectorem.'

— **BN 9676**, ff. 70ʳ-80ʳ. MS written in a rude cursive hand, in an otherwise humanist MS. Comm. Hipp. Aphorisms. *Inc.* 'Vita brevis ars autem longa tempus velox experimenta insecura iudicium difficile . . .' Continues only through Part. I. At f. 80ʳ, is a fragment of Part. II.

— **BN Nouv. acq. 481**, ff. 27-43ᵛ. 'Divi Hippocratis Aphorismorum part. prima foeliciter incipit. Vita brevis ars vero longa . . . / . . . glutiendo angustietur sine tumore manifeste, mortale fuit.' At the heading are 7 verses by Johannes Matth. Tyberiorus Brixianus. A continuous marginal gloss opens: 'Utrum vita hominis sit brevis. Arguitur . . .'

*Pavia Univ. 383, f. 1 (Diels).

*Perugia 44 (A. 44), ff. 58-148 (Diels).

*Prag Univ. 629, ff. 1ʳ-12ᵛ. 'Vita brevis ars vero longa . . . / . . . deglutire non possit mortale. Explicit liber aphor. Ypo.'

— **1399 (VII.H.16)**, a. 1429, ff. 235ʳ-276ᵛ. Comm. Hipp. Aphorisms. 'Vita brevis ars vero longa . . . / . . . faciens humores temperatos. Et sic est finis a.d. 1429 VI fer. post festum Dionysii.'

— **1534 (VIII.E 9)**, a. 1439, f. 1ʳ-45ᵛ. Aphorisms with interlinear and marginal glosses. Usual text. *Inc.* 'Vita brevis ars longa . . .'

— **1572 (VIII. F. 18)**, a. 1416, ff. 63ʳ-81ᵛ. Usual text. *Inc.* 'Vita brevis ars longa . . . / . . . et sic est finis amphorismorum domini Ypocratis . . . a.d. 1416 proximo die sabbato ante Bartholomei in alma univers. studio Pragensi in collegio Regine Alleluia.'

— **1609 (VIII.G.27)**, ff. 11ʳ-24ʳ. Usual text. *Inc.* 'Vita brevis ars longa . . . / . . . (*des.*) plus peiorabuntur. Et sic est finis amphorismorum.'

— **2001 (X.H.23)**, a. 1424, ff. 19ᵛ-24ʳ. Usual text. *Inc.* 'Vita brevis ars longa . . . / . . . (*des.*) ut glutire non possit mortale. Explicit. Amph. Ypocratis.'

*Siena: Bibl. communale LVI.1, 130 ff.
Comm. anon. on the Aphorisms.

*St. Florian Stift. bibl. XI.638, ff. 60ʳ-159ʳ. 'Aphorismi cum comm.'

*Uppsala C.660, f. 269 (Diels).

*Utrecht Univ. 680, f. 39 (Diels).

— 695, ff. 114-121, with interlinear notes and comm., ff. 128-126ᵛ (Diels).

Vatican: VA 4449, ff. 30ʳᵃ-63ʳᵇ.

— *VA Pal 1080, date uncertain, f. 41, 'Vita brevis ars . . .' (MS has now been returned to Heidelberg).

— VA Pal 1081, ff. 1ʳ-21ᵛ. Has marginal and interlinear glosses. Inc. 'Vita brevis ars vero longa tempus autem acutum experimentum vero timorosum . . . / . . . (des. in Part. VII) sanus est virtus infirmus vero morbus.'

— VA Pal 1083, a. 1448, ff. 41ʳᵃ-116ᵛᵃ. Usual text. Inc. 'Vita brevis ars vero longa experimentum fallax iudicium autem difficile . . . / . . . (des.) fames enim exsiccat corpora.' Comm. Prol. precedes: 'Ab antiquis ars medicine duobus modis inventa fuisse perhibetur experimento et ratione unde et eandem . . . (f. 42ʳᵃ): hic est corpus humanum sanabile et operabile a nobis. Et tamen . . . quod causa materialis est rationes medicine afforistica brevitate colligibiles de greco vide Thadeum. Hic enim singula non intendo dicere sed illum quem est in Ysagogis Iohannitii et in pronosticis . . . et quanto brevius huius libri lectura me expedite.' Then the text: 'Vita brevis . . .' as above; and f. 42ʳᵇ: 'Comm. Ypocras more recte scribentium prologum premittit. In quo putam sectam empiricorum et methodicorum confutat . . .' The des.: ' . . . per abstinentiam magis conservatur ad suam debitum et si non eternam periodum quam nobis imperitiri dignet. Jesus Christus in secula benedictus. Amen. Sic est finis afforismorum Ypocratis conscriptoris per Erhardum Knab de Zuifaltenem anno 1448.' See comm. below.

— VA Pal 1105, ff. 26ʳ-70ʳ. 'Amphorismi Ypocratis medicini. Vita brevis etc. Iste liber habet VII partes . . .' followed by Aphorisms of Part. I-VI only, with a marginal gloss. Text inc. 'Vita brevis ars vero longa tempus acutum experimentum fallax iudicium autem difficile . . . / . . .

(des. in Part. VI, f. 70ʳ) et claudantur si non utantur.' Marginal gloss. inc. 'Cum quis medicorum fieret (fuerit) et cum hec . . .'. At ff. 79ʳ-82ʳ, there is apparently a continuation of the comm.: 'Cum Ypo. morbus in quo sepius . . . / . . . reducere amoniam.'

— VA Pal. 1115, ff. 76ʳᵃbis-77ʳᵃ, mutilated and incomplete.

— VA Pal 1116, ff. 54ᵛᵃ-56ᵛ. 'Incipiunt amphorismi Ypocratis per ordinem n. et dividuntur in sex libros. Primus liber dividitur in decem capitula . . . Capitulum primum de causis egritudinum in generali. Vita brevis ars vero longa . . . / . . . (f. 56ᵛ) adhibere fuerit fames exsiccat corpora. Explicit.' The MS includes Bernard Gordon 'Lib. super Prognostica Hipp. et dicitur Lilium medicine. Senectus . . .'

— VA Pal 1203, ff. 1ʳ-(203ʳ).

*Vendôme 170, ff. 1-30. 'Comm. in Aphorismos' (Diels).

*Venice: S. Marco Cl. XIV.1, f. 31 (Diels).

Vienna 2439, ff. 81ʳ-88ᵛ.

— 4769, ff. 159ʳ-164ᵛ. Aphorisms, incomplete. 'Vita brevis ars longa tempus strictum experimentum fallax . . . / . . . visum est a principio.'

— 4788, ff. 1ʳ-33ᵛ, 35ᵛ-48ᵛ, and 49ʳ-95ᵛ. Aphorisms with Comm. Text (ff. 1ʳ-33ᵛ) inc. 'Vita brevis ars vero longa . . . / . . . (des. Part. VII) tanto plus peyorabuntur.' Gloss: 'In omnibus est motus . . .' At ff. 35ᵛ-48ᵛ, the text is arranged according to subjects: 'Vita brevis ars vero longa. De acutis egritudinibus. In acutis passionibus ratio.' At ff. 49ʳ-95ᵛ is a comm. 'Medicus rationalis plures debet . . . / . . . secundum naturam vel artificium.'

— 5504, a. 1464, ff. 98ʳ-126ᵛ. Aphorisms with marginal glosses. Inc. 'Vita brevis ars vero longa tempus autem acutum . . . / . . . (des.) quanto plus dabuntur tanto plus peyorabuntur.'

4. LATIN TRANSLATION FROM THE ARABIC OF THE TEXT, TOGETHER WITH GALEN'S COMMENTARY BY CONSTANTINUS AFRICANUS († 1087)

Manuscripts of the text with Galen's commentary so far encountered do not antedate the thirteenth century. In most instances the text is preceded by a dedicatory preface of the translator, Constantinus Africanus, to his so-called disciple Glauco, or in a few instances Actio: 'Prefacio domini Constantini Africani montis Cassinensis monachi ad Glauconem (Actionem) discipulum suum. Petitionibus licet (licet petitionibus) tuis continuis adquiescens fili mi, cum et multotiens (sepius) michi diceres ut ex opusculis Galieni aliqua latine lingue traducere (transducere) ex lingua arabica diu tamen (quia) multum est negavi hesitans tanti philosophi transfere opera . . . condescendens tibi opus quoddam suum vel summam super amphorismos Ypo(cratis) gloriosissimi transferre destinavi. Quod si perspicaciter quis intenderit, operam suam non amissi congaudebit. Est autem in hoc materia quidem prelucida verbaque ponderosa.' There is considerable verbal difference among the manuscript transcriptions. A full account of these differences must await a more detailed study of the individual texts. The above Latin version by Constantinus is based on the Arabic version of Hunain b. Ishaq.

Usual text. *Inc.*: 'Vita brevis ars vero longa, tempus autem acutum (strictum), experimentum vero fallax (timorosum), iudicium difficile . . . / . . . (*des.*, varies because of the differing number of aphorisms included in Part. VII. That is for *Aph. 59*: '. . . ut deglutire (glutire) non possit mortale (est);' or *Aph. 60*: '. . . convenit fames que enim desiccat (siccat) corpora;' or *Aph. 68*: '. . . tanto plus peiorabitur (peiorabuntur).' According to Galen, as indicated in the commentary below, the later additions of Aphorisms are falsely attributed to Hippocrates.

Galen *comm.*: 'Plurimi interpretes huius libri in hoc maxime concordati sunt . . . / . . . quia quelibet poeta inveniens falsa et non esse Ypocratis confirmare poterit.'

Manuscripts:

XIII Century

*Basel D.I.6, ff. 99r–. 'Prefatio domini Constantini Africani montis cassinensis

monachi ad Glauconem discipulum suum. Licet petitionibus tuis . . .' etc. (Schipperges, pp. 33-34).

Cambridge CUpem 228, late 13c, ff. 114-171v. Dedic. pref. as above; usual text. *Inc.* 'Vita brevis ars vero longa . . . / . . . tanto plus peiorabuntur.' Galen comm. 'Plurimi interpretes . . . / . . . confirmare poterit.'

— **CUpet 247**, 13c, ff. 1r-. Aph. with Galen comm.

Erfurt: Ea F.264, a. 1288, ff. 90-149v. 'Libri Amphorismorum vii Ypocratis cum comm. Galieni. Prefacio domini Cassinensi monachi . . .' followed by Galen comm. 'Plurimi interpretes . . . / . . . quilibet inveniens falsa et non esse Ypocratis confirmare poterit. Deo gratias. Amen.'

— **F.266A**, ff. 1-37. Dedic. pref., as above; usual text: 'Vita brevis ars vero longa . . . / . . .' and Galen comm. 'Plurimi interpretes . . .'

— **F 285** a. 1260, ff. 15-57v. Text with Galen comm., as above.

— **F 293**, 13c, ff. 1–52v. Text with Galen comm., as above (Diels).

*Escorial H. II. 20, 13c, ff. 7v-(77). Dedic. pref.; text; and Galen comm. 'Pref. Dom. Const. Afric. montis Cassinensis monachi ad Açonem (*sic*) discipulum suum. Licet petitionibus . . . Vita brevis ars vero longa . . . / . . . confirmare poterit. Explicit comm. G. super Aph. Ypo. dei auxilio cui gratie sint infinite Amen.' Another comm. follows: 'In principio huius libri sicut in principio Aphorismorum quatuor cause requiruntur . . .'

Laon 416, ff. 16ra–67va. Dedic. pref. Constantinus: 'Licet petitionibus tuis . . .'; usual text and Galen comm.

Monza Bibl. dell'Insig. Coll. Basilica Parroch. di San Giovanni Battista VIII, a. 1286, ff. 1-100ᵛ (Microfilm F-8, 165 at Notre Dame, Mediaeval Institute). 'Prefatio domini Constantini Africani Monaci, . . .' followed by usual text introduced by 'Inquit Ypocras. Vita brevis ars vero longa tempus autem acutum experimentum vero fallax . . . / . . . tanto plus peiorabitur.' Galen comm. 'Inquit Galenus. Plurimi interpretes huius libri in hoc maxime . . . / . . . quia quilibet inveniens falsa et non esse Ypocratis confirmare poterit. Explicit commentum Galieni super libro amphorismorum Ypocratis deo gratias amen. Anno nativitatis domini 1286 10° Ianuarii.'

Munich: CLM 187, a. 1282, ff. 8ʳ-72ʳᵃ. Dedic. pref. Constantini; 'Licet petitionibus tuis . . .' Usual text. *Inc.* 'Vita brevis ars vero longa . . . / . . . tanto plus peiorabuntur.' Galen comm. 'Plurimi interpretes . . . / . . . falsa et non esse Ypocratis confirmare poterit.'

— **CLM 1955 (19425)**, 13c.

— **CLM 3512**, a. 1300, ff. 340ʳᵃ-377ᵛᵇ. Dedic. pref. Const., as above.; usual text; and Galen comm., which closes with the 'Explicit liber amphorismorum Ypocratis cum commento Galieni fidelis interpretatoris sui. Completus anno domini millesimo trecentesimo in die Barnabi apostoli a Frederico.'

Naples BN cod. VIII. D. 38, 13-14c, ff. 2ʳᵃ-50ᵛ. Dedic. pref. Constantinus, as above: 'Licet petitionibus . . . / . . .' Usual text. Inc. 'Vita brevis ars vero longa . . . / . . . tanto plus peiorabitur.' Galen comm. 'Plurimi interpretes . . . / . . . quia quelibet inveniens falsa et non esse Ypocratis confirmare poterit. Expliciunt commenta Aphorismorum Y. Deo gratias. Benedictus Christus cuius continet omnia virtus.'

New Haven: Yale medic. Cushing coll. 7 (formerly Melk), second half 13c, ff. 1ʳᵃ-80ᵛᵃ. 'Hic incipit commentum super Afforismos Ypocratis. Vita brevis ars longa tempus strictum experimentum timorosum iudicium autem difficile. Oportet autem non solum . . .' Galen comm. 'Plurimi interpretes huius libri . . . / . . . et non esse Ypo. con-

firmare poterit. Explicit.'

*****Nuremberg Ebnerian Fol. 129**, item 4. Part. I and II, with Galen comm. (Diels).

*****Oxford: St. John Bapt. Coll. 10**, ff. 1-37, Usual dedic. pref. Const.; text as above; and Galen comm. as above. (Diels).

Paris: BN 6870, 13-14c, ff. 65ʳᵃ-129ᵛᵇ. 'Prefatio domini Const.' With extensive interlinear and marginal glosses. 'Licet petitionibus tuis . . .' Usual text. *Inc.* 'Vita brevis ars vero longa . . . / . . . quanto magis dabuntur tanto plus peiorabuntur.' Usual Galen comm. 'Plurimi interpretes huius libri . . . / . . . falsa et non esse Ypocratica confirmare poterit. Explicit comm. G. supra Amph. Y.'

— **BN 6871**, a. 1274, Articella, ff. 17ʳᵃ-77ʳᵃ. Decorated initial. Usual dedic. pref. Const. 'Petitionibus licet tuis . . .' Usual text. *Inc.* 'Vita brevis ars longa . . . / . . . dabuntur tanto plus peiorabuntur.' Galen comm. 'Plurimi huius libri interpretes . . . / . . . ut non esse Ypocratica confirmare poterit. Hic finit prefatio domini Constantini super Amforismos Ypocratis super quos amforismos G. commentum edidit.'

— **BN 7030A**, late 13 or early 14c, ff. 74ʳᵃ-124ʳᵃ. Pref. Const. 'Licet petitionibus . . .' Usual text. *Inc.* 'Vita brevis ars vero longa . . . / . . . dabuntur quanto magis dabuntur tanto plus peiorabuntur.' Galen comm. 'Plurimi interpretes . . . / . . . inveniens falsa et non esse Ypocratica confirmare poterit. Explicit comm. Galieni super librum Aforismorum Ypocratis. Deo gratias.'

— **BN 15457**, ff. 116ʳᵃ-154ᵛᵇ. Dedic. pref. Constantinus: 'Licet petitionibus tuis . . .'; usual text. *Inc.* 'Vita brevis ars vero longa . . . / . . . ut deglutire non possit mortale est.' Galen comm. 'Plurimi interpretes . . . / . . . non esse Hippocratica confirmare poterit.' MS has a decorated border and illuminated capitals.

— **BN 16174**, ff. 2ʳᵃ-48ᵛᵃ. Constantinus dedic. pref., as usual; text inc. 'Vita brevis ars longa tempus strictum experimentum timorosum . . . / . . . tanto plus peiorabuntur.' Only the first sentences of each cap. are given and these are underlined in red.

Galen comm. as usual: 'Plurimi interpretes . . . / . . . non esse Hippocratica confirmare poterit.'

— **BN 16177**, late 13c, ff. 15ʳᵃ-90ʳ. Constantinus Africanus dedic. pref., followed by usual text and Galen comm. Text *inc.* 'Vita brevis ars vero longa tempus autem acutum experimentum vero fallax . . . / . . . (*des.*) quanto magis dabuntur tanto magis peiorabuntur.' Galen comm. 'Plurimi interpretes . . . / . . . falsa et non esse Ypocratica confirmare poterit. Explicit liber Amph. Ypocratis cum commento Galieni.'

— **BN 16178**, ff. 11ʳᵃ-40ᵛᵇ. Constantinus dedic. pref., followed by usual text and Galen comm. Text *inc.* 'Vita brevis . . . / . . . tanto plus peiorabuntur.' Galen comm. 'Plurimi interpretes . . . / . . inveniens falsa et non esse Ypocratica confirmare poterit.'

— **BN 16188**, ff. 29ʳᵃ-94ʳᵃ. Constantinus dedic. pref., text, and Galen comm. as in the preceding. MS has fine illuminations and is dedicated to the Sorbonne by John of Padua, master of arts and medicine and member of the Faculty of Theology.

— **BN 17157**, ff. 17ʳᵃ-63ᵛᵇ. Constantinus dedic. pref., followed by usual text, *inc.* 'Vita brevis ars vero longa . . . / . . . tanto plus peiorabuntur.' Galen comm. 'Plurimi interpretes huius libri . . . / . . . non esse Ypocratica confirmare poterit.' MS has fine illustrated capitals.

— **BN 18500**, ff. 107ʳᵃ-131ʳᵇ. Constantinus dedic. pref., slightly variant text. *Inc.* 'Vita brevis ars vero longa tempus acutum experimentum timorosum (*fallax* is written above) . . . / . . . (*des.*) febricitantes sanis ut (istius?) infirmis vero morbum.' Usual Galen comm. Ff. 131ʳᵇ-145ᵛᵇ 'Plurimi interpretes . . . / . . . et non esse Hippocratica confirmare non poterit. Explicit commentum aphorismorum Ypocratis a Galeno compositum.'

Paris BN na 1479 (Cluni), late 13 or early 14c, ff. 62ʳ-96ʳ (Part of an Articella). Constantinus dedic. pref.; usual text, *inc.* 'Vita brevis ars vero longa . . . / . . . (*des.*) plus peiorabuntur.' Galen comm. 'Plurimi

interpretes . . . / . . . non esse Ypocratica confirmare poterit.'

— **BN na 1480** (Cluni), late 13 or early 14c, ff. 143ʳ-211ᵛᵃ. (Part of Articella). Constantinus pref., text, and Galen comm., as in the preceding item.

— **BN na 1481** (Cluni), late 13 or early 14c, ff. 1-42ᵛ, of which the first 41 fols. are missing. Part of Articella. Galen comm. *des.* '. . . confirmare poterit. Explicit liber afforismorum Ypo. cum comm. Galieni.'

— **Univ. 580**, late 13c, ff. 17ʳᵃ-104ᵛᵇ. Constantinus Africanus dedic. pref. 'Licet petitionibus . . .' Usual text in large letters at the left with Galen comm. beside it. Text *inc.* 'Vita brevis ars vero longa tempus autem acutum . . . / . . . (*des.*) tanto plus peiorabuntur.' Galen comm. 'Plurimi interpretes . . . / . . . inveniens falsa et non esse Ypocratica confirmare poterit. Explicit liber afforismi Ypo. cum commento.' Illuminations in the MS depict master and pupils.

Rome: Angel. 304 (C.7.5), f. 37, 69ʳᵃ⁻ᵇ. Fragment of Constantinus Africanus dedicatory preface; followed by text *inc.* 'Vita brevis ars vero longa tempus acutum experimentum vero timorosum iudicium autem difficile . . .'

Salisbury: Mus. August. 860 (11640), ff. 42ʳᵃ-99ᵇ. 'Hippocrates, Prognostica (*sic*).' Dedic. pref.: 'Domini Constantini Africani montis Cassinensis monachi ad Glauconem discipulum suum. Licet petitionibus tuis . . .' Usual text in the margin. *Inc.* 'Vita brevis ars longa tempus autem acutum iudicium autem difficile . . .' Galen comm. 'Plurimi interpretes huius libri . . . / . . . Expliciunt commenta super librum Aforismorum deo gratias. Amen.'

***St. Quentin 104**(91), item 2. Pref. dedic. 'Domini Const. Affricani Montis Cassinensis monachi ad Glauconem . . . Licet petitionibus tuis . . .' Usual text. *Inc.* 'Vita brevis ars vero longa . . .' Galen comm. 'Plurimi interpretes . . .' (Giacosa; TK 1055).

Vatican: VA 2390, ff. 1ʳ-22ʳᵃ. Constantinus Africanus dedic. pref. 'Prefatio Const.

Afric. Montis Cassian. monachi ad Actionem (*sic*) discipulum suum. Licet petitionibus tuis continuis . . .' Usual text. *Inc.* 'Vita brevis ars vero longa tempus acutum experimentum vero falsa ęt iudicium difficile. Oportet autem non solum se ipsum . . . / . . . (*des.*) tanto plus peiorabitur.' Galen comm. 'Plurimi interpretes . . . / . . . quia quelibet poeta inveniens falsa,' incomplete. A fragment of a comm. follows Galen comm., f. 22va-b.

— **VA 2394**, 13-14c, ff. 1ra-66ra. Illuminated initials. Constantinus Africanus dedic. pref. 'Licet petitionibus tuis . . .' Usual text. *Inc.* 'Vita brevis ars vero longa tempus strictum experimentum vero timorosum . . . / . . . (*des.*) tanto plus peiorabuntur.' Galen comm. 'Plurimi interpretes huius libri . . . / . . . inveniens falsa et non esse Ypocratica confirmare poterit. Explicit commentum Galieni super librum aphorismorum Ypocratis.'

— **VA 4420**, late 13c, ff. 57r-90vb. Constantinus Africanus dedic. pref. 'Licet petitionibus tuis . . .' Text *inc.* 'Vita brevis ars longa tempus acutum experimentum timorosum . . . / . . . (*des.*) manifeste mortale.' Galen comm. 'Plurimi interpretes huius libri . . . / . . . (*des.* variant) in quarta particula explanaverim taliter hec est representandis. Expliciunt commenta Gal. super Amphorismos Ypocratis. Deo gratias.'

— **VA Borgiani 432 (M.VIII.2)**, 13-14c, ff. 1ra-38va. Illuminated capitals and margins. Constantinus dedic. pref. 'ad Glauconem. Licet petitionibus tuis . . .' Text *inc.* 'Vita brevis ars vero longa tempus autem acutum experimentum timorosum . . . / . . . (*des.*) quanto magis dabit tanto plus peiorabuntur.' Galen comm. 'Plurimi interpretes istorum amphorismorum . . . / . . . inveniens falsa et non esse Ypocratica confirmare poterit. Explicit comm. Galieni super Amphorismos. Deo gratias.' Marginal notes throughout.

— **VA Ottob. 1158**, I, end 13c, ff. 1ra-40vb. Text with Galen comm. Text *inc.* 'Vita brevis ars vero longa tempus autem strictum experimentum timorosum

iudicium autem difficile . . . / . . . (*des.*) fames enim desiccat corpora.' Galen comm. 'Plurimi interpretes huius libri . . . / . . . (*des.* variant) ideoque quedam non indigent cibo quedam vero parvissimo. Explicit liber amphorismorum. Expliciunt comm. Galieni super Amphorismos Ypo.'

— **VA Pal 1082**, late 13c, ff. 1ra-25vb. Constantinus Africanus dedic. pref. 'Licet petitionibus tuis . . .' Text *inc.* 'Vita brevis ars vero prolixa (*sic*) tempus autem acutum experimentum vero fallax . . . / . . . famen adhibere fames enim corpora siccat.' Galen comm. inc. is obscured; *des.* variant: 'Hic est dosis ilum quare in novo folio. Explicit comm. Galieni in expositione amphorismorum Ypocratis.' Marginal notes.

— **VA Pal 1084**, late 13c, ff. 1ra-35vb. Only the catch words of the Hippocratic text, with Galen comm. Text *inc.* 'Vita brevis ars vero longa . . . / . . . (through Part. VII, but MS is badly defaced and in part illegible). Galen comm. is identifiable only by the desinit: '. . . quibus poeta inveniens falsa et non esse Ypocratis confirmare poterit. Explicit.'

Vienna 2315, ff. 1r-58ra. Constantinus Africanus dedic. pref. 'Licet petitionibus tuis continuis . . .' Usual text. *Inc.* 'Vita brevis ars vero longa . . . / . . . (*des.*) corporibus humidas carnes habentibus et famen adhibere convenit fames enim siccat corpora.' Galen comm. 'Plurimi interpretes huius libri . . . / . . . indigent cibo quedam vero et pervisione. Expletis omnibus amphorismis Ypo. Duos alios invenimus in multis libris et paucis expositores in antiquos quos cum quidam expositores exposuerint diverse . . . quia prius non ascripsimus ut deglutire non possit morte sed taliter invenitur . . . dabuntur quanto magis dabuntur tanto plus peiorabuntur. Hec apponere tentive que quibus poeta inveniens falsa et non esse Ypocratica confirmar. poterit. Expl. comm. G. super Amphe Ypo.'

— **2368**, late 13c, ff. 1ra-53vb. Usual text. *Inc.* 'Vita brevis ars vero longa . . . / . . . (*des.*) ut deglutire non possit mortale.' Galen comm. 'Plurimi interpretes huius libri . . . / . . . (*des.* variant) est minus abbreviam nisi amplianda ampliavi. Deo gratias.'

XIV Century

*Autun 70, f. 1- Text with Galen comm.

*Barcelona A.C.A. Ripoll 50, ff. 1-44ᵛ. Text with Galen comm. (Beaujouan, 1972, 186).

*Brussels 3701-15, ff. 34ᵛ-65ᵛ. Text with Galen comm. (Diels).

— **14301-14305**, no. III. Text with Galen comm. (Diels).

Cambridge: CUpem 13. Constantinus dedic. pref.; text and comm.

— **CUpet 14**, ff. 1ʳ-41ʳᵃ. Constantinus dedic. pref. 'Licet petitionibus tuis . . .' Usual text. *Inc.* 'Vita brevis ars vero longa . . . / . . . plus peiorabuntur.' The last two lines are blurred. Galen comm. 'Plurimi interpretes . . .'

*Chartres 278 (258 et 666), ff. 14ʳ-(52ᵛ) 53. Pref. Domini Constantini . . . Licet petitionibus tuis . . .' Usual text. *Inc.* 'Vita brevis ars vero longa . . . / . . .' Galen comm. as usual. 'Explicit liber Amphorismorum gloriosissimi Ypocratis cum comm. Galieni. Deo gracias. Perfectus est iste liber xiiii die Julhii (*sic*), anno Domini millesimo CCCᵒ XVII.'

— **286 (342)**, ff. 17ʳ-(65). Hipp. Aphorismi cum comm. Galieni. Constantinis dedic. pref.; usual text. *Inc.* 'Vita brevis ars vero longa . . .' Galen comm. 'Plurimi interpretes . . .'

*Copenhagen Thottian Bibl. reg. 189, f. 3. Text with Galen comm. (Diels).

Erfurt: Ea F 246, ff. 1-52ᵛ. 'Libri Ypocratis afforismorum septem cum comm. Galieni.' Constantinus pref.; followed by usual text. *Inc.* 'Vita brevis ars vero longa . . .' Galen comm. 'Plurimi interpretes . . . / . . . quilibet inveniens falsa et non esse Ypocratis confirmare poterit. Deo gratias Amen.'

— **Ea F 255**, ff. 10-55ᵛ. 'Hippocratis Aphorismi a Galieno comm.' Text and comm. as in Ea F. 246 above.

*Eton Coll. 127, f. 22. Text with Galen comm. (Diels).

*Glasgow Hunt. T. I. 1, Text with Galen comm. (Diels).

Kraków: BJ 791, ff. 1ʳᵃ-27. Constantinus dedic. pref.; text; and Galen comm., with slightly variant *des.* '. . . nimis abbreviavi neque non amplianda ampliavi.'

— **BJ 814**, ff. 13-(54). Constantinus dedic. pref. Usual text. *Inc.* 'Vita brevis ars vero longa. . .' Galen comm. 'Plurimi interpretes . . .'

— **BJ 815**, 13-14c, ff. 117-. With fine illuminations and marginal glosses. 'Prefacio domini Constantini . . .' Usual text. *Inc.* 'Vita brevis ars vero longa tempus acutum. . .' Galen comm. 'Plurimi interpretes huius libri . . .'

Laon 413, item 1. 'Hipp. Aphorismi cum comm. Galeni.' *Inc.* 'Vita brevis ars vero longa . . .' Galen comm. 'Plurimi interpretes hujus amphorismi (*sic*) . . .'

*Leipzig Univ. 1115 (olim 1096), f. 10, with Galen comm. (Diels).

— **1119 (Repos. med. 123)**, f. 40, with Galen comm. (Diels).

— **1120 (Repos. med. 24)**, f. 20, with Galen comm. (Diels).

— **1121 (olim 1107; Repos. med. 1.28)**, no. 4 and 8, with Galen comm. (Diels).

— **1173 (Repos. med. 11, 28)**, f. 44ᵛ, with Galen comm. (?) (Diels).

London: BMar 162, ff. 115ʳᵃ-166ᵛᵇ. Constantinus dedic. pref. 'Licet petitionibus tuis . . .' Usual text. *Inc.* 'Vita brevis ars vero longa tempus autem acutum . . . / . . . tanto magna dabuntur tanto plus peiorabuntur.' Last two lines blurred. Galen comm. 'Plurimi interpretes . . . / . . . falsa et non esse Hypocratica confirmare poterit. Expliciunt Amphorismi cum commento Galieni.'

— **BMh 5425**, 13-14c, ff. 2ʳᵃ-53ᵛᵃ. Text with Galen comm. *Inc.* 'Vita brevis ars longa tempus acutum experimentum timorosum iudicium vero difficile . . .' (only the catch words of the text). Galen comm. 'Plurimi interpretes huius libri in hoc . . . / . . . in qua dolunt incensa . . . Expletis Amphoris. Hypo. . . . quedam vero alia hic apponerunt quod quelibet . . . falsa et non esse Ypocratica confirmare poterit.' Hippocrates' words are underlined. Marginal notes in a later hand.

— **Wellcome 84 (Articella)**, ff. 1-42ᵛ. Constantinus dedic. pref. 'Licet petitionibus tuis...' Usual text. *Inc.* 'Vita brevis ars vero longa.../...tanto magis dabuntur.' Galen comm. 'Plurimi interpretes.../... non Ypocratica confirmare poterit. Expliciunt Amphorismi Ypocratis cum comm. Galieni ex utraque translationem.'

*Madrid BN 1407, ff. 3-43ʳ. 'Incipiunt comm. Galieni super amphorismos (Hipp. secundum antiquam Constantini Africani translationem). Licet petitionibus tuis...' Galen comm. 'Plurimi interpretes.../... et non esse Ypocratis proclamabit. Expliciunt comm. super Amph. Ypocratis.'

— **1408**, ff. 12ᵃ-54ᵇ. Dedic. pref. by Constantinus Africanus. 'Licet petitionibus tuis...' Usual Hippocrates text; and Galen comm. 'Plurimi interpretes huius libri .../...non esse Ypocratis. Deo gratis.'

*Metz 174, item 2. Hipp. text with Galen comm. (Diels).

Montpellier 182, ff. 17ʳ-22ʳᵃ (or 71ᵛ). Constantinus Africanus dedic. pref. 'Licet petitionibus tuis...' Usual text. *Inc.* 'Vita brevis ars vero longa tempus autem acutum experimentum vero fallax iudicium autem difficile.../...' Galen comm. 'Plurimi interpretes huius libri.../...'

— **188**, 13-14c, ff. 13-54ʳᵃ. Usual text with Galen comm.

Munich: CLM 31, a. 1320, ff. 17ʳ-71ᵛ (H. Schedel). Hippocrates text with Galen comm.

— **CLM 168**, ff. 23ʳᵃ-88ʳᵇ. Text with Galen comm. (Schipperges, p. 194).

— **CLM 270**, ff. 10ʳ-43ᵛᵇ. Text with Galen comm.

— **CLM 3512**, a. 1300, f. 340. Text with Galen comm.

— **CLM 13034**, ff. 49ʳᵃ-84ʳᵃ. 'Aphorismus comm. Galeni a Constantino Africano ex arabico translatus.' Constantinus dedic. pref. 'Licet petitionibus...' Text *inc.* 'Vita brevis ars vero longa tempus.../... tanto plus peiorabuntur' Galen comm· 'Plurimi interpretes.../... falsa quia non esse Ypocratica confirmare poterit.'

New Haven: Yale medic. Cushing coll. (formerly Melk h-188-168), ff. 1ʳ-80ᵛᵃ. Usual text. *Inc.* 'Vita brevis ars longa

tempus strictum experimentum timorosum, iudicium autem difficile...' Galen comm. 'Plurimi interpretes.../...falsa et non esse Ypocratica confirmare poterit. Explicit.'

Oxford: All Souls 68, ff. 1ʳᵃ-44ᵛᵇ. Constantinus dedic. pref. 'Licet petitionibus...' Usual text. *Inc.* 'Vita brevis ars vero longa tempus strictum experimentum enim timorosum iudicium vero difficile.../...dabuntur quanto plus dabit tanto plus peiorabuntur.' Galen comm. 'Plurimi interpretes...'

— **71**, ff. 13ʳᵃ-64ʳᵇ. Constantinus dedic. pref.; text and Galen comm. as above.

— **Merton 220**, ff. 39ʳᵃ-75ʳᵇ. 'Prefatio domini Constantini Africani... 'Licet petionibus tuis...' Usual text. *Inc.* 'Vita brevis ars vero longa.../...magis innascitur ut deglutire non possit mortale.' Galen comm. 'Plurimi interpretes.../...quia quilibet poeta inveniens falsa etc.'

— **221**, ff. 19ʳᵃ-69ʳᵇ. 'Prefatio Constantini... Licet petitionibus tuis...' Usual text. *Inc.* 'Vita brevis ars vero longa tempus autem strictum in alia acutum experimentum autem timorosum vel fallax .../...ut deglutire non possit mortale.' Galen comm. 'Plurimi interpretes.../... (as above): quia quilibet poeta inveniens falsa et non esse Ypocratica confirmare poterit.'

— **222**, ff. 94ʳᵃ-146ᵛᵃ. Has illuminated initials; also marginal explanatory notes or glosses. Constantine pref. 'Licet petitionibus...' Text as above: 'Vita brevis ars vero longa tempus autem strictum experimentum timorosum iudicium difficile .../...ut deglutire non possit mortale.' Galen comm. 'Plurimi interpretes.../... non esse Ypocratica confirmare poterit.'

— **225**, ff. 38-(49).

— **Merton Coll.** c. 1360 and 1375 (Powicke, *Merton College Library* [1936] 137, 139).

— **New Coll. 170**, ff. 96-(162). Usual text with Galen comm. in trans. Constantinus Africanus.

— ***St. John Bapt. 10**, ff. 1-37. Usual dedic. pref. by Constantinus Africanus; text, and Galen comm. (Diels).

— **Univ. 89**, ff. 99-155. Usual text with Galen comm.

Paris: BN 6846, 14-15c, ff. 2ra-38vb. Usual text: 'Vita brevis ars vero longa . . . / . . . (*des.*) dabuntur tanto plus peiorabuntur. Galen comm. 'Plurimi (rest of the page is illegible) . . . / . . . inveniens falsa et non esse Ypocratica confirmare poterit. Explicit commenta G. super Amphorismos Ypocratis.'

— **BN 6860A**, ff. 27rb-69^v^. Constantinus dedic. pref. 'Licet petitionibus . . .' Usual text: 'Vita brevis ars vero longa . . .' Galen comm. 'Plurimi interpretes . . .' Mutilated at the close.

— **BN 6868**, ff. 9rb-19ra. 'Incipit liber aphorismorum Ypocratis' with Galen comm. *Inc.* 'Vita brevis ars vero longa tempus autem acutum . . . / . . . corporibus humidas carnes habentibus famem adhibere convenit. Fames enim corpora desiccat.'

— **BN 6869**, 13-14c, ff. 20^r^-68va. Marginal glosses throughout. Decorated initials. Constantinus pref. 'Licet petitionibus tuis . . .' Usual text. *Inc.* 'Vita brevis ars vero longa . . . / . . . famen adhibere convenit. Fames enim siccat corpus.' Then follows another Aphorism: 'Sudor multa . . . minorem significat egritudinem.' Galen comm. 'Plurimi interpretes . . . / . . . (*des.*) inveniens falsa et non esse Ypocratica confirmare poterit. Explicit comm. G. super Aphorismos Ypocratis.'

— **BN 14390 (St. Victor 146)**, ff. 18ra-23vb. Usual text. 'Vita brevis ars vero longa . . . / . . . (*des.* in Aphor. 59, Part. VII) existente in collo suffocatio depente (?) innascitur ut glutire non possit mortale. Explicit liber amphorismorum Ypocratis.' At ff. 224ra-274ra, there is a repetition of the text, added in a later hand: 'Vita brevis ars longa tempus acutum experimentum fallax . . . / . . . dabuntur quanto magis dabit tanto plus peiorabuntur;' together with the usual Constantinus dedic. pref. 'Licet petitionibus tuis . . .' and the Galen comm. 'Plurimi interpretes huius libri in hoc maxime . . . / . . . quia quelibet poeta inveniens falsa et non esse Ypoc. confirmare poterit.'

Tours 790, ff. 1-55^v^. 'Liber Amphorismorum Ypocratis incipit primus. Prefatio dom. Constantini Africani . . . Licet petitionibus tuis . . .' Usual text. *Inc.* 'Vita brevis ars vero longa . . . / . . . fames enim siccat corpora.' Galen comm. 'Plurimi interpretes huius libri . . . / . . . alibi eos explanavi. Expliciunt Amphorismorum Ypocratis et comm. Galieni super illos. Deo Gratias. Amen.'

— **791**, end of 13c or ealy 14c, ff. 1-34^v^. 'Amphorismorum libri vii.' Pref. Constantinus Africanus, '. . . ad Hactonem' (*sic*). Usual text. *Inc.* 'Vita brevis ars vero longa . . . / . . . (*des.* Aphor. 68, Part. VII) tanto plus pejorabit.' Galen comm. 'Plurimi interpretes huius libri . . . / . . . in qua solent incenssa (*sic*) emitti.' Then follows the explanation regarding the addition of Aphorisms 60-68, while rejecting other additions, and the usual desinit: 'Expletis Amphorismorum Ypocratis hoc in fine scripsi quoniam . . . et non esse Ypocratis confirmare poterit. Explicit comm. Galieni super libro Amphorismorum Ypocratis.'

— **792**, ff. 143ra-180rb. Usual dedic. pref. Constantinus: 'Licet petitionibus tuis . . .' Text *inc.* 'Vita brevis ars vero longa tempus acutum experimentum fallax vel timorosum . . . / . . . (*des.* Aphor. 60, Part. VII) sanus infirmus si morbus.' Galen comm. 'Plurimi interpretes . . . / . . . inveniens falsa et non esse Ypocratica confirmare poterit. Expletis autem omnibus amphorismis Ypocratis. Multi sunt alii qui non sunt de intentione ipsius. Explicit commentum Galieni supra Amphorismorum Ypocratis.'

*Utrecht Univ. 670, ff. 1-, several fols. missing. Text with Galen comm. (Diels).

Vatican: VA 2366, ff. 1^r^-47vb. Marginal glosses throughout. Constantinus Africanus dedic. pref.: 'Licet petitionibus . . .' Text *Inc.* 'Vita brevis ars vero longa tempus acutum experimentum fallax vel timorosum . . . / . . . sanus infirmus si morbus.' Galen comm. 'Plurimi interpretes . . . / . . . inveniens falsa et non esse Ypocratica confirmare poterit.'

— **VA 2367**, late 13-early 14c, ff. 1ra-53vb. Constantinus dedic. pref. 'ad discipulum suum Actionem. Licet petitionibus tuis . . .' Text *inc.* 'Vita brevis ars vero longa tempus strictum experimentum timorosum . . . / . . . ut deglutire non possit mortale.' Galen comm. 'Plurimi interpretes . . . / . . . (*des.* varies) minus abreviam necnon amplianda ampliavi. Deo gratias.'

— **VA 2368**, late 13-early 14c, ff. 3ra-53rb. Constantinus dedic. pref. 'ad Actionem discipulum suum. Licet petitionibus . . .' Text *inc.* 'Vita brevis ars vero longa tempus acutum experimentum falsum iudicium autem difficile . . . / . . . corporibus humidas carnes habentibus famen adhibetur et fames exsiccat corpora. In acutis egritudinibus frigiditas . . . aut omnino aut vix deglutiunt. Explicit Aphor.' Galen comm. 'Plurimi interpretes . . . / . . . inveniens falsa et non esse Y. confirmare poterit. Expleto libro referamus gratiam Ypo. qui scripsit scribat semper cum domino iuvat.'

— **VA 2391**, ff. 1ra-42ra. Constantinus dedic. pref. 'Licet petitionibus . . .' Usual text. *Inc.* 'Vita brevis ars vero longa . . . / . . . tanto plus peiorabuntur.' Galen comm. 'Plurimi autem interpretes . . . / . . . inveniens falsa et non esse Ypocratica confirmare poterit. Explicit commenta Galieni super Afforismos Ypocratis.'

— **VA 2393**, ff. 1ra-29vb, incomplete. Without Constantinus dedic. pref. Text *inc.* 'Vita brevis ars vero longa tempus autem strictum experimentum vero timorosum, iudicium autem difficile . . . / . . . ;' Galen comm. 'Plurimi interpretes huius libri . . . / . . . (through Part. VII, *des.*) quibuscumque inventus pustule fuerit his saties facta et rupta solvitur dolor.' In the lower margin: 'Explicit commentum super Amphor. Ypocratis.'

— **VA 2395**, ff. 1ra-45vb. Illuminations and marginal glosses in the MS. Constantinus dedic. pref. 'Licet petitionibus tuis . . .' Text *inc.* 'Vita brevis ars vero longa tempus autem acutum experimentum vero timorosum . . . / . . . (*des.*) sanus est cibus infirmus vero morbus.' Galen comm. 'Plurimi inter-

pretes . . . / . . . quelibet poeta inveniens falsa et non esse Ypo. confirmare poterit.'

— **VA 2417**, ff. 17ra-62va. MS has extensive marginal glosses. Constantinus dedic. pref. 'ad Actionem discipulum suum,' 'Licet petitionibus tuis continuis fili hacco (*sic*) mihi sepius . . .' usual text, *inc.* 'Vita brevis ars vero longa tempus autem strictum experimentum timorosum iudicium autem difficile . . . / . . . (*des.*) hec morbus infirmis sed morbum facit. Item alius afforismus hic solet sequi premissis alicui exeuntibus . . . quanto magis dabit tanto plus peiorabuntur.' Galen comm. 'Plurimi interpretes . . . / . . . sanus est virtus infirmus vero morbus . . . expletis afforismis Ypo. hec in fine scripsi que rationabilius et adtentius a sofophystis interserabantur ut referre non esse dicta tanti phylosophy quedam vero alia apponere hec tenui quia quelibet poeta inveniens falsa et non esse Ypocratica confirmare poterit.'

— **VA 2428**, ff. 63r-108vb. Part of an *Articella* with extensive glosses. Constantinus pref. 'Licet petitionibus . . .' Usual text. *Inc.* 'Vita brevis ars vero longa tempus acutum . . . / . . . (*des.*) dabuntur quanto magis dabuntur tanto plus peiorabuntur.' Galen comm. 'Plurimum (*sic*) interpretantes (vel interpretes, in the margin) huius libri . . . / . . . quia quelibet poeta inveniens falsa et non esse Ypocratis confirmare poterit. Deo gratias. Amen. Explicit comm. G. super Amph. Ypo.'

— **VA 4419**, ff. 30ra-74rb. Constantinus dedic. pref. 'Licet petitionibus . . .' Text *inc.* 'Vita brevis ars vero longa tempus autem acutum experimentum fallax . . . / . . . humidas carnes habentibus famen adhibere convenit fames enim siccat corpora.' Galen comm. in script smaller than the text: 'Plurimi Scriptores huius libri . . . / . . . sed ego eos in quarta particula explanavi. Verba non sunt eadem. Hec errarunt non sepius. Non scripserunt ut deglutire non possint. (This stops short of usual Galen *des.*) Expliciunt commenta Galieni super Amphorismos Ypocratis.'

— **VA 4439**, ff. 42r-58vb. MS is in very poor shape. *Titulus*: 'Galenus super Aphorismos Hypocratis.' Usual text. *Inc.* 'Vita

brevis ars longa tempus autem acutum . . .'
Galen comm. 'Plurimi interpretes huius
libri . . .' The Constantinus dedic. pref.
follows at f. 58ᵛᵃ⁻ᵇ. 'Prefatio domini
Constantini Africani montis Cassinensis
monachi transtulit commentum Galieni
super Aphorismos Ypocratis ad Arteneum
(sic) discipulum suum. Licet petitionibus
continuis . . .' At ff. 33ʳ-38ᵛᵇ, preceding the
above, there is a fragment of Galen's (?)
comm. on the Aphorisms. 'In febribus sex-
tanis et contra hoc est una dubitatio . . .'
— **VA 4472**, ff. 1-2ᵛ, contains a fragment of the Galen comm.
— ***VA Pal 1068**, 14c (Schipperges, p.
196).
— **VA Pal 1079**, 13-14c, ff. 1ʳᵃ-48ᵛᵇ.
MS has Illuminated initials, and marginal
and interlinear glosses. 'Incipiunt commenta afforismorum.' Text *inc.* 'Vita
brevis ars vero longa, tempus acutum . . .'
Galen comm. 'Plurimi interpretes huius
libri . . . / . . . quelibet poeta inveniens falsa
et non esse Ypocratica confirmare poterit.
Explicit comm. Aphoris.'
— **VA Pal 1095**, 13-14c, ff. 3ᵛ-33ʳ.
— **VA Pal 1096**, 14c, ff. 156ʳ-181ᵛᵃ.
— **VA Pal 1101**, ff. 41ʳ-73ʳᵇ. Usual
text. *Inc.* 'Vita brevis ars vero longa tempus
autem strictum . . .' Galen comm. 'Plurimi
interpretes . . .'
— **VA Pal 1102**, ff. 15ʳᵃ-32ʳᵇ. Constantinus dedic. pref. 'Licet petitionibus . . .' Usual text. *Inc.* 'Vita brevis ars
vero longa tempus autem acutum experimentum vero fallax . . . / . . . (des.) quanto
magis dabuntur tanto plus peiorabuntur.'
Galen comm. 'Plurimi interpretes huius
libri . . . / . . . inveniens falsa et non esse
Ypocratica confirmare poterit.'
— **VA Pal 1103**, ff. 11ʳᵃ-57ᵛᵃ. MS has
fine illuminations. Constantinus dedic.
pref. 'Licet petitionibus . . . / . . .' Usual
text. *Inc.* 'Vita brevis ars vero longa tempus
acutum experimentum vero fallax . . . / . . .
(des.) quanto magis dabuntur tanto plus
peiorabuntur.' Galen comm. 'Plurimi interpretes huius libri . . . / . . . inveniens falsa
et non esse Ypocratica confirmare poterit.'
— **VA Pal 1104**, ff. 3ʳᵃ-32ʳᵃ. Illumina-

ted capitals. Constantinus dedic. pref.
'Licet petitionibus . . .' Usual text. *Inc.*
'Vita brevis ars vero longa tempus autem
acutum experimentum autem timorosum
iudicium autem difficile . . . / . . . (des.) fames
enim exsicat omne.' Galen comm. 'Plurimi
interpretes huius libri . . . / . . . inveniens falsa et non Ypocratica esse confirmare poterit.'
— **VA Pal 1367**, 14c.
— **VA Regin. 1129**, ff. 94ʳᵃ-133ʳᵃ. Constantinus dedic. pref. 'Licet petitionibus. . .'
Usual text. *Inc.* 'Vita brevis ars vero longa
tempus acutum experimentum fallax . . . /
. . . (des.) quanto magis dabuntur tanto
magis peiorabuntur.' Galen comm. 'Plurimi
interpretes huius libri . . . / . . . inveniens
falsa et non esse Ypocratica confirmare
poterit.'
— **VA Regin. 1302**, ff. 1ʳᵃ-53ʳᵇ. Illuminations and marginal notes. Constantinus
dedic. pref. 'Licet petitionibus . . .' Text
inc. 'Vita brevis ars vero longa . . . / . . .
quanto magis dabuntur tanto plus peiorabuntur.' Galen comm. 'Plurimi interpretes
huius libri . . . / . . . inveniens falsa et non
esse Ypocratica confirmare poterit.'
— **VA Regin. 1304**, 13-14c, ff. 4ᵛᵇ-10ʳᵃ.
Vienna 29, ff. 1ʳᵃ-45ʳᵇ. Illuminated
initials. Constantinus dedic. pref. 'Licet
petitionibus . . .' Text *inc.* Vita brevis ars
vero longa tempus acutum experimentum
vero timorosum . . . / . . . (des.) famen adhibere bonum fames enim desiccat corpora.' Galen comm. 'Plurimi interpretes
huius libri . . . / . . . (des.) quedam non indigent cibo quedam vero parvissimo. Expletis omnibus amphorismis. Duos alios
invenimus multis in libris a paucis tamen
antiquis exponitos quos cum quidam primus exposueruntur diversi modi quidam
exponunt . . . sanus est virtus infirmis vero
morbus . . . inquam etiam vero incensa solet
errari.'
— **128**, ff. 1ʳᵃ-49ʳ. Decorated initials.
Without Constantinus dedic. pref. Text *inc.*
'Vita brevis ars vero longa tempus autem
acutum experimentum vero fallax . . . / . . .
(des.) fames enim exsiccat corpora.' Then
follow the additional aphorisms 'Si ex febre
. . . ut glutire non possit mortale.' Galen

comm. 'Plurimi interpretes huius libri . . . / . . . (*des.*) vero parvissima. Explicit commentum super aphorismos Ypocratis.'

— **2266**, ff. 196ʳᵃ-197ᵛᵇ, fragment. Constantinus dedic. pref. 'Licet petitionibus tuis . . .' Galen comm. 'Plurimi interpretes huius libri . . .' Hipp. text in the margin: 'Vita brevis ars vero longa tempus acutum experimentum autem timorosum . . .' Incomplete.

— **2272**, ff. 1ʳᵃ-33ᵛᵃ. Illuminated initials. Marginal glosses. Without Constantinus dedic. pref. Text *inc.* 'Vita brevis ars vero longa tempus acutum experimentum fallax . . . / . . . (*des.*) quanto magis dabuntur tanto plus peiorabuntur.' Galen comm. 'Plurimi interpretes huius libri . . . / . . . inquam solet incensa errari. Explicit comm. Galieni super Afforismos. Deo gratias.'

— **2305**, ff. 15ʳᵃ-77ʳᵃ. With fine illuminations. Constantinus dedic. pref. 'Licet petitionibus tuis . . .' Text *inc.* 'Vita brevis ars vero longa tempus autem acutum . . . / . . . (*des.*) fames enim desiccat corpora.' Galen comm. 'Plurimi interpretes huius libri . . . / . . . a corporibus superfluis debilibus illius inferius. Expliciunt amphorismorum Ypocratis.'

— **2320**, early 14c, ff. 30ʳᵇ-91ᵛᵃ. MS has beautiful illuminated initials depicting in this instance a master with a book and students at his feet. Constantinus dedic. pref. 'Licet petitionibus tuis . . .' Text *inc.* 'Vita brevis ars vero longa tempus autem acutum experimentum vero fallax . . . / . . . quanto magis dabuntur tanto plus peiorabuntur.' Galen comm. 'Plurimi interpretes huius libri . . . / . . . inveniens falsa et non esse Ypocratica confirmare poterit. Explicit liber amphorismorum Ypo. cum commento Galieni.'

Wolfenbüttel: Guelf 3487 (47.12 Aug. 4ᵗᵒ), 14c, ff. 12ᵛ-27ᵛ. 'Hipp. Liber amphorismorum' (Diels).

Würzburg Bibl. univ. med. 4° 1. Comm. in Aph. (Diels).

XV Century

***Erfurt: Ea F. 287**, a. 1468-1471, ff. 55-114. Aphorisms with Galen comm., *des.* '. . . quelibet poeta inveniens poterit. Ex-

plicit amphor. Ypo. cum comm. G. per Hermannum Umbehouven de Bercka a.d. millesimo quadringentesimo sexagesimo octavo die vero nona mensis Decembris in stuba eiusdem B. collegii Porte celi Amploniani.'

Kraków BJ 790, a. 1444, ff. 1ʳ-83ʳᵇ. 'Galenus in linguam latinam translatus.' Constantinus dedic. pref.; usual text and Galen comm. 'Plurimi interpretes huius libri . . . / . . . inveniens falsa et non esse Ypocratica confirmare poterit. Explicit commentum Galieni super Amphorismos Ypocratis et est finitus die sabbato infra octavas Ascencionis a. d. 1444.'

***Madrid BN 1408 (olim L.61)**, f. 12. Text with Galen comm. (Diels).

***St. Gall Vadian 431**, a. 1465, f. 3. Text with Galen comm. (Diels).

Vatican: VA 2392, a. 1425, ff. 3ʳᵃ-34ʳᵇ. Text with Galen comm. Constantinus dedic. pref. 'Licet petitionibus . . .' Text *inc.* 'Vita brevis ars vero longa tempus strictum experimentum vero timorosum . . . / . . . (*des.*) infirmus non morbus.' Galen comm. 'Plurimi interpretes . . . / . . . (*des.* variant) neque morbus infirmitus neque morbum agitur. Expliciunt commenta Galieni super Amphorismos Ypocratis deo gratias. Amen. Amen. Fiat. Fiat.'

— **VA Pal. 1221**, ff. 131ʳᵃ-189ʳᵃ. Constantinus dedic. pref. 'Licet petitionibus tuis . . .' Text *inc.* 'Vita brevis ars vero longa tempus acutum experimentum fallax . . . / . . . (*des.*) quanto magis dabuntur tanto plus peiorabuntur.' Galen comm. 'Plurimi interpretes huius libri in hoc . . . / . . . inveniens falsa et non esse Ypocratica confirmare poterit.'

Vienna 5314, a. 1405, ff. 1ʳᵃ-81ᵛᵃ. Text with Galen comm. and marginal glosses. Constantinus dedic. pref. 'Licet petitionibus . . .' Text *inc.* 'Vita brevis ars vero longa tempus acutum experimentum timorosum iudicium difficile . . . / . . . tanto plus peiorabuntur quanto magis dabuntur.' Galen comm. 'Plurimi interpretes huius libri . . . / . . . (*des.*) infirmus vero morbus. Explicit Galenus commentator in amphorismos Ypocratis translatus de arabico in latinum per magistrum Constantinum Affrica-

num. Scriptus per manus Johannis Thurenusi de Milhausen sub anno domini 1405
sabbato ante mart. nostro.'

*Wolfenbüttel 2194 (17. 2. Aug. fol.),
15c (1444), ff. 1-93ʳ. 'Liber aphorismorum
Hippocratis in 7 particulas cum comm.
Galieni ex Arabice sermone in Lat. versus
per Constantinum Africanum.'

— **2458 (38.6.Aug. fol.),** 15c, ff. 1-8;
13-44ᵛ. ff. 1-8. 'Ordo Amphorismorum (*sic*)
Hypocratis. Secundum ordinem alphabeti.
ff. 13-44ᵛ. 'Amphorismi vel vii Part.
Hypocratis cum comm. abbreviate Galieni,
premissa prefatione Constantini Affricani
Montis Cassinensis ad Glondinem (*sic*) descipulum suum.'

*Wolfenbüttel 760 (696 Helmst.), 15c,
ff. 114ᵛ-115ᵛ. 'Ex libro Aphorismorum
Ypocratis.'

Printed Editions:

Printed in the incunabula editions of the
Articella: Klebs 116.1-6.

Also 'secundum antiquam translationem'
(Constantini Africani), 1515, ff. xxviii-xxxi.
'Vita brevis ars vero longa . . . / . . . tanto
magis plus peiorabitur. Expliciunt Aphorismi Hypocratis secundum veterem translationem.' And in

Opera Galieni, Venice 1528, III: 'Aphorismorum lib. i-vii interprete Constantinus
Africanus, una cum Galieni comm.'

5. GREEK-LATIN TRANSLATION OF BURGUN
    DIO OF PISA († 1193) AND NICHOLAS OF
    REGGIO (c. 1308-1345)

So far no thirteenth-century manuscripts
containing Burgundio of Pisa's name as
translator have been noted. His translation
was, however, used by Taddeo Alderotti,
professor of medicine at Bologna in the
thirteenth century. Taddeo reported that
Burgundio's translation was preferable and
freer from faults than that of Constantinus
Africanus. However, he was obliged to use
that of Constantinus for his commentary on
the Aphorisms, because it was more generally
known (non quia melior sed quia communior), and to correct it with the aid of that of
Burgundio.[1]

Manuscripts:

Vienna 2328 (Rec. 948), Fol. a. 1314,
ff. 1ʳᵃ-33ʳᵃ. With beautiful illuminations.
'Incipiunt commenta Galieni supra librum
afforismorum Ypocratis translatus a Burgundione usque *ad tertianam veram* Parisius
et *a tertiana vera* usque ad finem Neapoli a
Nicolao de Regio de graeco in latinum
Scripta . . . Neapoli 1314.' Text *inc.* 'Vita
brevis ars vero longa tempus acutum experimentum fallax iudicium autem difficile
. . . / . . . (*des.*) corporibus humidas habentibus carnes fames adhibenter convenit fames
enim corpora siccat.' Gloss: 'In hac prima
parte de regimine humani corporis . . .'
Galen comm. 'Quoniam quidem hec sermo
sive unus afforismus est sive duo. Prohemium existit totius . . . / . . . (*des.*) hanc
causam aut omnino aut vix degglutiunt finem
inponimus sic deus in secula benedictus.
Expliciunt commenta Galieni nove traductionis supra librum Ypocratis afforismorum
translata a principio usque ad tertianam
veram Parisius a Burgundione Pisano et a
tertiana vera usque ad finem Neapoli a
Nicolao de Regio scripta a magistro Nicolao
de Karulo de Deliceto in civitate Neapoli
anno domini 1314 indictione 13 die lune
21 Ianuarii Deo gratias. Amen.' Hermann
(1928), 15-16; Diller (1932), 57; C. H. Haskins,
Studies in the History of Mediaeval Science
(Cambridge Mass. 1927), 144 ff.; Chap. 10;
L. Thorndike, 'Translations of Works of
Galen from the Greek by Niccolo da Reggio
(c. 1308-1345),' *Byzantina Metabyzantina*,
(1946) I, 1, pp. 219, 225.

Erfurt: Ea F 278, 14c, ff. 173-213ᵛ.
'Liber Amphorismorum Ypo. cum commento.' Text *inc.* 'Vita brevis. . . .' (Galen)
Comm. 'Quoniam quidem sermo . . . / . . .
aut non omnino aut vix degluttiunt.'

---

[1] For Taddeo (1223–1295) see Nancy G. Siraisi, *Taddeo Alderotti and His Pupils* (Princeton
1981); see also under Commentaries, pp. 89–90 below. The above quotation is cited by
Neuburger, *Geschichte der Medizin* II 1 (Stuttgart 1911) 375. See also Kibre (1945) 382,
especially n. 67.

*Florence FL Plut. 73. Cod. 21.II, 14c, pp. 13-28 (Bandini III 45). Without name of translator. *Inc.* 'Vita brevis ars vero longa tempus acutum experimentum vero fallax . . .' Galen comm. 'Quoniam quidem hec sermo sive unus aphorismus sive duo . . . / . . . causam hanc aut non . . . aut vix deglutiunt.'

Naples BN Cod. VIII.D.25, a. 1380, ff. 18-32. Text with Galen comm. tr. Nicholas de Regio.

Oxford BL cl auct. Class. Lat. 272, a. 1400. 'Liber Dominici Grimani Cardinalis S. Marci,' ff. 1ra-53ra (TK 1296). Text *inc.* 'Vita brevis ars vero longa tempus acutum experimentum vero fallax iudicium autem difficile . . . / . . . (*des.*) corporibus humidas carnes habentibus famen adhibere fames enim corpora desiccat.' Galen comm. 'Quoniam quidem hec sermo sive unus afforismus sive duo . . . / . . . non omnino autem vix deglutiunt. Explicit commentum afforismorum secundum translationem novam de greco in latinum trinitati gratias infinitus gloriam gloriam gloriam.' Marginal notes in a humanist hand.

— *St. John Bapt. Coll. 197, 14-15c, ff. 333-345. 'Hipp. aphorismi cum glossis,' the same version as that in FL Plut. 73. Cod. 21.II, above.

Paris BN 6845, a. 1384, ff. 1ra-49vb, acephalous. Text *inc.* 'Vita brevis ars vero longa tempus acutum experimentum fallax iudicium autem difficile . . . / . . . (ends incomplete in Part. VI, f. 49vb) risu fuerit securiosis que vero cum sollicitudine fallature secura fallaces autem sunt minus . . .' Galen comm. 'Quoniam quidem hec sermo sive unus aphorismus est sive duo . . . / . . . (comm. continues to f. 50v) cum febre luttuosa suppura malum.' Marginal gloss: 'Medicus debet esse in cognoscendo studiosus . . .'

Vatican VA 2369, 14c, ff. 3ra-53rb. 'Hipp. aphorismi cum commento Galieni Nicolao de Regio interprete cum quibusdam scholiis, libr. vii. Incipit liber Afforismorum Ypocratis secundum translationem Nicolai de Regio.' Text *inc.* 'Vita brevis ars vero longa

tempus acutum . . . / . . . (*des.*) fames enim siccat corpora.' Galen comm. 'Quoniam quidem sermo hec sive unus . . . / . . . hanc causam aut omnino aut vix deglutiunt. Explicit liber afforismorum. Deo gratias.' Lo Parco (1913) 285.

— **VA 2459**, 14c, ff. 74rbis-102rb, without name of translator. Aphorisms Part. I-III, IV, with Galen comm. 'Aphorismorum liber primus cum glossis Anangni et aliis quibusdam scholiis etc. Vita brevis ars vero longa tempus acutum . . . / . . . (*des.*) as in Vatican 2369 above. Galen comm. 'Quoniam quidem hec sermo sive unus afforismus . . . / . . . (ends incomplete) In farmaciis talia.' Anon. comm. 'Afforistica enim species doctrinae est utilissima volenti a teologia in brevi tempore educere . . .' Incomplete. At the top margin is the heading: 'Magistri Johannis de Spello commenta afforismorum Grece translationis.' It is not clear, however, whether Johannes de Spello is the commentator or the owner of the codex.

— **VA 4464**, 14c, ff. 125ra-142ra, incomplete, without name of translator. Text *inc.* 'Vita brevis ars vero longa tempus acutum . . . / . . . (*des.*) as in Vatican 2369 above. Galen comm. 'Quoniam quidem hec sermo sive unus afforismus . . . / . . . in farmaciis talia' incomplete.

6. GREEK-LATIN TRANSLATION BY THEODORE GAZA († 1478)

Text *inc.*: 'Vita brevis ars longa. Occasio preceps experimentum fallax . . . / . . . (*des.*) multum letalis est.' Similar to translation of Laurentius Laurentianus, below.
Printed editions:

Articella, 1476, 1483, 1487, 1491, 1500, together with Constantinus Africanus' translation from the Arabic: Klebs 116.1-6; also [1515], ff. 32r-41r 'Liber Aphorismorum a Domino Theodoro Gaza medico e greco in latinum de novo translatus. *Inc.* and *des.* as above; Bologna 1522, with other translations; and in the *Articella*, Lyon 1525, f. 30r (TK 1704).

7. GREEK-LATIN TRANSLATION BY LAUREN-
TIUS LAURENTIANUS (LORENZO LAUREN-
ZIANO) OF FLORENCE († 1515)

Manuscripts:

Vienna 12882, 15c, ff. 2ʳ-25ᵛ, in a humanist
hand. 'Sententiarum particulae septem
interprete Laurentio Laurentiano Florentino ' Text *inc.* 'Vita brevis ars vero longa
occasio autem praeceps experimentum
fallax iudicium difficile . . . / . . . (*des.* Part.
VII) si valde multum letale est. Taos.' At
ff. 26ʳ-49ᵛ the Aphorisms are arranged
according to subject, with the *inc.* 'Vita
brevis ars autem longa tempus acutum experimentum fallax . . .' At ff. 50ʳ-54ᵛ there
is a 'Tabula alphabetica.'

Printed Editions:

Florence 1494, with the title: *Hippocrates,
Sententiae cum Galieni comm.*, 'translatus
Laurentius Laurentianus.' Klebs 520.1;
Polain 1962. Translator's pref. addressed to
Piero de' Medici: 'Cum animadvertissem
Petre medicem plures . . . Que preter natu-
ram crasse concipere . . .'

Nuremberg 1496: Hippocrates, *Aphorismi
s. Sententiae*, with Theodorus Ulsenius, Phar-
macandi substantia (National Medical Library: Klebs 520.2).

Bologna 1522, with other translations.
See Nicolaus Leonicenus below.

8. GREEK-LATIN TRANSLATION BY NICO-
LAUS LEONICENUS († 1524)

Manuscripts:

**Venice San Marco Cl.XIV (VII.67;
9687)**, ff. 1-35. Hippocrates, Aphorismi.
Inc. 'Vita brevis ars vero longa. Occasio
(autem) praeceps, experimentum periculosum . . .' With marginal notes at the
close. 'Die x Augusti MDLIIII Serravalli,
copied by Hier. Amaltheus.' (Kristeller II,
252).

**Volterra Bibl. communale Guarac-
ciana 5231**, 17-18c, ff. 1-132ᵛ. *Inc.* 'Vita
brevis ars longa, occasio preceps . . .' An
anon. vernacular version follows each cap.:
'Da vita e breve, larte longa e il occasione
veloci . . .' (Kristeller II, 308).

Palermo Bibl. communale 3.qq.B 129

(**P.64**), 17-18c. (Kristeller II 26).

Prague 1381, 17c, ff. 79ʳ-135ᵛ. Hipp.
Aphorisms, Leoniceno, Nicolao interprete
una cum annotationes . . . Joannis Manelphi.

**Rome Bibl. naz. Centrale Vitt. Emma-
nuele II: S. Francesco a Ripa 52 (379)**, a.
1605, (partially printed), ff. 1-60 in MS
(Kristeller II 126).

Printed Editions:

Bologna 1522; *Commentum Nicolai (Falcutii) super Aphorismos Hippocratis* compilatum a magistro Io. Baptista Theodosio
Parmensi Imola Phisico publico. Curante
Antonio Sacco de Parma. (ACM RB Falcutius) (Subtitle:) 'Aphorismi Hippocratis
secundum translationem veterem et Theodori Gaze, et Nicolai Leoniceni, cum comm.
Nicoli (Falcutii) Florentini ex omnibus eius
voluminibus (Sermonibus medicinalibus)
excerptis.' (Comm. Nicolaus Falcutii):
'Inquit Hippocras Prima aphor. Medicina est ars longa ita ut ad longitudinem . . .' Particula Ia. 'Translatio vetus:
Vita brevis ars vero longa tempus autem
acutum experimentum fallax . . .'

Translatio Theodori: 'Vita brevis ars
longa occasio preceps experimentum fallax . . .'

Translatio Leoniceni through particula
VII: 'Vita brevis ars vero longa occasio
autem preceps experimentum periculosum . . . (*des.*, f. 216ʳ) si valde multum
letale est.'

Venice 1524, ff. 1-92, with Galen comm.
Inc. comm. 'Hanc orationem sive unus sit
aphorismus . . .' (TK 595).

Paris 1524, and 1539. Apud Simonem
Colinaeum. ff. 2ʳ-40ʳ. 'Aphorismi Nicolao
Leoniceno Vicentino interprete. (*Inc.*) Vita
brevis ars vero longa, occasio autem praeceps, experimentum periculosum iudicium
difficile . . . / . . . si multum multus, si valde
multum, letale est. Aphorismi Hippocratis Finis.'

Basel 1526, p. 343. *Inc.* 'Vita brevis ars
vero longa occasio autem preceps . . .'

Lugduni 1668, 2 pt. in 1. 'Hippocrates
Aphorisms with Galen comm. translated by
Nicolaus Leonicenus (Columbia University
Special Collections B 88 H 63. Lo. 68).

9. GREEK-LATIN VERSION BY AN ANONYMOUS TRANSLATOR

Manuscript:

Paris BN 9676, 15c, f. 70^{r-v}. Only one page in a humanist manuscript. *Inc.* 'Vita quidem brevis ars autem longa temus velox experimenta incerta...' At f. 80^r, a fragment of 'Aphorismi sectio prima' is followed by 'Sectio secunda.'

10. CATALAN VERSION BY AN ANONYMOUS TRANSLATOR

Manuscripts:

Bordeaux 568, 15c, ff. 1^r-105. Aph. in Catalan 'En nom de Dieu...'

Madrid 96-31, 15c, f. 69^r. 'Aforismos de Hipocrates en Catalan.' *Inc.* 'La vida es breu la art longa...' (J. Millás Vallicrosa, p. 81)

Toledo Bibl. Centrale 98-19, 15c (Vallicrosa, p. 41).

11. ENGLISH VERSIONS, ALL AFTER 1500

12. FRENCH-LATIN VERSION BY MARTIN DE SAINT-GILLE, 1360-1365

Martin de Saint-Gille was both a physician and a translator. He studied theology as well as medicine at Paris, and was in the service of the dauphine, Jeanne de Bourbon, the wife of Charles, Duke of Normandy who later ascended the French throne as Charles V. Martin de Saint-Gille apparently began the vogue for translation of classics of antiquity into French that characterized one phase of the cultural interests in Charles V's reign. (Sarton III-IV, 1389; Introd. to the edition below).

Manuscript:

Paris BN français 24246 (formerly nouv. acq. franc. 5534), a. 1429, ff. 1ra-191^r, copied for the Duke of Bedford by Jean Courtier. In velim with gold vignette, and beautiful illuminations. 'Les Aphorismes d'Hippocrati avec la traduction fran.çaise écrits en 1429 par Jean Courtier, chirugien du duc de Bedford regent du Royaume de France.' Hippocratic Latin text with French translation. Text *Inc.* 'Vita brevis ars vero longua (*sic*).../... (*des.*) f. 189va: '...magis dabuntur tanto plus peiorabuntur et sic finis.' Text is followed by Galen comm.

Printed Edition:

Germain Lafeuille, *Les Commentaires de Martin de Saint-Gille sur les Amphorismes Ypocras* (Travaux d'humanisme et Renaissance, 9, Librairie Droz; Geneva 1954, 1964, and 1965).

13. IRISH VERSION BY AN ANONYMOUS TRANSLATOR

Manuscript:

London BMh 4347, 16c.

III. APHORISMORUM, LIBER, Continued

The *Liber aphorismorum*, as indicated earlier, and clearly demonstrated by the number and variety of the texts as well as by the frequency of their citation by scholars and others, was the best known and most widely circulated of the Hippocratic treatises. It was utilized as a basic text in medical teaching in both pre-university and university curricula throughout the centuries, not only by prospective physicians, but also by those destined for other careers, under the traditional association of arts and medicine. The *Liber aphorismorum* was thus the subject of commentaries (here used in the broadest sense) by some of the leading scholars of the Middle Ages — among them, to name a few, Petrus Hispanus, Taddeo Alderotti, and Arnald of Villanova.

The commentaries on the *Liber aphorismorum*, indicated in the following pages, in the case of those that are anonymous are listed by the first principal word of the *incipit* of the commentary; where the commentator is named, alphabetically by his first name. In each instance, the commentator, where named, is identified briefly and provided with bibliograpical references for further investigation, if desired.

B. Commentaries

1. Anonymous: Ab antiquis ars medicine
   duobus modis inventa fuisse . . .

VA Pal 1083, a. 1458, ff. 41ʳᵃ–116ᵛᵃ. Prol.
Comm., as above, continues: 'Perhibetur
experimento et ratione . . . / . . . ad summam debitam et si non eternam periodum
quam nobis sphera dignetur Jesus Christus
in secula benedictus. Amen. Sic est finis
Afforismorum Ypocratis conscriptus per Erhardum Knab de Zuifalte anno 1458.'

2. Anonymous: Afforistica enim species
   doctrine est utilissima . . .

VA 2459, 14c, ff 74ʳᵇⁱˢ–102ʳᵇ, following
the text with Galen comm, in the translation from the Greek by Nicholas of Reggio.
The Comm. is incomplete. It is possible
that the above incipit may belong to the
gloss of Anagni, following Galen's commentary, that is: 'Aphorismorum liber primus
cum glossis Anagni et aliis quibusdam scholiis.'

See Anagni below.

3. Anonymous: An non dubitatur utrum
   vita hominis sit brevis . . .

VA Pal 1203, 14c, ff. 1ʳ–(122ᵛ). 'Vari-
orum questiones medici aliquot Ypocratis.'

4. Anonymous: Aphorismi diffinit sic . . .

St. Florian Stiftsbibl. XI. 638, 14c, ff.
60ʳ–159ʳ (Monastic Manuscript Microfilm
Library, St. John's Univ., Collegeville,
Minn.).

5. Anonymous: Aphorismus dicitur sine
   diffinitione ab a quod est . . .

CUc 364, ff. 13ᵛ–28ʳ (TK 113).

6. Anonymous: Aphorismus enim dicitur
   ab a quod est sine et rismos quod est
   . . .

CUpet 248, 14c, ff. 16ʳ–.

New Haven: Yale Medic. Fritz Paneth
14c, pp. 14ᵃ–30 . 'Incipit liber amphorismorum Ypocratis.' Des. '. . . ut dicitur
Ypocras quasi rector equi vel abstentator
rationis, qui hanc artem ad nichilum redactam luminam et opere ampliavit.' Usual
text follows.

7. Anonymous: Aphorismus est sermo
   brevis integrum sensum . . .

Oxford BLd 69, c. 1300, f. 76ʳᵃ. Cited
in 'Qualis debeat esse physicus' (TK 113).

8. Anonymous: Aphorismus est sermo diffinitus ab aliis sumptus . . .

CLM 4622, ff. 50ʳ–53ʳ. Cited in *Voca-
bularius* (medical): ed. *Studien* 21 (1931)
21–24.

9. Anonymous: Brevis quod per se est
   vita nostra brevis et ad huius artis
   comparationem . . .

CLM 409, 12c, ff. 1ʳ–(30ᵛ) (TK 181).

10. Anonymous: Circa amphorismos primo
    queritur utrum medicina habetur per
    experimentum . . .'

Paris BN 6872, 14c, ff. 137ʳ–225, 227–
273. 'Questiones prime particule aphoris.'

11. Anonymous: Circa istum afforismum
    est primo intelligendum quod licet
    doctores . . .

VA 11576, 14–15c, ff. 105–133. Des. '. . .
ex dispositione passionum.'

12. ANONYMOUS: CIRCA LIBRUM AMPHORIS-
MORUM . . .

Vendôme 170, 15c, ff. 1–30 (TK 213).

13. ANONYMOUS: CIRCA PRINCIPIUM HUIUS
LIBRI NOTA QUOD MEDICINAM A QUODAM
CARDINALI . . .

Kraków BJ 1959, 15c, ff. 222ʳ–262ʳ. 'Incipit liber aphorismorum domini Ypocratis.'
Des. '. . . colera vero rubea facit contrarium
in qua solent intestina obmitti et sic est
finis.' Usual text: 'Vita brevis ars longa
. . . / . . . quanto magis dabuntur tanto plus
peiorabuntur.'

14. ANONYMOUS: CONSTITURUS BOREA IDEST
FRIGIDE QUI BOREA MAGIS . . .

Oxford BL 514 (2184), 13c, ff. 64–71ᵛᵇ
(noted by M. Dulong).

14a. ANONYMOUS: CONTEMPLARI IGITUR O-
PORTET ET TEMPUS ET REGIONEM ET
EGRITUDINEM . . .

London BMr 12.B.XII, 12–13c, ff. 214ᵛ–
223. 'Incipiunt afforismi Ypocratis.' Text:
'Vita brevis ars vero longa . . .'

14b. ANONYMOUS: CORPORA HUMANA CON-
TINUA . . .

See Cardinalis, below.

15. ANONYMOUS: CUM CORPORA HUMANA
DEBILITATA SINT COAGULATIONE COAGU-
LATA TESTE . . .

Paris BN 6856, 15c, ff. 1ʳ–50ᵛᵇ. *Inc.*
continues: '. . . in perturbationibus. Hic
incipit generale propositum Ypocratis scilicet determinare eleganti ordine de medicina . . .'

16. ANONYMOUS: CUM CORPUS HUMANUM . . .

VA 6241, ff. 9ᵛ–17ᵛ. See Cardinalis (TK
288).

17. ANONYMOUS: CUM IN OMNI SCIENTIA
MODUS PROCEDENDI ACCEDATUR . . .

VA Pal. 1085, 13c, ff. 1ʳ–7ᵛ. Comm. incomplete (TK 306).

18. ANONYMOUS: CUM MENS ARTIS SUMMUM
ATQUE PERFECTIONEM OMNIUM LIBERA-
LIUM ARTIUM INDAGACIONE CONSTET . . .

*Lambeth Palace 444, VII, 15c, ff. 69–
(108ᵛ).

19. ANONYMOUS: CUM QUIS MEDICORUM FIE-
RET(FUERIT) ET CUM HEC . . .

VA Pal. 1105, 15c, ff. 26ʳ–70ʳ. Marginal
gloss accompanying *Aphor.*

20. ANONYMOUS: CUM YPOCRAS MORBUS IN
QUA SEPIUS . . .

VA Pal. 1105, 15c, ff. 79–82ʳ.

21. ANONYMOUS: DICIT YPOCRAS IN DISPU-
TATIONE DE VULNERIBUS . . .

CLM 161, 13c, ff. 40ᵛ–42ᵛ. Cited in
Albucasis (?) 'In cibis vulneratorum.'

22. ANONYMOUS: DICIT QUOD SIVE SIT UNUS
AFFORISMUS SIVE DUO AFFORISMI

Paris BN 6856, 15c, ff. 51ʳ–133ᵛ. *Inc.*
continues: 'tamen totius subsequentis operis
voluit esse quasi prohemium . . . / (*des.*) . . .
si parum differant in verbis in sensu tamen
nichil. Finito libro referamus gratiam Christo. Amen. Expliciunt scripta supra afforismos. Benedictus anima sua qui hoc opus
condidit.'

23. ANONYMOUS: DIVI YPOCRATIS AXIOMA-
TUM LIBER. VITA BREVIS ARS VERO
LONGA . . .

*London Wellcome 353, late 15c, ff. 3–
57, '(*des.*) . . . calidis minorem significat
egritudinem. Explicit.'

24. ANONYMOUS: DUBITATUR CIRCA PRIMAM
PARTICULAM APHORISMORUM PRIMO . . .

Vienna 5260, a. 1461, ff. 82ʳ–175ᵛ. *Inc.*
continues: '. . . Utrum vita hominis sit
brevis. Arguitur primo quod non . . . / . . .
(*des.*) et maxima habundat principiis vite . . .
et sic est finis huius. Laus deo.' (TK 468)
Cf. Jacobus Forliviensis below (TK 1678).

25. ANONYMOUS: DUBITATUR PRIMO UTRUM ISTUM AFFORISMUM . . .

VA 4449, 15c, ff. 30ra–63rb. 'Quest. in primam et secundam Particulas Aphorismorum.' *Inc.* continues: 'In perturbationibus ventris utrum alius vomitus sit naturalis. Arguitur quod non . . . (*des.*) . . . de his questionibus . . . extraxi in Perusie tertius Iunii 1453.'

26. ANONYMOUS: ET EST PRIMA PARS ET PROHEMIALIS HUIUS LIBRI . . .

Oxford Merton Coll. 222, 13c, ff. 91^r–92^r. Analysis of the Aphorisms.

27. ANONYMOUS: EX QUIBUS OMNIBUS HUNC LIBRUM QUI AFFORISMUM DICITUR . . .

BMr 8.C.IV, ff. 36va and 69rb–69va. *Inc.* continues 'ad communem utilitatem omnium medicorum composuit . . .' *Prol. Hipp.* 'Vita brevis ars vero longa etc.' *Comm.* 'Utilitas sua per maxima est . . .' Only through Particula I.

28. ANONYMOUS HIC ORDINATUR AMPHORISMI YPOCRATIS . . .

See Nicolas G. Palatinus of Venice, below.

29. ANONYMOUS: HIPPOCRAS AB IPPOV QUOD EST EQUI . . .

Paris BN nouv. acq. 481, 15c, f. 21^r. 'Interpretationes priscarum vocum divi Hippocratis in aphoristica veritate.' This tract serves as introduction to Comm. of Joh. Mathias., *q.v.* below.

30. ANONYMOUS: HIPPOCRAS DICIT SIC: VITA BREVIS ARS VERO LONGA . . .

London BMsl 963, 15c, ff. 80^v–85^r. 'De sanitate secundum Ypocratem.' (TK 626).

30a. ANONYMOUS: HIPPOCRAS MORE RECTE SCRIBENTIUM PROLOGUM PREMITTIT. IN QUO PUTAM SECTAM EMPIRICORUM ET METHODICORUM CONFUTAT . . .

VA Pal. 1083, a. 1448, ff. 41ra–116va. See Maurus of Salerno below.

31. ANONYMOUS: HOC OPUS EX VARIIS ET DIVERSIS VOLUMINIBUS YPOCRATIS EST COMPILATUM . . .

Paris BN 7030B, 13c, ff. 61–85^r. 'Incipit liber Artis (Afforismorum)'. The above incipit continues: 'Cum enim Ypocras regulas . . .'

31a. HOC VERBUM EST SEXTI INITIO HUIUS AFFORISMI SECUNDUM TRANSLATIONEM GRECAM . . .

VA 4464, 14c, ff. 125ra–142ra (TK 634).

32. ANONYMOUS: IMPOSSIBLE EST EUNDEM INCIPERE ET FINIRE . . .

VA 4451, 14c, ff. 8rb –30ra. 'Questiones in Hipp. Aphorismis.' (TK 663). The text is in the margin. Cf. Magister G. de Brisis (?), below.

32a. ANONYMOUS: IMPOSSIBLE EST SIMUL PERFICERE ET INCIPERE . . .

See Magister G. de Brisis (?), below.

33. ANONYMOUS: IN ACUTIS PASSIONIBUS RATIO . . .

VA 4788, 15c, ff. 35^v–48^v. Aphorisms arranged by subject.

34. ANONYMOUS: IN BREVITATE QUIDEM SERMONIS ANTIQUORUM . . .

Erfurt: Ea Q 232, a. 1393–1394, ff. 2–109, 109^v–181^v. 'Item lectura bona cum questionibus (ff. 109^v–181^v) super libris amphorismorum Ypocratis.' *Des.* '. . . in quo solent incensa emitti et in hoc stat finis amph. Ypo. cum comm. Galeni de cuius fine sit Deus secul. Completum istud sabbato ante letare in Wena [Vienna] a.d. 1394.'

35. ANONYMOUS: IN HOC APHORISMO TANGIT YPOCRAS . . .

Munich Univ. 4to cod. 692, a. 1489, ff. 41 (42)–153^v.

36. ANONYMOUS: IN HUIUS LIBRI PRINCIPIO AD PROMOTIONEM IPSIUS SUBTILITATIS . . .

***Ea F 276**, early 14c, ff. 36^v–42^v. 'Glossule ad Hipp. Aphor. spectantes.'

36a. ANONYMOUS: IN HUIUS LIBRI PRINCIPIO AD PROMOTIONEM SUBTILITATIS IPSIUS INTELLIGENTIAM VII COMMODA LECTORIBUS DIGNA QUESITU VIDENTUR . . .

Paris BN 7030B, 13c, ff. 3vb–31vb. Part. I–VII, des. '. . . fames enim desiccat corpora id est causa quare siccantur, . . . nutrimento cum calor non habeat.'

37. ANONYMOUS: IN LIBRO PRINCIPE ET PREVITATIONE SUBTILITATIS IPSI STUDENTIBUS SEPTEM COMMODA . . .

Orléans 298 (251), 14c, pp. 163–177a. **VA 10281 (olim 12050)**, 12c, ff. 6^r–20^r.

38. ANONYMOUS: IN OMNIBUS EST MOTUS . . .

Vienna 4788, 15c, ff. 1–33^v, 35^v–48^v, 49–95. Aphorisms arranged by subjects.

39. ANONYMOUS: IN PRIMA PARTICULA AMPHORISMORUM INTENDIT GALEN . . .

Paris BN 6956, 13–14c, f. 40^v, fragment. The above inc. continues: 'de regimine corporis humani quod est duobus modis aut per evacuationem superfluentiorum aut per conspect. diete . . . (des.) . . . et usque ad quod tempus.'
See 'Liber afforismorum Ypocratis . . .'

40. ANONYMOUS: IN PRINCIPIO HUIUS LIBRI SICUT IN PRINCIPIO APHORISMORUM QUATUOR CAUSE REQUIRUNTUR . . .

*Escorial H. II. 20, 13c, ff. 7^v–(77).

41. ANONYMOUS: INCIPIUNT AMPHORISMI YPOCRATIS PER ORDINEM NUMERATI ET DIVIDUNTUR IN SEX LIBRIS . . .

VA Pal. 1116, 15c, ff. 54va–56^v.

42. ANONYMOUS: INSTRUIT HOC MEDICUS YPOCRAS . . .

CLM 21702, f. 122 (TK 752). The above is followed by 'Iste est liber Aphorismorum . . .' See below.

43. ANONYMOUS: INTENTIO YPOCRATIS FUIT COMPONERE LIBRUM . . .

VA Pal. 1203, 14–15c, ff. 126^r–203^r. The above inc. is followed by: 'Hic liber melior est aliis introductoriis in medicina. Titulus libri est incipit liber Aphorismorum quod Hippocras de medicina composuit. Ex quo patet nomen auctoris qui fuit Ypo. nacione grecus natus . . . (ends without a real explicit, f. 203^r) vel dicitur aqua ordei tepida in multa quantitate.'

44. ANONYMOUS: ISTE EST LIBER AMPHORISMORUM YPOCRATIS QUI DIVIDITUR IN VII PARTICULAS . . .

Munich Univ. 4to cod. 692, a. 1489, ff. 41^r–153^v. A beautiful MS. The above gloss accompanies the usual text with Galen comm. Des. '. . . peiorabuntur.'

45. ANONYMOUS: ISTE LIBER INTITULATUR LIBER AMPHORISMORUM. DIVIDITUR IN PARTES DUAS S. IN PROH. ET TRACT. . . .

BMar 215, 13–14c, ff. 124ra–131^v.

46. ANONYMOUS: ITEM MILII NUTRICIO ET ALIMENTACIO . . .

*Ea Q 174, 14c, ff. 130–133. 'Quedam questiones de libro amphorismorum.' Des. '. . . utrum omnes spiritus similiter generentur.'

46a. ANONYMOUS: LIBER AFFORISMORUM YPOCRATIS IN VII DIVIDITUR PARTICULAS. IN PRIMA POSTQUAM DE MODO CONSERVANDI . . .

London BMr 12.D.XIII, 14c, ff. 145va–163ra (TK 818).

47. ANONYMOUS: MEDICUS RATIONALIS PLURES DEBET HABERE CUM DUOS . . .

Vienna 4788, 15c, ff. 35–48^v, 49^r–95^v, des. '. . . secundum naturam vel artificium.'

47a. ANONYMOUS: MORE RECTE SCRIBENTIUM SEQUENS . . .

London BMr 8.C.IV, 13–14c, ff. 186–210. 'Glosse super afforismos Ypocratis.' (TK 881).
See Maurus of Salerno below.

48. ANONYMOUS: NON DUBITATUR UTRUM VI-
TA HOMINIS SIT BREVIS. ARGUITUR QUOD
NON . . .

VA Pal. 1203, 14–15c, **ff. 1r–47v.** 'In
aphorismos aliquot Hippocratis expositio in-
certo authore.' Included in a series of
medical questions covering ff. 1r–122v.

48a. ANONYMOUS: NOTA YPOCRAS DIXIT FILI
VOLO COMEDERE UT VIVAM NON VIVERE
UT COMEDAM . . .

Paris BN 6755, 13c, f. 10va. Hippocrates
cited as author of the above quotation.

49. ANONYMOUS: PAROXISMOS ET CONSIS-
TENCIAS DECLARANT EGRITUDINES . . .

Erfurt: Ea F 284, 14c, ff. 79–171. 'Comm.
quorundam Hipp. aphorismorum,' *des.* '. . .
purgacione vel preservativa et non de coac-
ta.' (TK 1026).

50. ANONYMOUS: PREMITTAT HANC PREFA-
TICULAM AMPHORISMIS SUIS YPOCRAS.
VITA EX CAUSIS NON FUIT . . .

CUt 1083 (0.1.39), early 13c, ff. 9v (16v)–
20r.

51. ANONYMOUS: PROLOGUM PREMITTIT IN
QUO SECTAM EMPIRICORUM LOGICORUM
ET METHODICORUM . . .

BMr App. 6, 13c, ff. 60ra–75v.
CLM 22292, ff. 72r–146rb.
VA Borghesi 196, 14c, ff. 54r–82v.
Vienna 2447, 13c, ff. 24ra–54vb. Comm.
des. '. . . habito vere per abstinentiam magis
conservatur.' Pref. to the Comm. 'Triplex
heresis medicorum differentes et disocias
artis medicine doctrinas . . .' (TK 1137;
1589).
See Maurus of Salerno, below.

52. ANONYMOUS: QUECUMQUE DUCERE OPOR-
TET UNDECUMQUE REPIT NATURA PER
CONVENIENCIA LOCA . . .

Paris: BN 7066, ff. 92r–98v. 'Excerpta
ex commentario in Hippocratis Amphorismos.' Following the above inc. is: '. . . In
isto amphorismo breve et utile tria tangit
nobis Ypocras per ordinam . . .,' with the

name of the scribe: 'M. Bonnot.' (Cf. TK
1186).

53. ANONYMOUS: QUERITUR CIRCA AMPHORIS-
MUM AD ULTIMAS EGRITUDINES . . .

Ea Q 212, 14c, ff. 181–191. 'Questiones
optime circa quosdam amphorismos Ypocratis,' *des.* '. . . non invenit equalem, ideo
non oportet etc.' (TK 1192).

54. ANONYMOUS: QUESTIO EST AN MEDICINE
ALTERATIVE DUCANTUR . . .

Ea F 290, 14c, ff. 1–36. 'Questiones
circa libros Amphorismorum et artem com-
mentatam,' *des.* '. . . corpus agendo antequam resolvatur.' (TK 94).

55. ANONYMOUS: QUID EST AFORISMUM?
SERMO BREVIS INTEGRUM SENSUM . . .

***Montecassino 97,** 10c, p. 201v: Bec-
caria (1956), 95.25 (TK 1240).

55a. ANONYMOUS: SEX REQUIRUNTUR IN
PRINCIPIO HUIUS LIBRI . . .

***Chartres 171 (162),** 12c, ff. 12–41 (TK
1440).

56. ANONYMOUS: SI VIS UTI BONIS VENI ET
AUDI MEDICINAM . . .

Ea Q 186, 14c, ff. 1–32. 'Illam propositionem scribit Symon . . .' (TK 1476).

57. ANONYMOUS: TEMPUS STRICTUM PROPTER
SUBIECTUM CORPUS HUMANUM . . .

Ea F 253, 14c, ff. 191v–199. 'Conclusiones operum Hippocratis. Incipit prima
particula amph.,' *des.* '. . . balneum est
valde contrarium.'

57a. ANONYMOUS: TRIPLEX HERESIS MEDI-
CORUM DIFFERENTES . . .

See 'Prologum premittit . . .'

58. ANONYMOUS: UNIUSCUIUSQUE FORMATI
IN FORMO FUISSE PRINCIPIUM . . .

Prag Univ. 111.E.20, early 14c, 'Expositio Amphorismorum Hippocratis,' *des.*
'. . . per abstinentiam magis conservatur.'

58a. ANONYMOUS: UTRUM VITA HOMINIS SIT
BREVIS? ARGUITUR . . .

*Prag Univ. VIII.E.96 (1534), a. 1439,
ff. 1ʳ–.

See Jacobus Forliviensis.

58b. ANONYMOUS: UTRUM VITA SIT OPERATIO
VEL VIRTUS . . .

Munich CLM 534, ff. 44ᵛᵃ–49ᵛᵃ (TK
1678).

59. ANONYMOUS: VERSUS AMPHORISMORUM
CAUSAS PARS PRIMA SALUBRES TRACTAT
. . .

VA Pal. 1229, ff. 261ᵛᵃ–264ʳᵃ. 'Brevis
summa Hipp. Aphorismorum.' Following
the above *inc.* is: 'Parsque sequens cum
sanus signa dat egra. Tertia mortuorum
causas modumque medendi . . . que nocumenta sequentis audit. Sexta sutrect . . .
Septima servit acuto. Vita brevis ars vero
longa . . . / . . . corporibus humidis carnis
habentibus. Explicit ista versus summa amphorismorum.' This tract may be by Johannes Stephanus or Steffanus, author of
other tracts in the MS.

60. ALBERTO ZANCARI

Alberto Zancari or Albertus de Zancariis
or Bononiensis (c. 1280–c. 1350), Dr. of
medicine at Bologna, and author of commentaries on Hippocrates, Galen, and Avicenna, as well as other medical tracts, he
was a member of an aristocratic and medical
family at Ravenna. His commentary on
the *Aphorisms* is actually a rearrangement
of the Hippocratic text in topical order for
easier memorization, under theory and
practice.

Manuscript:
Vatican: VA 2391, 14c, ff. 159ᵛᵃ–160ʳᵃ.
'In Aphorismos Ypocratis. Universis scolaribus in medicinali sciencia Bononie studentibus Albertus de Zancariis, doctorum
minimus physice facultatis, salutem cum
porrectione presentis opusculi. Capitulum
primum in quo huius operis necessitas en-
narratur.' *Inc.* 'Quoniam ordo in scibilibus
est causa facilis eorum memorie, teste

Aristotele in suo libro *De memoria et reminis-
cencia*, ego . . . / . . . (*des.*) corporibus humiditas carnes temperamentibus. Expliciunt
anforismi Ypocratis secundum ordinem possibile constituti per magistrum Albertum de
Zancheriis Bononiensem doctorem eximium
physice facultatis.'

Edition:
R. Ganscyniec, 'Die Aphorismenausgabe
des Albertus de Zanchariis,' *Archiv* 13 (1921)
159–165 at 161. Cf. George Sarton, *Introduction to the History of Science* III 852 ff.;
and Vicenza Busacchi, 'Le Case di Maestro
Alberto de Zancari,' *Studia Albornotiana*
12 (1972) 671–682 ; Beaujouan (1972) index
for manuscripts in Spanish libraries.

61. ALEXANDER

Either Alexander of Aphrodisias, 2nd–
3rd cent. or Alexander of Tralles, 6c.
Manuscript:
Lincoln Cath. (II), old 220, c. 4.8, 11c,
ff. 8ᵛ–20ʳ (St. Schenbel, 4043). 'Super
Aphorismos Ypocratis.' Diels, II, 13, reports
under Alexander (Trallianus?). 'In Hippocratis aphorismos commentarius. (f. 1) Pars
ultima comm. in librum V, VI, VII. Expl.
expositio Alexandri super Aphorismos Ypo.'

61a. ANAGNI

Associated with glosses on the *Liber Aphorismorum*, with Galen's commentary in the
translation from the Greek by Nicholas of
Regio, Anagni may perhaps be identified as
Adenulphus de Anagnia (Anagni) or Adenulfe
d'Anagni († 1289), master of arts and later
of theology, at Paris, noted especially for
his Aristotle commentaries. See C. H. Lohr,
'Medieval Latin Aristotle Commentaries,'
Traditio 23 (1967) 324, and the references
there cited, also P. Glorieux, *La Faculté
des arts et ses maîtres au XIIIᵉ siècle* (Paris
1971) 69.

Manuscript:
VA 2459, 14c, ff. 74ʳᵇⁱˢ–102ʳᵇ. Liber
Aphorismorum with Galen comm. translated
from Greek by Nicholas de Regio. 'Aphorismorum liber primus cum glossis Anagni
et aliis quibusdam scholiis etc.' Following
the Galen comm. is the comm. or gloss, with

the *inc.* 'Afforistica enim species doctrinae est utilissima volentia teologia in brevi tempore edocere . . . incomplete.'

62. ANTONIO GALATEO GALATIN

Antonio Galateo Galatin (1444–1517) or Antonio Ferrari il Galateo, is credited with an *In Aphorismos Hippocratis expositio*, by Domenico de Angelis, *Le vite de' litterati Salentini* (Florence 1710) I 59. So far, however, no manuscripts of the commentary have been located. Antonio Galateo was a pupil of Nicolaus Leonicenus, the translator of Hippocrates from the Greek. Antonio Galateo's works, as indicated in the edition of 1558, are largely geographical in nature. See further L. Thorndike, *Science and Thought in the Fifteenth Century* (New York 1929) 211–213.

63. ANTONIUS DE TOLEDO

So far this commentator has not been identified.

Manuscript:

*Seville: BC 7–6–12, ff. 80–82. 'Discordantie in canone Avicenne et aphorismis Hippocratis.' (Beaujouan [1972] 168).

64. APTALIO (ATTALIO; ATTALOS)

Cited among the commentators on the *Aphorisms*, in the Ps.-Oribasius comm. on the early translation of the *Aphorisms*, Aptalio or Attalio is said to be otherwise unknown by M. Wellmann (RE II c. 2156). However, his name suggests the Aptalio, Attalos, or Attale, who succeeded Columbanus († 615) as abbot of the cloister of Bobbio, which was according to some scholars the recipient of a number of works that

were originally at Vivarium.[1] Attalos or Attale, who was descended from a Romanized Burgundian family was said to have been instructed in the liberal arts or secular sciences by his father. See further on Attale or Aptalio, Pierre Riché, *Éducation et culture dans l'occident barbare, vi–viii siècles* (Paris 1962) 231, n. 79; 389–90 also Schipperges, p. 123 and Pierre Courcelle, *Les lettres grecques en Occident de Macrobe à Cassiodore*[2] (Paris 1948) pp. 343 ff. For the two twelfth–century manuscripts containing the comm. with Aptalio's name, see under the early text translation and comm., MSS Auxerre 22, and London BMr 12. E. XX.

65. ARMENGAUD (ERMENGALDUS) BLASII (DE PARMA)

(† 1314). Physician, mathematician and translator; nephew of Arnald of Villanova, Armengaud was at Montpellier in 1289, 1299, 1302, and at Barcelona, 1307. He is credited with a knowledge of Arabic and Hebrew. Served as physician to Jayme II of Aragon and perhaps to Philip le Bel of France (Glorieux [1971] 36; Wickersheimer I 40–41).

Manuscript:

*PA 972, ff. 92–96. Inc. 'Multitudo ciborum in eadem mensa . . .' This work does not appear to relate directly to Hippocrates' *Aphorisms* except in the title (TK 890).

66. ARNALD OF VILLANOVA

Also commented on the *Acutorum Morborum, Regimen, q. v.*

Tabula super canone 'Vita brevis' Hippocratis.

---

[1] On the history of the library of Bobbio and its supposed relation to Vivarium, see Rudolf Beer, 'Bemerkungen über den ältesten Handschriftenbestand des Klosters Bobbio,' *Anz. Vienna* 48 (1911) 78–104, cited by Courcelle 364 ff. However, the view that Bobbio was the heir of Vivarium was discounted by F. Mercati, 'M. T. Ciceronis de Republica. Libri e codice rescripto Vaticano latino 5757,' *Prolegomena de fatis bibl. monasterii S. Columbani Bobiensis et de codice ipso Vat. Lat. 5757* (Rome 1934) 15–19; and by Riché 231 n. 79; 389–90. See also Introduction, *Liber aphorismorum* (above, p. 30 n. 2).

Manuscripts:

*Madrid: BN 3370, ff. 220ᵛ–223ᵛ. (Beaujouan [1972] 176). 'Tabula super canone,' as above.

Munich: CLM 14245, a. 1474, ff. 13ʳ–38ᵛ. 'Explicatio super canonem Hippocratis Vita brevis. (*Inc.* text) 'Vita brevis ars longa tempus acutum . . . (*Inc. Comm.*) 'Perfecta expositio cuiuslibet amphorismi et utilitatis etiam cuiuslibet documenti consistit in tribus. Primum est mentem vel intentionem auctoris explicare. Secundum dictorum eius veritatem ostendere. Tertium utilitatem documenti manifestare . . . / . . . (f. 38ᵛ) extrinsecus autem accentalia convenit esse ne corpus patientis inde ledatur. Animus perturbetur et hec de expositione istius amphorismi dicta sufficiant. (Cf. *Opera* [Basel 1504] ff. 336ʳ–343; HL XXVIII 75–76; Glorieux I 420; TK 1034; Thorndike II 842 ff.)

Paris: BN 6992, 15c, ff. 220ʳᵃ–223ʳᵇ. 'Incipit tabula magistri Arnauldi de Villanova supra canonem Vita brevis. Illa ad quorundam ordinationem Ypo. ortatur nos sunt: diligentia medici; dedicentia infirmi; ydoneytas ministerum oriuntas extrinsecorum. Diligentia vero perficitur per . . .'

— **VA Ottob. 1847**, 15c, ff. 44ʳ–62ʳ. 'Tabula (Arnaldi de Villanova) super Vita brevis (*Inc.*) Cum Ypocras more sapientum . . . / . . . (*des.*) esset male qualitatis. Finis.' Next at ff. 93ʳ–100ʳ, 'Hic ordinantur amphorismi Ypocratis secundum ordinem causarum signorum et egritudinem et curationum (Lib. I). Vita brevis ars vero longa . . . egritudinum alie ad alias . . .(through Part. VII) (TK 301).

— **VA Pal. 1180**, 15c, ff. 149ʳ–153ᵛ (154ᵛ). 'Incipit tabula Arnaldi super Vita brevis, Cum Ypocras more sapientum in primo canone prime partis amphorismorum premittet in generale omnia illa sine quibus artis effectus laudabilitur attingere non valemus . . . / (*des.*) . . . quod fuit male qualitatis etc. Et est finis tabule huius optime Arnoldi de Villanova.'

— **VA Pal. 1268**, 15c, ff. 220ʳ–225ᵛ. 'Tabula super Aphorismos Vita brevis . . .' (*Inc.*)

'Hippocras hortatur nos ad ea sine quibus effectum artis medicine attingi non potest . . .' Text: 'Vita brevis ars vero longa tempus . . . . . . explicit tabula super afforismos Vita brevis extracta ex Arnaldo de Villanova.'

The *Amphorismi* with *inc.* 'Omnis medela . . .' does not pertain to the Hippocratic text except for the title.

66a. B. DE ANGRARRA.

Not identified.

Manuscript:

Erfurt: Ea F 290, 14c, ff. 40–115. 'Quaestiones a magistro B. de Angarrra institutae.' 'Vita brevis. Questio utrum vita per medicinam . . . / . . . similiter expulsive et per hoc ad rationes. Expl. Quest. super omnes amph. reportate post mag. B. de Angrarra cancellarium' (TK 1678).

67. BARTHOLOMAEUS (DE VARIGNANA?)

† At Geneva (c. 1318). Physician, born in Bologna where he studied with Taddeo Alderotti and taught medicine. He is apparently not the same as Bartholomaeus of Salerno, whose *Practica* or *Introductiones et experimenta in practicam Hippocratis, Galieni, Constantini Graecorum medicorum* was ed. by Puccinotti in the *Coll. Sal.* IV 321–408 (Pagel, *Gesch. d. Heilkunde in Mittelalter*, in Puschmann, *Handbuch* I 645 f.).

Although Glorieux (1971) 50, identifies the author of the commentaries on Hippocrates as Barthelémy de Bruges (master of arts at Paris from 1307, who also taught at Montpellier and was physician to Gui I de Châtillon, Count of Blois, from 1330 or earlier to 1342, and died in March, 1356), the above Bartholomaeus should in all probability be identified with Bartholomaeus of Varignana. (Wickersheimer, in *Janus*, p. 36; Puccinotti II i pp. cxiii–cxxix, and Sarti et Fattorini I 568–592). Bartholomaeus of Varignana was the author not only of a commentary on the *Aphorisms*, but also on works of Galen and Avicenna.

Manuscripts:

Erfurt: **Ea Q 175**, 13c, (?), ff. 27–49. Bartholomaeus' 'Comm. in aphorismos Hippocratis' (TK 149). 'Incipit glosule M. B. super Anf. Artis medicine diversas et compositas . . . / . . . per abstinentiam magis conservatur. Expl. Glos. super aff.' (TK 149). It is uncertain that the authors are the same.

— **Q 178**, 14c, f.f 57–84, together with other commentators, i.e. Galen, Cardinalis, Thadeus, etc. (*Inc.*) 'Vita brevis . . . extrinsecus sunt . . .'

Paris: **BN 6872**, 15c, in the index to the index to the contents of the MS, assigns to Bartholomaeus de Varignana, the comm. on the *Aphorisms* as well as the comm. on Avicenna. At ff. 227ra–269va, is the comm. on Part. I, 2, 3, 4 and 5, ending with Part. 5, at f. 266. In the index to the contents, item 7 has: 'Scriptum super 1, 2, 3, 4, 5, particulis amphorismorum Y. secundum M. Bartholomei de Varignana.' and item 13, is the 'Scriptum super illo capitulo de cura putridi in generali prime fen 4 canonis Avicenne secundum M. Bartholomeo de Varignana.'

68. MAGISTER BENEDICTUS

So far this commentator has not been identified. He may possibly be the Benedict Paston reported by Glorieux (1971) 1588, from Emden 1433, as master in 1302, and doctor of medicine 1317, who died in 1331. *Manuscripts*:

Cambridge: **CU 111(180)**, 13–14c, pp. 81a–120b. 'Incipiunt glose magistri Benedicti super libros afforismorum Ypocratis. (*Inc.*) Legitur in Megategni quod tres erant secte medicorum . . . / . . .' (incomplete) (TK 816).

London: **BMr 12 D. XIII**, 14c, ff. 244ra– (259vb), incomplete, ending in Part. IV. Anon. in the MS. Contains only the catch words of the text. Gloss *inc.* 'Legitur in Megategni quod tres erant secte medicorum s. methodici empirici et logisti . . . Vita brevis etc. In hoc conveniunt omnes antiqui medici quod sunt . . . (TK 676, 816). At

f. 251vb, following the phrase 'in apoplexia que acute habet . . .' there is a blank leaf also numbered '251'. The commentary apparently continues at f. 252ra and opens in the midst of Part. II. It is followed at f. 255va by 'In hac tertia . . .' and at f. 258va, by 'Incipit quarta particula . . .' which ends incomplete at f. 259vb.

69. BERENGAR DE THUMBA

Master of Medicine at Montpellier in 1332, Berengar de Thumba was the author not only of *Quaestiones super Amphorismos*, but also of a *Practica* and a *Regimen* against headache in a sexagenerian. L. Thorndike, 'Little Known Medical Works and Authors in Basel Manuscripts,' *Annals of Medical History* 3rd ser. 2 (1940) 281–282. He may possibly be the same as Bérenger, Catalan, who is credited with a work 'In Avicennam et Hippoc.' (Chevalier I 535).

Manuscript:

*Basel D.I.11, a. 1332, ff. 165ra–195va (189va). 'Questiones super Amphorismos.' *Inc.* 'Primo queritur utrum medicina sit necessaria homini . . . / . . . que est mala dispositio matricis. Amen. Expliciunt questiones supra amphorismos complete in Monte Pessulano anno domini MCCCXXXII ii. xviiii die mensis Mai disputate per magistrum Berengarium de Thumba.'

70. BERTRUCIUS (BERTRUCCI), NICOLAUS

† 1347. At Bologna, Guy de Chauliac is said to have been his student. Bertrucius was the author of 'Questiones disputatae de medicina': Escorial f.1.4 ff. 2–4 and 'In Cirurgiam Galeni (sur extr. de Ingenio sanitatis)': Seville BC 5-5-38, ff. 1–56 (Beaujouan [1972] 194). Also in Vatican 2418, 14c, f. 225, is a 'Questio et Quodlibeta,' 'M. Bertruccii Bon. disputata per eum in Mo111XLVI [1346].'

He commented on the Hipp. *Prcgnostica*, and is credited with a comm. on the *Aphorisms* which may coincide with the notations below. See further G. Fantuzzi, *Scrittori Bolognese* (1782) ii 154–158.

Manuscripts:

Munich: CLM 13054, 14c, ff. 1ra–29vb ff. 29vb–30va. At f. 29vb, is the explicit of the comm. on the *Prognostica*; and following it, without heading is apparently the comm. on the *Aphorisms*: *Inc.* 'Quia sciantur <secantur> scientie quemadmodum et res de quibus sunt . . . / . . . (f. 30va, *des.*) recitat G. in commento illius afforismi 2e particule facilius est repleri potu quam cibo de alio strumento quod est potio fecit et librum qui intitulatur de simplicibus farmaciis de instrumento vero quod est cyrurgia nullum librum composuit et sic apparet numerus et sufficientia librorum Y. Sunt enim numero 10 (?) in quorum ordinem liber afforismorum debet poni secundus quia debet poni primus prius librum de lege. Et hec est. Etc.'

Vatican: VA 2483, 15c, ff. 1ra–74vb, contains 'Bertuerii Lombardi Bononiae legat. Collectorium opus medicum.' And in the same codex an Anon. 'Comm. super Aphorismis Hippocratis.'

71. CARDINALIS

Regent master in the University of Montpellier, 1240; was already deceased in 1294. Author of several medical works, also of an *Experimenta*: Escorial P. 115 ff. 69v–72v; Wickersheimer (1936) I 94; TK 266, 288.

Manuscripts:

*Basel D.1.16, 13–14c, ff. 1ra–8rb. Glosula super librum afforismorum Hippocratis. (*Inc.*) Corpora humana continua resolutione . . .' (TK 266).

*Cues 222, 15c, ff. 107–143v. Gloss super amphorismos Ypocratis. (*Inc.*) 'Cum corpus humanum debili coagulatione . . .'

Erfurt: Ea Q 178, 14c, ff. 57–84: Cardinalis is named as commentator along with Galen, Thadeus, and Bartholomeus. *Inc.* 'Vita brevis . . . . . . extrinsecus sunt.' (TK 1704).

Kremsmünster Stift: Codex Cremifanensis 148, 15c, ff. 4a–195a, 'Magister Cardinalis, Glossae super Aphorismus Hippocratis. (*Inc.*) Vita brevis ars vero longa . . . Corpora humana continua resolutione . . . / . . . in maiori parte expositi sunt su-

perius (coloph.) Et sic est finis huius lecture Amphorismorum Ypocratis per dei graciam per magistrum Michaelem Harsch (Harsik) de Geppingen [the last five words have been crossed out and above them is written: 'Wilhelmum Raumstraufer de Nuraberga] Anno domini MCCCC [remainder of the date is erased] sabatho post festum inventionis sanctae crucis.' The text and commentary continue through Part. VII. *Des.* '. . . determinavit Ypo. de egritudine tanta ex humoribus . . . Iste autem amphorismus expositus fuit superius. Alii multi amphorismi sunt in commento qui item non leguntur quia in maiori parte exposite sunt superius.' (Monastic Manuscript Microfilm Library, St. John's Univ., Collegeville, Minn.).

*Metz 1205 (Wickersheimer [1936] I 94–95).

Oxford: BLas 1475, 15c, ff. 113–181, Aphorisms with gloss, here anon. Text: 'Vita brevis . . . / . . . (*des.*) et ea que extrinsecus sunt.' *Gloss*: 'Corpora humana continua resolutione resoluntur . . . quibus in dentibus (etc.). Theorica autem est hec . . . humores ponenda ipsos vapores.'

— All Souls. Coll. 331, ff. 1r–, incomplete. Usual text *inc.* 'Vita brevis ars longa tempus autem acutum experimentum vero fallax iudicium autem difficile . . .' Ends incomplete in Part. IV. *Comm.* 'Corpora humana continua refluxione resoluntur . . .' See BLas 1475 above.

Paris: BN 6847, 14c, ff. 1ra–79rb, Magister Cardinalis, Glossule super Afforismos. Text *inc.* 'Vita brevis ars vero longa . . . / . . . (*des.*) si a febre habito.' Gloss *inc.* 'Corpora humana resolutione resolutiuntur cuius causa est triplex utiam debile coagulatione eorum ex quo coagulata sunt . . . / . . . (through Part. VI, f. 79rb) Iste autem afforismus expositus fuit superius. Alii multi afforismi sunt in commento Galeni non leguntur quia in maiori parte expositi sunt superius.' Expliciunt glosule supra librum aforismorum secundum magistrum Cardinalem.'

Seville: BC 7-4-30, ff. 68–115. Cardinalis, 'Glosule super Afforismos Hippocratis.' (Beaujouan [1972] 178).

72. CHRISTOPHORUS (RECONATENSIS) DE
    HONESTIS

† 1392. Taught medicine at Bologna, his
native city, also at Perugia and Florence.
Thorndike III 538 ff.; TK 571, 623, 641.
In addition to his Commentary on the Aphorisms, written for the use of his students,
he was also author of a commentary on
Avicenna: 'In Avicenne Canonem I 1':
Madrid BN 1789, ff. 91–136ᵛ (Beaujouan
[1972] 178).

Manuscripts:

Milan B.17.inf., 15c, ff. 1ʳᵃ–231ʳᵇ. With
illuminated initial. Hipp. text: 'Vita brevis
ars vero longa tempus accutum (*sic*) . . .'
Comm. Pref. 'Fuit (Huic) intentio nobilis
precepti compilare verba pauci numeri plurimi . . .' Comm. 'Hic liber intitulatur afforismorum et afforismus ab Ysidoro 4° Ethi-
mologiarum cap. 10° exponitur . . . / . . .
(f. 231ʳᵇ) et ille vero fuit Ypocratis . . . expositionem omnium horum. Et ideo sublimi
et glorioso infinitas gratias referemus eum.
Autem 7° colliget circa finem quia michi
hoc opus virtutem coponendi largitis est.
Et sic ad eius laudem finite sunt recollectiones et expositiones prime secunde tertie
quarte quinte sexte et septime particule afforismorum secundum Reverendum artium
et medicine doctorem Magistrum Christo-
phorum de Honestis de Bon.' On f. 232ᵛ
is the statement: 'Iste liber est mei Guil-
lielmi de Pro. artium et medicine professoris
quem emi thaurini in domo ecclesie Sancte
Marie de Platea ab uno Hyspano medico
pretio ff. iii. 1496.'
*Treviso Bibl. communale 349, cart.
misc., a. 1448, ff. 14ᵛ–19ᵛ. (Kristeller II
197): 'Christophorus Ricanatensis. Recol-
lectae super librum aphorismos (Hippocratis)
. . .'
Vatican: VA 2468, ff. 282ʳᵇ–323ʳᵃ [Chri-
stopher de Honestis' 'Questiones' on the
last two particula of the Aphorisms. Quest.
on the first five by Jacopo da Forli.] 'Queritur dubium cuius digestio sit Ypocratis super-
fluitas . . . Incipit questio. Invenitur . . . /
. . . quem hic in ultimo divisi, per solvendum.
Et sic est finis tractatus de Ypo. contra

tensionem. Sequitur commento quinta particula afforismi magistri Jacobi. Spasmus
ex elleboro . . . / . . . Et sic est finis.'

73. DINO DEL GARBO DA FIRENZE

† 1327. Pupil of Taddeo Alderotti, he was
physician and surgeon to King Robert of
Sicily. He taught at Bologna, Padua, Florence, and Siena. He was also the author
of commentaries or questions on Galen and
Avicenna's *Canon* (Thorndike III 233; TK
1026; Beaujouan [1972] 180).
Super quibusdam aphorismis Ypocratis.

Manuscript:

Vatican: VA 4454, 14c, ff. 52ʳᵃ (old number, 50)–54ʳᵇ (old number, 52). 'Commentarius super duobus Hippocratis aphorismis.'
Inc. 'Septime quarta manifestat autem . . .
Intentio Ypocratis in hoc aphorismo est
ostendere que ea sunt dies iudicata . . . II
. . . vel potest dici quod aliquando sit causa
crisis imperfecte . . . secundum Dinum de
Florentia. Deo gratias. Amen.'

Edition:

'Secundum aphorismum,' ed. Puccinotti
(1860) III doc., pp. xii–xlvii, 'a verbis sunt
quedam egritudines que semper procedunt.'

74. MAGISTER G. DE BRISIS

To be identified with William of Brescia,
late 13–early 14c, Wickersheimer (1936) I
230–231.

Manuscript:

Paris: BN 6872, 15c, ff. 134ʳᵃ–136ᵛᵇ;
137ʳᵇ–225ʳᵇ. 'Questiones super 1, 2, 3, 4, 5,
6, 7, particula amphorismorum Ypo. a Magistro G. de Brisis (?).' *Inc.* 'Super I particula Aphorismorum. Impossible est simul
perficere et incipere secundum quod vult
G. Et ideo cum Ypocras fuerit inventor huius
artis quia ea que dicta fuerunt ab aliis . . .
(f. 137ʳᵃ) Questiones prime particule afforismorum. In nomine Iesu Christi qualia amphoris. prius queritur: Utrum medicina
habetur per experimentum cuius quod sic
quod dicit Galienus . . . Contrarium' (f.
137ʳᵇ). Apparently ends at f. 225ʳᵇ. At
ff. 227ʳ–269ᵛᵃ, is another comm. See Bartholomaeus [de Varignana ?].

74a. GALEN: Combined with the texts.

See under A. Translations, 4. Constantinus Africanus: *Inc.* 'Plurimi interpretes . . .' 5. Nicholas de Regio. *Inc.* 'Quoniam quidem sermo . . .'

75. GENTILE DA FOLIGNO

Also commented on *Acutorum (Morborum)* or *Acutarum (Egritudinum) Regimen, q. v.* Commentary on individual aphorisms:

Manuscripts:

Erfurt: Ea Q 232, 14c, ff. 2–(109). Comm. (anon. in MS) Aphor. 'In brevitate quedam sermonis . . .' (TK 665).

Kraków: BJ 823, 14c, ff. 19–55. 'In nomine domini Amen. Iste sunt concordancie Afforismorum Ypocratis cum Avicenna et Problematibus Aristotelis, invente per excellentissimum medicine doctorem magisstrum Gentilem de Fulgineo.'

Munich: CLM 244, 14c, f. 102^{r-v}. Comm. Afforismus de acutis morbis. 'Dixit Ypo. in ista aforismorum secunda particula . . .' (TK 453).

— **CLM 7609**, 14c, f. 130^{rb-va}. 'Dicitur quod interpollata habet unitatem . . . / . . . potest habere ut putrefiat et ut corrigatur.' 'Sententiam Gentilis super isto afforismo 20, 2^e particule quibuscumque iuventutibus et est super 1° acutorum morborum non omnino . . . Habes post scriptum prime Fen 3 Can. Avicenne secundem Gentilem in eodem libro in fine et ibi habens tractatum Thome de restauratione humidi.'

— ff. 130va–131va. 'Afforismus Ypocratis qui dicit in quo morbo somnpnus laborem prestat mortale habetur expositionem communem in qua omnes conveniunt . . . / . . . (131va) consideras de corporis salute quamvis nullus error contingat nec nova egritudo scias. Et hoc Gentilis.'

— ff. 131va–132vb. 'In morbis minus periclitantur etc. Intentio Ypocratis in hoc afforismo est docere significationem maiorem vel minorum periculositatem in morbis . . . / . . . (132vb) ad morem dies quod inflamatico est major calor quia a maiori causa factus quam in colerico v sue sanitatis. Gentilis.

Paulus scriptus MCCC 86° 25 Marcii prima hora noctis.'

— **CLM 7609**, ff. 132vb–133va. 'Galienus tamen in commento eiusdem afforismo arguens contra dyoclem (?). . . / . . . postquam est digesta pauca fortitudo virtutis sufficit ad expellendum. Utrum flebotomia sit premittenda farmacie vel post ponenda stante equali necessitate . . . / . . . (f. 133va) inequali quia cum est necessitas farmacie et flebotomie possit esse in sto. Extra. Gentilis scriptus MCCC 86° secundus Marcii.' Cf. TK 1648: 'Utrum flebotomia precedat farmaciam . . .'

Vatican: VA 2418, 14c, f. 211vb. 'Super aphorismo illo. Subtiliatus (subtilis) est Galenus in tractando afforismum quod dicit quod in iuventute habent ventrem fluxibilem in senectute permutantur . . . / . . . quod ventres humidi fuerint etc. M. Gentilis de Fulgineo.'

— ff. 212^{ra-vb}. 'Super Aphorismo Hipp. de acutis morbis. Dixit Ypo. in 2^a particula amphorismorum quod pronosticationes in morbis acutis ad salutem aut ad mortem non sunt certe . . . / . . . gradum certitudinis notitie signorum est gradus certitudinis in medicando.'

— **2483**, 15c, ff. 286ra (187ra)–320^r (new number 211). Anon., but the list of contents, f. 1, has in the upper margin: 'Gentilis de Fulgineo, Super primo in Aphorismis et complures eius questiones extravagantes.' Inc. 'Vita brevis ars vero longa . . .' Comm. 'In brevitate quedam sermonis artium locus admirationis existat in verba proposita . . .' Incomplete at the close.

— **4456**, 14–15c, ff. 136vb–137ra. *Inc.* 'Subtilis est Galenus in verificando afforismum quod dicit . . . / . . . (des). in vita sua Rabi Moyses vel non diminuatio solvendas aligenti posteritati. Expliciunt rationes magistri Gentilis de Fulgineo famosi medici quos adunt contra Galienum principem medicorum in commentem.'

Printed Edition:

In *Questiones et tractatus extravagantes* (Venice 1520) ff. 97rb–98rb. 'De doctrina pronosticationis in morbis chronicis et acutis.

(*Inc.* 'Dixit Hippocrates secunda particula aforismorum quod . . .'; ff. 103ᵛᵃ–104ᵛᵃ. 'Expositio super Aforismo Ypocratis. (*Inc.*) 'Iste aphorismus habet expositionem confusam in qua omnes . . .'

76. G. DE MONTE PESSULANO

Identity of this commentator or glossator is uncertain. Wickersheimer suggests he may be Gerard de Solo, also called G. Bierne or Vierne, who taught in the University of Montpellier in 1335, and reputedly was chancellor of the medical university. (Wickersheimer [1936] I 160). Cf. with Gerardus de Montepessulano, author of a 'Summa de modo medendi' (Beaujouan [1972] 185).

'*Glose supra afforismos Ypocratis.*'

Manuscript:

*Metz 1205, 14c, *Inc.* 'Corporis humores congrua resolutione . . .' (Wickersheimer [1936] I 160; TK 268).

Paris: BN 6915, f. 43ᵛ, Gerard de Solo is cited also as author of a Comm. on the *Aphorisms*.

77. GILBERTUS ANGLICUS (?)

Although Gilbert of England, who appears also to have been in Paris in the mid-thirteenth century, is credited with a commentary on the Aphorisms, so far it is uncertain that such a tract has been found. In a manuscript at Oxford: Bodley 720 (2634), 14c, which includes his 'Compendium medicinae' at ff. 1ʳ–157ʳ, there is in the table of contents in the frontispiece of the manuscript, the following statement: 'Item compendium super libro afforismorum Ypocratis. Et expositio eorundem editum per eundem Gilbertum.' However, the contents of the manuscript do not include Gilbert's commentary. Rather at ff. 159ʳ–209ᵛ, there is a commentary which has been identified elsewhere as that of Taddeo Alderotti. That is Comm. Hipp. Aphorisms, inc. 'Inquit Ptolemaeus: Qui scientiam . . .' etc. However, it is here anonymous and incomplete. (TK 750; Thorndike II 477; Glorieux [1971] 144).

78. HERMANNUS DE GRIPESWALDIS APUD SARUM

c. 1459. Not identified, except as author of: 'Questiones in libros Afforismorum' a. 1459.

Manuscripts:

Oxford: BL Laud. misc. 558 (1577), ff. 3ʳ–314. The 'Questiones' are preceded at f. 1ʳ⁻ᵛ, by a fragment of an introduction; and followed at f. 2ʳ, by 'Iuxta predicta queritur primo utrum ista scientia sit practica aut speculativa . . .' Afforismus *inc.* (f. 3ʳ) 'Vita brevis ars vero etc. Iuxta istum afforismum queritur utrum vita hominis possit perpetuari in esse quia sic patet . . . / . . . (*des.*, f. 114ʳ) ideo san. resistit sub cute. Et sic est finis huius operis deo laus Amen. CCLXI questiones exceptis questiomodis et distinctionibus. Expliciunt questiones afforismorum Ypocratis anno domini mcccclix quarto die mensis Augusti. Per Hermannum de Gripesweldis in vico Diaconum ville Sarum.' Next at ff. 311ʳ–314ᵛ, 'Incipiunt tytuli questionum voluminis prescripti. Et primo super afforis. Ypocratis. Cuius libri prologus incipit. Sicut dicit Seneca etc. . . . Titulus prime questionis: Utrum ista scientia sit practica aut speculativa.' Others are: 'Utrum scientia theorica sit nobilior quam practica vel econtra,' etc. At f. 314ᵛ: 'Expliciunt tytuli questionum afforismi Ypo. secundum ordinationem Nicolai et sunt in numero cclxi.'

79. HUGH OF SIENA (UGO BENZI)

† 1439. Distinguished physician, acclaimed for his skill as a disputant and his eloquence as a lecturer as well as for his accomplishments in medicine, he was associated with several of the leading universities of his time, namely at Florence, Bologna, Siena, Padua, Perugia, Pavia, and Parma. He also served as personal physician to Cardinal Balthasar Cossa, later Pope John XXIII; and was physician to Niccolò d'Este at Ferrara, where he participated in the Council of Ferrara. Hugh of Siena is credited with having served not only the rich and the powerful, but also the poor and the

needy. See further Dean P. Lockwood, *Ugo Benzi, Medieval Philosopher and Physician, 1370–1439* (Chicago 1951) esp. 35 ff.; Thorndike IV 69 342; TK 1031, 783, 577; Wickersheimer (1936) I 303–304.

The commentary on the *Aphorisms* is usually preceded by a dedicatory preface to Niccolò d'Este of Ferrara. *Inc.* 'Precedentis anni lucubrationum munus quamvis parvum tuo nomine Nicolae Estensis illustris Marchi (Ferrarie) dedi ad futuram tui memoriam (gloriam) precedente ergo anni opere ad expositionem tegni Galieni data est. Huius anni ad afforismum Ypocratis explanationem . . .' The text follows: 'Vita brevis ars vero longa . . .' with the comm. 'Iste est liber afforismorum Ypocratis in quo intendit Ypo. non universaliter totam artem tradere sed ponere in variis partibus scientie medicine . . . / . . . (goes only through Part. V) excessit memoriam quia nec minus abbreviatur nec quia non amplianda amplificavit.'

Manuscripts:

*Madrid: BN 1186, ff. 89–101ᵛ. 'In sextam particulam Aphorismorum Hippocratis.' (Beaujouan [1972] 187–188).

Montreal: McGill Univ. Osler 170, a. 1428–1429, ff. 1–195. 'Expositio et Questiones super Afforismis Ypocratis et eorum commentis secundum Artistarum et medicorum principem magistrum Ugonem senensem.' Dedic. pref. as above 'Precedentis anni lugubrationum munus . . .' Colophon giving the dated signature (3 April 1428 [1492?]) of the student scribe Alexander de Montalto de Gaino, reproduced by Lockwood, p. 203.

Paris: BN 6848, a. 1472, June 12, ff. 1ʳ–222ᵛᵃ, beautifully decorated initial, through Part. V. 'Lectura super amphorismos Ypocratis.' Dedic. pref. as above:. 'Precedentis anni lucubrationum . . .' Comm. 'Iste est liber afforismorum Ypocratis in quo intendit Ypo. non totam artem tradere . . .' Has only the opening words of the text: 'Vita brevis ars vero longa . . .' through Part. V; des. '. . . nec quia non amplianda amplicavit. Completa lectura

magistri Hugonis de Senis per manus Jacobi de Galeria 1472 die xii mensis Junii Deo gratias.'

Vatican: VA 2471, 15c, ff. 61ʳᵃ–151ʳᵃ; without heading in a humanist hand. Usual dedic. *inc.* 'Precedentis anni . . .' as above, comm. also as above: 'Iste est liber apphorismorum . . .' only through Part. II: '. . . sustentare et sic est finis 2e particule amphorismorum. Te deum laudemus.'

— **2488**, 15c, in a humanist hand, ff. 1ʳᵃ–130ʳᵇ. 'Super Aphoris. Ypo. IIII. Dedic. as above: 'Precedentis anni . . .' Text and. Comm. as above: 'Iste est liber afforismorum . . .' only through Part. IV.

— **2489**, 15c, ff. 1ʳᵃ–133ᵛᵇ, a beautiful humanist hand. Hugo de Senis, 'Super duobus libris Aphoris. Hippo.' with Galen comm. Dedic. as above: 'Precedentis anni . . .' 'Iste est liber afforismorum . . .' followed at f. 2ʳᵇ by Galen comm. 'Plurimi interpretes . . . Galenus in isto commento quatuor . . .' Goes only through Part. II.

— **Rossiano 934**, 15c, ff. 31ʳᵃ–113ᵛᵇ; followed at ff. 114ʳᵃ–162ᵛᵇ by 'Questiones. Expositio Hugonis super librum Afforismorum.' Without the usual dedic. preface. *Inc.*, f. 31ʳᵃ: 'Vita brevis ars vero . . . Iste est liber afforismorum Ypocratis in quo intendit non totam artem tradere sed ponere in versus . . . (Part. I, ends f. 51ʳᵃ). f. 51ʳᵃ: In quo morbo. Ista est secunda particula afforismorum . . . (f. 83ᵛᵇ) Explicit scripta super Secunda particula Afforismi. Incipit quarta particula: 'Pregnantes purgare . . .' Part. III is omitted. (f. 111ᵛᵃ) 'Et sic est finis quarta particula Afforismorùm Ypocratis. Incipit quinta particula: Spasmus . . . (f. 113ᵛᵇ) est mortalis et ille est quintus et sic patet sextus affor.' etc.

Then follow (f. 114ʳᵃ) the *Questiones* here entitled: 'Comment. Ugonis de Senis supra libro afforis.' *Inc.* 'Utrum aliquis vomitus sit naturalis que non . . .' A series of questions follow, the last of which at f. 132ʳᵃ is 'Utrum vomitum sequens sompnum sit signum mortale.' *Des.*, f. 162ᵛᵃ: 'Finis est questionis de putrefactione secundum Ugonem de Senis.' Then follow more questions at f. 162ᵛᵇ, ending at f. 171ᵛᵃ. The names of 'Marsilius [de S. Sophia] et Ugonis' are written in at the end.

Venice: San Marco VII. 4(2817; **XIV, n. 2**) (Valentinelli V 74) a. 1453, 'Comp. in sex particulas aphorismorum Hippocratis.' Dedic. and comm. as above.

Printed editions:

Ferrara 1493 and Venice 1498: *Expositio super Aphorismos Hipp. et Galieni commentum* (Klebs 1002.1–2; Sch 105, 106). Dedic., text, and comm. as above, through Part. VI; followed by Galen comm. 'Plurimi interpretes . . .' and that of Hugh of Siena on Galen: 'Galienus in isto commento quatuor facit . . .'

Venice 1517, ff. 1–160, a close reprint of the Venice 1498 edition, f. 159r: 'Explicit utilissima expositio clarissimi artium et medicine doctoris magistri Ugonis Senensis super aforismos Hippocratis et super commentum Gal. cum eius questionibus.'

80. JACOBUS FORLIVIENSIS (JACOPO DA FORLÌ)

† February 12, 1414. Adjudged by his contemporaries the prince of the physicians of his time, whose death is said to have occasioned lamentations that could have been no greater at the death of Hippocrates himself, Jacopo da Forlì was a professor in the University of Arts and Medicine at Bologna in the years 1357 to 1400; he then went to Padua in 1400, where he was active as a professor first of logic and then of medicine until November 29, 1413. His later colleague, Michele Savonorola, dubbed him 'mio glorioso maestro,' and asserted that the works of Jacopo and Marsiglio de S. Sophia, occupy all the schools of 'our time.' In addition to his commentary, questions and dubia on the *Aphorisms*, Jacopo da Forlì also commented on Aristotle on Galen's Tegni, and on Avicenna's Canon, and he composed a tract on intension and remission of forms.

The commentary on the Aphorisms is based on the Arabo-Latin translation made by Constantinus Africanus, known as the 'antiqua translatio,' and in most manuscripts and in the early printed editions

it usually appears with citations of that text. Jacopo commented only on five of the Particula, that is on I, II, IV, V, VI; the remaining two, III and VII, were supplied in the early editions with the commentary of Marsiglio de S. Sophia. Jacopo in accord with the scholastic tradition of his day and that of a much earlier time preceded his commentary with a brief introduction in which he gave a formal definition of the title of the work, then its meaning as recorded in such standard handbooks as Isidore of Seville's *Etymologies*, and the *Catholicon*, next the general relation of the work to medical science, and Hippocrates' purpose in writing it, and finally, the literal interpretation of the text. He then followed the commentary with the *Questiones and Dubia*.

Manuscripts:

*Douai 716, a.1480, ff. 1–159. *Inc.* comm. 'Pretermissis quibusdam superfluis inquisitionibus in principio huius libri fieri consuetis . . .'

Kraków: BJ 806, 15c, ff. 1r–152ra. Comm. and Questiones. *Inc.* 'Premissis quibusdam superfluis . . . / . . . non procedit contra dicta quare etc.'

*Madrid: BN 1186, ff. 1–89. Jacobus Foroliviensis di Turre et Hugo Senensis, in Hippocratis Aphorismos. (Beaujouan [1972] 186, 188). Prol. 'Vita brevis ars vero longa. Premissis quibusdam . . . titulus et divisio. Quantum igitur ad primum sciendum quod hic liber ab auctoribus reperitur intitulatus. Incipit liber Afforismorum quem Ypocras . . . / . . .' incomplete, ends at the beginning of Part. VI.

Munich: CLM 3, 15c, On the flyleaf is the 'Epitaph in ecclesia Heremitarum Padua. Sepulti Forlivias qui obiit anno domini MCCCCXIII.' ff. 1ra–79rb. *Aphorisms* usual text. *Inc.* 'Vita brevis ars vero longa tempus acutum . . .' Comm. *inc.* as above: 'Pretermissis quibusdam superfluis . . . / . . . (*des.*) contingit propter hanc causam scil. frigiditatem et humiditatem ideo non procedit contradicta etc. Et sic est finis scripti Iacobi de Forlivio super afforismos Ypocratis.'

— ff. 81ra–172rb. 'Questiones.' *Inc.* 'Circa primam particulam afforismorum primo queritur utrum vita hominis sit brevis. Arguitur quod non primo homo inter cetera viventia maxime habundat . . . / . . . (*des.* f. 172rb) quia caliditas est max. Quod ista frigiditas esse peterit igitur etc. Et sic est finis questionum Iacobi Forliviensis super afforismorum Ypocratis.'

— ff. 172rb–173vb. 'Dubia' 'Hic sequuntur quedam dubia ut sequitur. Utrum in cuiuscumque morbi statu completat dieta . . . / . . . (f. 173vb) secundum primam solutionem responsionem quo idem detet etc. Et sic est finis questionum Iacobi afforismorum Ypocratis.'

— 'Sequitur tabula questionum quas disputavit magister Iacobus Forliviensis super afforismis Ypocratis.' (end of vol.).

— **CLM 265**, a. 1439, ff. 1–77v (H. Schedel liber) 'Scriptum Iacobi de Forlivio super libros afforismorum Ypocratis.' Text and and comm. as above. *Inc.* 'Vita brevis ars vero . . . Pretermissis . . . / . . . (*des.*) non procedit contradicta. Et tamen de ille. Explicit scriptum super libros Afforismorum vetustissimi Ypocratis editum a philosophorum et medicorum principe Domino magistro Iacopo Forliviensi. Scriptum et completum in universitate Padue anno . . . 1439 mensis Augusti die penultima.' The questions that follow are apparently not by Jacopo da Forlì. (ff. 78r–80r). 'Queritur utrum sit idem modus distinguendi tempora particularia scilicet paroxismorum . . . / . . . (80r) de iste hec Gentilis (see Gentile da Fologno) super prima quarta . . . de cognitioni tempora ultimi morbi et prope . . .' (TK 1672).

Naples: BN VIII.D.27, ff. 1r–121v. Beautiful illumination depicting what appears to be a master lecturing to his students. *Inc.* 'Premissis superius quibusdam inquisitionibus . . . / . . . (f. 121v) podagris atque superfluo . . . procedit contradicta etc. Deo gratias Amen. Finis operis. Iste liber Catherine de Formello de Neapoli.'

*****Novacella (Neustift) 453**, 15c, ff. 59–134 (Kristeller I 439). Anon. (Jac. Forliviensis) Questiones. *Inc.* 'Pretermissis quibusdam superfluis inquisitionibus . . .' At

ff. 143– another set of questions on the same work. (*Inc.*) 'Utrum sit possibile humorem vel humoris . . .'

Oxford: BL Can. misc. 241, 15c, ff. 39ra–221v. With only the catch words of the Hippocratic text. Part. III omitted; ends with Part. VI. *Inc.* 'Vita brevis ars vero longa tempus autem acutum . . .' Comm. 'Premissis superius quibusdam inquisitionibus . . . / . . . (*des.* Part. VI, *Aphor.* 28) procedit contra dicta. Et sic finis operis.' See Giacosa 457; TK 1083.

Paris: BN 6849, early 15c, ff. 1r–61. Lacks the comm., has only the 'Questiones.' In the upper margin (f. 1r) 'Questiones Iacobi de Forlivio in Amphorismis Hippocratis. *Inc.* 'Vita brevis ars vero longa. Queritur circa dicta utrum vita hominis sit brevis. Arguitur quod non. Primo homo inter cetera viventia maxime habundat . . . Queritur utrum aliquis vomitus sit denominandus naturalis . . . (f. 32) Incipiunt questiones secunde particule afforismorum. Questio est hec utrum nocumentum contingens ex somno . . .' Ends at f. 61. '. . . prima virtus perficit operationes egrediens temperamentum proporcionatum illis operacionibus perficit illas patet per notabile. At argumenta patet solucio. Secundum famosissimum artium et medicine doctorem magistrum Iacobum de Forlivio. Deo gratias amen. Magister Martinus de . . . (illegible) scripsit opus istud super quod Aristotelis non melius fecisset.'

— **BN 6850**, early 15c, large folio, 2 vols. (f. 1, title: Jacobus de Forlivio super libro afforismorum cum tractatu de intencione et remissione formarum). *Inc.* 'Vita brevis ars vero longa tempus acutum. Pretermissis quibusdam inquisicionibus superfluis in principio huius libri fieri consuetis tantum ad ea que huius libri doctrinam capescendam quae ad facilitatem utilem afferre condescendam, tria in principio huius libri pertractando. Primo quid sit huius libri titulus . . . / . . . (ends with Part. VI, f. 186) frigiditatem et humiditatem ideo non procedit contra dicta ergo etc. Deo gratias semper. Expleta est expositio subtilissima ac eximi artistarum et medicorum monarche Magistri

Iacobi de Turin de Forlivio super librum afforismorum Ypocratis divinissimi Deo gracias.' f. 187ʳ. 'Questio utrum intensio forme fiat per additionem partis formalis ad partem formalem . . .'

— **BN 6855**, 15c, ff. 1ʳᵃ–44ᵛᵃ. Text *inc.* 'Vita brevis ars vero longa tempus autem acutum experimentum vero fallax iudicium difficile.' Comm. 'Pretermissis quibusdam superfluis inquisitionibus in principio huius libri fieri consuetis tantum ad ea que ad huius libri doctrinam capescendam facilitatem utilem afferre condescendam, quattuor in principio huius principaliter pertractanda sunt. Quantum igitur ad primam sciendum quod hic liber taliter ab auctoribus reperitur intitulatus. Incipit liber amfforissmorum quem Ypocras Chous de medicina edidit . . . (7 lines, f. 44ᵛᵃ; *des.* of questions on the first particula) ad argumenta patet solucio in una questione quam habes supra secundum magistrum Iacobum de Forlivio.'

— (f. 44ᵛᵃ) 'Incipiunt afforismi 2ae particule. In quo morbo sompnus laborem prestat. Prima conclusio huius afforismi est ista . . .'

— (f. 88ᵛ) 'Ista questio fuit disputata Ferarie 1403 et fuerunt posite iste conclusiones et suppositiones. Prima suppositio per assiduum usum medicine tyricalis acquiri potest et imprimi in membris humani corporis aliqua proprietas venanorum . . .'

— (f. 92ʳ) top margin. Particula 4ta (there is no Part. 3a). *Inc.* 'Pregnantes purgare. Prima conclusio afforismi est illa . . .'

— (f. 102ᵛᵇ) 'Queritur utrum in ordinando dietam in febribus . . .'

— (f. 126ʳ) '. . . Si sanguinem et pus. Conclusio afforismi est ista . . . (18 lines) quibuscumque . . . istum afforismum suficienter exponit commentator et sic patet ultimus amforismus.'

— (f. 127ᵛ) 'Finis expositio 4 particule amfforismi est ista: Spasmus ex elebore mortale est conclusio . . . (*des.* f. 131ᵛ) Queritur utrum tetanus est morbus . . . (f. 132ᵛ) fieret tetanus sed prius egrotans moritur.' (Apparently ends incomplete.)

— **BN 9330**, a. 1449, ff. 1ʳᵃ–139ᵛ A beautiful folio MS with decorated border and caps. Comm. Aphorism, with only catch words of Hipp. text. 'Vita brevis ars vero longa ut patebit . . .' Comm. *inc.* 'Pretermissis quibusdam . . .' etc. as above, only through Part. VI; (f. 139ʳ⁻ᵛ) et non de accidenti accidentali. Et sic est finis completus per manus Mathie Hanie de Alamania Basso XII die mensis Septembris anno a nativitate domini Mᵒ CCCCXLIX.' Comm. *des.* (f. 139ʳᵃ⁻ᵇ) as in CLM 265 'et humiditate ideo non procedit contradicta. Expliciunt recollecte subtilissimi artium et medicine doctoris in suo tempore monarchi domini magistri Iacobi de Lantivie de Forlivio super 1ᵃ 2ᵃ 4ᵃ et 5ᵃ particulas etiam pro parte super 6ᵐ particulam afforismorum Ypo. que eum essent valde in ordinare ex defectu scolaris qui est future et dabo tu vito doctore senis publicaverant. Ypo. pretium quod ad 1ᵃ 2ᵃ et 4ᵃ particulam taliter ordinavit magister Bartholomaeus de Rolandino de Ferraria artium et medicine doctor.' Then follows 'Utrum lapsus . . .'

— **BN 9676**, ff. 70ʳ–80ʳ. Hippocratic text: 'Vita quidem brevis ars autem longa tempus velox experimenta incerta . . .' Comm. *inc.* as above; only through Part. II.

Siena: Comunale L. VII.1, a. 1470, 143 fols. Iacobi Forliviensis, Expositio aphorismorum Hipocratis. *Inc.* 'Vita brevis . . . / . . . (*des.*) Iacobi Forlivensis expositio in aphorismis Hippocratis explicit feliciter quam ego Daniel de Insulis native Picardus medici et philosofi cum medicinam ordinarie de mane legerit alma sua urbe Sena. Deo igitur laus, honor et gloria Amen.' Cf. A. Garosi, 'I Codici di medicina del maestro Alessandro Sermoneta,' *Revista di Storia delle Scienze Mediche e Naturali* 28 (Sept.–Oct. 1937) 225–232.

Vatican: VA 2464, a. 1472, ff. 1ʳᵃ–82ʳᵃ. Comm. super Aphor. Hippo. Text: 'Vita brevis ars vero longa tempus autem acutum . . .' Comm. 'Pretermissis . . .' etc. as in CLM 3; incomplete, only through Part. IV; *des.* '. . . ad argumenta principalia id facienda.'

— ff. 91ra–169ra. 'Questiones super Hyp. Aphorisms.' *Inc.* 'Utrum vita hominis sit brevis. Et arguitur quod non prima homo . . . / . . . (*des.*) secundum primam solutionem respondetur et sic est finis. Deo gratias.'

— **VA 2465**, a. 1475, ff. 1ra–143va. Comm. and Quest. Hipp. Aphorismorum libri VII. (f. 1va) 'Vita brevis ars vero longa tempus acutum . . .' Comm. 'Premissis (*sic*) superfluis quibusdam inquisitionibus libri fieri consuetis . . . / . . . (*des.*, f. 143va) . . . ('Questiones' to f. 165) hoc valde rare continget probat causam et habentis ideo non precedit contra dicta. Et sic est finis. Deo laus. Iste liber completus fuit in die secundo mensis Aprilis hora vigesimaquarta in nocte anno domini millesimo quadringentesimo septuagesimo quinto' (1475).

— **VA 2466**, 15c, ff. 1ra–107rb. Humanist hand. *Inc.* Hipp. text as in VA 2465: 'Vita brevis . . .' Comm. and *Questiones* as in CLM 3, above. *Des.* in 'sexta particula': '. . . patet faciliter solutio quam non . . . secundam primam solutionem respondetur.' etc.

— **VA 2468**, a. 1472, ff. 200^v–282ra. At f. 200^v is a listing of 46 questiones. *Inc.* 'Utrum vita hominis sit brevis. Vita brevis ars vero longa . . .' etc. Variant comm. *inc.*: 'Premissis superius quibusdam inquisitionibus libri fieri consuetis . . . / . . . (f. 282ra) de hec intelligi ut expositum est. Et sic est finis 4e particule afforismorum per Magistrum Iacobum de Forlivio. (ff. 282rb–323ra) Et ultimi duo afforismi per Christoforum de Honestis. Sequitur secundum ordinem tractatis de Ypo.' See Christopher de Honestis, above.

— **VA 2484**, ff. 91ra–169ra. 'Questiones: Utrum vita hominis sit brevis . . .'

— **VA 4594**, 15c, ff. 1ra–98^r, Jacobo da Forliv. 'Super Aphorismos Hipp. Vita brevis ars vero longa tempus autem acutum . . .' Comm. 'Premissis quibusdam superfluis narrationibus in principio huius libri . . .' Comm. is incomplete.

Vendôme 231, ff. 1–(105), Jacobus da Forli. Comm. 'Pretermissis quibusdam superfluis inquestionibus . . .'

Vienna 2500, ff. 19^v, 20^r–31^r (Aphorisms, text only). f. 19^v, 'Ipocratis Choi de medicicina editus et quomodo patet quod auctor libri huius fuit Ipocras natione de Choi insula grece oriundus . . . / . . . (*des.*) ipsa perficiat. Hec Iacobus Forlivius d. M.' followed at ff. 20^r–31^r by the text of the *Aphorisms* without further commentary: 'Vita brevis ars vero longa tempus autem acutum experimentum vero fallax iudicium autem difficile . . . / . . . corporibus humidas carnes humidibus famen adhibentur fames enim corpora siccat finis aphorismorum explicit liber afforismorum Ypocratis.'

— ff. 163ra–165va. 'Hipp. Aphorismi secundum materias. (*Inc.*) Vita brevis ars vero longa. Prius particula egritudinis alie ad alias . . . / . . . (*des.*) corporibus humidas carnes habens Têlos Finis Deo gratias. Amen.'

— ff. 166vb–168va. 'Tituli quest. super Hipp. Aphor. Super . . . affor. primo particule prime: Utrum vita hominis sit brevis . . . Utrum ars vomitus denominandus . . . / . . . et super maturibus fetus.'

— **5260**, a. 1461, ff. 1^r–80vb. *Inc.* 'Vita brevis ars vero longa . . .' Comm. 'Premissis quibusdam superfluis inquisitionibus in principio huius . . . / . . . (*des.*) non procedit contra dicta. Amen. Deo gratias. Explicit scriptum Jacobi de Forolivio super Afforismis Ypocratis.'

— ff. 82^r–175^v. 'Dubia and Questiones.' Dubia *inc.* 'Dubitatur circa primam particulam aphorismorum.' Questiones: 'Utrum vita hominis sit brevis . . .'

Volaterra 6231 (**LVI 7, 19**), item 1. (Iacobi Foroliviensis in Aphorismos Hippocratis) (*Inc.*) 'Pretermissis quibusdam superfluis inquisitionibus . . .' Cf. *Studi Ital.* 18 (1910) 130.

81. JACOBUS DE MONTE CALVO

† 1361. Jacobus de Monte Calvo was born in Bologna and taught medicine in both Bologna and Spain. He is credited with a commentary on Avicenna as well as on Hippocrates' *Aphorisms*. (Wickersheimer [1936] I 376). However, no manuscript containing the comm. has so far been located.

82. JACOBUS DE VIA CAVA DE CREMONA

Jacobus de Via Cava is perhaps to be identified with Jacobus de Cremona, an Augustinian of c. 1256. Cf. F. Arisi, *Cremona literata* (Parma 1702) I 119.

Manuscript:

*Wiesbaden 24, 14c, ff. 3–(4). 'Versus super amphorismos quos composuit Rev. Doct. Jacobus de Via Cava de Cremona in Sicilia in civitate Panormi.'

83. JOHANNES MATHIAS TYBERINUS (OF TIVOLI?) BRIXIANIS (BRESCIA)

Johannes Mathias was Doctor of Liberal Arts and Medicine, c. 1466, probably at Bologna. See Serafino Mazzetti, *Repertorio di tutti e Professori . . . di Bologna* (Bologna 1847) I for 'Giovanni Pietro de Brescia,' 'lettore di Metafisica del 1466–67.'

Manuscript:

Paris: BN nouv. acq. 481, 15c, ff. 21–43ᵛ. Introduction: ff. 21–24ᵛ. 'Interpretationes priscarum vocum Divi Hippocratis in Aphoristici veritate.' (*Inc.*) 'Hippocrates ab ιππου quod est equi et κρατος robur quasi robur equi vel sustentator rationis. Cui applaudens Galenus inquit quod quodam presagio sortitus est hoc nomen ut diceres: Hippocrates: robur equi vel sustentator rationis qui medendi scientiam ad nihilum deductam revocavit in lucem et laude pariter et opere ampliavit (id est Gal. 4to *Reg. Acut. Commento* 16). Aphorismus dicitur ab aphorisco quod est divido, cui consonat Mesue . . . Aphorismus est sermo brevis pauper dictionibus, dives sententiis . . .'

— ff. 24ᵛ–(26) *Titulus* 'Ex auctoribus priscis,' beginning with Aristotle; then proceeding with the more recent (iunioribus) Maurus, etc. Then follow 'Questiones' 'Utrum dolor sit aliquo sensu comprehensibilis,' etc.

— f. 26ᵛ, is an 'Index continentie et observationis Aphoristice veritatis,' followed by a long list of words with references to individual Aphorisms and Particula.

— f. 27ʳ. 'Divi Hippocratis Aphorismorum particula prima foeliciter incipit: Vita brevis ars vero longa . . .' The incipit is

preceded by seven lines of verse, and the heading Johannis Matthiae Tyburtius Brixiani liberalium artium et medicine doctoris in septem aphorismorum particulas argumentum.' The verses begin: 'Communis narrat particula Prima dietas,' and close: 'Septima de morbis Pronostica tangit acutis.' The *des.* of the text, Part. VII, is at f. 43ᵛ: 'si a febre habito, tumore non existente in collo, ut deglutire non possit . . . angustietur sine tumore manifesto, mortale est. Finit.' In the margins is a running commentary or gloss, beginning 'Utrum vita hominis sit brevis. Arguitur quod non, primo quia homo inter omnia viventia maximi abundat principiis vite . . . .' The commentary continues for all seven particula of the Aphorisms.

84. JOHANNES (GIOVANNI) MICHEL ALBERTO OF CARRARA

† October 26, 1490, at Bergamo, his native city. Studied philosophy and medicine at Padua. He was physician at Chiari in the territory of Brescia, also at Stezano, at Rovato and at Brusia (Bussia). At his death he was interred in the Franciscan Cloister. Among his works, Wickersheimer (1936) II 449–450, who provided the details given above, listed one with the title: *In aphorismos Ippocratis* (1466). So far this has not been found.

85. JOHANNES DA PARMA (GIOVANNI DA PARMA)

Author of several medical tracts still in manuscript at Paris: BN 6941, 7131, 8160, etc.; and at the Escorial f. iii.6 ff. 179ᵛ–181ᵛ; f.1.4 f. 9ᵛ; and Seville BC 5–1–45 ff. 223–224; 7–4–25 ff. 22–28ᵛ (Beaujouan [1972] p. 190), Giovanni da Parma, who is associated with a 'Questio disputata' on the *Aphorisms*, may probably be identified as the professor of medicine, at Bologna in 1298, and at Brescia, 1311. Cf. Wickersheimer II, where are noted several physicians of this name; also Mazzetti (1847) 1552; Tiraboschi, *Stor. lett. Ital.* (1806) IV 216; V 64.

Manuscript:

Vatican: VA 4451, 14c, ff. 8ʳᵃ. 'Questiones in Hipp. Aphor.' (through Part. VII). 'Si possibile (impossibile) est eundem incipere et finire . . .' 'Ista questio disputata fuit a magistro Io. de Parma . . .' (f. 8ᵛ). *Inc.* 'Impossibile est eundem incipere et finire. Ista propositio . . .' The key words of the Hippocratic text are in the margin.

86. JOHANNES DE SANCTO AMANDO (JEAN DE SAINT-AMAND)

c. 1298, Jean de Saint-Amand also commented on the *Liber Acutorum morborum*, *q.v.* His gloss on the *Aphorisms* is very brief.

Manuscripts:

Erfurt: Ea Q 227, f. 32. 'Joh. de S. Amando, Divisiones et summarie sententie. (*Inc.*) 'Divisio libri aphorismorum satis patet . . .' (TK 443).

Paris: Arsenal 1080, a. 1333, f. 37. (Notes taken by Mlle M. Dulong). 'Liber afforismorum' (the gloss on the *Aphorisms* covers only 21 lines). *Inc.* 'Divisio libri afforismorum satis patet . . . / . . . nomine et numero describuntur.' (Then a colophon attributing all the preceding works in the MS to J. of S. Amando and giving details about the copying of the catalogue.)

87. JOHANNES (HANS) SCHUEREISSEN (SCHWEREISSEN)

Either author or copyist of the commentary on Hippocrates' *Aphorisms*, he is otherwise unknown.

Manuscript:

Munich: CLM 17768, a. 1472, ff. 1ʳᵃ– 149ʳᵇ. 'Super Hippocratis Aphorismos lecture. Scripsit Ioh. Schuereissen.' (*Inc.*) 'Initiale capitulum nos sic ammonet dirigit et enseignet omnibus qui incipiunt istis rebus et habitudinibus . . .' (initial letter is cut out). 'Vita brevis. Lecturus presentem librum quedam ab antiquis . . . / . . . (*des.*) vero corporum fit duabus ex causis s. aere exteriori et caliditate interiori. Finito libro sit laus et gloria. Christo. Anno domini MCCCCLXXII feria 3 ante nativitatem domini laus: Hans Schwereissen (Schwerefforius).' Only the catch words of the Hippocratic text are included.

88. JOHANNES SERMONETA (GIOVANNI DA SERMONETA)

† After 1438. He was a student in medicine at Padua in 1411 and 1412; was lecturer in medicine at Siena, 1429, Milan and Bologna, 1430, and returned to Siena as lecturer for the years 1430–1438. His son Alessandro Sermoneta († 1486) was also a physician and professor at Siena and Pisa. Johannes Sermoneta's commentary takes the form of a scholastic disputation or 'Questiones' on the subjects treated. No manuscripts of the 'Questiones' have yet been located; there are only the incunabula editions noted below. However, another of his works entitled 'Universales canones curative. Primus canon. Regimen in sex rebus . . .' is in manuscript: Paris BN nouv. acq. 481, 15c, ff. 25ᵛ–27. Thorndike IV 576; Zonta et Brotto, *Acta grad. acad.* (1922); A. Garosi, in *Rivista di Storia della Scienze Medici e Naturali* 28 (1937) 231–232.

Printed Editions:

Milan 1487; Venice 1498, ff. 2ʳ–30ᵛ, incomplete (Klebs 915.1–2). 'Questiones super Aphorismos Hippocratis et libb. Tegni Galeni' Questio I, on the *Aphorisms Inc.* 'Utrum aliquis vomitus est naturalis . . . / . . . Utrum crisis sit velox motus morbi . . .'

89. JOHANNES STEPHANUS (JEAN STEPHANI PONTII OF NARBONNE)

c. 1420, was master of medicine at Narbonne, and apparently also at Montpellier. Wickersheimer (1936) I 487; II 793, lists some 17 manuscripts containing his writings; Beaujouan (1972) 191, notes his *De dosibus* at Seville BC 5–1–45 f. 224 and 83–6–38 f. 43ᵛ; also beginning only at Seo de Urgel BC 2052 (84) f. 110ᵛ. However, on the *Aphorisms*, only the following appears probable.

Manuscript:

VA Pal. 1229, ff. 261ᵛᵃ–264ʳᵇ. 'Brevis summa Aphorismorum,' of which Jean Stephani is presumably the author since the other works in the codex are by him. *Inc.* 'Verssus amphorismorum causas pars prima salubres tractat. Parsque sequis cum sanus signa dat egri. Tertia mortuorum causas modusque medendi... que nocumenta sequentis sudit. Sexta sutrect ... Secundum septima servit acute. (text of the Aphorisms follows) Vita brevis ars vero longa ... / ... (des.) Corporibus humidis carnis habentibus. Explicit ista brevis summa amphorismorum.'

90. JOHANNES SUEVUS DE MONTE LEON

Perhaps to be identified with Jean de Monte-Leone, Rector of the University of Paris in 1400. See Bulaeus, *Hist. univ. Paris.* V (1670) 893.

Manuscript:
Prag 915 (V.E.21), 15c, ff. 1r–73r. Comm. Hipp. aphorisms. *Inc.* 'Quia in rerum natura nihil est cuius causa ...' (TK 1221).

91. MARSILIUS (MARSIGLIO) OF SANCTA SOPHIA

† 1405. Member of the famous Sancta Sophia family of physicians, Marsilio was professor of Arts and Medicine at Padua and at Pavia. He was closely associated with Hugh of Siena (Ugo Benzi) as 'teacher, friend, and supporter' (Lockwood 25, 37, 156 *et passim*; Thorndike IV 69, 218, 220, 342; and with Jacopo da Forlì with whom he appears in the printed editions.

Manuscript:
*Wolfenbüttel 2194 (17.2.Aug. fol.), 15c, (1444), ff. 157–255. 'Questiones et Dubia doctoris Marsilii Paduensis sive Paduani super libros aphorismorum Hippocratis. Collecta in studio Viennensi anno Domini 1393.' It is not certain that this codex pertains to Marsilius de Sancta Sophia. A further examination of the contents will be made when a photocopy of the work arrives.

Printed Editions:
Super Aphorismos, Part. III et VII, printed with Jacopo da Forlì, *In aphorismos Hipp. expos.* (Padua c. 1480); Pavia 1484; Venice 1490; and Venice 1495 (Klebs 546: 3–6); also at Venice 1547.

92. MATHEOLUS PERUSINUS (MATTIOLO DI PERUGIA)

Professor of medicine in the University of Arts and Medicine at Padua from 1437; Matheolus was the author, in addition to his commentary on the preface to the *Aphorisms*, of several tracts, including a series of medical lectures contained in the same codex with the commentary on the preface to the *Aphorisms*. (See the index to TK; and the reference cited below).

Manuscript:
Munich: CLM 350, a. 1465, ff. 69r–72v. 'Comm. Hippocrates.' *Inc.* 'Vita brevis. Expositurus deo duce afforismos Hippocratis, aliqua pro operis introductione ... Titulus libri hec est. Incipit liber afforismorum quem Hippocrates Chous de medicina edidit ... / ... (des.) Finis preambuli super particule afforismi Ypo. editus a clarissimo doctore Matheole Perusino. Padue anno 1465 die xx aprilis. Nota licet aliquis sine experimento posset totalem scientiam medicine habere tam s. theoricam.' Preceding the comm., at ff. 60–69 are the lectures, beginning with the year 1437.

Edition:
Pearl Kibre and Nancy Siraisi, 'Matheolus of Perugia's Commentary on the Preface to the Aphorisms of Hippocrates,' *Bulletin of the History of Medicine* 49 (1975) 405–428.

93. MAURUS SALERNITANUS

Maurus of Salerno, was an anatomist and physician who flourished in Salerno c. 1160 to c. 1214. In addition to his commentary on Hippocrates' *Aphorisms*, he was the author of *Anatomia Mauri*, his principal work; also a *Regulae Urinarum*, and a tract on venesection, *De flebotomia*. His *Glosule Amphorismorum* frequently appears anonymously in the manuscripts (Sarton II 436, 1201) (TK 323, 881).

Manuscripts:
Vatican: VA 4477, 12c, ff. 1ra–36vb, without heading or author. (f. 1ra, *inc.* comm.) 'Cum omne corpus animatum vel inanimatum sensibile (vel insensibile) a lunari globo

inferius contentum ab elementis aliud ex quatuor elementorum conficiatur commixtionibus . . .' (f. 1rb) 'Titulus talis est. Incipit liber afforismorum Ypocratis. Afforismus dicitur sermo brevis integre pauper dictionibus et dives sententiis vel afforismus est sermo brevis integre rei sensus explicans vel afforismus . . . quod quodam divino presagio sortitus est hoc nomen ut diceretur Ypocras quasi rector equi vel rationis sustentator qui hanc artem ad nihilum redactam ad lucem reduxit et laude et opere ampliavit. More recte scribentium Ypocras premittit quemdam versiculum vice proemii in quo metoycorum et empiricorum confutando sententiam medicum loyicum ad hanc artem invitat per contemplationem . . . (this text varies somewhat from the version in De Renzi IV 513). Vita est brevis id est multis et variis accidentibus . . . / . . . (des.) superfluitatis corporis duplicem causam notaret a perturbationibus ventris incepit in famen librum suum terminavit. Expliciunt glosule amphorismorum.'

Paris: BN 18499, 13c, ff. 55va–122vb. Maurus (of Salerno) 'Super aphorismos. Cum omne corpus animatum vel inanimatum sensibile seu insensibile mundi globo . . . / . . . (through Part. VII, des.) a perturbationibus ventris incepit in famen librum suum terminavit. Expliciunt glossule.'

Vienna 311, 13c, ff. 55^r–78^v. Anon. 'Explicatio in Aphorismis Hippocratis' *Inc.* 'Cum omne corpus animatum vel inanimatum sensibile vel insensibile . . . / . . .' (incomplete, breaks off in Part. or Sect. III, *Aphorism* 20).

— **2410**, 13c, ff. 1ra–49rb. 'Maurus Glossule aphorismorum Aristotelis' *(sic). Inc.* 'Cum omne corpus animatum vel inanimatum sensibile vel insensibile . . . (f. 1rb) Incipit liber amphorismorum Ypocratis Amphorismus dicitur sermo brevis integrum sensum demonstrans . . . (f. 1va) Vita brevis etc. More recte scribentium Ypocras premittit quedam . . .' (through Part. VII, with the key words only of the Hippocratic text. *Des.*) . . . magis per abstinentiam conservatur. Expliciunt glossule afforismorum.' In the lower and side margins is the Hippocratic

text: (f. 1^r) 'Vita brevis ars vero longa tempus acutum. Experimentum autem falax iudicium autem difficile . . .'

London: BMr 8.C.IV, 13–14c, ff. 186–210. Anon. 'Glosse super afforismos Ypocratis. (*Inc.*) More recte scribentium sequens . . .'

Paris: BN 6956, 14c, ff. 74ra–105vb. In a late hand, entitled 'Petri Hispani expositio in librum afforismorum Hypocratis.' Inc. 'Cum omne corpus animatum vel inanimatum sensibile vel insensibile a lunari globo . . .: (f. 74^v) Ars est longa id est variis regulis et preceptis diffusa . . . / . . . (f. 105vb, des.) lacertis aggravante fit obscitatio. Item fumositate ipsa eadem loca sensibilia pertranseunte fit rigor.'

Printed edition:

De Renzi, *Collectio Salernitana* (1856) IV 513–557, 'Incipiunt glosule Amphorismorum secundum Magistrum Maurum.'

94. NICOLAUS FALCUTIUS

† 1411 or 1412. Nicolaus Falcutius is the physician best known as the author of the massive tome *Sermones medicinales VII*, printed before 1500 (Klebs 389.1–5). In addition he is credited with a commentary on the *Aphorisms*.

Printed edition:

In the printed edition of Bologna 1522, there is a 'Commentum Nicolai super Aphorismos Hippocratis compilatum a magistro Io. Baptista Theodosio Parmensi Imole Phisico publico. Curante Antonio Sacco de Parma. (Subtitle) Aphorismi Hippocratis secundum translationem veterem et Theodori Gaze et Nicolai Leoniceni, cum commentariis Nicolai (Falcutii) Florentini ex omnibus eius voluminibus (sermonibus medicinalibus) excerptis.' The individual translations then follow: Particula prima. 'Translatio vetus: Vita brevis ars vero longa tempus autem acutum experimentum fallax . . .' 'Translatio Theodori (Gazae): Vita brevis ars longa occasio preceps experimentum fallax . . .' 'Translatio (Nicolai) Leoniceni: Vita brevis ars vero longa occasio autem preceps . . .' and then that of Nicolaus (Falcutius): 'Inquit

Hippocras prima Aphor. Medicina est ars longa ita ut ad longitudinem . . .' Particula septima (f. 214^v) with only the Hippocratic text. *Vetus*: 'Premissis aliquibus exeuntibus non motis . . .' Theodoric: 'Quorum in deiectionibus si stare . . .' Leonicenus: 'Et quibus deiectiones si stare pervisseris . . .' Then follow some aphorisms not in the 'veterus translatio' (i.e. tr. by Constantinus Africanus) and without Nicolaus Falcutius comm. They close at f. 216^r: Theodore Gaza: 'Qualiscumque aut per vesicam . . . / . . . multum letalis est.' Leonicenus: 'Qualis fuerint vesice. . . / . . . si valde multum letale est.'

95. NICHOLAS G(?) PALATINUS PHISICUS VENETUS

Not identified.

Manuscript:

VA Ottob. 1847, 15c, ff. 93^r–100^r. Comm. *Aphorisms*. Part. I–VII. 'Hic ordinantur amphorismi Ypocratis secundum ordinem causarum signorum et curationum. Incipit liber primus de causis egritudinis. Vita brevis ars vero longa. Egritudinum alii ad alias . . . At ff. 101^r–116^r, is the arrangement of the *Aphorisms* with Avicenna's *Canon*. 'Aphorismi generaliores digesti secundum Phen quartam primi libri Avicenne sermo universalis in medicandi . . . cap. 1. et primo per regimen et nutrientia. Vita brevis ars vero longa tempus acutum experimentum fallax . . . / . . . (f. 116^r)a principio Aphor. Lii secunde particule.' Arranged by Nicholas G(?) Palatinus phisicus Venetus.

95a. ORIBASIUS OR PSEUDO-ORIBASIUS

See early texts.

96. PETRUS AMALFITANUS

c. 1474, Petrus Amalfitanus was Dr. of arts and Medicine at Naples. Aside from his commentary and Questiones on the *Aphorisms*, he has not been identified further.

Manuscript:

Naples: BN 46, 15c, ff. 1–31^r. Comm. Aphorismorum (f. 1) (Kristeller I 433–434). 'Incipit expositio libri afforismorum Ypocratis quam edidit dominus Petrus Amalfi-

tanus artium medicineque doctor. (*Inc.*) Vita brevis. Christi nomine invocato incipit abreviatura super 7 particulas aphorismorum ante quarum enucleationem preponuntur tria. Primum in qua dicitur. Incipit liber amphorismorum quem Ypocras Chous natione grecus composuit. Dicitur liber amphorismorum tribus aphorismos quod iddem est quam abrevioris hoc est liber brevius sermonum et longarum sententiarum . . .' At the close of section or Part. III is: 'Dominus Petrus de Amalfo . . . complevit legire tertiam particulam afforismorum Ypocratis die XXII mensis iunii sub anno domini MCCCCLXXIV que particula fuit ultima in ordine sue lectionis quia in principio eam dimisit et in postremo eam resumpsit nihil dimitendo de septem particulis afforismorum.' Part. IV–VII then follow. At the close of Part. VII is: 'Ego Silanus de Medicis de Benevento scripsi hanc expositionem supra libro afforismorum Ypocratis ex ingenio bone domini Petri de Amalfo doctore prestantissimo in Neapoli(tano) studio . . .' sub anno M° CCCC° septuagesimo 4to in die none 7a ad laudem dei Amen. Deo gratias. Amen.' Followed by

'Incipiunt questiones super prima particula afforismorum declarate et scripte per dominum Petrum Amalfitanum. Utrum vita hominis sit brevis. Pro ista decisione nota primo quod vita sine vivacia(?) pro actu primo i. anima . . .'

97. PETRUS HISPANUS

† 1277, as Pope John XXI. Also commented on the *Liber Acutorum morborum*, *q.v.* The commentary on the *Aphorisms* appears to be extant in one or possibly two examples.

Manuscripts:

Erfurt: Ea 0.62, early 14c, 136 ff. Comm. Petri Hispani super libris amphorismorum Ypocratis. *Inc.* 'Vita brevis . . . fallax etc. De afforismis paucula hic notantur. Cum medicinalis artis summa reducitur. Titulus talis est: inc. lib. aphor. Ypo. Ypocras autem artis sustentator . . . / . . . significant et ideo sanum fetum.' (TK 317).

The commentary with *inc.* 'Cum omne animatum . . .' in Paris BN 6956, 14c, ff. 74ra–105vb, which bears Petrus Hispanus' name, written in a later hand than the comm. itself, is identified as the comm. on the Aphorisms attributed to Maurus of Salerno (TK 323). See Commentary of Maurus of Salerno, above.

Possibly another example was found in the binding of an incunabulum (Hain 1469) in late-thirteenth-century Italian minuscule 'Scripta magistri Petri Hispani sopra Iohannitius,' which is followed by his Comm. on Part. III of the *Aphorisms* of Hippocrates: 'vero tempus frigidum . . . sic patet quod res temperatur fit in vere quantum ad qualitatum.' P. Lehmann, 'Petrus Hispanus in Iohannitium supra Aphorism Hippocratis,' *Beiheft zum Zentralblatt* 72 (1940) 115, CXXIII.

Several of Petrus Hispanus' Commentaries or Questions are noted by Beaujouan (1972) 195, as in Spanish libraries, but not on the *Aphorisms*.

98. RICHARDUS ANGLICUS (RICHARD OF WENDOVER?)

† 1252. Richard, the Englishman, has been identified with Richard of Wendover, who studied medicine. Several of his medical works are in Spanish libraries, but not his tract on the *Aphorisms*. See Beaujouan (1972) 197.

Manuscript:

Würzburg: Univ. M.p. med. Q. 1, 13c, ff. 67^r–108^r (TK 288). 'Questiones in Aphorismos Hippocratis.' *Inc.* 'Cum corpus humanum de variabili . . .'

99. THADEUS FLORENTINUS (TADDEO ALDEROTTI)

Taddeo Alderotti (1223–1295) also commented on the *Liber acutorum morborum. q.v.* The commentary on the *Aphorisms* is found in several manuscripts of the thirteenth to the fifteenth centuries. It goes only to Part. VI, and usually appears with the distinctive preface: 'Inquit Ptolomeus. Qui scientiam vivificavit (suscitavit) non est mor-

tuus. Et ad hoc concordat quod dicit (ait) Galenus 7º de Ingenio sanitatis. Cap. 1. Vita brevis ars vero longa. Iste liber dividitur in prohemium (prefatum) et tractatum . . .'

Manuscripts:

XIII Cent.

Cambridge: SJ D.24, f. 103, anon. Comm. *Inc.* 'Iste liber dividitur in proemium et tractatum . . .'

Erfurt: Ea 0.63, ff. 1–116^v (TK 750). 'Item commentum Thadei super libris amphorismorum Ypocratis. (*Inc.*) Inquit Ptolomeus qui scientiam vivificavit . . . / . . . quod menstrua constringuntur. Expl. comm. Th. super Aff. Ypo. et comm. Gal.'

*Graz: Univ. 410, 13c, ff. 113ra–144^v, incomplete. 'Expositio in Aphorismos Hippocratis.' Proh. 'Inquid Tholomeus qui scientiam vivificavit non est mortuus . . .' Comm. 'Vita brevis. Iste liber dividitur in prohemium et tractatum . . .'

*London: BMar 133, ff. 40^r–50^r. Text is in Irish. Latin *inc.* 'Qui suscitavit scientiam non est mortuus . . .' (TK 1211).

Munich: CLM 13014, a. 1282, ff. 1–82ra (incomplete; TK 750).

Paris: BN 7030 B, 13–14c, f. B, has in the table of contents a listing of 'Comm. in Opus acutorum Hippocratis autore Thadeo Florentino medico; item glossule Aphorismorum seu liber Artis Aphorismorum Hippocratis eiusdem Tadei.' However, although there are two commentaries on the *Aphorisms* in the manuscript: (f. 5^v, *inc.*) 'In huius libro principio ad promotionem subtilitatis ipsius intelligentiam vii commode lectoribus digna quesitu videntur . . .' and (f. 61) 'Incipit liber artis (afforismorum) Hoc opus ex variis et diversis voluminibus Ypocratis est compilatum . . .', neither of these corresponds to the Comm. on the *Aphorisms* usually appearing under Taddeo's name.

XIV Cent.

Bologna: Collegio di Spagna 103 (Kristeller I 27). 'Thadeus Florentinus super Aphorismos Ipocratis.'

Cambrai 895 (798), 14c, ff. 1–239 (TK 750). Comm. Pref. 'Inquid Tholomeus qui scientiam vivificavit . . . / . . . (on the first six Part. of the *Aphorisms*) Hic quidem finitur expositio sex particule Afforismorum Ypocratis et commenti Gallieni super eisdem. In hiis autem sex particulis explanandis diversa fuerunt tempora, nam cum essem in IXᵒ anno mei regiminis; incepi glosare Afforismos a principio, et in spacio sex mensium glosari primam, secundam tertiam, quartam et quintam usque ad illum: *Mulieri menstrua* . . . Tunc autem supersedi, convertens me ad glosas quas super Tegni faceram completiones edendas, quas perfeci usque ad illud capitulum . . . Ibidem vero destiti, impeditus a guerra civitatis Bononie et lucrativa operatione distractus . . . Hec autem verba ideo scripsi ut si alicubi minus completa reperiatur, non inscribatur ignorancie, sed pocius novitati et pigritie scriptoris. Et est perfectum hoc opus currentibus annis Domini MCCLXXXXIII, decima die Septembris. Deo gratias. Amen.'

Erfurt: Ea Q 178, ff. 57–84. Comm. pref. 'Inquit Ptolomeus. Qui scientiam vivificavit non est mortuus . . .'

Oxford: BL 720 (2634), 14c, ff. 159ʳᵃ–239ᵛᵇ, incomplete. Anon. Pref. *Inc.* 'Inquit Ptolomeus. Qui scientiam vivificavit non est mortuus. Et ad hoc concordat quod dicit G. 7ᵒ de ingenio capitulo primo . . . Comm. 'Vita brevis . . . Iste liber dividitur . . .'

Vatican: VA 4465, 14–15c, ff. 1ʳᵃ– Thadeus super Aphor. Comm. Pref. *Inc.* 'Inquit Tholomeus qui scientiam vivificavit non est mortuus. Ad hoc concludat quod dicit Galienus septimo de ingenio sanitatis . . .' Comm. 'Vita brevis ars vero longa. Iste

liber dividitur in prefatum et tractatum . . . / . . .' ends incomplete in Part. VI.

Printed Edition:

Venice 1527, ff. 1ʳ–194ᵛᵇ. Thaddei Expositiones Hippocratis Aphorismorum. (f. 1ʳ) Opens with Constantinus Africanus pref. 'Licet petitionibus tuis continuis . . .' Thaddei expositoris praefatio. 'Inquid Ptolomeus qui suscitavit scientiam non est mortuus. Et ad hoc concordat quod ait Galenus 7ᵒ de ingenio sanitatis cap. 1 . . . Et translationem Constantini prosequar non quia melior sed quia communior nam ipsa pessima est et defectiva et superflua quandoque nam ille insanus monacus in transferendo peccavit quantitate et qualitate tamen translatio Burgondionis Pisani melior est et ideo cum sententiam ponam imitabo eum et corrigam in positione sentencie totum quod in alia erroneum invenitur et hoc invitus faciam sed propter communitatem translationis Constantini hoc faciam nam potius voluissem sequi pisanum . . . Aphorismus. 1. Vita brevis. Ars vero longa . . . Comm. Galeni: Plurimi interpretes huius libri in hoc maxime . . . Expositio Thaddei . . . 'Iste liber dividitur in prohemium et tractatum durat . . .' Ends with Part. 6. (f. 194ᵛᵇ) 'Super 7ª vero particula nihil immediate scribere intendo. Sed si quis de meis auditoribus notare voluerit eas corrigam et ineptias redigi faciam. Hec autem verba scripsi ut si alicubi minus completa expositio reperiatur non ascribatur ignorantie. Sed potius novitati et pigritie scriptoris. Et est perfectum hoc opus currentibus annis MCCLXXXIII decima die Septembris.'

IV. DE AQUIS

Although a tract on this subject, *De aquis unum*, is mentioned, in an anonymous *Vita*,[1] among the seventy-two books that Hippocrates is credited with having written, the only trace of such a work in the Latin manuscripts is to be found in the dubious excerpts noted below.

---

[1] 'Yppocratis genus, vita, dogma,' Brussels 1342–50, 11–12c, ff. 52ᵛᵇ–53ᵛᵃ (Beccaria 5.5); ed. H. Schöne, 'Bruchstücke einer neuen Hippocrates *Vita*,' *Rheinisches Museum* N.S. 58 (1903) 56–66 esp. 59.

Manuscripts:

London: BMsl 282, 14–15c, f. 159ᵛ-160ᵛ. 'Sint autem quedam virtutes tam humoribus quam liquoribus et rebus aliis inherentes . . ./ . . . sue medicine secundum Ypocratem, Con-

stantinum et Avicennum. Explicit de aquis.' **Vatican: VAp 1264**, 15c, f. 179ᵛ. 'Hipp. de aquis mineralibus. Ad visum clarificandem.' *Inc.* 'Ego Hippocrates qui feci et compilavi aquam istam . . .'

V. DE ARTE MEDICINE

The brief tracts variously entitled *De arte medicine, Admonitio, Demonstratio, De disciplina, De doctrina, Historia, Initia*, or *De instructione artis medicine*, together with the *Invectiva* which follows in printed editions, coincide with the first two or three paragraphs of the Hippocratic *De arte* edited by Littré under the title *Demonstratio*.[1] The author in this work defined the art of medicine 'as the relief of suffering caused by disease,' and then went on to suggest refusal to treat those afflicted with incurable disorders, since medicine would prove powerless in such cases. His purpose, he asserted, was to provide guidance for those about to embark upon a medical career, and also to demonstrate that there is an art of medicine in opposition to those detractors who denied this and contended that healing was due not to medical skill or art, but to chance or fortune.[2]

Diels (1905) 20–21 noted no Latin manuscripts of this text. Littré (VI 2–26) under the title *Demonstratio* listed no manuscripts or editions of the Latin text before the sixteenth century. However, as indicated below, fragments of the work were available in Latin in manuscripts of the ninth to the fourteenth century and were printed in incunabula editions in the fifteenth-century translation from the Greek by Andreas Brentius of Padua. The extant manuscript texts differ greatly from one another and from the printed versions. In the following listing the manuscripts are arranged chronologically by centuries under the individual incipits, in alphabetical order, of the various recensions.

A. TRANSLATIONS

Manuscripts:

1. *Inc.*: 'Incipiamus (Incipiam) admonitionibus . . .'

IX Century

Paris: BN 11219, ff. 12ᵛ–14ʳᵇ. 'De arte medicine.' (f. 12ᵛᵃ) 'Incipit epistola primitus

---

[1] Littré VI 1 ff.

[2] *Ibid.* 2; *Hippocrates* (with an English translation by W. H. S. Jones; Loeb Classical Library) II 186 f., and see Th. Gomperz, *Die Apologie der Heilkunst* (Leipzig 1910) 36–59, 94, who assigns the work to Protagoras.

legenda de disciplina artis medicinae. Incipiamus admonitiones Ypocratis exponere.
Qui huius artis peritiam voluerit admini-
strare talem eum oportet esse ut sic abun-
dantis . . . Ita ut per diversa volumina . . .'
(f. 13) '. . . ut secundum hanc correptionem
doctrinae perveniat ad artis peritiam.' (f. 13ᵛ)
'De his qui inchoant. De his qui inchoant
imbuere artem medicinae. Nos tamen principium sumpsimus . . . De sacramento dando
vel qualiter legat . . .' There is no clear *desinit*; f. 14 is mutilated. (TK 723, 1207; Beccaria 35.4,5; Wickersheimer LXXVII.4,5).
See L. C. Mackinney, 'Medical Ethics and
Etiquette in the Early Middle Ages,' *BHM*
26 (1952) 17, 20.

   *St. Gall: Stift, 762, ff. 263–266. 'Incipit
epistula artis medicinae. Disciplinae artis
medicinae incipiamus admonitiones . . . / . . .
infra triduum morietur.' (Beccaria 137.7;
and cf. TK 435).

   Vatican: VA Reg. Suev. 598, ff. 27ʳ–28ʳ.
'Item eiusdem (Hypocratis) De instructione
(arte) medicorum. Disciplinam artis medicinae incipiam ammonitionibus exponere . . .
/ . . . et qualis praeterita nox fuerit inter-
rogare.' (Beccaria 104.2; TK 435).

   — **VA Reg. Suev. 1143**, ff. 92ᵛ–94ᵛ.
'Item epistola Ippocratis de instructione
arte medicorum. De discipina artis medicinae. Incipiam admonicionibus . . . / . . . et
qualis praeterita nox fuerit ut interrogati-
oni.' (Beccaria 106.4).

2. *Inc.*: 'Interea moneo te . . .'
IX Century
   *Brussels 3701–15, f. 7ʳ. 'Epistula Yppocratis. Interea moneo te, medice, sicut et
ego monitus sum a magistro meo . . . / . . .
salus a deo veniat qui solus est medicus.'
(TK 770; Beccaria 6.13).

   Paris: BN 11219, f. 12ʳᵃ. 'Incipit liber
epistularum. Interea moneo te, medice, sicut
et ego monitus sum a magistro meo. Lege
semper, desidiosus noli esse. Susceptos infirmos. Require de eorum cura cogita . . . /
. . . salus a deo veniat, qui solus est medicus
feliciter. Amen.' (TK 770; Beccaria 35.2;
Wickersheimer LXXVII.2; *Osiris* 10 [1952]
204; *BHM* 26 [1952] 23 n. 36).

X Century
   **Glasgow: Hunterian Museum cod. V.
3.2**, f. 27ᵛ. 'Ammonitio Theodori medici.
Interea moneo te, medice, sicut et ego monitus a meis magistris . . . / . . . salus a
deo veniat, qui solus est medicus.' (Beccaria
73.15).

   London: BMad 8928, f. 14ʳ. 'Interea
moneo te, medice, sicut et ego monitus sum
a meis magistris . . . / . . . qui solus est medicus.' (Beccaria 84.15).

XV Century
   Vatican: VAp 1098, f. 64ᵛ. 'Epistola Ypo.
Interea moneo te medice sicut ego monitus . . . / . . . solus est medicus bene dictus
feliciter. Amen.'

3. *Inc.*: 'Medicinam quidem adinvenit Apollo . . .'

IX Century
   Paris: BN 11219, f. 20ʳᵃ⁻ᵛᵃ. Anon. Introd.
or Isagoge to Soranus, Questiones medicinalis. 'Incipit epistola Yᴿagogus. Medicinam
quidem adinvenit Apollo amplificavit Esculapius, perfecit Yppocrates quem nihilominus
et iudicem omnium rationum . . . / . . . (*des.*)
namque duplex est partim de eo qui sumit
artem partim qui iam sumpsit.' (TK 860;
Beccaria 35.10; Wickersheimer LXXVII.5;
ed. V. Rose, *Anecd. gr. Lat.* II 243–274).

X Century
   *Chartres 62, ff. 1ʳ–16; ascribed to Soranus. 'In artem medendi Isagoge' *Inc.* 'Medicinam quidem invenit Apollo amplificavit
Aesculapius perfecit Hypocrates . . . / . . .
paulatim vero ad unamquamque rem venire
utilissimum est. Explicit perisfigmon Ysa-
gogus.' (TK 860; Beccaria 10.1; Wickersheimer X.1).

4. *Inc.*: 'Medicine (autem) artis auctor . . .'
XI Century
   Paris: BN 7028, ff. 1ʳ–4ʳ (Initia medicinae) 'Tract ad medicinae historiam perti-
nens' (cf. Isidore of Seville, *Etymologiae*
I.IV, c.1: Medicinae initia). *Inc.* 'Medicine
artis auctor et inventor apud Grecos fuisse
perhibetur Apollo . . . / . . . qualis debet esse
medicus . . . quorum libri manifesti sunt.'
(TK 860; Beccaria 29.1; Wickersheimer
LXVI.1; ed. Vitelli, 'Studior. Celsian.' I,

Studi Italiani di filologia classica 8 [1900] 451–455).

XII Century
Vienna: VI 2532, ff. 2ᵛ–55ʳ. *Inc.* 'Medicine autem artis auctor et repertor apud Grecos fuisse . . .' (TK 860).

5. *Inc.*: '(Oportet) Antequam Ypocratis . . .'
IX Century
St. Gall: Stift, 751, ff. 355–356 (Initia medicinae) *Inc.* 'Oportet antequam Ypocratis praecepit iuramento . . . / . . . tertius dieticus, quartus pronosticus . . .' (TK 1009; Beccaria 133.21; ed. in part Hirschfeld, *Deontologische Texte des frühen Mittelalters* 364–369).

XI–XII Century
Brussels 1342–50, ff. 1ᵛᵇ–3ʳᵇ. 'De incipiente sectam medicinae.' *Inc.* 'Antequam Ypocratis de Chous percipiat iuramentum . . . / . . . de stomaticis unum, de epaticis unum.' (TK 108; Beccaria 5.1). There follows at ff. 52ᵛᵇ–53ᵛᵃ, 'Yppocratis genus, vita dogma. Yppocrates fuit genere Cous a Eraclide filius . . . / . . . de stomachis unum, de epaticis unum.' (Beccaria 5.5; ed. H. Schöne, 'Bruckstücke einer neuen Hippocrates vita,' *Rheinisches Museum* N.s. 58 [1903] 56–66).

Possibly also relating to the preceding texts are the two following MSS: **London BMad 8928**, 10c, ff. 17ʳ–18v. 'Epistola Yppocratis ad instruendum vel docendum discipulos. Factum est hoc strumentum in conventum multorum sapientum disputantium doctrina medicine artis . . . Primitus omnium convenit discipulum legendo sive scrutando scire vel cognoscere genus herbarum et virtutes earum . . . Medicus agnoscere et intelligere debet in hoc libello vel in aliis quod dictum est . . . Epiploce grece dicitur commixtio fluxuum cum parte strictum.' (TK 549; Beccaria 84.18).

Florence: FL Plut. LXXIII. Cod. 23, 13c, ff. 85–(91). Hippocrates, 'Regimen medicorum,' or 'Introductio ad practicam medicine.' *Inc.* 'Consideranti mihi votum bonum votum castum suborta est de affectu nostro laetitia et graduum de commodo pro futura . . .' (Bandini III 63; TK 254; *BHM* 18 [1945] 405–406, n. 219).

Printed Editions:
XV Century
In the translation from the Greek by Andreas Brentius, together with Hippocrates, *De natura hominis* (Rome 1486 and 1490). (Klebs 519. 1–3; Schullian 242, ff. 19ʳ–20ᵛ). 'Quod artes sunt demonstratio Hippocratis.' *Inc.* 'Mihi certe videtur nulla omnino ars esse qui non sit. Et in absurdum esset . . .'

The *Invectiva* follows, in the above edition at f. 20ʳ⁻ᵛ. 'Invectiva in obstrectatores medicinae.' *Inc.* 'Sunt nonnulli qui artem putarunt artes vitio dare ut opinantur ne id quidem quod dico efficientes . . .' (Cf. Littré VI 3: *De arte* I, s. *Demonstratio*; also Jones [Loeb ed.] II 191–193).

VI. DE ARTICULIS

Neither Diels (1905) 11 nor Littré (IV 78–326) indicated any Latin manuscripts of the above tract, which deals with dislocations, and is generally associated with the tract on Fractures and on Wounds of the Head. The *De articulis* is generally accepted as genuine and was listed among Hippocrates' works in the *Vita* found in a manuscript of the eleventh or twelfth century (Brussels 1342–50, ff. 52ᵛᵇ–53ᵛᵃ; ed. H. Schöne, *Rheinisches Museum* N.s. 58 [1903] 58, listed as 'De articulis unus'). However, the texts or fragments of such a work found in manuscripts before 1500 are assigned to Vindicianus (see below). In the sixteenth-century manuscripts which are outside the scope of this present work, Galen commented on Hippocrates, *De articulis* (Paris:

BN 6866, ff. 82ᵛ–198) and Vidus Vidius of Florence who translated the *De vulneribus capitis* (Paris: BN 6861, f. 3ʳ) added: 'Composuit Hippocrates librum unum de articulis, alterum de fracturis ubi latere indicavit quaecunque ad ossa tum fracta cum prolapsa pertinerent . . . .'

A. TRANSLATIONS

Manuscripts:

XI Century

Paris: BN 7028, ff. 4ʳ–13ʳ. 'De articulis commissuris ossibus venis compaginibus omnium membrorum vel interaneorum . . .' *Inc.* 'Constat homo ex rebus quattuordecim

. . . / . . . in qua veneria perficitur.' (Vindicianus, Epitome altera: TK 257; Beccaria 29.2; Wickersheimer LXVI.2; ed. as Vindiciani by V. Rose (1894) 467–483; C. Vitelli, 'Studiorum Celsian. Part. I,' *Studi Italiani* 8 [1900] 455–456).

VII. ASTROLOGIA MEDICORUM (ASTRONOMIA; DE PROGNOSTICATIONIBUS EGRITUDINUM SECUNDUM MOTUM LUNE, etc.)

The *Astrologia medicorum* or *Astrologia Ypocratis* is an interesting tract on astrological medicine which in completed form deals with the incidence and course of diseases and their treatment, as well as the imminence of death, according to the phases of the moon in the twelve signs of the zodiac. Under Hippocrates' name the treatise was widely known throughout the Middle Ages and even into the early modern era, although there is no evidence available to indicate that such a work was ever ascribed in antiquity to Hippocrates of Cos.[1] The famed physician had, however, expressed his belief in the influence of meteorological changes and also of the position of the stars on disease and health in the work *De Aeribus, Aquis et Locis*, which is generally accepted as authentic. There he had asserted that, 'knowing the changes of the seasons, and the risings and settings of the stars, with the circumstances of each of these phenomena,' will lead to a foreknowledge of 'the nature of the year that is coming,' and to the fact 'that the contribution of astronomy to medicine is not a very small one but a very great one indeed.'[2] It is possible that the work was derived from an early Greek or Byzantine source, similar to that

---

[1] For previous discussions of this work see esp. Thorndike, I 178–179; also his 'The Three Latin Translations of the Pseudo-Hippocratic Tract on Astrological Medicine,' *Janus* 49 (1960) 104–129; and my essay '*Astronomia* or *Astrologia Ypocratis*' in *Science and History*: *Essays in Honor of Edward Rosen* (Studia Copernicana XVI; Kraków 1977) as well as Kibre (1945) at 399 f.

[2] Kibre (1945) 400 n. 183, where is cited W. H. S. Jones, *Hippocrates* (with an English Translation; Loeb Classical Library 1923) I 73.

on which was based the so-called 'Prognostications of disease by astrology,' the tract on lunar prognostications in medicine, attributed to Galen and frequently found with his collected works.[3] The source of the Galenic tract which is similar to but not identical with that appearing under Hippocrates' name has been shown by Dr. Richard Durling to be the work of a Byzantine scholar, Imbrasius of Ephesus, of the sixth century of our era.[4] Hence a similar source may account for the several fragments or abbreviated versions as well as for the more complete tract relating to lunar prognostications in medicine, extant in manuscripts dating from the eleventh century and thereafter.[5]

In the thirteenth and later centuries the work won attention from several scholars in university circles. The learned Franciscan Roger Bacon († c. 1292), member of the Universities of Oxford and Paris, specifically commended the content of the tract to physicians, without naming its author, and Peter of Abano († c. 1315), author, professor, and physician at the Universities of Paris and Padua, is credited with a translation of the work from Greek into Latin.[6] Earlier in the thirteenth century, the eminent Dominican translator of Aristotle and other Greek scientists, William of Moerbeke, Archbishop of Corinth in 1277, also appears as translator of the tract from the Greek. Moreover, the treatise was quoted extensively by the ill-fated Cecco d'Ascoli († 1327) of the University of Bologna, in his commentary on the popular school text, the *Sphere* of Sacrobosco.[7] However, although scholars referred to the *Astrologia Ypocratis* on frequent occasions, they do not appear to have left any well-defined commentaries on it. In this regard, an exception perhaps, is the presumed commentary by Marsilius of Sancto Sophia († 1405), professor of medicine at Bologna and Pavia, and member of the famous Sancto Sophia family of physicians. The fortuna of this tract is indeed an intriguing one.

---

[3] Thorndike I 178–179; citing the edition by C. G. Kühn, *Opera omnia* (Leipzig 1825–27) XIX 529–30.

[4] R. J. Durling (*A Catalogue of Sixteenth-Century Printed Books in the National Library of Medicine* [Bethesda, Md. 1967] nos. 2027 and 2527, regarding the '*De diebus decretoriis* [Quem Petro Aponensi attribuunt] per Lucas Gauricum castigatus') notes that 'The latter treatise appears to be a version of the *Prognostica de decubitu*, translated by Peter of Abano and attributed in a Bodleian manuscript to Imbrasius of Ephesus.' On the other hand the work is said to have been compiled in Egypt probably during the Ptolemaic period. See further S. Weinstock, 'The Author of Ps.–Galen's Prognostica de Decubitu,' *Classical Quarterly* 40 (1948) 41–43, where additional bibliography is provided on the subject.

[5] See below.

[6] See my '*Astronomia* or *Astrologia Ypocratis*'; also Thorndike, 'The Three Latin Translations,' 104–129; and for Peter of Abano, Thorndike II 893–894.

[7] L. Thorndike, *The Sphere of Sacrobosco and Its Commentators* (Chicago 1949) 343–411: 'The Commentary by Cecco d'Ascoli,' esp. 344, 345, and 360.

But since this has been traced in considerable detail elsewhere,[8] there appears no need to do so here.

In the following listing the numerous manuscripts and printed editions before 1501 containing the Hippocratic or Ps.-Hippocratic tract on astrological medicine are grouped in four major divisions. First, those translated probably from the Arabic by an anonymous translator. The Arabic origin is suggested by the association of this tract in the manuscripts with other works of known Arabic authors and also by the ascription, in some instances, of the introduction to Haly (Ali ibn al-'Abbas, of the tenth century).[9] In the second grouping are Latin recensions from the Greek by William of Moerbeke; in the third, the texts of the translation from the Greek by Peter of Abano. A fourth division comprises the variant texts, also fragments or excerpts and vernacular (English) translations.

Finally attention will be drawn to the few examples of what appear to be commentaries on the work.

A. Translations

1. Anonymous Arabic (?)–Latin Translation

Anonymous translation, probably from the Arabic, with an introduction by Haly Abbas or Ali ibn al-'Abbas of the tenth century. Millás Vallicrosa calls this tract the 'arábigo-latina del libro Galeni prognostica de cubitu ex mathematica scientia' (J. M. Millás Vallicrosa, *Las Traducciones orientales en los manuscritos de la Biblioteca Catedral de Toledo* [Madrid 1942] 125, 160).

This version is differentiated from others chiefly by the opening words of the several examples of the tract which also vary slightly among themselves. The translation bears a close resemblance to that of William of Moerbeke, below. For earlier notices of this translation, in addition to Millás Vallicrosa, see Thorndike (1960) 111–116; Kibre (1949) 399; Thorndike II 924–925; TK 453–454; and Diels 50.

Manuscripts:

XIII–XIV Century

*Brussels 4863 (4862–69), ff. 42r–46r. 'De iudiciis infirmorum. Quidam sapientissimus philosophus ait: Quis medicus est qui astronomian nesciat . . .' (TK 1246).

London: BM Cotton Appendix VI, c. 1300, ff. 5ra–8rb. 'Incipit Ypocras de astronomia. Dixit Ypocras qui fuit medicus et magister optimus. Cuiusmodi medicus est qui astronomiam ignorat. Nullus homo debet committere se in manus illius quia non est medicus perfectus. Cognovi quod opus erat sciendi astronomiam. Aspexi libros Ypocratis et inveni librum hunc parvum sed optimum. Dicit Ypocras quod medicus primo aspiciet lunam quando est plenam luminis . . . Quando infirmus cadit in leto opus est ei videre si luna exeat . . .' Then through the twelve signs Aries through Pisces. (*des.*) '. . . cum luna fuerit in piscibus et mars cum

---

[8] In my '*Astronomia* or *Astrologia Ypocratis.*'
[9] For example, Munich: CLM 182, 15c, ff. 331ra–333ra, 'Astron. Ypocratis. Haly in librum Ypocratis, De esse egrorum. Dixit Ypocras . . . .'

ea erit infirmitas ex calore. Opus est ei ut minuat sanguinem et si fortunam aspexerit eam vivet si non morietur. Explicit de Ypocrate.' (Thorndike [1960] 112).

— **BMsl 3282**, ff. 89ᵛ–90rb. 'Dixit Ypocras qui fuit medicus et magister optimus cuiusmodi medicus est qui enim astronomiam nescit . . . / . . . minuas sanguinem et si fortuna eam aspexerit vivet si non autem morietur. Explicit.' (Thorndike [1960] 112).

Madrid: BN 10063, ff. 23ᵛᵃ–24ᵛᵃ. 'Liber iudiciorum Ypocratis gloriosissimi qui dictur liber lune. Dixit Ypocrates cuiusmodi medicus est qui astronomiam ignorat. Nemo debet se ponere in manibus illius . . . (f. 24ᵛᵃ) . . . si fortuna aspexerit eam vivet sin autem morietur. Explicit gloriosissimus liber lune.' (Millás Vallicrosa [1942] 160).

Paris: BN 7413, 11, ff. 24ʳᵃ–28ʳᵇ, *inc.* and *des.* as in the preceding (Thorndike [1960] 112).

— **BNna 693**, ff. 107ᵛᵇ–109ᵛᵃ. 'Dixit Ypocras qui fuit medicus et optimus magister. Perfectus medicus non est qui astronomiam ignorat. Nullus debet committere se in manus illius . . . / . . . cum luna in piscibus cum marte cum ea . . . infirmitas est ex calore. Opus est ei ut minuat et si fortuna eam aspexerit vivet si non morietur.' Although this manuscript is designated as 13c on the cover: 'Tractatus varii astrologici Lat. 693. Codex membranaceus sec. XIII,' it is more likely of the 14c, since the astronomical tables included are all of the 14c; and at the close of the codex some fragments contain the dates 1322 and 1323. The codex is indicated as from the Library of the Earl of Ashburnham, 'Appendix no. CXX, May 1897.'

Vatican: VAp 1094, ff. 407ʳᵃ–409ʳᵃ. *Inc.* 'Dicit Ypocras qui fuit medicus et magister optimus cuiusmodi medicus est qui astronomiam ignorat . . . / . . . et si fortuna eam aspexerit vivet si non morietur.'

XIV Century

Cambridge: CUc 37, ff. 61ʳ–65ʳ. 'Tractatus Ypocratis pro infirmitatibus per astronomiam cognoscendis. Dicit Ypocras qui fuit medicus et magister optimus . . .(through the twelve signs, ending in Pisces) . . . / . . . (*des.*) et si fortuna eam aspexerit vivet si non morietur.'

Erfurt: Ea F 267, ff. 189ʳ–190ᵛ (Thorndike [1960] 112).

— **Q 215**, ff. 85ᵛ–88ᵛ (Thorndike [1960] 112).

*Florence: FLa 139 (208–140), ff. 197ᵃ–221ᵃ. 'Dixit (Dicit) Ypocras qui (cum) fuit medicus et magister optimus . . . / . . . si non (autem) morietur.'

London: BMr 12.C.XVIII, ff. 33ᵛᵇ–36ʳᵃ. 'Dixit Ypocras qui fuit medicus et magister optimus cuiusmodi medicus est qui astronomiam ignorat . . . / . . . et opus est ei ut minuat sanguinem et si fortuna aspexerit eam vivet sin autem morietur. Explicit de Ypocrate.' In the lower margin of the MS is the statement: 'Explicit tractatus Ypocratis de egritudinibus cognoscendis per astronomiam.'

— **BMsl 3281**, ff. 62ʳᵃ–64ʳᵃ. *Inc.* and *des.* as in the preceding (Thorndike [1960] 112).

— **BMsl 3284**, ff. 81–85ᵛ, as above.

*Madrid: BN 3370, ff. 194–197ᵛ. 'Astrologia medica. Dixit Ypocrates . . .' (Beaujouan [1972] 187).

— **BN 17961**, ff. 19–23ᵛ. *Inc.* and *des.*, as in the preceding. (Beaujouan [1972] 187).

Milan: Ambros. A. 183 inf., ff. 71ʳᵇ–73ᵛᵇ as above. 'Dicit Ypocras qui fuit medicus . . . / . . .' (Thorndike [1960] 112).

Munich: CLM 267, 2º, ff. 82ᵛ–90ʳᵃ. Beginning missing but it is identifiable by the following paragraph and the desinit: ' . . . erit infirmitas qui exiens a balneo . . . et opus est ei medicina pectoris . . . Si vero non fuerit cum luna vel non aspexerit aliqua fortuna . . . Si autem luna sit in cancro et aspexerit . . . / . . . quando luna fuerit in piscibus addens sue lumine et gradibus . . . et si fortuna eam aspexerit vivet si non morietur. (In the margin) Explicit liber de iudiciis egrit. secundum lunam.' (Diels 130).

— **CLM 28229**, ff. 84ᵛ–88ʳᵃ. 'Astrologia medica,' usual *inc.* and *des.* (Thorndike [1960] 112).

Oxford: BLas 345, ff. 6ʳ–12ᵛ. Usual *inc.* and *des.*

— **BLd 28**, ff. 81^v–85^v, as above (Thorndike II 925; Thorndike [1960] 112).

Paris: BN 6891, ff. 90ra–91va. *Inc.* 'Sicut dicit Ypocras qui fuit medicus et magister optimus . . .' (Thorndike [1944] 219; Thorndike [1960] 112; TK 1484).

— **BN 7348**, ff. 8rb–9vb. *Inc.* 'Dicit Ypocras quod medicus primo aspiciat lunam quando est plenam . . .' (TK 419; Thorndike [1960] 112).

Seville: BCol. 5–5–14, ff. 48ra–50vb. Without heading. *Inc.* 'Sicut dicit Ypocras medicorum optimus cuiusmodi medicus est qui astronomiam ignorat. Nullus homo debet committere se in manus illius quia non est medicus perfectus et quasi cecus . . . / . . . (*des.*) Cum luna est in piscibus et mars cum ea erit infirmitas ex minimo calore et opus est ei ut minuat sanguinem et si fortuna aspexerit eam vivet si non morietur. Explicit libellus Ypocratis.'

Vatican: VAp 1367, ff. 159va–160ra. 'Incipit tractatus medicinalis astronomie. Dixit Ypocras: Cuiusmodi fuit medicus optimus et magister et qui astronomiam ignorat nullus homo debet se commitere in manibus eius quia non est perfectus medicus. Cognovi quia opus erat sciendi astronomiam et aspexi libros Ypocratis adinveni hunc parvum librum sed optimum. Dixit Ypo. quod medicus primo aspiciat lunam quando est plenam luminis . . . / . . . (Ends apparently incomplete) in loco solis evadet infirmus sed habebit prius magnum periculum.' (Thorndike [1960] 111). At ff. 176va–179ra in the manuscript, there is another example of the above work: 'Tractatus medicinalis propter transitum lune. Dixit Yprocras qui fuit medicus expertus et magister quod qui astronomiam ignorat nullus homo debet se committere in manibus eius quia non est perfectus medicus. Cognovi quia opus erat sciendi astronomiam et aspexi libros Ypocratis adinveni hunc parvum librum sed optimum. Dixit Ypocras ,quod medicus primo aspiciat lunam quando est plenam . . . / . . . (*des.*) opus est ei ut minuat sanguinem et si fortuna eam aspexerit vivet si non autem morietur.' Works of Arabic authors and

the heading: 'Opinio experte Zaelis et aliorum tractatus Haly' follow.

— **VAp 1401**, ff. 95^r–(98). 'Dixit Hypocras . . .' as above.

XV Century

*Basel Univ. Library F. II. 10, ff. 169^v–172vb. 'Sicut dicit Ypocras. Qualis medicus est ille qui astronomiam nescit . . .' (TK 1484; Thorndike [1960] 112, 113).

*Bethesda: National Medical Library, ff. 271^v–277^r. 'Dicit Ypocras . . . / . . . si fortuna aspexerit eam vivet, si autem non morietur. Explicit opusculum Ipocratis nobilissimi viri d.g.a.'

Cambridge: CUt O.II.40, ff. 122^r–126^r. 'Sicut Hippocras medicorum optimus cuiusmodi medicus ait qui astronomiam ignorat. nullus homo debet . . . / . . . si fortuna aspexerit eam vivet si non morietur. Explicit expositio signorum. (TK 1492; Thorndike [1944] 219).

Catania 85, ff. 258^v–261^v. *Inc.* Cap. 1. 'Cum infirmitas cuiusquam accidit . . .' (TK 309; Thorndike [1944] 219).

Cues: Hospital 212, a. 1419, ff. 235^v–237^v (Thorndike [1960] 112).

Dijon 449, ff. 53–54^v (Thorndike [1960] 112).

— **1045 (115)**, ff. 180^v–186^v (181–187) 'Pronostica secreta.' *Inc.* 'Dixit Ypocras qui fuit sumus medicus . . .' (Thorndike [1960] 112).

Florence: FL Ashb. 206, ff. 64va–67va. 'Incipit liber Ypocratis de pronosticatione mortis et vite secundum motum lune in signis et aspectu planetarum quem transtullit frater Gullielmus de Morbecha ordinis fratrum predicatorum. Dixit Ypocras medicorum optimus cuiusmodi medicus est qui astronomiam ignorat, nullus homo deberet se committere in manus illius . . .' Although this text is said to have been translated by William of Moerbeke, it belongs to the group of texts probably translated from the Ar ʌbic (Thorndike [1944] 219; Schipperges 137).

*Gdańsk (Danzig): Polish Academy of Sciences 2315, a. 1467, ff. 146^b–154^b. 'Sequitur Astronomia Ypocratis. Dixit Ypocras medicorum optimus nullus homo in manus illius medici . . . / . . . a cibo et potu.'

(O. Günther, *Katalog der Handschriften der Danziger Stadtbibliothek* III 250–253).

Ghent 5(416), ff. 154ᵛ–(157ᵛ). 'Incipit liber Ypocratis dictus "Cavete medicus". Dicit Ypocras qui fuit medicus et magister optimus . . . / . . . et si fortuna eam aspexerit vivet si non morietur . . .'

Klagenfurt: Bischöfl. Bibl. XXX d. 25, ff. 11ᵛ–14ᵛ. Lacks introductory matter (Thorndike [1960] 112).

London: BMadd 15107, ff. 58ʳ–60ᵛ. 'Incipit astronomice medicine Ypo. Dicit Ypocras qui fuit medicus et magister optimus: medicus qui astronomiam ignorat nullus homo debet se committere in manus illius quia non est medicus perfectus. Cognovi quia opus erat sciendi astronomiam. Aspexi libros Ypocratis et inveni librum hunc parvum sed optimum . . . / . . . Si aspexerit fortunam vivet si non morietur. Explicit medicina astronomica Ypocratis.'

— **BMh 2375**, ff. 89–93ᵛ. 'Qui fuit medicus et optimus magister . . . / . . . (incomplete, ending with 'Aquarius') (TK 1207; Thorndike [1960] 112).

— **BMsl 3171**, ff. 104ᵛ–116ʳ. 'Dixit Ypocras medicorum optimus cuiusmodi medicus est qui astronomiam ignorat. Est enim tanquam cecus sine baculo . . . Inspexi libros Ypocratis . . . necesse omnibus medicis. Dicit Ypocras quod primo aspice lunam . . . Cum infirmitas cuique acciderit cum luna fuerit in Ariete . . . / . . . cum luna fuerit in Piscibus . . . cum vero luna fuerit in piscibus addens addens (repetition *sic*) . . . Et si fortuna aspexerit eam vivet. Si non autem morietur. Explicit.' Except for the incipit this text resembles closely that of the translation by William of Moerbeke, since it includes the comparison with a blind man (Thorndike [1960] 112).

Milan: Ambros. N 190 sup., 15–16c, ff. 1ʳ–12ʳ. 'Aliter dixit Ypocras non est medicus qui astronomiam ignorat . . . / . . . et si fortuna aspexerit eum vivet si autem non morietur.' (Thorndike [1960] 112).

Munich: CLM 182, ff. 331ʳᵃ–333ʳᵃ. 'Astron. Ypocratis. Prol. Haly in librum Ypocratis, De esse egrorum. Dixit Ypocras medicorum optimus . . .' Continues as in BMsl

3171, above. This text coincides with the edition of Padua. 1483 (Klebs 518.1; CPHL, f. 2ʳ) (TK 453–454; Thorndike [1960] 112).

— **CLM 8950**, ff. 172ᵛ–176ʳ. 'Dixit Ypocras medicorum optimus: Cuiusmodi medicus est qui astronomiam ignorat . . . / . . . si autem non morietur.'

— **CLM 11067**, a. 1446, ff. 69ᵛᵇ–72ʳᵇ. 'Incipit Ypocratis de aegritudinibus. Dixit Ypocras medicorum optimus: Cuiusmodi medicus hic est qui astrologiam ignorat. Nullus homo debet se mittere in manus illius quia non est medicus perfectus . . . / . . . si non autem morietur. Explicit tractatus de cognitione egritudinum Ypocratis anno domini MCCCCXLVI nona die mensis Septembris.' The manuscript includes other tracts on astrological medicine as well as on weather predictions. The above text is printed with Ganivet, *Amicus medicorum* (1550) 551; (1614) 582–617.

Oxford: BLa 393, ff. 58ʳ–59ᵛ. 'Astronomia Ypocratis in acutis. Dixit Ypocras medicorum optimus quidam de medicis qui astronomiam ignorat est eum tamquam cecus . . . / . . . fortuna aspectet eam vivet si non autem morietur. Explicit astronomia Ypocratis in acutis.' (Thorndike [1960] 112).

— **BLd 29**, ff. 167–(173ᵛ). Hippocrates, De observandis signis planetarum in morborum curatione. *Inc.* 'Dixit sapientissimus Ypocras omnium medicorum peritissimus . . .'

Paris: *Bibl. Reg. 6944, item 8. 'Astron. Hippocratis. Sicut dicit Hippocras qui fuit medicus et magister optimus . . .' (TK 1484; cited by Renzi V [1859] 117). However, it has so far not been located. The present MS BN 6944 does not contain this text.

— **BN 7443**, ff. 133ʳ–137ʳ. Without heading. 'Dixit Ypocras medicorum optimus cuiusmodi medicus est qui astronomiam ignorat. Nullus homo deberet se mittere in manus illius . . . / . . . (*des.*) et si fortuna aspexerit eam vivet si non autem morietur. Explicit.' Several other tracts on astrological medicine follow in the manuscript.

***Prague: Univ. 280**, ff. 211–217ᵛ. Astrologia medicine, usual *inc.* and *des.*

— ***I.F.11**, ff. 188ᵃ–192ᵇ. 'Hippocratis Tractatus de egritudinibus cognoscendis per astronomiam. Dixit Ypocras ... / ... si autem non morietur.' (J. Truhlar, *Catalogus codicum* I 96–97).

— ***VIII.G.28**, ff. 183ᵛ–186ʳ. 'Tractatus de iudiciis lunae secundum Hippocratem. Dixit Ypocras non est medicus ... / ... si non (sin) autem morietur.' (Truhlar I 597–598).

Toledo: Cap. 96–32, ff. 54ʳᵇ–66ᵛᵃ. Anon. *Inc.* 'Qui cursum lune recte scire voluerit sciat ... / ...' but closes with *des.* of the Hippocratic tract: '... opus est ei ut minuat sanguinem et si fortuna aspexerit eum vivet sin autem morietur. Explicit.' (Millás Vallicrosa 83; TK 1205).

Vatican: VAbarb 328, ff. 2ʳᵃ–7ʳ. 'Incipit liber Ypocratis pronosticationis vite et mortis secundum motum lune per 12 signa et aspectum planetarum quem transtulit Frater Guiglelmus de Morietta (*sic*) ordinis predicatorum archiepiscopus Corinto. Dixit Ypocras qui fuit medicus et magister optimus: Cuiusmodi medicus est qui astronomiam ignorat. Nullus homo debet se committere in manibus illius ... / ... (*des.*) si fortuna eam aspexerit vivet, si non morietur. Explicit liber Ypocratis de prognosticis deo gratias.' Despite the attribution of this translation to William of Moerbeke, the incipit is that of the Arabic(?)-Latin translation. However, except for the opening phrase and other minor variations such as 'nullus homo' for 'nemo quidem' and the omission of the remainder of the phrase or paragraph following 'debet se committere in manibus illius qui non est medicus perfectus,' contained in the texts noted by Thorndike (1960) 106, lines 1–3, the work agrees with that of the translation of William of Moerbeke.

— **VA Chigi M.VII.146**, a. 1447, ff. 34ʳᵃ–36ᵛᵇ. 'Dixit Ypocras cuiusmodi medicus est qui astrologiam ignorat. Nullus (homo) debet se mittere in manus illius. Aspexi libros Ypocratis et inveni hunc librum parvum sed optimum ... / ... si fortuna eam aspexerit vivet si non morietur. Explicit.'

— **VAp 1098**, ff. 65ʳ–69ʳ. 'Dicit Ypocras qui fuit medicus et magister optimus ... / ... si non morietur. Explicit.'

— **VAp 1116**, f. 24ʳ. 'Dixit Ypocras medicorum optimus cuiusmodi medicus qui astronomiam ignorat. Nullus homo debet se mittere in manus illius quia noscet ipsum ... / .. (incomplete) in quo oportet nostrum medicum pervidere.' The remainder of the folio is blank. It is preceded at ff. 1ʳᵃ ff. by Avicenna's *Canon*.

— **VAp 1340**, ff. 88ʳᵃ–90ᵛᵇ. 'Dixit Ypocras non est medicus qui astronomiam ignorat ... / ... si non autem morietur. Explicit tractatus Ypocratis de egritudinibus cognoscendis.'

— **VAp 1354**, ff. 238ᵛᵃ–241ʳᵇ, as above (Thorndike [1960] 111).

— **VAp 1416**, ff. 223ʳ–227ʳ. Anon. 'Iudicium de infirmo quam infirmitatem patitur ... Item cum quis infirmatur et luna exeat de combustione tunc crescit infirmitas quousque venerit ad oppositionis gradum et quando erit in coniunctione vide si fuerit causa mala ... Cum infirmitas accidat luna in ariete ... Si fortuna aspexerit si non morietur.' (Campanus [1971] 79).

Venice: Museo Civico Correr. Cicogna 2721 (3747), Paper, fol., ff. 37ʳᵃ–39ʳᵇ. 'Dixit Ypo. qui fuit medicus et magister optimus. Cuiusmodi medicus est qui astronomiam ignorat. Nullus homo debet se intromittere in manus eius qui non est medicus perfectus ... / ... et si fortuna eam aspexerit vivet, si non autem morietur. Explicit.' (Campanus [1971] 95).

— **San Marco CL VIII. cod. 74 (3577)**, ff. 117ʳ–121ᵛ. 'Dixit Ypocras qui fuit medicus optimus et sublimus ... / ... si non morietur. Explicit tractatus de cognitione fnirmitatis ex presentia lune in signis duodecim secundum Ypocratem.'

Vienna: VI 4295, ff. 137ᵛ–139ᵛ. 'Ps. Hipp. Excerpte e libro de medicorum astrologia. Dictus Ypocras: Non est medicus qui astronomiam ignorat nec aliquis mittat se in manus illius quia non est medicus perfectus ... Nunc (autem) videamus ... / ... si fortuna eam aspexerit vivet, si non autem morietur. Explicit tractatus Ypocratis de egritudinibus cognoscendis per astronomiam.'

— ***VI 5236**, ff. 47ᵛ–50ᵛ. 'Dixit Ypocras . . .'

— ***VI 5239**, ff. 32ʳ–35ʳ. *Inc.* Cap. 1: 'Cum infirmitas cuiusquam accidit . . .' (TK 309).

Printed editions (only those before 1501 are included):

Padua 1483 (Klebs 518.1). 'De esse aegrorum secundum lunam.' With a dedication by Alexander de Apellatis to 'Magnifico Patricio Hyeronimo Donato liberalium artium doctore.' The tract begins at f. (2ʳ): 'Prologus Haly in Librum Ypocratis. Dixit Hypocras medicorum optimus cuiusmodi medicus est qui astronomia ignorat . . . Incipit libellus divinus quem Hypocras medicorum . . . secundum lune dispositionem edidit. De hora et crisi recumbentium secundum lunam. Hypocras dixit quod primam aspice lunam quando est plena luminis . . . / . . .' Ending with the cap.: 'De luna in piscibus.' (*des.*) '. . . si fortuna eam aspexerit vivet si non autem morietur. Explicit libellus divinus Ypocratis Choii quem de esse egrorum secundum diversam lune dispositionem edidit. Emendatum per magistrum Alexandrum de Apellatis artium doctorum et impressum Padue anno 1483.'

Venice 1497, ff. 39ᵛᵇ–41ᵛᵃ. With Serapion, *Opera medicinalis* (New York Academy of Medicine; cf. Klebs 911.2, where this work is not listed). This is a duplicate of the 1483 edition, with the dedication, etc., of Alexander de Apellatis.

[Lyon and Paris 1500]. With Magninus, *Regimen sanitatis* (Klebs 640.5–6). 'Incipit astronomia Hypocratis de infirmitatibus. Dixit Hypocras qui fuit medicus et magister optimus. Cuiusmodi medicus est qui astronomiam ignorat . . . / . . . (*des.* varies) summe tamen cave ne luna malum aspectum habeat ad saturnum aut martem quodque luna sive dominus ascendentis non sint, in quarta et octava domibus: neque luna sit ascendens. Explicit.'

2. GREEK-LATIN VERSION OF WILLIAM OF MOERBEKE (O.P., ARCHBISHOP OF CORINTH, 1277)

See further for William of Moerbeke, noted especially for his translations of Aristotle and other Greek scientists, M. Grabmann, 'Guglielmo de Moerbeke, O.P., il traduttore delle opere di Aristotle,' *Miscellanea Historiae Pontificiae* XI no. 20 (1946) 1–94; S. G. Axters, *Bibliotheca dominicana neerlandica manuscripta 1224-1500* (Louvain 1970) 116–131 esp. 122; N. G. Siraisi, *Arts and Sciences at Padua* (Toronto 1973) 73–74; T. Kaeppeli, *Scriptores Ordinis Praedicatorum medii aevi* II (Rome 1975) 122–129 esp. no. 1606.

This version is distinguished from others by the *incipit*: 'Sapientissimus Ypocras (et) omnium medicorum peritissimus ait: Cuiusmodi medicus est qui astronomiam ignorat. Nemo quidem in manus illius se committere debet quia imperfectus est et cecus et ideo non merito talis medicus reputatur . . .' The *desinit* varies for the most part insofar as some texts close without the section on fixed stars: *De stellis fixis.* In such instances, the closing words are: '. . . et si fortuna aspexerit eum evadet (vivat), et sin (si non) morietur'; but with the added section, it closes: '. . . dabunt cum labore et difficultate.'

For earlier notices of this version see Lynn Thorndike, 'Manuscripts of the Writings of Peter of Abano,' *BHM* 15 (1944) 218; and his 'The Three Latin Translations of the Pseudo-Hippocratic Tract on Astrological Medicine,' *Janus* 49 (1960) 104–129, especially 105; also Diels (1905) 50; TK 1379; and HL XXI 146. A printed version from the Leipzig manuscript below is in *Archiv* 16 (1925) 95–102.

Manuscripts:

XIV Century
Cambridge: CU 1705 (Ii.I.13), f. 129ʳ⁻ᵛ, apparently only a fragment. 'Astronomia Ypocratis.' *Inc.* 'Sapientissimus Ypocras et omnium . . .'

— **CUc 424**, ff. 7ʳ–9ᵛ. *Inc.* 'Sapientissimus Ypocras et medicorum optimus ait. Cuiusmodi medicus est qui astronomiam ignorat, nemo quidem in manus illius se committere debet, quia imperfectus est et cecus, et ideo non merito talis medicus reputatur ... / ... (des.) dabit cum labore et difficultate. Explicit pronosticacio Ypocratis infirmitatum.'

*Cues: Hospital 208, ff. 32ʳ–33ᵛ. 'Astrol. medicine. Sapientissimus et omnium medicorum ...'

— **Hospital 307**, ff. 167ʳ–168ᵛ. *Inc.* 'Sapientissimus Ypocras et omnium medicorum peritissimus ait: Cuiusmodi medicus (est) qui astronomiam ignorat, nemo quidem manibus eius committere se debet, quia imperfectus est et quia cecus ...' (Quétif and Echard I 390; Thorndike [1960] 105; Schipperges [1964] 137).

Erfurt: Ea Q 386, c. 1359, ff. 52ᵛ–63ᵛ. *Inc.* 'Sapientissimus Ypocras et omnium medicorum peritissimus ... / ... cum labore et difficultate. Expl. astro. Y.' (Thorndike [1944] 218: Columbia Rotograph 72.9).

*Leipzig Univ. 1143 (1499), before 1400, ff. 186ᵛ–189ʳ. *Inc.* 'Sapientissimus Ypocras et omnium medicorum peritissimus ait: Cuiusmodi medicus est, qui astronomiam ignorat ... / ... (des.) et infrigidis minus et cum ambo semper nocent ubicumque sint, preter(?) suis aut preter(?) mittunt et non proficiunt et quicquid dant, dant cum labore et difficultate. Explicit liber de pestilencie ' (*sic*). Printed without identification by Karl Sudhoff, 'Pestschriften nach der Epidemie des schwarzen Todes 1348,' *Archiv* 16 (1925) 95–102.

Milan: Ambros. M. 28 sup., ff. 75ʳ–77ʳ (Thorndike [1960] 105).

Munich: CLM 267, f. 80ʳᵃ. Beginning missing; *des.* '... si fortuna eam aspexerit vivit si non morietur.' (Diels 130).

Oxford: BLa 345, late 14c, ff. 31ᵛ–37. *Inc.* 'Ut ait Galienus (Guilelmus?) Sapientissimus Ypocras omnium medicorum ...' (Thorndike [1944] ab 218). At ff. 6–12ᵛ in this manuscript is the translation made presumably from the Arabic. See above.

Paris: BN 7337, 14–15c, humanist hand, ff. 78ᵛᵃ–84ᵛᵇ. 'Liber Hypocratis de pronosticationibus egritudinum secundum motum lune traductus a domino fratre Guglielmo de Morbecha archiepiscopo Corinthio ordinis predicatorum. Sapientissimus et omnium medicorum peritissimus Ypocras ait: Cuiusmodi medicus est qui astrologiam ignorat, ... / ... (des.) dabit cum labore et difficultate. Liber Hypocratis de pronosticationibus egritudinum secundum motum lune traductus a domino fratre Guiglielmo de Morbeccha archiepiscopo Corintio ordinis predicatorum.' (Thorndike [1960] 105).

Paris: BNna 625, ff. 89ᵛᵃ–93ʳᵇ. 'Incipit tractatus Ypocratis de iudiciis infirmitatum dispositionem lune ad planetas. Sapientissimus Ypocratis omnium medicorum et peritissimus ait: Inscius medicus est qui astronomiam ignorat. Nemo quidem se immittere se debet in manibus eius quia imperfectus est et quasi cecus et ideo non merito talis medicus reputatur ... / ... et si fortuna aspexerit eum evadet et si non morietur. Explicit tractatus Ypocratis de iudiciis infirmitatum secundum dispositionem lune ad planetas.' (Thorndike [1960] 105).

— **BNna 693**, ff. 108ʳᵃ–109ᵛ. *Inc.* 'Sapientissimus Ypocras omnium medicorum et peritissimus ait: Inscius medicus ...' etc. as in the preceding, and *des.*: '... si fortuna ea aspexerit vivet, si non autem morietur.'

Vatican: VA 4085, ff. 135ʳ–139ʳ. 'Liber Hippocratis de pronosticationibus egritudinum secundum motum lune traductus a Domino fratre Guglielmo de Morbeccha archiepiscopo corintio ordinis predicatorum. Sapientissimus et omnium medicorum peritissimus Ypocras ait: Cuiusdam medicus est qui astrologiam ignorat nec quisquis in manus eius committere se debet ... Legens ergo in libris Ypocratis medicorum optimi inveni hunc librum parvum sed maxime admodum utilitatis quia valde necesse est ... Luna cum fuerit in signo Arietis cum Marte ...' Proceeds through the twelve signs, ending with 'Luna in piscibus ... Luna in stellis fixis ... Scias quod per eum non perficiunt, dabunt cum labore et difficultate. Finis.'

XV Century

*Florence: FLb 13, c. 1400, ff. 60ʳ–71ᵛ (Thorndike [1960] 105).

— **FL Plut. 29, cod. XIII**, ff. 170–175. 'De signis infirmitatum. Sapientissimus Hippocras et omnium medicorum peritissimus ait . . . / . . . dabit cum labore et difficultate.' (Bandini II 33).

— **FLa 1448**, ff. 130–135ᵛ. 'Liber excellentissimus pronosticorum secundum viam astronomie Ypocratis.' Followed at ff. 136ᵛ–137ʳ by a 'Tractatus de natura et ordine XII signorum. Aries est primum signum et est igneus masculinus diurnus . . .' (TK 131).

* Gerona BC 75, ff. 113ᵛ–116. 'Sapientissimus Ypocras . . .' (G. Beaujouan, 'Manuscrits médicaux du moyen âge conservés en Espagne,' *Mélanges de la Casa de Velazquez* VIII [1972] 187).

* Glasgow: Hunt. 461.2. 'De virtute lunae. Sapientissimus Ypocras omnium medicorum peritissimus . . .'

Kraków: BJ 601, ff. 72ʳ–74ʳ. 'Predicere egritudinem urina non visa. Sapientissimus omniumque medicorum peritissimus Hypocras ait: Cuiusmodi est medicus qui astronomiam ignorat . . . / . . . cum labore et difficultate nimia. Finitur deo gratia.' (*Campanus of Novara and Medieval Planetary Theory* edd. with transl. and comm. by F. S. Benjamin, Jr. and G. T. Toomer [Madison 1971] 101).

London: BMsl 434, ff. 96ᵛ–101. 'Tract. de sign. zodiaci nat. Sapientissimus Ypocras omnium medicorum peritissimus . . .'

— **BMsl 636**, ff. 98 (96)ᵛ–102ᵛ. Without heading. 'Sapientissimus Ypocras omnium medicorum peritissimus ait: Inscius medicus est qui astronomiam ignorat . . . Cum luna est in Ariete cum Marte . . . / . . .' Ends incomplete in the sign Aquarius (Thorndike [1960] 105).

Munich: CLM 31, ff. 199ᵛ–202ᵛᵃ. 'Sapientissimus Ypocras et omnium medicorum peritissimus ait: Cuiusmodi medicus est . . . / . . . cum labore et difficultate. Explicit est libellus Ypocratis de virtute lune . . . Deo gratias. Laus deo.' This tract is said to have been written or transcribed by 'dominus doctor Johannes Lochner' in the fifteenth century. The rest of the manuscript is dated 1320: 'scriptus fuit iste liber sub anno domini MCCCXX.' (Thorndike [1957] 124).

Oxford: BLd 29, ff. 167ʳ–172ᵛ. 'De observandis signis planetarum in morborum curatione. Dixit sapientissimus Ypocras omnium medicorum peritissimus . . .' (Thorndike [1960] 105).

Paris: BN 7292, ff. 287ᵛᵃ–289ʳᵃ. 'Sapientissimus Ypocras omnium medicorum perfectissimus ait: Quis medicus est qui astronomiam ignorat. Nemo in manibus illius se committere debet . . . / . . . et quicquid dederunt dabunt cum labore et difficultate. Explicit astrologia Ypocratis.' (Thorndike [1957] 124).

— **BN 7432**, ff. 264ʳ–266ʳ. 'Incipit liber Ypocratis viri peritissimi de illo celesti de quo in pronosticis sermonem facit dicens: Est quoddam celeste quod oportet ipsum medicum considerare cuius si tanta est prudentia mirabilis est minimum que stupenda. Cap. primum de eo quo intendit et est prologus. Sapientissimus Ypocras et omnium medicorum peritissimus ait: Cuiusmodi medicus est qui astronomiam ignorat. Nemo quidem in manus illius se committere debet quia imperfectus est et ideo cecus non inmerito talis medicus reputatur . . . / . . . (*des.*) et quicquid dederint dabunt cum labore et difficultate. Finit.'

Vatican: VAb 328, ff. 2ʳ–(7ʳ). Although the titulus indicates that the text was translated by 'Frater Guiglelmus de Morletta (Morbeka) ordinis fratrum predicatorum archiepiscopus de Corinto,' the text is that of the Arabic–Latin translation. (Theodore Silverstein, *Medieval Latin Scientific Writings in the Barberini Collection* [Chicago 1957] 95.) See above.

— **VAp 1229**, ff. 377ʳ–382ᵛ. *Inc.* 'Sapientissimus et omnium medicorum peritissimus Ypocras ait: Non medicus est qui astronomiam ignorat nec quidam in manibus illius qui committere se debet . . . / . . . (the last sign Pisces, is here followed by the 28 mansions of the moon, *des.*) si non morietur. Quemadmodum duximus in precedentibus.' (Thorndike [1944] 218; [1960] 105).

— **VA Urb 1398**, ff. 11ᵛ–17ᵛ. 'Incipit astrologia Ypocratis. Sapientissimus Ypocras omnium medicorum peritissimus ait: Cuiusmodi medicus qui astronomiam ignorat nemo quidem in manus illius committere debet quia imperfectus est ... / ... dabunt cum labore et difficultate. Finis. Explicit astrologia Ypocratis.' (Thorndike [1960] 105, 110).

The above text is followed at f. 17ᵛ by another astronomical tract. 'Incipit Astronomia Ypocratis. Coniunctio est aspectus perfecte amicicie manifeste. Sextilis occulte amicicie ... / ... tempus in quo luna fit uncta planetis malis vel saltim a bonis separate. Explicit Astronomia Ypocratis.' Two further sections on astrological medicine without any author's name follow to f. 20ʳ.

*Venice: S. Marco VII.28, ff. 3ʳ–7ᵛ. *Inc.* 'Sapientissimus Ypocras omnium medicorum peritissimus ait: quod ...' (Thorndike [1960] 105).

Vienna 5216, ff. 47ᵛ–50ᵛ, anon. *Inc.* 'Non est medicus qui astronomiam ignoret ...' This text is followed at ff. 51ʳ–53ʳ by 'De predicandis aegritudinibus ex urinis. Dixit Hermes non est medicus sapiens in pronosticis signis ... / ... crisum ad malum sexta die revelabit.' (TK 453, 919; Thorndike [1944] 218; F. J. Carmody, *Arabic Astronomical and Astrological Sciences in Latin Translation* [Berkeley 1956] 67).

— **5239**, ff. 1ʳ*–3ʳ*. 'De astrologia medicorum. Sapientissimus et omnium medicorum peritissimus ait cuiusmodi medicus ... / ... dabunt cum labore et difficultate. Explicit astrologia Ypocratis.' The Arabic(?)-Latin translation, see above, occurs in this same MS at ff. 32ʳ–35ʳ (Thorndike [1960] 105, 112).

— **5307**, f. 150ʳ⁻ᵛ, fragment (Carmody [1956] 67).

— **5503**, a. 1506, ff. 188ʳ–193ᵛ. 'Traductio Guilhelmi de Moerbecha archiepiscopi Corinthi ordinis predicatorum. Sapientissimus et omnium medicorum peritissimus ait ... : Qui medicus est et astronomiam nescit nemo quidam se in manus illius committere debet quia non medicus diceret medicus sed metodicus quia imperitus est et cecus ... Legimus igitur libros Ypocratis medicorum optimi inveni hunc librum parvum sed magne utilitatis ... infirmus decubuerit in lecto opus est videre si luna exeat combustionem ... Nunc videamus naturas omnium signo-

rum iuxta presentiam lune in eius. Aries ...' followed by the remaining signs '... de natura complexionis nati aut sub eo nati tamen omnia cum labore et difficultate fit.'

— **5511**, ff. 12ʳ–17ᵛ. Hippocrates, De casibus medicinialibus. Sapientissimus Ypocras et omnium medicorum peritissimus ait: Cuiusmodi medicus est qui ignorat astronomiam quasi cecus ... Nunc videamus ... Quicumque infirmitas accidit cum luna fuerit in Ariete ... (and the last) Cum luna fuerit in Pisces addens suo lumine ... (des.) malorum morietur.' Then follow versus: 'Jupiter atque Venus boni sunt a caput draconis ... Mercurius cum luna sunt mediocres. Explicit tractatus astronomie Ypocratis de casibus medicinalibus.'

*Wiesbaden 63, ff. 114ᵛ–117. *Inc.* 'Sapientissimus Ypocras et omnium medicorum peritissimus ait: Cuiusmodi ... / ... (des.) dabunt cum labore et difficultate. Et sic est finis huius tractatus qui attribuitur Ypocrati. Deo gratias Amen.

*Wolfenbüttel 2841, ff. 380ᵛᵇ–382 (Carmody [1956] 81–85).

Not classified.

*Wrocław, Ossolineum 815, ff. 56–60. 'Astronomia Hippocratis.' (W. Ketrzyńsk, *Katalog* III 267–268).

3. Greek–Latin Version of Peter of Abano (c. 1250–1315)

For bio-bibliographical details see C. H. Lohr, 'Medieval Latin Aristotle Commentaries,' *Traditio* 28 (1972) 329–330. Previous notices of this version, which is briefer than that of the two preceding translations, are in L. Thorndike, 'Manuscripts of the Writings of Peter of Abano,' *BHM* 16 (1944) at 217–218; and 'The Three Latin Translations of the Pseudo-Hippocratic Tract on Astrological Medicine,' *Janus* 49 (1960) at 116, 123. *Incipit* 'Cum legerem libros Ypocratis medicorum optimi ...' Cap. 1. 'Nunc videamus naturam omnium signorum ... / ... (des.) varies. (Diels 50; TK 314, 967).

Manuscripts:

XV Century

London: BMadd 34603, included in an astrological manual compiled by Marcus

Schnagel of Cracow, c. 1500, ff. 80–85^v. 'Libellus de medicorum astrologia,' and again at ff. 305^v–306^r, without heading, and incomplete. *Inc.* 'Cum legerem libros Hippocratis medicorum optimi inveni hunc parvum sed magne utilitatis librum . . . Iubat ergo Hippocras ut medicus aspiciat lunam . . . Signum Arietis . . . / . . . (*des.*) et per nocumentum malorum morietur. Hippocratis libellus de medicorum astrologia fuit a Petro de Abbano in latinum traductus.' At ff. 305^v–306^r (old numbering 314 in upper margin), without heading. *Inc.* as above; incomplete at the close, '. . . et sedeat plane ubique et sic velit et da ei aquam bibere frigidam . . .'

This text agrees with that of the edition printed as an appendix to [Firmin de Bellavali] *Opusculum repertorii pronosticon in mutationes aeris* (Venice 1485) ff. 46–49^r (Klebs 406.1). See below.

London: BMsl 780, ff. 55^v–58^v, without heading. *Inc.* 'Cum legerem libros Ypocratis compositos medicorum optimi inveni hunc parvum sed magne utilitatis librum . . . / . . . (ends incomplete in the sign Pisces) dolebunt si membra cum luna fuerit . . .' At f. 166^v of this manuscript there is an English translation of the Peter of Abano text.

Milan: *Ambros. Y 131 sup. misc., 15c–16c, ff. 107–110^v. 'Hypocratis libellus de medicorum astrologia incipit a Petro de Abbano in latinum traductus. Cum legerem libros Hyppocratis . . . (cap. 1) Nunc videamus naturam omnium signorum . . .' (A. L. Gabriel, *Catalogue of Microfilms of One Thousand Manuscripts in the Ambrosiana.* [Notre Dame, Ind. 1968] No. 951).

Munich: CLM 2841, 15–16c, ff. 58^r–65^v. 'De infirmitatibus ex aspectibus planetarum versus lunam provenientibus.' Without introductory matter. *Inc.* cap. 1. 'Nunc videamus naturam omnium signorum et primo de Ariete. Cum cuiquam infirmitas accidat . . . / . . . malorum morietur. Hippocratis libellum de medicorum astrologia finit a Petro de Abbano in Latinum traductus. Impressus Lyps. et scriptum Ingolstatt.' (Thorndike [1960] 116, 123).

Oxford: BLcm 46, ff. 140^r–144^r. Anon.

Inc. 'Cum legerem libros Hippocratis medicorum optimi . . .' (Thorndike [1960] 116).

Vatican 6280, 15–16c, ff. 174^r–175^v. 'Hippocrates. De medicorum astrologia. Traductus Petro de Albano. Cum legerem libros Ypocratis medici optimi . . . Cum incidit infirmitas . . .' ending with 'Cum luna fuerit in piscibus . . . / . . . (*des.*) per nocumentum malorum morietur. Hippocratis libellus finitus. Laus deo opt. max.' (Thorndike [1960] 116, 123).

Vienna 5498, ff. 53^r–59^v. *Inc.* 'Cum legerem libros Ypocratis medicorum optimi inveni hunc parvum sed magna utilitatis librum . . .'

Printed Edition (Before 1501):

Printed as an Appendix to [Firmin de Beauval] *Opusculum Repertorii pronosticon in mutatione aeris* (Venice: Ratdolt, 1485) ff. 45^v–49^r (Klebs 406.1; NYAM 96: Streeter Collection): 'Hypocratis libellus de medicorum astrologia incipit a Petro de Abbano in Latinum traductus. Cum legerem libros hyppocratis medicorum optimi inveni hunc parvum sed magne utilitatis librum et valde necesse est omnibus medicis. Qui hunc bene scierit sanitatem mortem vel vitam infirmitatis poterit pronunciare . . . / . . . (*des.*) si autem fuerit mars cum ea erit infirmitas ex colera et sanguine et per auxilium fortunarum ad lunam liberabitur et per nocumentum malorum morietur. Hyppocratis libellus de medicorum astrologia finit a Petro de Abbano in latinum traductus. Impressus est arte ac diligentia mira Erhardi Ratdolt de Augusta. Imperante inclyto Johannis Mocenico duce Venetorum. Anno salutifere incarnationis 1485. Venetiis.'

4. Variant Texts and Excerpts

Manuscripts:

XI Century

***Copenhagen: Kgl. S. 1653,** f. 183. Epitomium or Epitomia de infirmis. Inc. 'Saturnus dies qui in lector (*sic*) acciditur . . . / . . . xxi dies convalescit.' (TK 1381; Beccaria 8.17).

XIII Century

Munich: CLM 615, ff. 49vb–50vb. 'Incipit epitomia (empyronium) Hypocratis. Saturnus est dominus planetarum ideo ab ipso est potius incipiendum . . . / . . . (*des.*) hic erit vicesimo primo die convalescat.'

XIV Century

*Douai 715, ff. 4ᵛ–8ᵛ. *Inc.* 'Epizonium Ypocratis de infirmis . . .' (TK 501).

Munich: CLM 288, ff. 163ᵛᵇ–164ʳᵇ. 'Tractatus Ypocratis de iudiciis astrorum. Saturnus in ariete sub radiis fuerit (facit) pluvias et radios siccitates . . . / . . . et bonum complexionem (conditionem) ostendit etc. Explicit tractatus Ypocratis de iudiciis astrorum.' This and the following two texts are either by Haly or Alkindi, to whom they are ascribed in other manuscripts (F. Carmody [1956] 81).

— **CLM 588**, f. 113ᵛ. A text similar to the preceding with variants as noted in the parentheses.

XV Century

*Avignon: 1022 (anc. fonds 341) f. 12 (Tract. astrologi secundum Galenum et Hippocratem). *Inc.* 'Et quoniam principalis intentio . . . / . . . (*des.*) si non morietur.' (Diels [1905] 138).

Cambridge: CUpem 204, ff. 68ᵛ–69. 'Pronosticon Ypocratis qui dies mortis vel salutis ostendit.' *Inc.* 'Saturni die qui in lectum ceciderit . . .' (TK 1381).

*Florence: Riccard. (FR) 905, date uncertain, ff. 38ᵛ–39ʳ. *Inc.* 'Solis die in lecto qui ceciderit . . .' (TK 1517).

*Heiligenkreuz: Stift (*Xenia Bernardina* I, 194), ff. 115–120. 'Liber Hippocratis scoratus.' The *explicit* at fol. 120 indicates the tenor of the tract: '. . . explicit, in quo docetur, quae infirmitates sunt curabiles et quae non ex motuum stellarum scientia.'

London: BMsl 2030, f. 132ʳ–135ᵛ. 'Epistola Ypocratis: Excerpta quedam . . . Mirabilis contra infirmitates.' *Inc.* 'Quatuor sunt humani corporis partes et . . . / . . . (f. 134ʳ) mensibus quare superius.' Then follows: 'Luna prima tota die bona est. Luna secunda . . . / . . .' to 135ᵛ.

Oxford: BLcm 517, ff. 20ʳᵇ–21ᵛᵃ. 'Incipit libellus de impressionibus Ypocratis feliciter. Saturnus sub radiis in ariete facit pluvias. In omnibus autem facit infirmitates ex reumatissime . . . / . . . (*des.*) et bonam complexionem ostendit. Finis libelli Ypo-

cratis de impressionibus.' See L. Thorndike, 'Notes on Some Less Familiar British Astronomical and Astrological Manuscripts,' *Journal of the Warburg and Courtauld Institutes* 22 (1959) 167 ff, for an analysis of the above manuscript; also for further similar texts ascribed to Haly, Alkindi, and others, see F. Carmody (1956) 57, 81–82.

Paris: BN 7416, f. 48ᵛ. 'Incipit scientia edita a philosopho astrologie et medice: Cumque primo fuerat infirmus luna in principio arietis . . . / . . . (*des.*) curabit. Et sic est finis deo gratias.' Then follows a table. Not in TK, but cf. Thorndike [1960] 109.

— **BN 7443**, ff. 137ʳ–138ᵛ. Without indication of Hippocrates' name but following the usual astrological medicine attributed to him. 'Saturni die qui in lectum ceciderit.'

Vienna: VI 3011, f. 147ʳ⁻ᵛ, anon. Epitomia *inc.* as in CLM 615, 13c above. 'Saturnus est dominus planetarum . . .' and continues: 'Veneris die qui in lecto deciderit . . . / . . . (*des.*) hec ille sub signo pende 1442 . . . concilio Basiliense imperante Frederice bono Reg. sub Benivento duce Baudie.' Then follows at f. 148: 'Quatuor sunt partes corporis humani . . .' (not noted in the Vienna Cat.) (TK 1381).

— **5512**, a. 1436, f. 163ʳ⁻ᵛ. as in CUpem 204, above. *Inc.* Saturni die qui in lectum . . .' (TK 1381).

Attention should be drawn to further Latin manuscripts containing the *Astronomia* or *Astrologia Ypocratis*, that have so far not been examined. All are of the 15th century.

Kraków: BJ 793, a. 1459, ff. 212–228. 'Tractatus astronomie Ipocratis.' (W. Wislocki, *Katalog rekopisów B.J.* [Cracow 1877–1881] I 236).

Naples: Biblioteca nazionale princ. VIIII.C.45, item 22, f. 80. 'Hypocras de ludiciis astronomia.' (I am indebted to Dr. Ronald Doviak for this item.)

Wrocław: Ossolineum 815, ff. 56–60. 'Astronomia Hippocratis.' (W. Ketrzynski, *Katalog rekopisów biblioteki Zakladu Narodowego im. Ossolinskich, Catalogus manuscriptorum Bibliothecae Ossoliniana Leopoliensis* [Łwów 1881–1898] III 267–268). (I am indebted to Dr. Jadinga Kosicka for this and the Kraków references.)

5. ENGLISH VERSION BEFORE 1500

XV Century

Cambridge: CUt R.XIV.52, ff. 143ʳ–145ʳ: 'This is the book of Ypocras. In this book he techith to know the planets sikenes lyfe and deth and the tymes therof. First saith Ypocras that a lithe ... When the mone is in the signs of Taurus that signe is of the ... through the 12 signs of the zodiac ... / ... Here endith the Book of Ypocras of lif and deth translated of astronomers the best upon Avicen.'

London: BMadd 12, 195, 12 vo. Astrol. 'The boke of Ypocras for to knowe be the planetes, of Seknes, both of lyf and deyth, and the tymes.'

— **BMsl 73**, ff. 132ᵛ–136, Eng. tr. probably of Peter Abano's version.

Oxford: BLas 210, ff. 36ᵛ–42ʳ. Astrol.

Medicine. Eng. and Latin. 'As sayeth Ypocras best of phisicos who knowns no astronomie yt no man should himself into his handys ... In this sayde booke sayeth Ypocras loke when the moon hath ful his light.' 'Nunc videamus naturas omnium signorum ...' (ends) ... vivet si non morietur. Et sufficit de iudiciis secundum motum lune in 12 signis. Explicit. Explicit liber Ypocratis de naturis signorum iuxta presentia lune et aspectus aliorum planetarum ad ipsam in signis variis existentium.'

Oxford: BLas 393, ff. 32ʳ–33ʳ, without headings. 'This is the boke of Ipocras. In his boke he tellyth how for to know by the planets lif or decthe and the tymes thereof. First he sayeth that a lethe shall take hede of the moon when he is at the full ...'; then to Aries and then other signs. It is not clear where the tract ends since it is mixed up with several *experimenta* or prescriptions at fol. 33ʳ.

B. COMMENTARIES

1. ANONYMOUS

Manuscripts:

Padua: Univ. Libr. 1795, 15c, ff. unnumbered. 'Consilium Ypocratis et iudicium super infirmos cum infirmitatibus et medicamentis ac notitia mali. Ipocras medicus integerrimus et magister perfectissimus consulendo declarat in hunc modum de medico ignorante astronomiam. Nullus hominus intromittat se in manibus ... / ... (des.) et opus est ei ut sanguinem minuat et si fortuna eam aspexerit vivet si non autem morietur. Finis.'

Vienna 2467, 15c, f. 97ʳ⁻ᵛ. 'De eventibus infirmitatum propter motum lunae. Ut ait Ypocras in pronosticis. Oportet medicum diem principii non ignorare. Etiam quo invenitur res miranda necnon et nimino stupenda ... Et sublunari motu sub quo moventur omnia inferiora. (f. 97ᵛ) Idcirco in medicina summa est utilitas scire in quo signo est luna. De bono accubitu sive malo vel communi ut patet in hac regula. Luna

prima tota die bona accubitus bonus ... De communibus vero actu et eventu ... in iudiciis omnibus. Sciendum est quod quator sunt virtutes que sive vigilantibus sive dormentibus nobis semper vigilant ... incomplete.' At f. 98ʳ, there is the continuation of a tract, 'De elementis.' (TK 1011).

2. MARSILIUS OF SANTA SOPHIA († 1405)

Member of the famous family of physicians and professors of medicine at Bologna. Also commented on the *Liber aphorismorum* (q.v.). *Manuscript*:

Vatican: VA 2487, 15c, ff. 225ʳᵃ–226ᵛᵃ. 'Super Ypo. de infirmitatibus que eveniunt luna. Sapientissimus Ypocras et omnium medicorum peritissimus ait. Cuiusmodi est astronomia necessaria ... / ... (des.) luna fuerit in Vergine et ... dabunt cum labore et difficultate etc. Deo gratias. Explicit liber parvus magne utilitatis repertus est in libro Ypocratis excellentissimi physicorum et astrologorum etc.'

Calendarium: See De cibis

· IV ·

The following pages continue the survey or Repertorium of Hippocratic writings in the Latin Middle Ages before 1500, begun in *Traditio* 31 (1975) 99–126 and continued in succeeding issues. This issue covers twelve tracts (including some fragments and spurious compilations): VIII. *De cancro*; IX. *Capsula eburnea*, *De carnibus*; X. *Chirurgia*; XI. *De cibis* or *Diaeta*; XII. *De comate*; XIII. *De contemptu mundi*; XIV. *Dies critici*; XV. *Dies Egyptiaci*; XVI. *Dinamidia*; XVII. *Dogma*; XVIII. *De elementis*; and XIX. *Epidemia*.

Before proceeding, attention should once again be drawn to the major purpose of the present survey: to provide as comprehensive a view as possible of the extant texts bearing Hippocrates' name before 1500. The purpose is not to deal with the textual history of individual items, even though the latter are of great significance in relation to the transmission of Greek medicine to the Latin West. Wherever possible, the information provided is taken from a direct examination of the Latin manuscripts themselves or from photographic reproductions. However, where this has not been possible, the items are starred.

As before, the individual tracts are given in the alphabetical order of the principal word of the title, with alternate titles in parentheses. The information on each work comprises a statement of the nature of the contents, bibliographic references for further information, and indication of manuscripts and/ or printed editions, arranged chronologically by centuries. In each instance the *incipit* and *desinit* is provided.

VIII. DE CANCRO ET FISTULIS

Probably part of the *De vulneribus* or *De vulneribus capitis*, this work on Cancer or tumors and fistulae or abscesses does not occur independently in any Latin manuscripts so far examined. The subject is, however, treated with the *De vulneribus capitis* in MS Munich CLM 614, 4to, 13c, ff. 2r–9r: 'De vulneribus capitis; item de cancris et fistulis.' See *De vulneribus capitis* below; also Diels 25, 51; Littré VI 448–461 for *De fistulis*, where only Greek texts are noted.

Capitis Vulneribus (De), see De vulneribus capitis

IX. CAPSULA EBURNEA
(ANALOGIUM, LIBER PRAESTANTIAE, LIBER DE VERITATE, PROGNOSTICA, DE PUSTULIS, SECRETA, SIGNA VITAE ET MORTIS)

These texts, for the most part spurious, but in all probability derived from the authentic *Liber Pronosticorum*, are here grouped under the common designation *Capsula eburnea*, since despite variant titles and verbal differences, the general nature of their content is similiar. They all describe the signs of life and death (*Signa vitae et mortis*) or the *Facies Hippocratica* and similar ominous aspects of a patient foretelling death.[1] They have also been shown to be derived from a common Greek source translated into Latin in the fifth or sixth century. In some instances the texts appear under the names of learned physicians other than Hippocrates, namely Democritus, Soranus, and Galen. A second translation of the work from an Arabic version was made in the twelfth century by Gerard of Cremona.[2]

The title *Capsula* or *Capsula eburnea*, which occurs most frequently in association with Hippocrates' name, is derived from the introduction or prologue that usually accompanied the text. This introduction contains the brief account in which Hippocrates is purported, when he was nearing death, to have ordered

---

[1] For this and the following see below; also, in addition to the references cited in my earlier article in *BHM* 18 (1945) 391 notes 123–127, C. Singer, *Greek Biology and Greek Medicine* (Oxford 1922) 93; O. Temkin, *Galenism: Rise and Decline of a Medical Philosophy* (Ithaca, N.Y. 1973) 65.

[2] See especially MS Cambridge CUg 117 (186), 13–14c, f. 220, below; also Sudhoff, in *Archiv* 8 (1915) 78 and 81; and *Archiv* 9 (1916) 82 ff.

his retainers to place at his head in the tomb with him a small ivory box (*Capsula eburnea*) into which he had placed an '*Epistle*' or receptacle containing all the secrets of the medical art, and particularly those relating to the signs of life and death. At a later time, Caesar is said to have come upon the tomb and to have ordered that it be opened secretly. He thus found the receptacle resting under Hippocrates' head and requested that it be given to his own physician.[3] Henceforth, from the contents of this receptacle, the account concludes, physicians were able to learn and to recognize the signs of life and death.

The general aim of the work appears to have been to provide a practical guide for the physician as well as for the layman. This is suggested by the numerous recensions, not only in Latin, but also in the vernaculars (which are, however, outside the scope of this study).[4]

Extant manuscripts and early printed editions containing the text both in the earlier translation and in that of Gerard of Cremona, as well as extracts from either or both, are numerous before 1500. —The work was also printed in the fifteenth century and thereafter together with the works of Rasis, Maimonides, Serapion, and Magninus Mediolanensis.

In the following listing are considered: (1) the manuscripts of the early translation, made presumably from the Greek, and distinguishable by the incipit of the introduction: 'Peritissimum omnium rerum . . .,' or slight variants thereof; (2) the manuscripts containing the translation from the Arabic by Gerard of Cremona, with preface beginning: 'Pervenit ad nos . . .,' or variants, and Chapter I beginning: 'Quando in facie etc.'

---

[3] See especially MS Monte Cassino 69, 9c, below, where the physician's name appears as Pandosius. However the name is not found in Pauly-Wissowa.

[4] Kibre in *BHM* 18 (1945) note 124 for MSS in English, French, and Italian; also R. H. Robbins, 'Medical Manuscripts in Middle English,' *Speculum* 45 (1970) 393-415, esp. 409 n. 47. In addition to these works noted by Professor Robbins is London BMadd 34, III, 15c, ff. 231r-233r, 'Secreta Ypocratis. Here begynneth the privates of the Gods man and a wyse that was Ycleped Ypocras. . .'; and ff. 235v-238v, where the account is repeated. Still others are BMsl 405, 15c, f. 123r, 'Signa mortis per Hippocratem. Here begynneth this tokeness of Ypocras. . .'; BMsl 706, 'Hippocrates Capsula', and BMsl 715, item 10, 'De vita et morte.' For further 'Signa mortis' see R. H. Robbins, 'Signs of Death in Middle English,' *Mediaeval Studies* 32 (1970) 282-298. French texts are noted by S. Ayscough, *Catalogue of Sloane MSS* (1782) 558: BMsl 1611, ff. 143-47. See also Paris BNfr 19994, 14c, ff. 202-213, *Capsula* or Death signs, and P. Meyer, *Romania* 32 (1903) 98–99, 'Des pronistics de la mort,' in a Cambridge MS of the 14th century. A German version is reported by Sudhoff in *Archiv* 9 (1916) 79 ff., 200 ff; and an Italian version, the 'Epistola de pronostichi d'Ypocrate trovata sotto al suo capo nel sepolcro, ove sono molti secreti dell'arte della medicina,' a 14th- or 15th-century text, was published in *Scelta di curiosità lett.* 67 (1866) 53 ff.

A. TRANSLATIONS

1. ANONYMOUS GREEK-LATIN VERSION

Introduction *inc.*: 'Peritissimum (Meritissimum) omnium rerum . . .' or 'Omnium rerum . . .' *Cap. 1*: 'Si habuerit dolorem vel tumorem in facie . . .' *Des.* varies. The work is usually followed or preceded by 'Indicia valetudinum' or 'Signa mortis.' *Inc.* 'Si tinnitus aurium fuerit . . .'

This version appears to have been derived from an archetype belonging probably to the fifth or sixth century. (H. Kühlewein, 'Beiträge zur Geschichte und Beurtheilung der hippokratischen Schriften,' *Philologus* 42 (1883–1884) 119–127, with edition at 121–122; V. Rose, *K. Bibl. zu Berlin* (Codices Phillippici) I (1893) 373–374, for a comparison of the various recensions; also Diels (1905) 5–6, 44–45, 55; K. Sudhoff, *Archiv* 9 (1916) 85, 90–104: Beccaria (1956) 94.15, 95.2, 108.29; (1959), II, and the bibliography there cited; also TK 1035.)

Manuscripts:

IX Century

*Monte Cassino 69, pp. 562ª–565ᵇ. 'Incipit epistola hoc est pronostica Yppocratis de signis aegritudinis idest intellegentia signis vitae seu mortis. Peritissimum omnium rerum esse et domestica sapientia in omnibus corporibus quae iusserat Yppocras ut in sepulcro suo poneretur sub capite ipsius analogius. Positus erat, ubi eius corpus recondiebatur. Transiens inde Caesar post multum tempus vidit monumentum ipsius Yppocratis et putavit, ut in ipso monumento thesaurum conditus esset et iussit aperiri secretum sepulcrum et invenit analogium sub capite ipsius positum ubi omnia secreta artis erant. Tulit et nulli iussit dari nisi medico Panodosio et invenerunt omnia qualiter medicus omnes infirmitates cognoscere debet periculum mortis sive vitae. Imprimis ad dolorem capitis. Si habuerit dolorem vel tumorem in facie sine tusse et sinistra manus vel pectus seu nares assidue scalpserit, in LV die morietur.' At pp. 570–571ª of this manuscript is 'in-

dicia valetudinum Yppocratis.' *Inc.* 'Si tinnitum aurium fuerit . . . / . . . ex quo calculum generatur.' (Diels 44; Beccaria 94.18.)

IX–X Century

*Glasgow Hunt. T.4.13. 'Analogus sive liber praestantiae Hipp. qui in sepulcro suo inventus fuit.' *Inc.* 'Meritissimum omnium rerum domesticam . . .'

— **Hunt. V.3.2.**, ff. 11ᵛ–13ᵛ. 'Incipit epistola Yppocratis prognosticon de signis aegritudinum et intelligentia vite vel mortis. Peritissimum omnium rerum esse et domesticam sapientiam in omnibus corporibus iusserat Yppograates . . . / . . . scias cum vivere aegrotum.' (Beccaria 73.3.) At ff. 13ᵛ–14ᵛ, there follows 'Incipiunt indicia diversorum valetudinum Yporatis. Si tinnitus aurium . . . / . . . maximum periculum veniet.' (Beccaria 73.4.)

*Monte Cassino 97, pp. 1ᵇ–3ª. 'Incipit epistula pronostica de signis aegritudinis idest intellegentia et signa vite vel mortis. Peritissimum omnium rerum esse et domestica sapientia in omnibus corporibus . . . (cap. 1) In primis. Ad capitis dolorem. Si habuerit dolorem vel tumorem in facie sine tussem . . . / . . . scias eum vivere egrotum.' (Beccaria 95.2; cf. *Kyklos* 3, 407.) At pp. 3ª–4ª of this MS there is the same titulus and *inc.* 'Si tinnitum aurium . . .' as in the preceding Monte Cassino 69, p. 570; but the *desinit* varies: '. . . in maximum periculum eveniens.' (Beccaria 95.3.)

Three other 9–10c MSS, indicated below, contain texts similar to the above, but are ascribed or addressed to Democritus.

*St. Gall Stift. 44, pp. 220, 224–226. 'Prenostica Hippocratis Democrito. Incipit pronostica Democrito sumo philosopho, quod in tabulas eburneas scripsit et in suo iussit ponere sepulchrum . . . (cap. 1) Capitis dolorem habens. Si tumorem in facie habuerit sine ullo dolore . . . / . . . XL (LXXIII) die morietur.' (See J. Heeg, 'Abschrift im Besitz der Berl. Akad.,' *Sud-*

hoffs Archiv 9, 86–87; Beccaria 129.10; Diels 27, 44.)

*Karlsruhe 120, ff. 187ᵛ–195ᵛ. 'Prognostica Democriti.' *Inc.* 'Nam (Iam) si fuerit capitis dolor et tumor in faciem subito natus fuerit sine ullo dolore . . .' text is mutilated and incomplete. (Beccaria 56.12.)

London: BMar 166, f. 70ʳ–71ᵛ. 'Incipit Pronostica Democriti de signa mortis agnoscenda. Has valetudinis infrascriptas nullum habet remedium . . . De dolore capitis. Capitis dolorem habens sine tumore . . . / . . . XL die consummitur.' (Beccaria 83.9.)

X Century

*Chartres 62, f. 38. 'Incipiunt signa mortifera iuxta Ypocratis sententiam. Unde scias si quis aegrotat . . .' (Beccaria 10.2; Wickersheimer X.2.)

*St. Gall Stift. 751, 9–10c, pp. 165–167. 'Incipit Epistola Pronosticys' 'Nullum querunt autorem medicinae cum haec signa viderint. Ex Greco in Latino translata. Democritus morem exposuit in cubiculum diptitia eburnea . . . Si tumorem in facie abuerit et sine ullo dolore . . . / . . . XXIIIIᵃ die morietur.' Printed under name of Soranus, Basel 1528, 169 (Rose, *Anecdot.* II, 374) (Beccaria 133.5ᵃ).

London: BMad 8928, ff. 6ᵛ–7ᵛ, 7ᵛ–8ʳ, without heading. *Inc.* 'Meritissimum omnium rerum et domesticam sapientiam in omnibus corporibus iusserat Ypocras ut in sepulcro suo . . . Analogius positus erat ubi corpus Ypocratis iacebat . . . / . . . scias eum vivere.' At ff. 7ᵛ–8ʳ, there follows 'Si tinnitum aurium fuerit vel sonitum . . . / . . . quod si tarde remediatum fuerit in maximum periculum evenient.' (Beccaria 84.5,6; B. Lawn, *The Salernitan Questions* [Oxford 1963] 7, 12 n. 4.)

Montpellier 185, 10–11c, f. 154ᵛ. 'LX. Incipiunt signa mortifera iuxta Hypocrati sententiam. Unde scias quod his qui egrotat . . . / . . . unde nunc finem dicendi in hoc libro super his.' (Wickersheimer XXIX.14.)

*Trier 40, f. 1ʳ, has only the title: 'Incipit prognosticon idest praescientia vite vel mortis.' The text is missing according to Beccaria 67.

XI Century

Vatican: VAbarb 160, ff. 286ᵛ–287ᵛ, without heading. 'Peritissimum omnium rerum et domesticam sapientiam in omnibus corporibus . . . Primum ad capitis dolorem. Si habuerit dolorem vel tumorem in facie sine tusse . . . / . . . scias eum vivere.' (Beccaria 108.29.) At ff. 287ᵛ–288ʳ there follows the 'Si tinnitum aurium . . . / . . . maximum periculum eveniens.' (Beccaria 108.30.)

XII Century

Variant Text.

Salzburg: Codex Musei Carolino-Augustei 2169, ff. 3ᵛᵃ–4ʳ. [De secretis] Interpolated in a tract on herbs. 'Annotatio Alexandri omnia scripta sunt et factus est liber medicinalis qui traditus est Ypocrati. Ypocras autem (f. 4ʳ) dives et nimis sapiens super omnes sapientes medicos qui erant aliis diebus. Sed erat cupidus de arte nec volebat ut aliquis esset similis ille etiam post mortem. Cum autem venisset ad diem mortis sue iussit sibi ponere librum medicinalem in quo secreta medicine erant qui et sic factus est et iussit eum ponere sub capite suo. Post multum vero temporis transiret inde Cesar Alexander eum aspiciens vidisset sepulcrum Ypocratis putavit thesaurum ibi absconsum esse . . . Iussit itaque Cesar Alexander aperire sepulchrum eum secrete et invenit medicinalem sub capite ipsius positum ubi omnia secreta artis medicine erant . . . et sic per illum deus omnipotens totum orbem terre illuminavit.' (Collegeville, Monastic Microfilm Library.)

XIII Century

Cambridge: CUg 379(599), ff. 106ʳ–107ᵛ. *Inc.* 'Si dolor capitis . . .'.

— ***CUpet 247(v)**, 12–13c, ff. 8ᵛ–9ᵛ. *Inc.* 'Cum transiret Cesar per viam vidit monumentum ubi Ypocras erat positus . . . / . . .' end incomplete. (TK 348.)

Erfurt: Ea Q 193, 13–14c, f. 129. (*Secreta*) *Inc.* 'Signa sanitatis sunt hec . . . / . . . Explicit aquam frigidam nimiam.' (TK 1502; Diels 55.)

*Escorial: E.IV.22, f. 133ᵛ. *Analogium.* *Incipit* as above: 'Peritissimum omnium rerum esse et domestica sapientia . . . iusserat Ypocras ut sepulcro suo . . .'.

London: BMh 337, f. 72^r. 'Analogium Ypocratis.' *Inc.* 'Peritissimum omnium domestica sapientia . . . / . . . abundantia sanguinis dicitur esse.' (TK 1035; Diels 55.)

— **BMr 12B**, XII, ff. 67^v–69^r. 'De signis mortalibus.' *Inc.* 'Meritissimum omnium rerum est et domestica sapientia in omnibus . . .' (as in Monte Cassino 69); *desinit* varies: '. . . signis istis sanum cognoscas esse hominem. Explicit de signis mortalibus.' (TK 872, 1530.)

Munich: CLM 11343, f. 1^{r-v}. 'Epistola Ypocratis infra scripta de intelligentia de his valetudinibus. Epistola Ypocratis infra scripti in quo iussit Caesar. Vertit de greco. In latino sermone translatus sit.' 'Post hec Hippocras moriens iussit eos qui eum . . .' *Inc.* [cap. 1] 'Si dolor capitis tumorem habet in facie sine dolore . . .' (TK 1063, 1446).

Oxford: Balliol 231, ff. 214va–215va. 'Incipiunt Secreta Ypocratis. Peritissimum omnium rerum domesticam sapienciam vite et mortis in omnibus corporibus Ypocras iusserat in sepulcro ponere sub capite ipsius analogium. Erat ponitus ubi corpus Ypocras iacebat et . . . / . . . (*des.*) perfricatio vesice insistit. Expliciunt Secreta Ypo. deo gratias.' f. 215^b is blank. (Diels 55.)

— **BL 3541 (Mus. e Mus. 219)**, ff. 81^v–83^r. 'Incipiunt sententia et primo in pronosticatione vite vel morte. Peritissimum omnium rerum et domestica sapientia in omnibus corporibus Ypocras iussit ut in sepulcro suo poneretur post mortem suam sub capite suo analogium quod iussit factum est. Accidit post multum temporis quod Julius Caesar illuc transseret videt monumentum . . . (*cap.* 1) De signis faciei. Quando in facie infirmi . . . / . . . (f. 83^r) De egrotis aliud pronosticum . . . si comedit vivet. Si colliget et restitur. Morietur. Explicit liber Ypocratis qui inventus fuit in sepulcro sub capite illius in pixide eburnea.'

— **BL Lat. Misc. C.37**, f. 18^{ra-b}. *Inc.* 'Peritissimum omnium rerum . . .' as in Oxford BL 3541 above; *des.* varies: '. . . si tarde remanserit fuerit ad maximum periculum deveniet . . .' (*Archiv* 9 [1915] 84-106).

Paris: BN 6956, 13–14c, f. 2^{ra-vb}. 'Brevissima epistola Ypocratis hec est Medicum et intelligentia vite et mortis.' *Inc.* 'Rerum omnium domesticam esse sapientiam iusserat Ypo. In omnibus temporibus in libro quem vocatur analogium suum . . . / . . . Expliciunt Secreta artis medicine.'

— **BNna 356**, 12–13c, ff. 14^v–(18^v). *Inc.* 'Peritissimum omnium rerum domesticam sapientiam in omnibus hominum corporibus iusserat ipse in sepulcro suo poni. Nam sub capite ipsius analogium positus erat ubi caput Ypocratis iacebat et transiat videt Ceçar post multos tempores . . . / . . . (des). portione illius singularia.'

Vienna 2395, a 1289, f. 75^{ra-vb}. *Secreta.* *Inc.* 'Peritissimum omnium rerum domesticam . . . iusserat Ypocras ut in sepulcro poneretur suo sub capite eius analogium medicine . . . / . . . (*des.*) remediatum fuerit maximum enim periculum eveniet. Expliciunt secreta Ypocratis scripta Neapoli. Explicit.'

XIV Century

*Cesena: Malatest. S.1.9. 'Secretorum liber e Grece in latinum sermonem translatus.' (Diels 55.)

Oxford: Merton 262 (c.3.13), ff. 249^r–251^v. 'Liber secretorum Ypocratis. De salutudine (?) et signis mortalibus.' *Inc.* too faded to be legible. At f. 251^r is 'cap. de signis mortalibus. Si habuerit dolorem capitis vel . . . / . . . (f. 251^v) morte est. Expliciunt Secreta Ypocratis.'

Vatican: VA 2382, f. 94^{r-v}. Opens with 'Secreta. Dixit Ypo. Quando in Septima die apparuerunt apostema nigra . . . / . . . nomina eorum potest scire.' Then follows immediately: 'Epistola prognostica de intellectu vite vel mortis.' *Inc.* 'Peritissimus omnium rerum domesticam sapientiam in omnibus corporibus iusserat Ypocras ut in sepulcro suo poneretur sub capite ipsius analogium . . . / . . . (*des.*) Remedium fuerit maximum in periculum eveniet.' (Diels 195.)

At f. 36^v of this manuscript (VA 2382) is a fragment: 'Hipp. De indiciis diversarum valetud. (*inc.*) Si tinnitus aurium fuerit vel sonitus . . . / . . . (*des.*) maximum periculum eveniet.'

— **VAp 1363**, ff. 148ᵛᵃ–149ᵛᵃ. 'Brevissima Epistola Ypocratis de signis egritudinis (pronosticis).' *Inc.* 'Omnium rerum domesticarum esse sapientiam iusserat Ypo . . .' (TK 181, 1006).

— **VA Urb 246**, f. 190ᵛ. 'Pronostica Democritis. (*Inc.*) Si capitis fuerit dolor . . .' (TK 1444); also (*Inc.*) 'Si fuerit capitis dolor et tumor . . .' Also ascribed to Democritus (TK 1449).

XV Century

London: BMsl 634, ff. 6ʳ–9ᵛ. *Inc.* 'Peritissimum omnium rerum domesticam sapientiam in omnibus corporibus iusserat Hippocrates ut in sepulcro suo poneretur sub capite ipsius analogius et positus erat ubi corpus dicti Ypocratis iacebat . . . / . . . (*des.*) quod si tarde remediatum fuerit maximum periculum eveniet.'

Paris: BN 6988A, ff. 119ᵛᵃ–121ʳᵃ. 'Incipiunt secreta Ypocratis. Peritissimus omnium rerum domesticam sapientiam vite et mortis in omnibus corporibus. Ypocras iusserat in sepulcro ponere sub capite ipsius. Analogius erat positus ubi corpus Ypo. iacebat . . . / . . . (f. 121ʳᵃ) in coronata perfricitatio vesice insistit. Expliciunt secreta Ypocratis.' Then follows the 'Precepta Ypocratis.' Earlier at ff. 14ᵛ–15ᵛ are the 'Secreta': 'Incipiunt secreta Ypocratis de iudicandis indicis mortis.' *Inc. cap. 1* 'In facie infirmi si fuerit apostema cui non invenitur . . . / . . . signum huius est quod accidit ei in principio puritus (sic) oculorum. Explicit secreta Ypocratis.' (TK 673.)

Rome: Casanatensis C.VI.9, early 15c, f. 123. 'Incipiunt indicia valetudinum Ypocratis. Si tinnitus aurium fuerit vel sonitus inanitas capitis molesta est . . .'.

Vatican: VAPal 1177, f. 13ᵛ. 'Incipiunt alique extracta ex libro Ypocratis de morte festina. (*Inc.*) Si quis habuerit dolorem vel tumorem in facie et si nares . . . / . . . ipsa die morietur. Et hec est finis. Deo gratias.'

Vienna: 5512, a. 1436, ff. 166ᵛ–169ʳ. Ps.-Democritus, *Prognostica*. *Inc.* 'Si sonitus in auribus fuerit, infirmitates capitis significat. Necesse est curari . . .' (TK 1465; *Archiv* 9, 81).

Edition:

Hippocrates, *Prognostica* (*Secreta*) cum aliis notatis. (Memmingen, anon. pr. 1496?) (Klebs 521.1; TK 1460.) *Inc.* 'Si quis habet dolorem vel tumorem in capite . . .' Cf. with Vatican: VAu 246 (237), 14c, f. 190ᵛ. 'Pronostica Democratis.'

2. ARABIC-LATIN VERSION BY GERARD OF CREMONA

Inc. 'Pervenit ad nos . . . / . . . (des.) 24(25) propositiones'; or 'dulcium desiderio vehementi.' Usually followed or preceded by '*Secreta*,' or '*Signa mortis*' with *inc.* 'Dixit Ypocras cum (quando) in somnis (septimo) apparet apostema . . .' or 'quando in facie infirmi fuerit apostema . . .' and variant *desinits*. See further Sudhoff, *Archiv* 8 (1915) 78 and 81; also 9 (1916) 79–116, especially 82 ff.; TK 1037.

Manuscripts:

XII Century

London: BMsl 1124, f. iv. short selection of 18 lines, without introductory section. *Inc.* (cap. 1) 'Quando in facie occurit apostema in se signa . . .'

New Haven: Yale Medical Libr., f. 343. Without introduction. *Inc.* (cap. 1) 'Incipit Ypocras et dixit quando in facie infirmi fuerit . . .'

XIII Century

***Arras 798**, item 2. 'Liber veritatis seu secretorum. Incipit liber veritatis ab Ypocrate editus de istis qui laborant in agone mortis a Galieno (Gerardo?) ab arabico in latinum translatus.' *Inc.* 'Liber veritatis ab Ypocrate . . . / . . . Expl. vehementi.'

***Avignon 1019** (345), late 13c, ff. 172–173. 'Liber praescientiae . . . inventus in sepulchro eius in pixide eburnea et sunt xxv propositiones. Expl. delirium vehemens.' (Diels 44). At f. 174ʳ⁻ᵛ is 'Liber de secretis Ypocratis. Dixit Ypocras cum in somnis apparet apostema . . . . / . . . lepram pronosticat.'

***Basel: D.I.11**, f. 130ʳᵃ⁻ᵇ. 'Incipiunt secreta Ypoc. Cum Ypocras morti appropinquet precepit ut virtutes scripte in hoc libro ponuntur in pixide eburnea cum eo in sepulcro . . . / . . . Consummatio libro Ypoc. in quo sunt xxv propositiones.'

*Basel: D.III.8, ff. 282ʳ–292ʳ. 'Secreta Galieni and Secreta Hippocratis' or 'Capsula eburnea.' (Shipperges 98; Sudhoff, *Archiv* 9, 79–116.)

*Brussels 8487, ff. 15ʳᵇ–16ʳᵃ. *Inc.* 'Pervenit ad nos cum Ypocras morti . . .' (TK 1037).

*Florence: FL Plut. 73, cod. 23, f. 75. 'Consummatio libri praescientiae Hippocratis, qui inventus est in sepulcro eius in pyxide eburnea et sunt xxv propositiones artis somniferae.' *Inc.* 'Ars somniferae ex rememoratione . . .' etc.

Munich: CLM 374, 4°, ff. 80ᵛ (not 81)–81ʳᵃ (Liber H. Schedel). 'Incipiunt secreta Ypocratis. Pervenit ad nos quod cum Ypocras morti appropinquaret precepit ut virtutes subscripte scripte in (hoc libro ponerentur in) capsa eburnea (capsula) cum eo . . . / . . . in inceptione sue egritudinis desiderium dulcium desiderio vehementi. Consumatio libri prestitie futurorum Ypocratis qui inventus est in sepulcro eius pixide eburnea et sunt 25 (24) propositiones.'

— **CLM 615**, ff. 49ᵛ–50ᵛ. 'De pustulis incurabilibus. Cum Ypocras appropinquaret morti sui precepit has secretas virtutes poni secum in sepulchro in pixide eburnea. Hec autem Cesar percipiens iussit aperiri sepulcrum in quo invente fuerunt iste virtutes conscripte. Incipit prima quando in facie infirmi fuerit apostema . . . / . . . (50ᵛ) tunc desiderat a principio sue egritudinis dulcia vehementer.'

Oxford: Balliol 285, f. 207ʳᵇ⁻ᵛᵇ. 'Incipit liber presciencie Ypocratis qui intitulatur conservacio libri prescience Ypo. qui inventus est in sepulcro eius in pixide eburnea et est viginti quinque propositionum.' *Inc.* 'Pervenit ad nos quod Ypo. cum morti appropinquaret precepit quod . . . / . . . ei in inceptione egritudinis desiderium dulcium vehemens.' Followed at f. 208ᵛᵇ–209ʳᵇ by 'Capitulum de Secretis Ypo.' *Inc.* 'Dixit Ypo. cum in sompnis . . . / . . . (des.) lepram pronosticat. Expliciunt experimenta

Rasi et G. et Secreta Ypo. gloriosissimi medici deo gracias.'

Paris: BN 7046, f. 178ʳ⁻ᵛ. 'Incipiunt pronostica signa mortis Rasis (*sic*). Quando apparet in VIIᵒ apostema nigrum in posteriori parte auris. Infirmus morietur in XVII diebus . . . / . . . (178ᵛ) cuius sudor assellarum fetet pronosticatur lepram.' Then follows, at ff. 178ᵛᵇ–179ʳᵇ, 'Incipiunt pronostica (et) signa mortis Rasis' (*sic*). *Inc.* 'Pervenit ad nos quod cum Ypocras morti appropinquaret precepit quod virtutes iste scripte in hoc libro ponerentur in capsa eburnea . . . (cap. 1) Quando in facie infirmi fuerit apostema . . . / . . . et signum illius est quod accidit (ei) in inceptione egritudinis sue desiderium dulcium desiderio vehementi.' (L. Thorndike, 'Latin MSS of Works by Rasis at Bibliothèque nationale, Paris,' *BHM* 32 [1958] 54–67, especially 56.)

— **Univ. 132**, f. 335ʳᵃ⁻ᵛᵃ. 'Liber primus sciencie Ypocratis hoc est liber de veritate Ypocratis qui intitulatur conservatio libri Ypocratis, qui inventus est in sepulcro eius in pixide eburnea et est prescientie XXV propositionum.' *Inc.* 'Pervenit ad nos quod Ypocras cum morti . . . / . . . quia accidit in inceptione egritudinis desiderium dulcium vehementi.' Followed at ff. 336ᵛᵇ–337ᵛᵇ by 'De Secretis Ypocratis. Dixit Ypocras. Cum in sompnis . . . / . . . lepram pronosticat. Expliciunt experimenta Rasi et G. et Secreta Ypo. gloriosissimi medici deo gracias.'

Vatican: VA 8177, f. 61ʳ⁻ᵛ. Without introd. *Inc.* (cap. 1) 'Quando in facie infirmi fuerit apostema cui non invenitur tactus et fuerit . . . / . . . (*des.*) pustula non dolens busa coloris scias etc.'

— **VA Chigi E. VIII.254**, a.1256, ff. 130ᵛᵇ–131ᵛᵃ. *Inc.* 'Pervenit ad nos quod cum Ypocras morti appropinquaret precepit ut virtutes iste scripte in hoc libro ponerentur in cassa eburnea et ponerentur ipsa cum eo in sepulcro suo . . . / . . . et signum illius est quando accidit ei in inceptione sue egritudinis dulcium desiderium desiderio vehementi. Explicit liber de veritate Ypocratis qui intitulatur liber presciencie Y.

qui inventus est in sepulcro eius in pixide eburnea et (sunt) 25 (24) propositiones.'

Vienna: 1634, ff. 138rb–139va. Without prol. 'Incipiunt anforissmi (*sic*) Ypocratis. Dixit Ypocras. Quando septimo apparuerit apostema nigrum in posteriore parte auris morietur in xvii diebus.'

XIV Century

***Berlin: BE 166 (Phill. 1672),** f. 35^r. Without heading, prol. *Inc.* 'Pervenit ad nos quod cum Ypocras morti appareret (*sic*) precepit...' (as in VAChigi above). (cap. 1:) 'Incipit Ypocras. Quando in facie infirmi fuerit apostema cui non invenitur tactus.../... (*des.*) desiderium dulcium desiderio vehementi.' (V. Rose, I [1893] 373–374; Sudhoff, *Archiv* 9 [1916] 90.)

***Breslau: Vratisl. bibl. acad. Ac.III. F.20,** f. 54.

— **Vratisl. bibl. acad. Ac.III.Q.1,** f. 69.

Cambridge: CUg 117(186), 13–14c, p. 220^{a-b}. 'De apostematibus et secretis Ypocratis.' *Inc.* 'Pervenit ad nos quod cum Ypocras morti appropinquaret precepit ut virtutes scripte in hoc libro ponerentur in capsa eburnea. Capsula cum eo.../... dulcium desiderio vehementi. Expletus est liber Ypocratis intitulatus de veritate ab eodem a magistro Cremonensi de arabico in latinum translatus deo gratias.' Preceded by versus (8); 'His signis certis moriens cognoscitur eger.'

— **CUt 1125 (O.II.21),** 13–14c, ff. 138^v–139^r. 'Secreta Hippocratis.' *Inc.* 'Pervenit ad nos quod cum Ypocras morti appropinquaret precepit ut virtutes subscripte in hoc libro ponerentur in capsa eburnea.../... (*des.* slightly variant) in xl die sue egritudinis. Signum est quod desideravit dulcia in principio egritudinis. Expliciunt se secreta Ypocratis.'

***Dublin: Trinity Coll. 420.** 'Liber iudiciorum' (Diels 44).

Erfurt: Ea F 236, f. 199–200. 'Secreta Ypocratis. Liber veritatis ab Ypocrate Editus.../... (*des.*) non dices mendacium.'

— **Ea F 250,** 13–14c, f. 212^{r-v}. 'Hippocratis secreta.' *Inc.* 'Pervenit ad nos quod cum Ypocrates morti.../... (*des.*) in pis-

cide eburnea et sunt xxv propositiones.' (Diels 55.)

— **Ea Q 178,** 13–14c, f. 98^{r-v}. Opens with the *incipit* cap. 1: 'Dixit Hippocras cum in somnis apparet apostema.../... lepram pronosticat.' Then follows the *Inc.*: 'Pervenit ad nos quod cum.../... (*des.*) dulcium vehemens. Explicit Lib. de veritate Ypo. qui intitulatur consumacio libri presciencie Ypo.' (Diels 55.)

London: BMsl 345, ff.20^r–21^v. *Inc.* 'Pervenit ad nos quod cum Ypocras morti.../... precepit ut virtutes subscripte... ille in libro.../... (21^r) in principio sue egritudinis desideravit dulcia desiderio vehementi. Expliciunt signa certa mortuorum Ypocratis.'

— **BMsl 420,** f. 72^v–73^v. *Inc.* 'Pervenit ad nos quod cum... iste in hoc libro scripte.../... (73^v) (*des.*) desiderium dulcium.' Then follows at ff. 73^v–74^r: 'Pronosticatio de libris Ypocratis. Si infirmus per capitis dolorem habuerit tumorem vel dolorem in facie sine tussi.../... (74^r) ex pulmonis ulceratione contigit.'

— **BMsl 3550,** 13–14c, ff. 5 (1^r–4^r)–9^r 'De signis Ypocratis. Pervenit ad me quod cum Ypocras morti appropinquaret precepit ut virtutes iste scripte in hoc libro ponerentur in capsa eburnea cum ipso in sepulcro suo...' There follows at f. 6^r a 'Compendium signorum acutarum egritudinum et primo bonorum licet de signis febrium precipue acutarum.../... (9^r, *des.*) fieri viscositate humorum.'

— ***Wellcome 504,** late 14c, f. 17^v. *Capsula eburnea,* extract. 'Quum in medio digito manus sinistre fiunt pustula.../... et signum est quod accidit in principio desiderium dulcium desiderio vehementi.'

— ***Wellcome 547,** Miscel. medica XXI, item 12, ff. 219^b–220. 'Capsula eburnea.' *Inc.* 'Pervenit ad nos cum Ypocras morti appropinquaret.../... et significat quod principio egritudinis...' Preceding the above at ff. 216va–219ra (item 11) is: 'Épizonium Ipocratis quod est manifestum ad observandum die salutis et mortis . . . / . . . in eadem finivit (?) vita . . . frenetes purgat.'

*Madrid 2223, f. 45^{ra-va}. *Inc.* 'Pervenit ad nos quod cum Ypocras morti . . . / . . . aut sanguinem minxerit in die VII morietur. Explicit.' (TK 433.)

Monza Bibl. dell' Insigne coll. Basilica Parochiale di San Giovanni Battista V.III, f. 403: Pronosticorum mortis et vite quedam sumuntur a principalibus membris. Dixit Ypocrates quando septimo apparuit . . .' (Notre Dame: Mediaeval Institute collection of microfilms).

Munich: CLM 31, a. 1320, f. 46^{va-b} (Liber H. Schedel). 'Incipit liber Ypo. experimentorum. Dixit Ypocras. Quando in septimo die apparuerit apostema magnum (nigrum) in posteriori parte auris morietur in 17 die . . . / . . . (46vb) cuius sudor ascellarum fetet lepram pronosticatur. Explicit liber experimentorum secretorum Y. Amen.' (TK 1169) Followed at ff. 78vb-79ra by the introduction, *inc.*: 'Pervenit ad nos quod cum Ypocras morti . . . / . . . desiderium dulcium desiderio vehementi. Amen. Explicit liber secretorum Ypocratis. Deo gratias. Amen.'

— **CLM 35**, 13–14c, ff. 219vb–220ra. 'Notabilia et secreta Ypocratis.' *Inc.* 'Pervenit ad nos quod cum . . . / . . . dulcium desiderio vehementi. Expliciunt secreta Ypocratis.'

— **CLM 206**, 13–14c, ff. 9^{v}–11^{r} (Liber H. Schedel), 'Secreta Ypocratis de pustulis et apostematibus significantibus mortem. Pervenit ad nos quod cum Ypocras morti appropinquaret precepit . . . / . . . (f. 10rb) quia accidit in principio egritudinis sue desiderium dulcium desiderio vehementi.' Then follows: 'Dixit Y. quando in septimo die apparet apostema nigrum . . . morietur in XVII die . . . suffocatio repente supervenerit mortale est. Hec sunt secreta magni phi. Ypocratis.' (*Archiv* 9, 80; Diels 55.)

New Haven: Yale. Fritz Paneth, ff. 172^{b}–175^{a}. 'Incipit liber veritatis ab Ypocrate editius.' *Inc.* 'Pervenit ad nos quod cum Ypocras morti . . . (cap. 1) Incipit Ypo-

cras et dixit. Quando in facie fuerit apostema . . . / . . . in principio inceptionis sue egritudinis sputum multum.'

Oxford: BLa 1471, ff. 185ra–186rb. *Inc.* 'Pervenit ad nos quod Ypocras cum morti . . . / . . . (*des.*) si in oculo nascitur pustula alba quasi pisa mortale est signum. Explicit secreta Ypocratis.' Preceded at ff. 184vb–185ra by 'Incipiunt secreta eiusdem Ypocratis. Hic incipiunt signa pronostica Ypocratis mortis et vite. Si quis prima die cuiuslibet mensis in infirmitate ceciderit . . . / . . . qui in xxxi die egrotaverit dubium est ut evadat.'

— **BLd 69**, 13–14c, ff. 213^{v}–214^{r}. 'Experimentum Ypocratis vite et mortis.' *Inc.* 'Pervenit ad nos quod cum Ypocras morti . . . / . . . desiderium dulcium desiderio vehementi. Expliciunt secreta pronosticorum Ypocratis.'

— **Corpus Christi College 221**, ff. 57^{v}–58^{v}. 'Signa Hipp.' *Inc.* 'Pervenit ad nos . . . / . . . (*des.*) desiderio vehementi.' (Diels 45.)

— ***Magdalen College 175**, ff. 145–(149). 'De diffinitionibus. De libro virtutum in Hippocratis tumulo in pixide eburnea invento.' *Inc.* 'Pervenit ad nos quod cum Ypocras . . .'

Paris: BN 6893, 13–14c, ff. 293vb–294rb. 'Incipit liber prescientie Ypocratis. Hoc est liber de veritate Y. qui intitulatur conservatio. Liber prescientie Y. qui est inventus in sepulcro eius in pixide eburnea et est 25 propositionum.' *Inc.* 'Pervenit ad nos quod Ypocras cum morti appropinquaret.' Then follow the death signs: 'Quando in facie infirmi fuerit apostema cui non invenit tactus et fuerit manus sinister . . . / . . . Scias quod moritur xl die sue egritudinis. Et signum est quia accidit ei in inceptione egritudinis desiderium dulcium vehementi.' At f. 295^{rb-va} is the 'Dixit Ypocras cum in sompnis apparet apostema in posteriori parte auris morietur infirmus . . . / . . . dolorem uncturarum cuius sudor assellarum fetet pronosticat lepram. Expliciunt experimenta Rasi et Galeni et Secreta Ypocratis medici gloriosissimi. Deo gratias.' (See Thorndike, 'Latin MSS of Works by Rasis at Bibliothèque nationale, Paris,' *BHM* 32 [1958] 54–67, especially 64.)

— **BN 6964**, a. 1305. ff. 141va–142^r. 'Incipit liber prescientie Ypocratis qui inventus est in sepulcro eius in pixide eburnea et sunt xxiiii propositiones.' *Inc.* 'Pervenit ad nos quod cum Ypo. morti appropinquaret . . . / . . . desiderium dulcium desiderio vehementi. Explicit deo gratias reddendo. Amen.' (De Renzi 5 [1859] 125.)

— **PA 1024**, f. 164^{r-v}. In careless cursive. 'Incipiunt secreta Ypocratis. Devenit ad nos quod cum Ypocras morti appropinquaret precepit ut virtutes iste scripte in hoc libro ponerentur . . . (10 lines). Quando in facie infirmi fuerit apostema . . . / . . . desiderium dulcium desiderio vehementi. Deo gracias. Expliciunt secreta Ypocratis.' Followed by notes of the same hand.

— **PA 1027**, f. 86^{va-vb}. Without title. *Inc.* 'Pervenit ad nos quod cum ypo. morti . . . / . . . desiderio vehementi. Explicit liber Ypo. qui alio nomine Secreta appellatur.'

*Prague: Univ. **2352 (XIII. F.26)**, 13–14c, ff. 44^b–45^a. 'Hippocratis Secreta.' *Inc.* 'Pervenit ad nos . . . / . . . et super 25 propositiones.' At f. 89^v. 'Hippocratis signa.' *Inc.* 'Cum pervenit ad nos . . . / . . . desiderio vehementi. Explicit tractatus signorum gloriosissimi Ypocratis.'

— **Univ. III.E.23**, f. 85. *Inc.* 'Pervenit ad nos . . .' (Diels 13).

Rome: Angelica **1338 (T.4.3)**, f. 36^{ra-vb}. 'Incipit liber veritatis ab Ypocrate editus.' 'Pervenit ad nos quod cum Ypocras morti appropinquaret precepit ut secreta que fuerint scripta in libro hoc ponerentur in capsa eburnea et ponerentur in hoc sepulchro . . .' (continues as usual with the discovery and opening by Caesar). Then (cap. 1): 'Incipit Ypo. et dixit. Si non in facie infirmi fuerit apostema . . . / . . . (f. 36vb) accidit ei in inceptione sue egritudinis desiderium dulcium desiderio vehementi. Consumatio libri presciencie Y. qui est inventus in sepulchro eius in piscide eburnea que est xxv propositiones continens.' The above is followed in the same MS, at f. 36vb–37rb by 'Incipit liber

Ypocratis. De morte subita. Dixit Ypocras quando iam apparuerit apostema nigrum in posteriori parte auris . . . / . . . (*des.*) dolor iunctuarum cui sudor assellarum fetet lepram pronosticat. Explicit liber Ypocratis de morte subita.' (TK 1168; Diels 45.)

Vatican: VA **2378**, f. 62^{ra-b}. 'Liber veritatis seu Liber secretorum Ypocratis ab Ypocrate editus.' *Inc.* 'Pervenit ad nos quod cum Ypocras morti appropinquaret precepit ut . . . (cap. 1) Incepit Ypocras et dixit. Quoniam in facie infirmi . . . / . . . et scias quia paciens eos morietur in xl die egritudinis sue et signa illius est quia accidit ei in inceptione sue egritudinis desiderium dulcium desiderio vehementi. Explicit.'

— **VAbarb 179**, f. 108^{rb-vb}. *Inc.* 'Pervenit ad nos quod cum Ypocras' (as in the preceding MS) . . . / . . . (*des.*) 'accidit in inceptione sue egritudinis desiderium dulcium desiderio vehementi. Consumatio libri prescientie Ypocratis que inventa est in sepulcro eius in piscide eburnea. Et sunt 21 (*sic*) propositiones. Explicit opusculum de secretis Ypocratis deo gratias. Amen. Amen. Finito libro sit laus et gloria Christo. Amen.'

Vienna: **2303**, f. 65^{rb-va}. 'Hipp. de signis mortis.' *Inc.* 'Pervenit ad nos cum Ypocras morti . . . / . . . (*des.*) . . . Egritudinis sue desiderat dulcium desiderio vehementi. Explicit libellus Hippocratis de signis mortis.'

— **4753**, 13–14c, ff. 140^r–141^r. 'Incipit liber veritatis Ypocratis. Pervenit ad nos quod cum Ypocrates morti appropinquaret precepit ut virtutes iste scripte in hoc libro in capsa eburnea . . . (cap. 1). Quando in facie infirmi fuerit apostema . . . / . . . et signum est quod accidit ei in principio desiderium dulcium desiderio vehementi. Explicit liber veritatis Ypocratis a Galieno (sic) ab arabico in latinum translatus.'

XV Century

*Basel: D.III.23, ff. 46ʳ–51ʳ. In flyleaf table of contents, entitled 'Experimenta Ypocratis circa pestilenticos ac infirmos.' *Inc.* 'Pervenit ad nos quod Ypocras cum morti appropinquaret . . .'

*Breslau: Vratisl. bibl. acad. Ac.III.Q. 4, f. 2. 'Liber praescientiae . . . inventus in sepulchro in pyxide eburnea. Explicit vehemens.' Also at ff. 199–202, 'De signis.' (Diels 44.)

Cambridge: CUg 97, f. 139. 'Signa mortis.' (Diels 44).

Erfurt: Ea 0.79, a. 1431–1450, ff. 12ᵛ–13. 'Collectio secretorum vel pronosticarum Hipp. attributa.' Without usual prologue. *Inc.* (cap. 1) 'Quando in facie infirmi fuerit apostema . . . / . . . (des.) lepram praenosticatur.' (Diels 38, 45; *Archiv* 9, 90.)

*Escorial: L.III.30, f. 391ᵛ. 'Libellus dictus Capsula eburnea.'

*Florence: FL Asbb. 132 (206–138) misc., 15c. 'Hipp. de pronosticatione mortis et vite, translatus, William de Moerbeke.'

Glasgow: Hunt. 323 (U.7.17), a. 1432, f. 24ᵛ. 'Ipocras. Iudicia mortis et vite.'

Herzogenburg: Codex (Herzogenburgensis) 79, 15–16c, ff. 244ᵇ–246ᵇ. 'Hipp. morti.' *Inc.* 'Ad me pervenit quod cum Ypo. morti approximaret precepit ut virtutes iste scripte . . . Cap. 1 Quando in facie homini infirmi fuerit apostema . . . through cap. 24 (des.) . . . dulcium desiderio vehementi. (*Colophon*) Conservatio libri de secretis Ypocratis qui inventus fuit in sepulchro eius in piscide et fuit 24 propositiones.' (Hill Monastic Microfilm Collection, 3246.)

Kremsmünster: Codex Cremifanensis 16, f. 243ᵇ. 'Prognostica signa mortis.' *Inc.* 'Quando apparuerit apostema nigrum in posteriori parte auris in principio septima die et cum in . . . / . . . cui sudor ascellarum fetet

pronosticatur lepra.' (Hill Monastic Microfilm Collection.)

London: BMad 15107, a. 1422, ff. 63ᵛ–64ʳ. (Hippocratis Coi Analogus sive Liber de prestantia ejus), without heading. 'Dum Ypocras hora mortis appropinquaret precepit ut veritates iste . . . in capsa eburnea cum eo in sepulcro . . . / . . . (des. f. 64ʳ) postulla alba morietur in 11ᵐᵒ die signus quia accidit ei desiderium dulcium.'

— **BMr 12.E.XIII**, ff. 42ᵛ–45ᵛ. *Inc.* 'Pervenit ad nos quod cum Ypocras morti appropinquaret . . . / . . . egritudinis signum est quod desideravit dulcium in principio sue egritudinis. Explicit.'

— **BMsl 282**, 14–15c, ff. 124ʳ–125ʳ. 'Hic tractat Ypocras de signis mortis.' (Pref. *inc.*) 'Pervenit ad nos quod cum ypocras morti appropinquaret precepit ut virtutes iste scripte inferius ponerentur in capsa eburnea et ponerentur cum ipso in sepulcro sue ne aliquis eam detegeret. Cum vero Cesar voluit videre sepulchrum Ypocratis pervenit ad eum . . . (cap. 1). Si in facie infirmi fuerit apostema duri tactus et si . . . / . . . (f. 125ʳ) solis et licet eis centenarius vel plus sive minus efficiens quasi iuvenis sapiens et decorus. Explicit.'

— **BMsl 284**, ff. 72ᵛ–73ᵛ. 'Pervenit ad nos ut cum Ypocras morti appropinquaret precepit ut iste virtutes scripte in hoc libro ponerentur in capsa eburnea . . . (cap. 1) Incipit Ypocras et dicit cum in facie infirmi fuerint apostema . . . / . . . (f. 73ᵛ) desiderium dulcium desiderio vehementi. Explicit deo gratias reddendo. Amen.'

— **BMsl 2320**, ff. 70ʳ–71ᵛ. 'Incipit liber prescientie Ypocratis hic est liber de veritate Ypocratis qui intitulatur conservatio libri prescientie Ypocratis qui inventus est in sepulchro eius in pixide eburnea et sunt xxv propositiones in eo.' *Inc.* 'Pervenit ad nos quod Ypocras cum morti appropinquaret precepit quod virtutes iste scripte in hoc libro . . . (cap. 1) Quando in facie infirmi . . . / . . . (des.) Et signum est quod ei accidit in inceptione egritudinis desiderium dulcium vehementi.'

— **BMsl 3531**, ff. 5ʳ–9ʳ. *Inc.* 'Pervenit ad nos . . . (cap. 1) Incipit Ypocras et dixit:

Quando in facie fuerit apostema . . . / . . .
(*des.*) in crisi magistri dicunt viscositate fieri
viscositate humorum.' At ff. 32ᵛ–34ᵛ, there
follows, without heading: *Inc.* 'Devenit ad
nos quod cum Ypocras morti appropinquaret precepit ut virtutes posite in hoc libro
ponerentur cum eo in sepulchro suo in capsa
eburnea . . . (cap. 1) Incipit ergo Ypo. et
dicit quando in facie infirmi fuerit postulle
. . . / . . . illius est quia accidit ei in inci-
pienti sue egritudinis desiderium dulcium vehementer. Expliciunt secreta Ypocratis deo
gratias.'

— ***Wellcome 203**(6), f. 162ʳᵃ–162ᵛᵇ.
'Capsula eburnea.' 'Pronostica Ypocratis
inventa in capsula eburnea. Liber Veritatis
ab Ypocrate editus.' *Inc.* 'Pervenit ad nos
quod . . . / . . . desiderium dulcium desiderio vehementi. Explicit. Et sciatis quod olea
de phisticis et amydalis iuvantia sunt omnibus speciebus idropisis.'

— ***Wellcome 510**, Miscellanea c. 1450–
1500, item 8, f. 15ʳ⁻ᵛ. Ps.-Hipp. *Capsula
eburnea.* 'Pervenit ad nos quod magister
Ypocrates morti appropinquans . . . / . . .
signum est quod desideravit dulcia in principio sue egritudinis. Explicit.'

Munich: CLM 182, f. 298ʳ⁻ᵛᵇ. 'Incipit
liber qui intitulatur prescientia Hippocratis
qui inventus est in sepulchro eius in pixide
eburnea et est xxv propositionum Hippocratis. Pervenit ad nos cum Ypocrates iam
morte appropinquaret precepit quod veritates iste . . . (cap. 1) Quando in facie infirmi fuerit apostema cui non invenitur tactus . . . / . . . (f. 298ʳᵇ) accidit ei in principio
desiderium dulcium vehementi.' Then follows at f. 298ᵛᵇ: 'Capitula de secretis Ypocratis. Dixit Ypocras cum in sompno aliqua apostema nigra in posteriori parte auris . . . / . . . (f. 299ʳ) cuius sudor assellarum
fetet lepram pronosticat.'

— **CLM 640**, ff. 12ʳ–14ʳ. 'Liber Experimentorum vel secretorum Ypo. Dixit
Hippocras quando in septima die apparuerit
apostema nigrum . . . / . . . (*des.*) cuius sudor
ascellarum fetor lepram pronosticatur. Explicit liber experimentorum . . . Y.' This is followed at ff. 15ʳ–18ʳ by the 'Liber secretorum
Hippocratis. Incipit foelicissime. Pervenit

ad nos quod cum Ypocras morti appropinquaret precepit ut virtutes iste in hoc libro
scripte ponerentur in capsa eburnea et poneretur ipsa cum eo in sepulcro . . . / . . . et
signum est quod accidit in principio desiderium dulcium desiderio vehementi. Liber
secretorum Hippocratis finit.'

— **CLM 683**, ff. 52ᵛ–55ᵛ. 'Secreta Ypocratis. Pervenit ad nos quod cum morti
appropinquaret Ypocras precepit ut virtutes
iste scripte in hoc libro ponerentur cum eo in
sepulchro suo in capsa eburnea . . . / . . .
accidit vero in inceptione sue egritudinis desiderium dulcium vehementi. Expliciunt secreta Ypocratis deo gratias.' (TK 412;
Archiv 2 [1909] 24.)

— **CLM 18444**, ff. 199ʳᵇ–200ᵛᵃ. 'Hippocratis liber pronosticorum intitulatus
Capsula eburnea. Pervenit ad nos quod cum
Ypocras morti appropinquaret precepit ut
veritates scripte in hoc libro ponerentur in
capsa eburnea cum ipso in sepulchro suo . . .
(cap. 1) Quando in facie infirmi fuerit apostema cui non invenitur tactus . . . / . . . (f.
200ᵛᵃ) alba scias quod paciens morietur in
XL (XI) die sue egritudinis et signum est
quod accidit in principio egritudinis desiderium rerum dulcium desiderio vehementi.
Explicit liber secretorum Ypocratis intitulatus capsula eburnea qui est de signis pro-
nosticatis mortis et diei mortis.'

**New Haven: Yale Beinecke Mellon MS
9**, ff. 162ᵛ(151)–163ʳ(152) Anon. 'Incipiunt
signa mortis (hominis) Quando in facie ipsius infirmi fuerit pustula, cui non, invenitur
tactus . . . / . . . accidit ei . . . a privatione
sue egritudinis desiderium dei.' (Cf. TK
1168.)

Oxford: BL 484 (2063), ff. 226ᵛ–228ʳ.
'Incipit Secretum Ypocratis de pronosticatione infirmorum. Pervenit ad nos quod cum
Ypocras morti appropinquaret precepit ut
virtutes iste scripte in hoc libello in capsula
eburnea reponerentur cum se in sepulcro suo.
Epistola Ypocratis. Dicit Ypocras quod
quando in facie infirmi . . . / . . . (*des.*) et
signum illius est quod desiderat a principio
aerem frigidem et cibos frigidos desiderio
vehementi. Et sic est finis. Deo gracias.
Explicit secretum (Ypocratis).'

— ***BL Canon Misc. 564**, ff. 23–(29). 'Hippocratis Liber Pronosticorum. Sequitur De Signis libellus.'

— **BLr D.1210**, ff. 93ᵛ–94ᵛ. 'De pustulis secundum Ypocratem (24 Precepta). Cum Ypocras morti appropinquaret precepit ut virtutes descripte in hoc libro ponerentur in capsula eburnea et poneret ipsam cum eo in sepulchro suo . . . / . . . quod accidit ei in principio desiderium dulcium desiderio vehementi. Explicit liber Ypocratis in latinum translatus a magistro Wilhelmo (*sic*) de C.'

Paris: BN 6988A, 14–15c, ff. 14ᵛ–15ᵛ. 'Incipiunt secreta Ypocratis de iudicandis indicis mortis.' *Inc.* (Cap. 1:) 'In facie infirmi si fuerat apostema cui non invenitur . . . / . . . signum huius est quod accidit ei in principio puritus oculorum. Explicit secreta Ypocratis.' (TK 673.)

— **BNna 481**, ff. 44ʳ–45ʳ. Variant introduction. 'Argumentum, Prefatio, sive exordium huius libri. Antiquissimi medicinae professores tradunt quod cum Hippocrates morti appropinquaret precepit ut iste liber in capsula clausa eburnea cum eo in sepulcro poneretur . . . Cum etiam Cesar vellet Hippocratis sepulcrum inspicere . . . inventa est in eo hoc capsula eburnea . . . Repertus est liber sub triplici titulo ab illustribus medicorum allegatis. Incipit liber Hippocratis qui dicitur capsula eburnea. Divi Hippocratis liber mortis festinae. Incipit liber veritatis ab Hippocrate editus. Incipit Hippocrates et dixit: Quando in facie infirmi fuerit apostema cui non invenitur tactus. Et fuerit sinistra manus eius . . . / . . . (*des.*) quam frigidam desiderio vehementi. Et in alia invenit penuritum vehementer et desiderat comedere olera.' (*Archiv* 9, 90; Diels 38.)

*Prague: Univ. 629, ff. 15ᵛ–19ᵛ. Hipp. de virtutibus signorum et impressionibus et infirmitatibus.'

Salzburg: Codex Musei Carolino-Augustei 4003, f. 105ʳᵃ⁻ᵇ. (Hipp., *Capsula eburnea*). *Inc.* 'Pervenit ad nos quod cum Ypocrates morti appropinquaret . . . precepit ut virtutes iste scripte in hoc libro ponerentur in capsula eburnea . . . / . . . desiderio

vehementi. (*Colophon*) Expliciunt secreta Ypocratis.' The above is followed at f. 105ʳᵇ–105ᵛᵃ, by 'Brevissima epistola Ypocratis hoc est de signis egritudinis . . . / . . . si nares sepe parturientur plus modis querela est. 'Explicit epistola Ypocratis de signis continentis sc. egritudinibus acutis. (Hill Monastic Microfilm Collection, 11639.)

Seville: Bibl. Capit. Columbina 5-5-21, humanist hand of 15c, ff. 135ᵛᵃ–136ʳᵇ. 'Pervenit ad nos quod cum Ypocras morti appropinquaret precepit ut virtutes iste scripte in hoc libro ponerentur in capsa eburnea et poneretur ipsa cum eo in sepulchro suo ne quis detegeret eam . . . / . . . Incipit Ypocras et dixit. Quando in facie infirmi fuerit apostema cui non invenitur tactus . . .' continues with the twenty five signs. (Microfilm provided through the good offices of Dr. Adele Kibre).

Vatican: VA 1098, ff. 21ʳ–22ʳ. Without heading. *Inc.* 'Pervenit ad nos quod cum Ypocras morti propinquaret . . . / . . . dulcium desiderio vehementi. Explicit liber Ypo. de morte veloci.'

— **VAp 1226**, 14–15c, ff. 232ʳ–233ᵛ. 'Pronostica Ypocratis. Cum Ypocras morti appropinquaret precepit ut veritates iste sive mortis signa . . . ponerentur in capsa eburnea . . . in sepulchro suo . . . Et cum Cesar . . .' Then at f. 232ᵛ, the work is repeated: 'Pervenit ad nos quod cum Ypo. morti appropinquaret . . . / . . . (f. 233ᵛ) hec omnia sunt varia signa mortis.' Then follow verses and prose on 'Signa mortis et signa salutis' to f. 235ᵛ.

Vienna: 5504, a 1464, ff. 147ᵛ–148ᵛ. Variant introduction. 'Liber de secretis secretorum Galeni secundum sententiam Hippocratis.' *Inc.* 'Cum ad nos pervenerint secundum descriptiones quasdam tytulorum Ypo. Licet sit restitutis secundum quedam sumptum . . . Cum ergo in facie infirmi apostema . . . / . . . amatores ab eius dictis non deviarunt. Explicit.' (TK 279).

Editions:

See above Hippocrates, *Prognostica (Secreta)* cum aliis notatis (Memmingen, anon. pr. c. 1496) (Klebs 521.1; TK 1460).

With Magninus Mediolanensis, *Regimen sanitatis* (Klebs 640.5).

[Lyons (?), ca. 1500–1505], f. 105^{r-v}. Without introduction. 'Secreta Hypocratis feliciter incipiunt. Dixit Hypocrates quando in die sexta (*sic*) acute egritudinis apparuerit apostema nigrum in posteriori parte auris morietur in decima septima die . . . / . . . spirituum in corpore. Qui piger est ad motum pronosticantur dolorem iuncturarum. Cui sudor assellarum fetet lepram pronosticatur. Expliciunt secreta Hypocratis.' (Thorndike II 924; *Archiv* 9, 104–106; NYAM).

With Maimonides, *Aphorismi* (Klebs 644. 1–2).

Bologna 1489.

Venice 1500. As in Razi, Venice 1497, below.

With Razi, *Liber Almansoris* (Klebs 826. 1–3).

Milan 1481. 'Liber Capsa eburnea.' *Inc.* (Prol.) 'Pervenit ad nos quod Ypocras cum morti . . .' Text: 'Dixit Ypocras cum in somnis apparet apostema nigrum . . .'

Venice 1497. 'Liber pronosticorum Hypocratis dictus Capsula eburnea.' Text *inc.* 'Dixit Ypocras. Cum in somnis apparent (apparet) apostema nigrum . . .'

Venice 1500. With *titulus* and *inc.* as in the preceding.

With Serapion, *Opera medicinalia* (Klebs 911.2 Not listed in contents by Klebs).

Venice 1497, f. 39^{va-b}. 'Liber secretorum Ipocratis gloriosissimi medici Ipocratis pronosticorum liber qui dicitur liber secretorum.' *Inc.* 'Dixit Ipocras cum in somnis

apparet apostema nigrum in posteriori parte auris morietur infirmus xviii die et cum in uncturis idropsis . . . / . . . quicumque iuvenis habens febrem cum dolore capitis incurrens cardiacam . . . morietur quasi subito per tres vel quattuor dies post principium febris. Finis.' At ff. 41^{va-b} is the 'Liber pronosticorum Hypocratis dictus capsula eburnea.' *Inc.* 'Pervenit ad nos quod cum Ypocras morti appropinquaret precepit ut virtutes iste scripte ponerentur in capsa eburnea . . . (cap. 1) Quando in facie infirmi fuerit apostema cui non invenitur tactus et fuerit . . . / . . . (*des.*) scias quod morietur xl die egritudinis sue et signum est quod accidit ei in inceptione egritudinis desiderium dulcium vehemens. Finis.' (NYAM).

Also in *Articella nuperrime impressa*, 1515, f. 77^r (lxxvii)–78(lxxviii). 'Liber Hippocratis dictus capsula eburnea qui (*sic*) in eius sepulcro inventus fertur. Prologus in librum. Pervenit ad nos quod cum Hypocras morti appropinquaret precepit ut virtutes iste scripte ponerentur in capsa eburnea . . . (Text, f. lxxvii verso) Quando in facie infirmi fuerit apostema cui non invenitur tactus . . . / . . . (lxxviii recto) in inceptione egritudinis desiderium dulcium vehemens. Finis.'

And in *Articella*, Lyons 1525, ff. 69^v, 74^r–75^v (*Archiv* 9 [1915] 90-104).

Aldinius, Series (1840), IV, 139, 15c. 'Hipp. liber virtutum. Cum Ypocras morti appropinquaret precepit ut virtutes iste ponerentur in capsa eburnea et ponerentur cum eo in sepulcro suo ne alius eum detegeret. Cum ergo voluit Caesar videre sepulcrum Hippocratis, pervenit ad ipsum . . .'

De carnibus

No Latin manuscripts of this work dating from before 1500 have been located. Diels 32, and Littré VIII 576–615, list no Latin manuscripts of this work; they refer only to an incunabular edition of Venice 1497, with Rasis (Razi), *Liber Almansoris* (Klebs 826.2; HC *13893; BMC V 448; Pol-Belg 3350). However, the copies of this edition so far examined do not contain the work.

X. CHIRURGIA

See also *De articulis* and *De vulneribus capitis*.

Diels (49) lists no Latin translations. However, there are extant fragments of the *Chirurgia* in Latin by an anonymous translator. These fragments pertain largely to cauterization and the healing of wounds.

A. TRANSLATION

Manuscripts:

X–XI Century

Paris: BN 7028, ff. 170ʳ–177ᵛ. 'Incipit liber cyrurgie Ypocratis et qualis debet esse operator ipsius artis. Esse in cyrurgiis debet adolescens, aut certe proprie . . . / . . . ad ea que proprias sedes habent, transibo.' The preceding coincides with a fragment of Celsus, *De medicina*, book VII. Then follows text interpolated by figures (ff. 170ᵛ–177ᵛ). 'Cyrurgia denique dicitur manuum operatio . . . / . . . quia contractione horum locorum faciunt . . . ab intus et foris similiter et in alio.' Edited by C. Vitelli, 'Studiorum Celsianorum Pars I,' *Studi italiani di filologia classica* 8 (1900) 449–488, especially 467–468; also D. Moulin, *De heelkunde in de vroege Middeleeuwen* (Leiden 1964) 93–105; text with Dutch translation and facsimile of f. 170ᵛ–177. (Beccaria 29.13; Wickersheimer LXVI.15; TK 504). In earlier manuscripts of the ixth century there is an anonymous epistola with an incipit similar to the above.

Brussels 3701–15, 9c, f. 12ʳ⁻ᵛ. 'Incipit epistula de fleotomia. Cirurgia dicitur manus operatio communem et utilem . . . / . . .

et ad conglutinandum vulnera.' See also Paris BN 11219, ff. 34ʳᵇ⁻ᵛᵇ; and St. Gall Stift. 751, ff. 495–496. (Moulin [1964] 87–92; Beccaria 6.29; 35.16; Wickersheimer LXXVII.16; Beccaria 133.39).

See also 'Incipit Epistula Hypocratis. Quo modo cognoscamus notas venarum de umis expositionibus quo loca ad medicis incidantur. Constitutas sunt venas in corpore hominum paria quattuor . . . / . . . Item apoferesis facere opportit.' Vatican: VA Reg. Suev. 1143, 9c, ff. 140ʳ–141ᵛ. (Beccaria 106.8.)

XI–XII Century

London: BMsl 2839, ff. 79ᵛ–80 (These folios are not covered by Beccaria 81, on this manuscript). See further Thorndike I 723–724, notes; also Sudhoff in *Beiträge zur Gesch. der Chirurgie im Mittelalter* Heft 10 (1914) 81–92 and tav. XVII; also Heft 11, 1.

XII–XIII Century

Munich: CLM 161, ff. 39ʳ–53ᵛ, includes a series of figures with indications on their bodies for surgery. At f. 46ᵛ, is 'Dicit Ypo. in dispositione de vulneribus . . .' See *De vulneribus capitis* below.

XI. DE CIBIS, DIAETA (CALENDARIUM DIETETICUM)

See also *Dinamidia*, *De herbis*, and *Nutrimentum*.

The *De cibis* or *Diaeta*[1] is, in various recensions, associated with Hippocrates as author,[2] but frequently anonymous in the manuscripts.[3] The contents of

---

[1] Cf. Karl Sudhoff, 'Diaeta Theodori,' *Archiv* 8 (1915) 337–403; Littré IX 98–120; Diels 33.

[2] Printed as by Hippocrates after St. Hildegard, *Physica* (Strasbourg, apud Johannem Schottum, 1533) 245; also in *Experimentarius Medicinae* (*Ibid.*, 1544): 'Theodori Dietam . . . Hippocratis item brevissimam per singulos anni menses' (New York Academy of Medicine).

[3] Anonymus texts which correspond to those attributed to Hippocrates elsewhere are included in the listing below.

the work relate to foods, dietetics, and dietary calendars or the times at which foods were to be taken with their effects, and coincide with 'the diaetetic orientation' of Hippocratic medicine in general. Thus, details regarding the nature and effects of specific foods on man in health and in sickness appear in several of the authentic works that make up the Hippocratic Corpus, namely in *De vetere medicina*, *Aphorismorum liber*, *Acutorum regimen*, *Regimen in sanitate*, and *Regimen I–III*, as well as in those of more distinctly medieval vintage noted below. In the tract on *De vetere medicina*, for example, the art of medicine itself is equated with a discovery that in sickness men do not thrive on the same foods as they do in health. Hence the physician's art was believed to lie in his ability to discover the appropriate foods that would best serve the patient in sickness, as well as in health.[4] The concern with man's food and drink, and the air surrounding him, as implicit factors in the maintenance of his physical and mental health, appears to have struck a responsive chord in both the early and the late Middle Ages as is clearly evident in the large number of dietetic tracts and calendars (many of them in the vernaculars, and hence not covered here), the treatises specifically on foods, herbs, and various forms of nourishment, that have come down to us in manuscript collections listed below.

The following listing groups together those dealing with food or diets according to their content, rather than on the basis of the titles of the texts, which vary greatly.

A. TRANSLATION

Manuscripts:

IX Century

*Bamberg: Staatliche Bibl. cod. med. 1 (L.III.8), f. 8r. Anon.' 'Qualem potionem per singulos menses usare debemus. In mense ianuario gingiber reopontico . . . / . . . mense decembre spico.' At f. 41v, 'Calendarium dieteticum. Mense martio bibat dulce, usitet agriamen. . . .' (Beccaria 48.7, 13.)

*Chartres: Bibl. municipale cod. 70 (45), f. 135r-v. 'Calendarium diaeteticum.' *Inc.* 'Ad cibum vel pocionis quod per singulis mensis usitare oportet. Mense marcio dulciamen . . . / . . . sanare debeant.' At f. 135v, is 'De potionibus singulis mensibus sumendis. Ratio quisque mensis qualis pocionis usitare debes. Mense ianuario gingiber et reopontico . . . / . . . mense novembre spico.' (Beccaria 11.2, 3; Wickersheimer XI, 2, 3.)

---

[4] O. Temkin, *Galenism* (Ithaca N. Y. 1973) 154; Beccaria, *Italia medioevale e umanistica* 2 (1959) 22, 34. See further W. Puhlmann, 'Die lateinische medizinische Literatur des frühen Mittelalters,' *Kyklos* 3 (1930) at 404–416; also K. Sudhoff, 'Diaeta Theodori,' *Archiv* 8 (1915) 377–403, esp. the introduction at 377–378; and Marcellus [Empiricus], in *Corpus medicorum Latinorum* V (Leipzig 1916) 10–13: 'Epistola ad Antiochum,' and 13–17: 'Epistola ad Maecenatem.' See for *Ancient Medicine* (W. H. S. Jones, in Loeb Classical Library) I 17 ff., 25–29; for *Aphorisms, Ibid.* IV 103–107, 113 ff.; *Regimen in Acute Diseases, Ibid.* II 67 ff.; 85 ff.; *Regimen in Health, Ibid.* IV 45–55; *Regimen I, Ibid.* IV 227–231; also *Regimen II* and *Regimen III, Ibid.* IV, 307–343, 367 ff.

*St. Gall: Stiftsbibl. 751, pp. 372–373 'In mense martio dulciamen bibe . . . / . . . mense Februario) aqua calida cum vino bibant.' At pp. 492–493 is 'Calendarium dieteticum. Dica apocrisis per singulos menses quid observare debeant. Mense ianuario mane ieiunus . . . / . . . mense decembre caulis non comedat.' (Beccaria 133.28, 38.)

*Karlsruhe: Badische Landesbibl., cod. Reichenau CXX, f. 211ᵛ. 'Calendarium dieteticum.' Inc. 'Mense ianuarius zinziber et reuponticu bibere debet . . . / . . . (Menses december) quia omnis escas eo tempore confecta sunt.' (Beccaria 56.13.)

Laon: Bibl. communale 426 bis, f. 119ʳ. 'De potionibus singulis mensibus sumendis. Item ratio per quisque menses qualis potionis usitare debemus. Mense ianuario gingiber et reopontico . . . / . . . Mense decembris spico iudaico.' (Beccaria 15.5; Wickersheimer XXVIII.5, 8.) Repeated with some verbal variations at f. 119ᵛ. 'Ratio quisque mense qualis potiones usitare debet homo. Mense ianuarii reopontico . . . / . . . mense decembris spico.' Other 'Calendarii dietetica' at f. 117ᵛ–118ʳ; and ff. 118ᵛ–119ʳ. (Beccaria 15.2, 4; Wickersheimer XXVII. 2, 4.)

London: BMar 166, f. 67ᵛ. 'Item Ratio per quisque mense quales potiones usare debeamus.' Inc. 'In mense ianuario gingiber et reupontico . . . / . . . Hoc ergo erbas et flores collegis temporibus suis et uteris.' Also at ff. 69ᵛ–70ʳ: 'Mense martio bibat dulce et agriamen usitet . . . / . . . et bene deierere in omnibus altissimum (sic) est.' (Beccaria 83.6; 8.)

*Lucca: Bibl. Govern. 296, f. 108ʳ⁻ᵛ. 'Calendarium dieteticum.' Inc. 'Menses ianuarius zinziber et reuponticum bibere debet . . . / . . . (Mense decembre) quia omnes escas eo tempore confecta sunt.' (Beccaria 91.11).

Paris: BN 11218, early 9c, ff. 56ᵛ–57ʳ. 'Calendarium diaeteticum. Hic est virtus de duodecim mensibus quod observandum est propter sanitatem corporum quale observacione debeant habere. Mense martii dulciamen jejunus manducabis . . . / . . . Ista observacio matris est medicine qui ista potuerit observare nullo medico obquerat sanitatem.' (Beccaria 34.20; Wickersheimer LXXVI. 23.)

— BN 11219, f. 169ʳᵃ⁻ᵇ. 'Calendarium dieteticum. Mense marcio bibat dulce usitet agriamen . . . / . . . et bene degerere in omnibus aptissimum est. Expliciunt observationes.' (Beccaria 35.30; Wickersheimer LXXVII. 30.)

In general the succeeding texts are anon. unless otherwise indicated.

Vatican: VA Pal 1088, ff. 60ᵛ–61ʳ. Anon. Inc. 'Ad cibum et potiones quod per singulos menses usitare oportet. Mense martio dulciamen ieiunus . . . / . . . indigent.' (Beccaria 103.6.)

— VA Reg. Suev. 846, f. 113ᵛᵃ. 'Item per singulos menses quid oportet bibere. In mense ianuario reopontico . . . / . . . In decembrio spico. Hoc Hippocrates dixit.' (Beccaria 105.2.)

X Century

Glasgow: Hunt. Museum cod. V. 3.2, f. 32ʳ⁻ᵛ. 'Incipit dieta Ypocratis, quod observare debet homo. Mense Ianuario zinzibar et reuponticum bibere debet . . . / . . . (desinit, Mense decembre) quia omnis escas eo tempore confecta est.' (Beccaria 73.17; TK 868.)

London: BMh 3271, ff. 122ᵛ–123ᵛ. 'Calendarium dieteticum.' Inc. 'Medicina Ypogratis, quid usitare debeatur per singulos menses. De ianuario. Mense ianuario non minuare sanguinem. Potionem contra effocationem tantum bibe et electuarium accipe . . . / . . . Mense decembre potionem ad solvendum bibere, spico usitare.' (Beccaria 76.5.)

Paris: BN 2825, f. 129. 'De potionibus singulis mensibus sumendis. De singulis mensibus qualiter usitare debemus. Mense januarii gingiber et reopontico . . . / . . . Mense novembris cynamomo. Mense decembris spico.' (Not in Beccaria: Wickersheimer XLVIII. 7, anon.)

*Wolfenbüttel: Herzogliche Bibl. 56.18 Aug. 8°, ff. 126ʳ⁻ᵛ, 127ᵛ. 'Mense martio dulciamen genus comedat . . . / . . . (Mense Februario) et omnia membra et oculi sanantur.' Followed at f. 127ᵛ by 'Ratio quales potiones unoquaque mense bibere debet. Mense ianuario reopontico . . . / . . . mense decembre spigo.' (Beccaria 68.5,6.)

XI Century

*Berlin: Preuss. Staatsbibl. cod. Phillipp. 1870, 11–12c, f. 3ᵛ. 'Calendarium dieteticum.' *Inc.* 'Ianuario gingiber et reuponticum . . . / . . . Decembre spicum utere.' (Beccaria 51.3.)

*Brussels: Bibl. Royale 1342–1350, 11–12c, f. 106ʳᵃ⁻ʳᵇ. 'Incipit dieta Ypocratis, quam observare debet homo. Mense ianuario zinziber et reuponticum bibere debet . . . / . . . (Mense decembre) quia omnes escae eo tempore confectae sunt.' (Beccaria 5.8.)

*Copenhagen: Kgl. Bibliothek cod. 1653.4°, ff. 66ᵛ–67ʳ. 'Incipit dieta Ypocratis' as in the Brussels MS, with slight variants of *reponticum*, for *reuponticum*, and *debeat* for *debet*. Also in the *desinit*, *hos* is added after *esca*. (Beccaria 8.6.)

*Herten: Bibl. des Grafen Nesselrode-Reichenstein cod. 192, 11–12c, f. 87ᵛᵇ. Calendarium dieteticum. 'Mense ianuario nullo modo sanguinem minuat . . . / . . . (mense decembri) ventosas imponat; potio spicum.' (Beccaria 55.21.)

London: BMsl 2839, 11–12c, f. 108ʳ⁻ᵛ. Calendarium dieteticum. 'Mense ianuario ieiunus bibe mediam libram vini per singulos dies . . . / . . . sicut ab Ypocrate probatum est.' At ff. 108ʳ and 109ᵛ, there is: 'Item mense ianuario bibe tres gluppos vini cottidie ieiunus . . . / . . . non indigebis sanitate.' (Beccaria 81.9, 10.)

Montpellier 185 (H. 185), f. 160ʳ⁻ᵛ. Calendarium diaeteticum. *Inc.* 'Mense ianuario zinziber et reuponticum bibere debet . . . / . . . quia omnes escas eo tempore confecta sunt.' (Beccaria 16.21; Wickersheimer XXIX.21.)

Munich: CLM 23479, 11–12c, ff. 3ᵛ–4ʳ Calendarium dieteticum. 'In Ianuario sanguinem non minuas electuarium accipias, mane ieiunus de vino albo globos tres bibe . . . / . . . (Decembre) spicum iudaicum et reponticum usita.' (Beccaria 62.6.)

Paris: BN nouv. acq. 229, 11–12c, f. 2ʳ Calendarium dieteticum. 'Quae potio utenda sit per singulos menses. Exponimus atque ordinamus qualiter per unumquemque mensem de herbis potio fiat . . . / . . . in Februario bacas lauri siccas et costum etc.' At ff.

8ʳ–9ʳ: 'Calendarium diaeteticum. Quid unoquoque mense utendum quidve vitandum sit. I. Mense ianuario gingiber reuponticum sarminiam id est cerefolium . . . / . . . XII. Mense decembre bonum est cephalica, id est capitalis vena minuere . . . lentrigines faciei purgat.' (Beccaria 41.2.9; Wickersheimer LXXXVIII. 2, 8.)

*Poitiers 184, ff. 67ᵛ–68ᵛ. *Calendarium diaeteticum.* 'Mense januarii gingiber et reoponticum cum vino albo . . . / . . . quia eo tempore omnes esce sunt confecte.' (Beccaria 43.7; Wickersheimer XCIX.7.)

Vatican: VA 4417, 11–12c, f. 87ʳ. 'Mense ianuario. Zinziber et reuponticum bibe . . . menses februario . . . (etc. for 12 months) . . . quia omnis esca eo tempore confecta est.' (Beccaria 100.6.)

XII Century

London: BMsl 475, ff. 58ʳ–60ʳ. 'Mense martio dultiamen ieiunus comedat . . . / . . . sanitatem integram habebit. Explicit liber tertius.' At f. 82ʳ⁻ᵛ, 'Inditium diversarum potionum per singulos menses bibendarum propter diversas hominum infirmitates. Mense ianuario gingiber sumes reuponticum . . . / . . . et de calore diversos humores commovet.' (Beccaria 78.15.19.)

Munich: CLM 14506, f. 68ʳ. 'Incipiunt dicta (Dieta) Ypocratis per singulos menses. In mense ianuarii ieiunus bibe cottidie iii gluppos vini optimi cottidie et nullo penitus die sanguinem minuere debes . . . / . . . decembre . . . ventosas vel cornua imponat et sic etiam minuat. Potio Spicum.' (Diels 25; TK 691.)

— **CLM 23390**, 12–13c, f. 69ᵛ. 'Quod in quo mense fieri debeat.' See Oxford BLd 53, below.

Oxford: BLd 53 (LXIII), late 12c, f. 67ᵛ. 'Quod in quo mense fieri debeat.' Inc. 'De phisica tractat Ypocras, docet, instruit, aptat . . .' (TK 385).

For other similar tracts on *De cibis*, *Diaeta* or *Diaeta Calendaria*, of the ninth through the twelfth century, all of them anonymous, see Beccaria index pp. 421–422.

XIII Century

Cambridge: CUpet 247, I, f. 22ᵛ. 'Dieta totius anni. Dieta Hippocratis per singulos

menses anni observanda. Mense ianuario
zinziber et rheuponticum bibat (bibere debet) . . . (Diels 25; TK 868).

Madrid: BN 19, f. 90ʳ⁻ᵛ. 'De Dieta Hippocratis per singulos menses anni observan-
dos.' 'Mense ianuario zinziber et reuponticum bibe . . . ' (Beaujouan 1972, 197).

Paris: BN 7030, f. 51ʳᵃ⁻ᵛᵇ. 'Dieta. Mense
Ianuario zinziber et reuponticum bibi . . . '

**Reichersberg (2779), s.n. [11], ff. 36ᵃ–
38ᵇ.** 'Hipp. Dieta per singulos menses observanda.' (*Tit.*) 'Regimen pro quolibet
mense anni.' (*Inc.*) 'In mense Ianuario zinziber et reuponticum bibere debes . . . / . . .
(mense Decembris) . . . spicato condito bibere debet . . . ' (Hill Monastic Microfilm
Library no. 2779).

Vienna: 2425 [Med. CVI] ff. 156ʳ–157ʳ.
'Diaeta per singulos menses anni observan-
do.' Monthly dietetics. 'Dieta quam quisque observet anni circulo.' Printed as by
Hippocrates in 1533 by Schott, Strassburg,
p. 247, between the *Dieta Theodori* and
Esculapius. (*Kyklos* 3 [1930] 406.)

*Würzburg: Bibl. Univ. med. 4⁰2. 'De

custodienda sanitate per tempore anni.'
(Diels 25.)

XIV Century

Paris: BN 7418, 13–14c, ff. 95ᵛᵃ–96ᵛᵇ.
'Hipp. Dieta de circulo anni quod usitare
debet homo per singulos dies (corrected to
menses).' *Inc.* 'Mense ianuario zinziber et
reuponticum bibere debet sanguinem minuere non debet (through December) . . . / . . .
adhibere quia omnis estati temporem confecta est.' At f. 284ʳ is 'Incipit dieta Ypocratis. Bletas non edas assidua labore acri-
monia et pisis utere in Ianuario . . . / . . .
mense Decembrio . . . a caulibus caves.'
(TK 178, 868.)

XV Century

Milan: Ambros. N.95. Sup. f. 201ʳ⁻ᵛ.
'Medicina Ypocratis de sanitate conservanda.' Inc. In primis de mense martii dulce
manduca . . . / . . . (*des.*) vel sanguine eant
parve.'

Vienna 12882, f. 1ʳ⁻ᵛ. 'Regimen sanitatis secundum menses. Uti zinziberi bonum
est. Reuponticum bibere . . . / . . . rebus
hiis itarum sunt.'

XII. DE COMATE

This tract on coma, deep sleep, or unconsciousness is extant only in the
Galenic commentary: *De comate secundum Hippocratem.* [1]

It was translated in the early fourteenth century into Latin from another
Greek text by Nicholas de Reggio: TK 1243; T (1946) 222.

A. TRANSLATION

Manuscripts:

XIV Century

Paris: BN 6865, ff. 198ᵛᵇ–200ᵛᵃ. 'Incipit liber G. De comate sicut dicto ab Ypocrate.' Latin tr. from the Greek by Nicholas

de Regio. (*Inc.*) 'Quid utique significet comatis nomen ab Hip. utrum eam que ad
sompnum cathaphorum . . . / . . . quia nescio cur quidam qui non apponunt hoc s.
nomen frenetici quidam autem non. Explicit.'

---

[1] Greek text ed. J. Mewaldt, *Corpus Medicorum Graecorum* IX 2 (1915) 179–194; Diels 83;
Kühn VI 643; also J. Mewaldt, 'Eine Fälschung Chartiers in Galens Schrift über das Koma,'
Sb. Akad. Berlin (1913) 256–270; and H. Schöne, 'Zu Galens Schrift περὶ τοῦ παρ' Ἱππο-
κράτει κώματος,' *Rheinisches Museum* 71 (1916) 388–405.

Editions:

in Galen, *Opera*:

Venice 1490, I, 125ᵛᵃ–126ᵛᵃ (Klebs 432.1). 'Incipit liber Galieni de comate. Quid utique significet comatis nomen ab Hypocrate u- trum eam que ad summum cataforam sicut quidam commentantium dixerunt . . . / . . . (fol. 126ᵛ, col. 1) quia nescio cur cum quidam

apponant huic s. nomen frenetici hoc s. sunt quidam qui non apponunt. Explicit liber de comate translatus a magistro Nicolao de regio de Calabria.'

Also printed in Galen, *Opera*:

Venice 1515, II, 55ʳ–56ʳ (Lo Parco, p. 296) 'Incipit liber Galeni de Comate.' As in the preceding edition; also Venice 1541, ff. 48ᵛ–50ᵛ.

De compagine, see De natura hominis

XIII. DE CONTEMPTU MUNDI (PHYSIONOMIA)

There appears to be no evidence that Hippocrates wrote on physiognomy, although the study of that subject in antiquity, particularly in the time of Socrates, appears to have flourished. In subsequent years Aristotle introduced the subject into his *De historia animalium*.[1] The subject was also enlarged upon in the *Secreta Secretorum*, falsely attributed to Aristotle.[2] This is probably the basis for the anecdote relating to Hippocrates and physiognomy that found its way into later medieval writings. According to the anecdote, the disciples of Hippocrates had taken a portrait of their master to Philomen, the noted physiognomist, and had asked him for an appraisal of his character and disposi- tion. On the basis of his outward features, they were told that the man depicted was dissolute, deceitful, and lustful. As repeated in the thirteenth century by the noted Dominican scholar and commentator on Aristotle, Albertus Magnus, Hippocrates, on hearing the report, replied that the physiognomist's appraisal of his natural disposition was correct, but that he had by dint of judicious application of his intellect and his love of arduous study changed his natural disposition to that of virtuous practice.[3]

---

[1] *Scriptores physiognomonici Graeci et Latini* (ed. R. Foerster; 2 vol., Leipzig 1893) I lxxxvii ff.; Thorndike I 25; Aristotle, *History of Animals* (tr. D'Arcy Thompson [Oxford 1910] p. xxx); 491ᵇ12–492ᵃ12, 493ᵇ32, 494ᵃ15.

[2] 'Physiognomoniae secreti secretorum Pseudo-Aristotelici versiones latinae,' *Scriptores physiognomonici Graeci et Latini* II 187.

[3] 'Quaestiones super De animalibus,' ed. Ephrem Filthaut, in *Alberti Magni Opera omnia* XII (Münster/W. 1955) 77–321; esp. pp. 94–95, Book I, question 21: 'Utrum physiog- nomia sit possibilis haberi per partes corporis,' anecdote of the life of Hippocrates, p. 95, said to be from Aristotle (according to the editor it is actually from *Secr. secret. de phys.* of pseudo-Aristotle).

The passage follows: 'Dicit enim philosophus quod discipuli Hippocratis figuram eius optime depictam ostendebant optimo physiognomo Philotimo, et quaerebant ab eo naturales mores eius cuius erat imago, et ipse inspecta imagine dixit, quod erat instabilis et incontinens. Et ipsi mirantes et dedignantes, quod de tali viro tanta dixisset, rettulerunt Hippocrati, et ipse respondit, quod ille physiognomus verum dixerat. Sed ipse dixit, quod per discretionem intellectus et amorem studii et virtutis mores naturales mutaverat in contrarium.' The above passage was drawn to my attention by Professor Nancy Siraisi of Hunter College.

A. TRANSLATION

Manuscripts:

XIII Century

Cambridge: CUt 1149, ff. 35ᵛ–37ᵛ. 'Ypocras de contemptu mundi.' *Inc.* 'Postquam consideravi et perspexi . . .' The explicit varies. (Diels, 51; TK 1069.)

London BM Cotton Cleop. B IX, ff. 21ᵛ–25ᵛ. 'Hippocratis liber physiognomicus. Postquam consideravi et perspexi hec tamen turpia esse et reprobanda . . . Signa cognoscenda . . . Scias ergo quod matrix vel embrio est sicut olla fervida decoquando . . .' On f. 21ᵛ, is the statement: 'Hec itaque laus et sapientia est ab operibus Ypocratis quia physonomia nihil aliud est nisi abstinentia et victoria concupiscibilium. Constituti ergo tibi ex hac scientia phisonomie regulas et constitutiones abbreviatas et sufficientes . . . Homo constat ex quattuor humoribus s. flegmate colera sanguine melancholia . . . (f. 23ʳ) terra frigida est et sicca . . . / . . . (f. 25ᵛ) (*des.*) qui se viderit iocunditatem significat.'

— **BMe 843,** ff. 35ᵛ–38ʳ. 'Ipocras de contemptu mundi. Postquam consideravi et perspexi hec tamen turpia esse et reprobanda. Constitui animam meam regem super seipsam et retraxi eam et triumphavi ab eis . . . (continues as in Cotton Cleop. B.IX, above) . . . super retentione concupiscentie mee. Hec itaque laus et sapientia est ab operibus Ypocratis quia phisionomia nichil aliud est nisi abstinentia et victoria concupiscibilium. Constituo ergo tibi ex hac scientia phisionomie regulas et constitutiones abbreviatas et sufficientes. (Rubric) Sig-

na . . . cognoscendi hominis egritudinibus. Scias ergo quod matrix vel embrio est sicut olla fervida decoquendo . . . / . . . (f. 36ᵛ) Qui habet collum breve valde est callidus defraudator astutuis et dolorosus. Qui vero habet collum grossum est stolidus et commestor magnus . . . (f. 37ᵛ–38ʳ) complexio comparatur terra quia terra frigida est et sicca . . . exurit si solis oculo apponatur hominem magnificat et amorem diligit coniugalem.' (TK 1069.)

XIV Century

Cambridge: CUt 1125 (0.2.21), ff. 2ʳ–4ʳ. Without heading, but opens with the *inc.* of Pseudo-Aristotle, *Physiognomia*: 'Et inter ceteras res illa est quam te non oportet ignorare . . . s. cognitio quam investigat et cognoscit anima tua per signum nobile (?) . . . Followed by the words of Ps.-Hippocrates: 'Postquam consideravi et perspexi . . . Hec est itaque laus et sapientia ex operibus Ypocratis quia phisonomia nichil aliud est quam abstinentia et victoria concupiscibilium. Constituo ergo tibi ex hac scientia phisonomie regulas et constitutiones abbreviatas . . . / . . . semper ad meliorem et probabiliorem partem completus est tractatus de signis et moribus naturalibus hominis ad regem magnificum Alexandrum qui dominatus fuit toti orbe dictus monarcha in septentrione.'

*Douai 715, a. 1338, ff. 1–4ʳ, 'Capilli autem plurimi significant . . .' (Diels [1905] 56; TK 186).

XV Century

*Strasbourg 98, ff. 138ᵛ–140ᵛ. 'Hippocrates Phisionomia. Discipuli siquidem Socratis sapientis . . .' (TK 436).

Curis mulierum (De), see Mulierum affectibus, De

Demonstratio, see De arte medicine

XIV. DIES CRITICI

According to Littré, who devoted considerable attention to this tract, this work is a compilation of excerpts from other treatises. The beginning of the work conforms, he notes, to a fragment of Book I of the *Epidemics*. The remainder is found in other tracts, except for one long piece in which it is asserted that the most favorable prognosis for those who are ill is when the causes are not against nature. The same rule applies for all ills since nothing unfavorable or calamitous can come to pass when things conform to nature. A similar passage is found in manuscript Paris BN 7027, below. The tract for which no Greek text is extant was, according to Littré, unknown to Galen, but it was written or formulated when the Greek text of the *De Septimanis*, from which the present tract is derived, was still extant.[1]

A. TRANSLATION

Manuscript:

Paris: BN 7027, 9th cent., fragment within the *De Septimanis*, ff. 32v–55 at 52r. *Inc.* 'Maximum autem signum aegrotantium qui evasuri sunt, est si secundum naturam fuerit causus, sed aliis quidem morbis similiter . . . / . . . Hec autem mundam factam sanitatem ostendit, mediocriter quidem tardiorem, fortius autem celerius.'

XV. DIES EGYPTIACI

Lists of 'Egyptian Days,' a relic of the unlucky days in the ancient Egyptian calendar, anniversaries presumably of the days upon which God afflicted Egypt with the plague, were common in the Middle Ages. For the most part such lists are anonymous, but they are found also attached to the name of Hippocrates as well as to medieval scholars, such as Isidore and Bede.[2]

A. TRANSLATION

Manuscripts:

IX Century

Reims 438, f. 29v. 'Incipit epistola Ypocratis de dies aegyptiaciis. Dies autem aegyptiaciis que per tot anno observare oportet ut sanguinem non minuetur et potionem non accipiet ad solvendum id est IIII nonarum januarii . . . pridie idus decembris XVIII kalendarum januarii. (Wickersheimer CIV.1; not in Beccaria.)

For other anonymous tracts and verses on Egyptian days of the ninth century, of which some are attributed to Bede and to others, see Beccaria, pp. 458–459, 'Giorni Egiziaci'; also Wickersheimer XXII, 5, 6, 10; XXXVIII, 1; XCIX, 6.

---

[1] See M. E. Littré, 'Traduction latine inedite du traité des Semaines, livre attribué à Hippocrate' (1837) 14; also Littré I (1839) 398–400.

[2] See Thorndike I 685–688; 695–696; R. Steele, 'Dies Aegyptiaci,' *Proceedings of the Royal Society of Medicine* 13 (1920) 6; Littré I 399; L. C. McKinney, *Early Medieval Medicine* (Baltimore 1937) 202; also G. Keil, 'Die verworfenen Tage,' *Sudhoffs Archiv* 41 (1957) 27–58.

X Century

Paris: BN 2825, f. 126ᵛ. 'Incipit Epistola Ypocratis de diebus egiptiatiis. Dies autem egiptiatiis que per tot anno observare oportet, ut sanguinem non minuetur et potionem non accipiet ad solvendum. Item IIII nonarum ianuarii, IIII kalendarum februarii, VIII iduum februarii, IIII kalendarum martii, V kalendarum aprilis . . . / . . . VIII kalendarum decembris, II iduum decembris, XVIII kalendarum januarii.' (Wickersheimer XLVIII.4, and see XLVIII.6; not in Beccaria.)

In the same manuscript at f. 128, there is another but anonymous tract, 'De diebus aegyptiacis.'

XI Century

Copenhagen: Kgl, Bibl. 1653 4°, f. 184ʳ. Anon. 'Dies egiptiaca quod per totum annum observari debent, ut sanguinem non minuetur nec potio ad solvendum sumatur. Idem IIII non.ianuarii . . . / . . . XVIII kal. ianuarii.' (Beccaria 8.20.)

Dieta, see De cibis

Dieta (Liber acutorum lib. IV), see Acutorum regimen

London: BMsl 2839, f. 107ʳ. 'Dies egiciacae quibus per totum annum observare oportet sanguinem non minuere et potionem non accipere ad solvendum id est IIII nonarum januarii . . . / . . . in decembre luna XII.XVII. (Beccaria 81.11.)

XII Century

London: BMsl 475, 12c, f. 8ʳ. 'Dies egiptiaci, qui per totum annum obervandi sunt, ut sanguis non minuetur nec potio sumetur. Idest IIII non. ianuarii . . . / . . . XVIII kal. ianuarii. Explicit liber primus. (Beccaria 78.6.)

Poitiers 184 (288), 11–12c, f. 69ʳ⁻ᵛ. Anon. 'Hi sunt dies egiptiacos, quos per totum annum observare oportet, sanguinem non minuere et potionem non accipere ad solvendum . . . / . . . Nam sunt tres dies isti observandi per omnia: VIII kal. aprilis . . . / . . . XX die convalescit.' (Beccaria 43.9; Wickersheimer XCIX.9. Also attributed to Bede, PL 90 960.)

XVI. DINAMIDIA (DYNAMIDIA) or DE VICTUS RATIONE (PERI DIAETES)

See also *De cibis*, *Dogma*, and *De herbis*

Dinamidia (Dynamidia) is here used for compilations of medicaments or pharmacology.[1]

A. Translation

Manuscripts:

VII Century

London: BMh 5792, f. 273. Hippocrates, Dinamidia excerpts. *Inc.* 'Ubi cogitaverunt de vita et hominum corpus confectione . . . / . . . (des.) Expl. dabis ut supra scriptum est.' According to Sabbadini, Nicolaus Cusanus obtained possession of the above manuscript containing the famous grecolatin gloss while he was attending the Coun-

---

[1] See L. C. Mackinney, 'Dynamidia in Medieval Medical Literature,' *Isis* 24 (1936) at 404 ff.; and his 'Multiple Explicits of a Medieval Dynamidia,' *Osiris* 10 (1952) 195–205; also W. Puhlmann, 'Die lateinische medizinische Literatur des frühen Mittelalters,' *Kyklos* 3 (1930) at 404–06.

cil of Basel in 1437. He thus brought to light the *Dynamidia*, bearing the names of Hippocrates and Galen, in addition to the gloss. (Sabbadini, *Scoperte* I 112, 118; TK 1595; Diels [1906] 94; not in Beccaria.)

VIII–IX Century

Paris: BN 11218, ff. 42^v–48^v, 65^r–98^v. 'Incipiunt dogmida Epogratis et Galieni et Surani. Ubi cogitaverunt de vita et corpus humanum generis et confectionis quas ipsi operati sunt et cogitaverunt, cognoverunt, sicut alii dictaverunt, secundum confeccionis diversas antidotis epitimarum vel universarum medicaminum . . .' A series of antidotes, recipes or medicines follows at f. 43 ff. (Diels [1906] 94; TK 1595; Beccaria 34.16; Wickersheimer LXXVI.19).

IX Century

*Cheltenham: Phillipps 386, early 9c, ff. 1^r–22^v. 'Ippocrate, De victus ratione. L.II. Incipit peri dietes Ippocratis hoc est de observatione ciborum. De positione locorum. Regiones adaeque uniuscuisque positione et natura qualiter sese habeant ut agnosci possint . . . / . . . De laboribus corporalibus paulatim vero reddatur homo priscae consuetudini cum moderamine.' Ed. Mai, *Classici autores* 7 (1835) 339–458; V. Rose, *Anecdota* II 151–160; *Isis* 24 (1936) 406–407. (TK 1345; Diels 25; Beccaria 72.1.) Cf. with Dynamidia, Lib. I-III: Beccaria 101.15; and 103.8: 'Lib.I. Regiones . . .' The suggestion has been made that the text in this and the following examples relates to the 'Hippocrates de herbis et curis diversosque alios medendi arte compositos quos vobis in bibliotheca nostra . . .' mentioned by Cassiodorus in the early sixth century (V. Rose, II 119, 127; Littré VI 466–636, *De victus ratione* I–III).

*St. Gall: Stiftsbibl. 762, pp. 25–72. Anon., 'De virtute herbarum et de cibis (Dynamidia, L.I.I-III). Prol. de virtutibus herbarum.' *Inc.* 'De situs locorum vel elementa omnium quemadmodum . . . (p. 28). I. De ciborum igitur virtutem et naturam singulorum ita debemus agnoscere . . . III-De virtute ordei. Virtutem ordei humida natura est et frigida . . . / . . . omnia autem poma agrestia indigestibili adprobabunt.'

Ed. V. Rose, *Anecdota* II 119, 131–150. (TK 391; Beccaria 137.1.)

At pp. 187–216: 'Incipit liber (quartus) Ippocratis medici de cibis vel de potum, quod homo usitare debet et quod virtute unaquaque in se continet. In primis. 1. De bubula. Bubula fortissima est et vix egeritur (eieritur) nec non conficit in ventre . . . / . . . (XLI. De otium) que venter et carnes extenuantur.' Ed. V. Rose, *Anecdota* II 151–156. (TK 182; Diels 25; Beccaria 137.4).

Paris: BN 7027, 9–10c, ff. 55^r–66^r. 'Incipit liber peri diaetis ipsius Ypogratis. Cum pervidissem eos, qui prius conscripserunt de ratione medicine civorum (ciborum) vel sola causa cognosci potest salutis hominis optime . . . / . . . et ita rerum dicere.' Ed. Lib. I, Prologus, cap. 1–2; H. Diels, 'Hippokratische Forschungen,' *Hermes* 45 (1910) 125–150; *Hermes* 46 (1911) 261 f. (Kibre [1945] 405; TK 330; Diels [1905] 25, 45, 46, 261; Beccaria 28.5; also *ibid.* [1959] 28 et passim; Wickersheimer LXV.5.)

Vatican: VAp 1088, late 9c, ff. 91^r–115^v. Anon., 'Dynamidia L.I-III. L.I. Incipit de regiones et provincias. Regiones atque uniuscuiusque possessionum et natura . . . II: De Ventis; III (f. 93^v) Incipit Dinamidia. Igitur virtutem et naturam singulorum ita debemus observare (agnoscere) . . . Hordei natura humida est et frigida . . .' (TK 657, 1345; Beccaria 103.8).

XI Century

Vatican: VA 4418, ff. 150^r–171^r. Anon. (Dinamidia L.I-III). Liber I (f. 150^r). 'Regiones atque uniuscuiusque possessionum et natura . . .' (Then prol. f. 151^r) 'Igitur virtutem et naturam singulorum ita debemus agnoscere . . . / . . . ut se habeant explanabo.' Text: 'Ordei natura humida est et frigida . . .' (TK 657, 1345; Beccaria 101.15; cf. Diels 25; Littré I 385; Rose II 127).

London: BMsl 84 (670), ff. 34^r–40^r. 'Incipit prologus (prosonum) in dinamidia Ypocratis. Igitur virtutem et naturam singulorum ita debemus agnoscere qualiter ad singula parati esse debemus precedente sermone. Narrabo itaque cibi et potus virtutem et naturam . . . apla euporista medicamenta . . . / . . . id est simplicibus medicamentis disponimus agere ut uniuscumque virtutem et substantiam et operationem scribemus que facile per agros inveniuntur utiles ad sanandum queque unicuique passioni singulari adiutorio subvenire possunt. Explicit.' (Text ff. 34ᵛ–40ʳ) *Dinamidia, inc.* 'Ordei virtus frigida et humida est purgantium . . .' At f. 40ʳ⁻ᵛ: 'Incipit liber dietarum Ypocratis de diversis cibis. De bubula est et vix egeritur necnon conficit in ventre . . . / . . .' ends incomplete with 'De cattinis.' (Pr. V. Rose *Anecdota* II 151 ff.; TK 657, 1018; Beccaria p. 416, and see 77.9, ascribed to Theodorus. For other similar texts ascribed to Theodorus, see Beccaria 5.10, 40.9, 47.6; Wickersheimer LXXXV.9, and CXVIII.10.)

XIII Century

Florence: FL Plut. LXXIII. cod. 23, ff. 92–95. Anon., variously ascribed. 'De

cibis et potibus preparandis infirmis videamus . . .' (TK 367 item 8; Bandini III 65). For the *De victus ratione*, see Littré VI 25; Diels 23. The section on diets is also said to be Book II of the *Regimen sanitatis*: Littré V 529–589. According to Diller, *Philologus, Suppl.* 23 Heft 3 (Leipzig 1932) 51, this is the Latin translation of the first book of the *De diaetis*: Littré I 385; Rose II 127. Diels noted an edition of this translation in *Hermes* 25 p. 137; 46 p. 261.

*Vatican: VA Regin. 1004, f. 39. (As in St. Gall Stiftsbibl. 762, ff. 187–216, above Diels 25.)

XV Century

Vienna: 5522, ff. 101ᵛᵇ–110ᵛ. 'Inquit Hippocrates. Potus vini balneatio . . .' (TK 749).

Disciplina, see De arte medicine

Doctrina, Documenta, see De contemptu mundi (Physionomia)

XVII. DOGMA (DOCTRINA or DOGMIDA)

See also *Dinamidia* and *Epistola ad Antiochum*.

A. Translation

Manuscripts:

XI Century

*Brussels: Bibl. royale 1342–1350, ff. 42ᵛᵇ–43ᵛᵇ (Fragments of the *Epistola ad Antiochum*). *Inc.* 'Corpus igitur hominis dividimus in quattuor partes . . . / . . . sine vallatione medicorum.' (Beccaria 5.3.)

*Copenhagen: Kgl. Bibl. 1653, ff. 75ᵛ–76ᵛ. 'Item docma Ypocratis.' *Inc.* 'Corpus igitur hominis divisum est in quattuor par-

tes . . . / . . . (*des.*) sine ullo auxilio medicorum.' (Ed. R. Laux, 'Ars medicinae,' *Kyklos* 3(1930) 430–432; Beccaria 8.9, indicates the work as a partial reworking of the *Epistola ad Antiochum*.)

Vatican: VAbarb 160, ff. 141ʳ–142ʳ. 'Dogma Ypochratis.' *Inc.* 'Corpus hominis divisum est in quatuor partes . . . / . . . (*des.*) eleborum, lacteri de sperma.' (Beccaria 108.15.)

XVIII. DE ELEMENTIS GALIENI SECUNDUM HIPPOCRATEM

This tract, which appears in several variant forms in Latin manuscripts dating from the twelfth century, was translated from the Greek by an anonymous translator or translators; and from the Arabic by Gerard of Cremona, who is named as translator in some instances. At least five different versions of the text can so far be distinguished.[1]

A. TRANSLATIONS

1. ANONYMOUS TRANSLATION

Manuscripts:

XII Century

Munich: CLM 23535, ff, 27ʳ–28ᵛ. Anon. *Inc.* 'Elementum est in mundo totius corporis minima pars . . .' (TK 497; apparently the same as the text noted below).

XIII Century

London: BM Cotton Galba E. IV, ff. 200ᵛᵃ–201ᵛᵃ. Anon. *Inc.* 'Elementum in mundo . . . / . . . quod cumque enim horum accipies alterum ab altero nasci videbis. Explicit.' Cf. Haskins 94; R. C. Dales, 'Anonymi De Elementis,' *Isis* 56 (1965) 174–189; *id.*, 'An Unnoticed Translation of the Chapter De Elementis from Nemesius De Natura Hominis,' *Mediaevalia et Humanistica* 17 (1966) 13–19. Neither Haskins nor Dales noted the possible connection between this text and the tract attributed to Galen and Hippocrates.

Paris: BN 544, ff. 67–68. 'Ps. Aristotle, De elementis.' *Inc.* 'Elementum in mundo . . . / . . . ab altero nasci videmus.'

2. ANONYMOUS TRANSLATION

Manuscripts:

XIII Century

Avranches 232, ff. 126ʳ–138ʳ. Galen, *De elementis secundum Ypocratem. Inc.* 'Quoniam elementum minima est particula . . .'

(TK 1274; Diels 63–64; AL 408, 1589; Kibre [1945] 398).

XIV Century

Munich: CLM 35, 13–14c, ff. 55ᵛᵃ–60ᵛᵃ. Galen, *De elementis.* 'Quoniam elementum est minima particula cuius est . . . / . . . existit natura violenter attractio. Explicit liber de elementis G. Wilelmus Scotus (*sic*).' (TK 1274.)

Vatican: VA 2375, ff. 91ʳᵃ–99ᵛᵃ. 'Quoniam elementum minima est particula cuius est elementum. Minimum autem non idem sensui apparet . . . / . . . (f. 99ᵛᵃ) consequenter aliquis aliorum humorum quicumque utique deinceps existit in natura violenter attractio. Explicit liber de elementis Galieni.'

XV Century

Oxford: Merton 218, ff. 2ʳ–7ᵛᵃ. 'Incipit liber Galieni De elementis secundum Ypocratem ('Interprete Nicolae Leonicene' in (a later hand). *Inc.* 'Quoniam elementum minima est particula eius . . . / . . . (as in ed. Junta 1556, I, Part II, 2) Explicit liber Galieni de secundum Ypocratem elementis.'

3. ARABIC-LATIN TRANSLATION BY GERARD OF CREMONA

Inc: 'Quoniam cum sit elementum minor . . .' This version is attributed to Gerard of Cremona, see New Haven Yale (Cushing Galen MS), 13c, below (TK 1269), Paris BNna 1482 below.

---

[1] See Diels (1905) 46, 53, 63–64, 113, 131; TK 496, 984, 1269, 1274; R. Durling, 'Corrigenda and Addenda to Diels' Galenica,' *Traditio* 23 (1967) 461–76 at 465.

Manuscripts:

XIII Century

Montpellier: Mon 18, ff. 2ʳ–8ᵛ, with miniatures, head with red tunic and black beret. ' Incipit liber Gal. de elementis secundum sententiam Ypocratis. Quoniam cum sit elementum minor pars eius cuius est elementum et pars qui est minor partium . . . / . . . (f. 8ᵛ) unus reliquorum humorum ɐi est ille qui sequitur in natura sua illum humorem qui attrahitur violenter. Expletis est liber G. de elementis secundum sententias Ypocratis. Deo gracias.' Also at ff. 124–131.

New Haven: Yale (Cushing Galen MS), ff. 1–11ʳ. ' Incipit liber Galieni de elementis [secundum Hippocratem]. Cap. I in quo investigat utrum accipiendum sit elementum secundum se ipsum (sensum, ed.) vel secundum naturam. Quoniam cum sit elementum minor pars eius cuius est elementum . . . / . . . (f. 11ʳ) in natura sua illum humorem qui adtrahitur violenter. Explicit liber elementorum Galieni.' Said to be: ' vertit ex arabico Hunayn Gerardus Cremonensis' [but there is no indication of this in the MS]. This is a beautiful 13th c. MS with marginal notes in a 14th c. hand.

Oxford: Balliol Coll. 231. ff. 2–9ᵛ. ' Hic incipit liber elementorum Galieni. Quoniam cum sit elementum minoris (corrected to minor) pars eius . . . / . . . atrahiter violenter explicit etc.'

Paris: BN 15456, ff. 133ʳᵃ–142ᵛᵃ. ' Quoniam cum sit elementum minor pars eius . . .'

— **PU 125,** ff. 1ʳᵃ–9ᵛᵃ. A beautiful MS. ' Primus liber G. de elementis. Quoniam cum sit elementum minor pars eius cuius est elementum . . . / . . . et est ille qui sequitur vel natura sua illum humorem qui attrahitur violenter.'

XIV Century

Cambridge: CUpet 33, 13–14c, ff. 124–131. ' Incipit liber G. de elementis. Quoniam cum sit elementum minor pars eius cuius est elementum . . . / . . . in natura sua illum humorem qui trahitur violenter. Expletus est liber Galeni de elementis secundum sententiam Ypocratis.' (TK 1269).

***Cues 297,** 13–14c, ff. 137–146. (*Liber de elementis ex Hippocrate.*) *Inc.* ' ' Quoniam cum sit elementum minor pars . . . / . . . qui attrahitur violenter. Explicit liber Galieni de elementis secundum sententiam Ypocratis.'

***Cues 298,** 13–14c, ff. 46–53. Galen, *Liber de elementis secundum sententiam Hippocratis. Inc.* ' Quoniam cum sit elementum . . . / . . . (as in preceding) qui trahiter violenter.'

Erfurt Ea F 249, 13–14c, ff 236–246. Usual title. *Inc.* Quoniam cum sit elementum minor . . . / . . . humorem qui attrahiter violenter.'

Munich: CLM 5, ff. 1–9ᵛᵃ. ' Quoniam cum sit elementum . . . Cap. I. Oportet igitur ut consideramus qualiter sit una . . . / . . . qui attrahitur violenter. Explicit liber elementorum. Gloria deo gratias.'

Paris: BN 7015, ff. 15ʳᵃ–22ᵛᵃ. Parchment, without heading. Nicely decorated caps. *Inc.* ' Quoniam cum elementum sit minor pars eius cuius est elementum et pars que est minor . . . / . . . est ille qui sequi in natura sua illum humorem qui attrahitur vehementer. Explicit liber G. de elementis secundum sententiam Ypocratis.' (This is in a later hand.) At ff. 55ʳᵃ–69ʳᵃ is a Commentary by Nicolaus Anglia: ' Sicut dicit philosophus in primo Physicorum . . . / . . . (f. 69ʳ) explicit Liber de elementis.'

— **BN 11860,** 13–14c, ff. 1ʳᵃ–8ᵛᵃ. From St. Germain des Prés. Galen, De elementis secundum sententiam Hippocratis. *Inc.* ' Quoniam cum sit elementum minor pars . . . / . . . et est ille qui sequitur in natura illum humorem qui trahitur violenter. Explicit liber Galieni de elementis secundum sententiam Ypocratis. Deo dicamus gracias etc.'

— **BN 14389** (St. Victor), ff. 1ʳ–11ʳᵇ. Parchment, nicely illuminated cap. *Inc.* ' Quoniam cum sit elementum minor pars eius . . . / . . . (f. 1ᵛ) et que sentiat in prefficeren in se et possibilis est. Then follows f. 1ʳ(bis) with the same text repeated to (11ʳᵇ) ' Incipit liber G. de elementis secundum sententiam Ypocratis verba Galieni.' (inc. as above) . . . / . . . (11ʳᵇ) ' in natura sua illum humorem qui atrahitur violenter. Explicit liber G. de elementis secundum sententiam Ypocratis.'

— **BNna 343** (Cluny 71), ff. 1ra–14va. 'Liber Galeni de elementis secundum sententiam Ypocratis. Verba G. Quoniam cum sit elementum minor pars eius cuius est elementum ... / ... sequitur cum unus reliquorum humorum et est ille qui sequitur in una sua illum humorem que attrahitur violenter. Completus est liber G. de elementis secundum sententiam Ypocratis.'

— **BNna 1482**, ff. 78va–86r. 'Incipit liber G. de elementis secundum sententiam Ypocratis translatus a magistro Gerardo Cremonensi in Toleto. Verba G. Quoniam cum sit elementum minor pars eius cuius est elementum et pars que est minor ... / ... (f. 82vb – end of book I) ... que finitus est totaliter rerum que commisceantur in libro nostro de medicinis. Expletus est primus tractatus G. de elementis secundum sententiam Ypocratis. Incipit secundus tractatus. Iam alia hora trium est ut incipiam in sermone secundo dico ergo quod Ypo. postquam ostendit quod ea ... / ... (86r) et est ille qui sequitur in natura sua illum humorem qui attrahitur violenter. Expletus est liber G. de elementis secundum sententiam Ypocratis gratia sit Christo quoque tactori benedicto' (86v blank).

Vatican: VA 2378, ff. 43ra–48vb. Galen, *De elementis*, libri II. *Inc.* 'Quoniam cum sit elementum minor pars eius cuius est elementum et pars qui minor est ... / ... sequitur cum unus reliquorum humorum et ille qui sequitur in natura sua illum humorem qui attrahitur violenter. Completus est liber G. de elementis secundum sententiam Ypo.' (TK 1269).

— **VA 2381**, ff. 209vb–219va. Galen, *De elementis*, lib. II. 'Quoniam cum sit elementum minor pars eius cuius est ... / ... in natura sua illum humorem qui attrahitur violenter. Explicit liber secundus G. de elementis et finitus est non totus. Deo gratia. (220r-v blank, followed by *De febribus ad Glauconem*, ff. 221ra–232vb.)

— **VAp 1094**, ff. 1ra–11va. Galen, *De elementis. Inc.* 'Quoniam cum sit elementum minor pars eius ... / ... in natura sua illum humorem qui attrahitur violenter.

— **VAurb 235**, ff. 143ra–149ra. 'De elementis secundum sententiam Y. lib. I–II' *Inc.* 'Quoniam cum sit elementum minor pars eius cuius est elementum ... / ... qui sequitur in natura sua illum humorem qui attrahitur violenter. Amen et Christo gratias. Completus est liber G. de elementis Explicit liber G. de elementis.'

— **VAurb 247**, ff. 109va–117va. Translated by Gerard of Cremona. *Inc.* as in the preceding item (TK 1269).

Vendôme 234, ff. 54–63. *Inc.* 'Quoniam cum sit elementum minor pars eius ...' (TK 1269).

XV Century

*Dresden Db 91, ff. 1ra–(10), attributed to Hippocrates.

Vienna: VI 2467, ff. 98r–105r. 'De elementis secundum Hipp.' 'Initium deest.' But the explicit identifies it with the preceding items (see Mon 18, ff. 2r–8v) '... / ... reliquorum humorum et est ille qui sequitur in natura sua illum humorem qui atrahitur violenter. Completus est liber G. de elementis secundum sententiam Ypocratis.'

4. ANONYMOUS TRANSLATION

Inc: 'Cum omne elementum ...' 'Cum elementum sit minima pars ...'

Manuscripts:

XIII Century

Vatican: VA 4432, ff. 1ra–80rb. Libri VII. *Inc.* 'Cum omne elementum ex elementis corpus generatur ... / ... consolidate habent et mundificare. Expliciunt.' 80v blank except for some notes.

XV–XVI Century

Vatican: VA 3900, ff. 45r–76v. 'Galeni in elementa Hipp.' 'Cum elementum sit minima pars eius rei cuius est elementum nec idem et sensui videatur et re vera sit minimum quippe ...' FF. 81r–82v appear to be a continuation of the above; work ends incomplete. Marginal notes throughout.

Editions:

Opera Galieni:

1490, II ff. 1r–7va. 'Explicit liber Galieni de elementis secundum sententiam Hippocratis.' Copy in Yale library. Elsewhere it is 1490, I, ff. 217ʳ–223ᵛᵃ. (TK 1269)

1515, I ff. 22ʳ–28ʳ. 'Gal. principis medicorum lib. prim. de elementis feliciter incipit. Quoniam cum sit elementum minor pars eius cuius est elementum . . . / . . . et est humorem qui attrahitur violenter. Explicit lib. Gal. de elementis secundum sententiam Hippo.'

1528, Venice, I ff. 25ᵛ–32, translated by Gerard of Cremona.

1575, *De elementis Galieni secundum Hippocratem* lib. II.

5. ANONYMOUS TRANSLATION

Inc.: 'Omnem elementum . . .'

Manuscripts:

XIV Century

Oxford: **Magdalen Coll. 175**, ff. 172ʳᵃ–191ʳᵃ. 'Omnem elementum in prima est particula quoniam cum sit elementum minor pars (eius) cuius est elementum . . .'

B. COMMENTARY

1. COMMENTARY OF ANTONIUS DE SCARPARIA Doctor of Arts and Medicine at Bologna, 1377–1422. Cf. 'Antonio della Scarperia, of Florence (fl. 1389–1401),' J. H. Cotton, *Name List from a Medical Register of the Italian Renaissance 1350–1550* (Oxford 1976), 9.

Manuscript:

Vatican: **VA 4447**, a. 1386, ff. 257ʳᵃ–266ᵛᵇ. 'Questiones quedam De elementis. Questio est hec: Utrum eodem (?) elementum in . . .'

2. COMMENTARY OF NICOLAUS ANGLIA (not identified).

Manuscript:

Paris: **BN 7015**, 14c, ff. 55ʳᵃ–69ʳᵃ. *Inc.* 'Sicut dicit philosophus in primo Physicorum . . . / . . . (*des.*) 'Et in hoc finitur sententia libri de elementis cum Dei laudibus et auxilio. Si quis autem velit librum hunc per capitula distinguere tot possunt esse capitula quot facte sunt distinctiones secundum lecturam et erunt rubrice capitulorum secundum intenciones lectionum. Explicit liber de elementis.'

XIX. EPIDEMIA

The Hippocratic work commonly known as *Epidemics* or *On Popular Diseases* was generally held to be authentic by ancient authors and commentators on Hippocrates. However, of the seven books into which the work was divided, Littré has shown that books II, IV, V, VI, and VII are usually attributed to authors other than Hippocrates.[1]

The work was apparently unknown in Latin translation as a whole until the late fifteenth or early sixteenth century. Only the sixth book, subdivided into eight parts, was available earlier, that is from the twelfth century onward, in a Latin translation from the Arabic by Simon Januensis, together with a commentary by Johannes Alexandrinus, the Greek physician of the late sixth

---

[1] Littré II 593–594; V 40–41. I have not had the opportunity to consult the recent edition: *Ioannis Alexandrini Commentaria in sextum librum Hippocratis Epidemiarum* (recognovit et adnotatione instruxit C. D. Pritchet; Leiden 1976).

or seventh century.[2] In the thirteenth and fourteenth centuries the work circulated in translation, together with a commentary by Galen.[3] The *Epidemia* was translated in its entirety from the Greek at the close of the fifteenth or early sixteenth century by Manente Leontini, who dedicated his translation to Pope Leo X.[4]

The term *Epidemia* or *Epidemics* in the Hippocratic tract refers, as is noted by Littré (II 530), not to the description of what are today generally understood as epidemic diseases, but rather to the description of the ills that prevailed under specific atmospheric conditions or constitutions during a given four years and of the maladies that reigned under their influence. For his specific observations, the author had fixed upon three separate series of years. For the first three years he fixed the time and place at the island of Thasos, opposite the city of Abdera. For the fourth, he did not name the place, but recorded his observations for the autumn and at the end of the year and noted the solstices, the equinoxes, and the rising and setting of the various constellations, Sirius, Acturus, and the Pleiades.

The sixth book of the *Epidemics*, which is believed to belong to a period later than the preceding five books, is generally thought to be of Cnidian origin, since it departs somewhat from the Hippocratic doctrine of a general pathology and gives greater attention to specific symptoms than is usual in the Hippocratic writings. In addition to general information on hygiene, gymnastics, and pathology, there are several reports on individual case histories and an interesting account of a coughing epidemic, somewhat similar to an influenza wave, that took place at Perinthus in the winter. This sixth book is still considered to be useful because of the fund of information provided on diseases and fevers prevalent in warm regions.

---

[2] Temkin, in *Kyklos* 4 (1932) at 51 ff., 67; V. Rose, 'Ion's Reisebilder und Ioannes Alexandrinus der Arzt,' *Hermes* 5 (1871) 205–15. A *Liber Epidemiarum* is included in the twelfth century along with several other Hippocratic works in a list of books donated to St. Cuthbert's church at Durham by master Herebutus, a physician: Becker, *Catalogi bibliothecarum antiqui* (Bonn 1885) 243 items 117, 465. The work was reproduced not only in Latin manuscripts, but also in incunabula editions of the *Articella:* Klebs 116.2–6; also in the sixteenth century *Articella* of Lyons, 1525, etc. See the Littré reference in note 1 above.

[3] The Galenic commentary to the sixth book is extant only in Latin translation. See R. Fuchs, 'Geschichte der Heilkunde bei den Griechen,' in: *Puschmann Handbuch* I 205; Diels (1905) 10, 19, 104; Diels (1906) 51; and the manuscripts listed below; also Littré V 267–357. The work was included in the thirteenth-century *Biblionomia* of Richard of Furnival (Delisle, *Cabinet* II 533 item 133).

[4] For the handsome MS in the Laurentian Library at Florence see below. The text is preceded by a letter of dedication to Pope Leo X, by the translator. Bandini (III 31) dates the MS as 15th century. However, if the letter of dedication to Pope Leo X represents the date of the completion of the translation, it should be dated early 16th century, since Leo X did not become pope until 1513.

A. Translations

1. Arabic-Latin Translation by Simon Januensis

Translator's pref. inc. 'Liber epidemiarum a multis multotiens vobis approbatus . . .' Text: (*Inc.*) 'Quibuscumque ex dissolutione circa matricem et tumorem in capitis gravedinem . . . / . . . (*Des.* apparently without comm.) Multa fecimus et nichil profecimus quia non omnino mulieres omnes curantur. Expliciunt epidimie Hyp.'

Comm. (Joh. Alexandrinus) (*Inc.*) 'Quoniam (Postquam) determinavit Ypocras de acutis morbis . . . / . . . (*des.*) fuerunt medici et multa fecimus et nihil proficiemus. Expliciunt commenta sexte epidimie Ypo. a voce Iohannis Alexandrini magni medici et sophistici.'

See Diels (1905) 10, 19, 104; (1906) 51; 818, 1272; Kibre (1945) 396–97; Kühn (Leipzig 1825) I xxxiii–xlvi; III 382–706; Littré II 598–717; V 267–357; D. W. Singer, 'Some Plague Tractates,' *Proceedings of the Royal Society of Medicine* 9 (1916) 159–202; *id.*, 'An Early Latin Text of the Sixth Book of the Epidemics,' *Proceedings of the Third International Conference of the History of Medicine* (Anvers 1923) 1–4; E. Wenkebach, *Pseudogalenische Kommentare zu den Epidemien des Hippokrates* (Berlin 1917).

Manuscripts:

XIII Century

Cambridge: CUsj 78 (D. 3), ff. 68rb–70ra. *Inc.* (translator's prefaces as above): 'Liber epydimiarum a multis . . .' Text: 'Quibuscumque ex dissolutione . . . / . . . omnes mulieres curantur.' (TK 818; Diels 10: D. W. Singer, as indicated above.)

Vatican: Chigi E. VIII. 254, a. 1256, Item 4, ff. 131vb–132va. Frag. Opera Hippocratis: Epidemia. The MS contains in addition Aristotle: *Politics, Poetica cum paraphrasi, Problemata.* At the close of the Poetics, f. 67^v, is the date 'anno domini MCC quinquagessimo VI, XVII die marti apud Toletum urbem nobilem.' Hipp. 'Epidimia.

Cum prohemio translatoris epydimiarum liber a multis multotiens nobis comprobatur . . .'. Text: 'Quibuscumque ex dissolutione circa matricem et tumorem in capitis gravidinem . . . / . . . (incomplete, ends) et per aperita et determinatur et ex rubicunda et ex natura.' Fol. 132vb is blank.

XIV Century

Erfurt Ea Q 210, beginning 14c, (Item 1) 51 ff. ('Sub nomine Joannis Alexandrini qui Gal. opus transtulit [*sic*] in librum VI') 'Item libri epidemiarum Ypocratis cum commento (Johannis) Alexandrini optimi philosophi.' *Inc.* Hipp. 'Quibuscumque ex dissolucione circa matricem . . .' Comm. *Inc.* 'Quoniam determinavit Ypo. de acutis morbis consequenter . . . / . . . multa fecimus et nihil profecimus. Expl. libri epidemie vel libri amfforismorum epidemie cum commento Galieni a voce Io(hannis) Alexandrini translatus (*sic*) continens octo particulas. Quidam dicunt quod istud commentum sit istius Joh. Alex. sed illud falsum ymmo ipse transtulit librum istum cum commento Galieni Johannes inquam medicus.' ('In Hyp. epidemiarum lib. primum comm. III.' Diels 104; TK 1272, without the translator's preface; V. Rose, 'Ion und Johannes Alexandrinus,' *Hermes* 5 [1871] 209; Diels [1906] 51; Durling, 'Corrigenda,' *Traditio* 22 [1967] 475.)

Munich: CLM 31, a 1320, ff. 130rb–132rb. 'Incipit primus (*sic*) liber epidimiarum Ypocratis Deo gratias. Quibuscum ex dissolutione circa matricem . . .' (etc. as above; divided into 8 parts here called books). . . . / . . . (*des.* f. 132rb) omnino mulieres omnes curantur. Explicit libri Epidimiarum Ypocratis. Deo gratias. Amen.'

New Haven: Yale Cushing Medic. MS 13–14c, ff. 264va–268rb. 'Incipit commentum Johannis Alexandrini super libro Epidemiarum Ypocratis. Quoniam determinavit Ypocras de acutis morbis . . . / . . . (*desinit* differs from above) sicut in Nichomaco medico oportet atenuare ideo' (incomplete). F. 268^v and the remainder of the codex are blank.

Paris: PAM 51, f. 300 (M. Dulong). 'Sequitur *liber epidimarum* Ypocratis cuius sunt octo particule. Particula prima . . .' (translator's preface) 'Liber *epidimarum* a multis multoties approbatus quam ex actica (arabica?) lingua in latinum me transferri . . .' The end is too damaged to be read.

Rome: Angelica 1338, ff. 32rb–36ra. *Inc.* without heading. 'Quibuscumque ex dissolutionem circa matricem et tumorem capitis gravedinem . . . / . . . (36ra) quia non omnino mulieres causas curantur. Explicit sexta particula epidimiarum Ypocratis choy.'

Vatican: VA 2417, ff. 198va–251rb. *Inc.* 'Quibuscumque ex dissolutiones etc.' Comm. *Inc.* 'Postquam determinant Ypocras de acutis morbis consequenter intendit nos ducere ad aliam doctrinam . . . / . . . fuerunt medici et multa fecimus et nihil perficimus. Expliciunt commenta sexta epidimie.'

— **VA 2446,** ff. 3rb–40vb. Preceded at f. 1ra–3rb by 'Avicenna Cantica cum commenta Averrois.' At 3rb, 'Ioannis Alexandrini medici et sophistae commentarii super libros Epidimiarum Hypocratis.' *Inc.* text. 'Quibuscumque ex dissolutione circa matricem . . . / . . . omnes mulieres curantur. Quoniam determinavit Y. de acutis morbis consequenter intendit (as in VA 2417 above) . . . / . . . (f. 40vb) et multa fecimus et nihil profecimus. Expliciunt commenta sexte, epidimie Ypo. a voce Iohannis Alexandrini magni medici et sophistici.'

— **VA 4439,** ff. 60va–61va, without comm. *Inc.* text. 'Quibuscum ex dissolutione circa matricem et tumorem . . . / . . . omnes mulieres curantur.'

— **VA Pal. 1079,** ff. 142ra–175vb. 'Incipit commentum Iohannis Alexandrini super libre epidimiarum Ypocratis.' (Text.) 'Quibuscumque ex dissolutione . . .' as in VA 4439, with comm. Joh. Alex. 'Quoniam determinavit Y. de acutis morbis consequenter intendit nos ducere . . . / . . . multa fecimus et nichil perficimus. Expliciunt commenta epidimiarum Ypo. a voce Johannis Alexandrini magni medici et experti et magne sophiste.' (Diller [1932] 57).

— **VA Reg. Suevi 1305,** ff. 1ra–37vb. 'Incipiunt commente super epidimia Ypocratis Johanne Alexandrini medici et sophiste. Postquam determinavit Ypocras de acutus egritudinibus . . .' (Divided into 8 particula, with only the key words of the Hippocratic text). 'Octava et ultima particula . . . / . . . unde autem dixit Ypocras quod non solus fuit sed etiam alii fuerint medici et multum fecimus et nichil perfecimus. Expliciunt commenta epidimiarum. Expliciunt extracta sexte epidimie Ypocratis a voce Iohannis Alexandrini magni medici et sophiste.'

XV Century

Bologna: BU 1536 (2859), ff. 104^{r}–124^{v}. 'Liber epidimiarum,' in 8 particula. 'Prima particula.' *Inc.* 'Quibuscumque ex dissolutione circa matricem et tumorem in capitis gravedinem convertuntur . . . / . . . multa fecimus et nichil profecimus quia non omnino mulieres omnes curantur. Expliciunt epidemie Hypocratis.'

*****Breslau: Bibl. acad. III.q.4*,** f. 206, 'Ex Gal. Avic. Hipp. de Epidemiis.'

*****Dresden: DB 92–93,** f. 458^{r}. *Inc.* as in Cambridge: CUsj 78 (D.3) above. (Diels 10; Kibre [1945] 396.)

*****Madrid: BN 3066** (ol.1.12), ff. 1–5. Expl. as in Cambridge MS above. (Beaujouan [1972] 187.)

*****Metz 282,** item 9.

Munich: CLM 640, ff. 19^{r}–35^{v}. 'Libri octo epidimiarum.' *Inc.* and *desinit* as in CLM 31.

— *****CLM 25072 (ZZ2072),** f. 190. Excerpta varia. (Diels [1906] 51.)

Seville. Bibl. Columbina 5-5-21, ff. 33–36. (Beaujouan [1972] 187).

Editions:

Only the sixth book was published before 1500, with the commentary of Johannes Alexandrinus.

Articella, Venice 1483–1500, with commentary. Preface of Johannes Alexandrinus. *Inc.* 'Epidemiarum liber a multis multotiens . . .' Interp. lat. (Simon Januensis): 'Incipiunt epidemie divi Hypocratis et comm. Ioannis Alexandrini solius (*sic*) medici et sophiste super epidimias easdem . . . Quoniam determinavit Hippocrates de acutis morbis . . . / . . . (f. 134^{b}) Expliciunt commenta epidemie Hyp. a voce Ioannis Alexandrini magni medici et sophiste.' Text. 'Quibuscumque ex dissolutione circa matricem et tumor . . .' (Klebs 116.2–6).

Articella [1487] ff. 120ra–152va. 'Liber epidemiarum. Incipit epidimie divi hyp. et commentaria Joannis Alexandrini solius medici et sophiste super epidimias easdem. Quoniam determinavit Hyp. de acutis morbis consequenter intendit nos ducere ad aliam doctrinam . . .' 'Quibuscumque ex dissolutione circa matricem et tumorem in capitis gravedinem convertuit . . .' Comm. 'Postquam determinavimus . . . / . . . (ends with part VIII) quod non solus fuit sed alii fuerunt medici et multa fecimus et nihil profecimus. Expliciunt commenta Epidimie Hyp. a voce Ioannis Alexandrini magni medici et sophiste.'

Articella, 1515, f. lxi^r–lxvii^r. 'Liber epidemiarum.' *Inc.* 'Quibuscumque ex dissolutione circa matricem et tumor est . . . / . . . et nihil profecimus quia non omnino mulieres omnes curantur.'

Articella, Lyon 1525, Part 8, f. 63^r. Littré V 267–357.

2. GREEK-LATIN TRANSLATION (LIBRI I–VII) BY MANENTE LEONTINI, XV-XVI CENTURY

Manuscript:

Florence: FL Plut. LXXIII. Cod. XII, membr. in fol., handsomely bound, 107 ff. 'De morbis vulgaribus Manente Leontini interprete. Manentis Leontini in Hippocratis traductionem de vagantibus vulgo morbis.' Preface dedicated to Pope Leo X. *Inc.* 'Inter graves ac saevas Italiae procellas, Pater Beatissime . . . a Latinis huc usque non lecta, a me iam paene absoluta, et tuae sanctitati dicata . . .' Liber *inc.* 'In Thaso circiter aequinoctium autumnale . . . / . . . (*des.*) Philotimei venit ad me; inveni os capitis nudatum medicina, cuspidem ad intima latentem non videns consistere. Finis.' (Bandini III 31; A. Campana, 'Manente Leontini fiorentino medico e traduttore di medici greci,' *La Rinascita* 4.20 [July 1941] 499–515.)

3. EPIDEMIA CITED

Manuscripts:

XIV–XV Century

Munich: CLM 77, late 14c, ff. 105^r–115^v. Cited by Guilelmus, *De egritudinibus renum* as in next item.

— **CLM 570**. 14c, ff. 1–71. Anonymous, but according to TK 577 it is Guilelmus, *De egritudinibus renum et vesice*. Contains at f. 19: 'Galienus in tertio tractatu secundi libri epidimiarum inquid: Omnis lapidis generatio in corpore sive in renibus et vesica.' In lower margin: 'Hic sumendus est tertio secundus . . .' With a portrait. (TK 577).

Vatican: VAp 1234, ff. 322ra–329va. 'Galienus tertio tractatu secundi libri epidimiarum inquit. Omnis lapidis generatio in corpore sive in renibus et vesice sive in iuncturis . . . / . . . (not sure where it ends, MS continues to f. 329va) Incomplete. (TK 577, 578; anonymous in this MS.)

In the following pages the Repertorium of Hippocratic Writings in the Latin Middle Ages, begun in *Traditio* 31 (1975) 99–126 and continued in succeeding issues, resumes with a number of tracts which, though for the most part spurious, circulated under Hippocrates' name. Included are the so-called XX. *Epistolae* (communications regarding various aspects of medicine or medical history dating from before the ninth century to the fifteenth century), and the brief tracts entitled XXI. *Epitomum*; XXII. *De equis*; XXIII. *Experimenta*; XXIV. *De farmaciis*; XXV. *De febribus*; XXVI. *De flatibus*; XXVII. *Gynaecia*; XXVIII. *De herbis*; and XXIX. *De humoribus*. The number and variety of these texts provide ample evidence for the continued reverence for the noted physician of Cos.

Epilepsia is not found in medieval Latin manuscripts.

XX. EPISTOLAE

The so-called *Epistolae* attributed or directed to Hippocrates appear to be fabrications of a much later date than their presumed author. They comprise what may be termed fictitious or supposititious letters between Hippocrates and others, chiefly on matters relating to the maintenance of health, and also on items of historical interest. Their principal significance derives from the evidence they provide for the survival and spread in the Hellenistic world —

and thence in the Latin West — of the fame of Hippocrates in the centuries following his death.[1]

The *Epistolae* appear to have been derived largely from Greek originals. They divide roughly into two major groups: early texts, that is, those extant in or derived from Latin translations of the eighth to ninth centuries, and those presumably compiled in the succeeding centuries before 1400 (items 1–19); and later humanist translations, principally of the fifteenth century and thereafter (items 20–22). The letters of the first group are sometimes anonymous or attributed to the famous physician Diocles, as well as to Hippocrates. Some of them are addressed to Hellenistic sovereigns, namely to Alexander, to Antigonus or Antiochus,[2] to Maecenas, presumably to Ptolemy, as well as possibly to Hippocrates' nephew. Others comprise communications on a variety of medical subjects such as rules for diet according to the four seasons, anatomy, flebotomy, the four humors, and so on. The later texts, on the other hand, generally relate to various presumed incidents in the life of Hippocrates, to his relations with King Artaxerxes, Democritus (presumably the atomist philosopher of Abdera, † c. 357 B.C.), an unidentified King Demetrius, his son Thessalus, and others.[3]

A. Translations

1. Ad Alexandrum

The text appears in variant recensions, but in content is similar to the so-called *Epistola Aristotelis ad Alexandrum*, in providing a regimen of health. Cf. TK 78, 1013.

Manuscripts:

a. *Inc.*: 'Oportet te Alexander cum a somno . . .'

XIII Century

London: BM Add. 21173, f. 97ᵛ. 'Epistola Ypocratis ad Al'' per armenia loca.'

---

[1] For discussions regarding the *Epistolae*, see Littré I 426–34, also VII v–l and IX 308ff.; G. Pasquali, *Lettere ippocratee: Storia della tradizione e critica dei testa* (Florence 1934) especially 404–22, 423ff. Earlier works include: W. Putzger, 'Hippocratis quae feruntur epistolae,' *Wiss. Beilage zum Jahresbericht des Gymnasiums in Wurzen* (1914); M. Pohlenz, 'Zu den Hippokratischen Briefen,' *Hermes* 52 (1917) 340ff.; R. Philippson, 'Verfasser und Abfassungszeit der sog. Hippokratesbriefe,' *Rheinisches Museum* N.F. 77 (1928) 293–328; A. Nelson, 'Zur pseudohippokratischen Epistula ad Antiochum Regem,' in *Symbolae philologicae O. A. Danielsson octogenario dicatae* (Uppsala 1932) 203–17; *CML* V (1916) 10–13, 'Epistola ad Antiochum'; *CML* (1928) 18–24. Other bibliography is cited by Pasquali.

[2] As indicated by Pasquali, *op. cit.* the addressee, Antiochus or Antigonus, to whom a considerable number of the letters are addressed, has been identified with Antigonus Gonata, a friend of philosophy and protector especially of the Stoics. The author of the letters has further been identified with the noted Aristogene of Cnide or di Taso, a distinguished physician in his own right and associated with King Antigonus.

[3] Diels (1906) 1, p. 51ff.; 2, p. 27ff.; supplement (1908) pp. 28ff.

Inc. 'Oportet te Alexander cum a sompno surrexeris modicum ambulare et membra tua extendere equaliter . . .'

XIV Century

London: BMsl 282, ff. 123ʳ–124ʳ. *Inc.* as in the preceding item: 'Oportet te Alexander . . ./. . . (*des.*) et illis humoribus corruptio et non proficit corpori.'

b. *Inc.*: 'Alexander cum corpus humanum sit corruptibile . . .'

XV Century

London: BMsl 3866, ff. 53ʳ–55ʳ. 'Epistola de dieta ad Alexandrum Magnum.' (Title in a later hand). 'Hanc epistolam misit Ipocras ad Alexandrum Imperatorem. Alexander cum corpus humanum sit corruptibile eique accidat corruptio ex oppositionem elementorum . . ./. . . (f. 55ʳ) Oportet igitur observare tempora anni etatis dierum et noctium.'

2. AD ANTIOCHUM REGEM

The *Epistola Hippocratis ad Antiochum regem*, as noted by W. Puhlmann, 'Die lateinische medizinische Literatur des frühen Mittelalters,' *Kyklos* III 405, is a Latin version of the Greek Epistle of Ps.-Diocles to Antigonus. Cf. Brussels 1342–50, 12c, f. 39ᵛ: 'Diocles, Epistola ad Antiochum. Corpus igitur hominis dividitur in quatuor partes . . .' (Diels [1906] 28). The *Epistola* appears in various recensions, is frequently anonymous, and is sometimes attributed to Isidore of Seville, as in Vatican 4418, below. The incipits vary greatly. In general, however, the *Epistola ad Antiochum* in the various recensions noted below is physiological in nature, relating to the four humors and to a regime of health which can be maintained by attention to diet and the seasons of the year, without the aid or need of physicians.

Manuscripts:

a. *Inc.*: 'Ab viii kal. . . .'

IX Century

*St Gall: Stiftsbibl. 752, pp. 80–81. *Inc.* 'Ab viii kal. ianuarii usque in diem vii kal. Aprilis utendum est calidis et optimis cibis . . ./. . . nec ulla indigebis expectatione medicorum' (Beccaria 134.3).

XI–XII Century

*Berlin: Preussische Staatsbibl. cod. Philipp 1870, f. 3ᵛ. *Inc.* 'Ab viii kal . . ./. . . (*des.*) expectatione medicorum.' As in the preceding (Beccaria 51.1a).

*Herten: Bibl. des Grafen Nesselrode 192, ff. 36ᵛᵇ–(38ᵛ). *Inc.* 'Ab viii kal. ianuarii . . ./. . . (*des.*) expectatione medicorum.' As in the preceding (ed. by K. Sudhoff, 'Lateinische Texte über den Rhythmus der Säftebewegung,' *Archiv für Geschichte der Medizin* 11 [1918–19] 209–10; Beccaria 55.10a).

Inc.: 'Convenit te . . .' See 'Quoniam convenit . . .'

b. *Inc.*: 'Corpus (igitur) hominis ex quatuor humoribus constat . . .'[1]

XIII Century

Vienna 2523, ff. 74ʳᵃ–77ʳᵇ. 'Incipit de humano corpore. Corpus igitur . . .'

XIV Century

London: BMsl 382, f. 17ᵛ. 'De humoribus.' *Inc.* 'Corpus hominis ex quatuor constat humoribus . . ./. . . tamen multum laborantes.'

c. *Inc.*: 'Dividimus autem corpus hominum in quatuor partes: caput pectus ventrem atque vesicam . . .'

IX Century

*Karlsruhe: Badische Landesbibl., cod. Reichenau CLXXII, ff 74ᵛ–75ᵛ. Beginning lacking; opens with '. . . Caput,

---

[1] See *De quattuor humoribus* below. The *Epistola* is cited in this form in the thirteenth century by Vincent of Beauvais, *Spec. doct.* lib. XIII cap. xvii 'De humoribus. Ex Epist. Ypo.: Corpus igitur omne ex quatuor humoribus constitutum.' Cf. items in TK 269–70.

pectus, venter adque vessica. Quando ergo coeperit aliquid circa caput passio esse .../... et per totum annum integram salutem transiget sine ullo auxilio medicorum.' (Beccaria 57.2).

*Zürich: Zentralbibl. C. 79b, f. 37^{r-v}. Fragment of *Epistola ad Antiochum regem*, mutilated at the beginning and close, but identifiable by the words: 'Caput pectus venter atque vessica .../... suffocatio gutturi' (Beccaria 142.2).

XI–XII Century

Vienna 9–10, f. 329^{va-vb}. 'Epistola Ypocratis de ratione ventris ac viscerum ad Antiochum regem.' *Inc.* 'Dividimus autem hominum corpus in quatuor partes .../... (*des.*) Scimus enim quando et qui humores in hominibus crescunt' (Beccaria 2.5; A. Nelson, 'Zur pseudohippokratischen Epistula ad Antiochum regem,' in *Symbolae philologicae O. A. Danielsson octogenario dicatae* [Uppsala 1932] 210, n. 2).

XIV Century

*Florence: FL Strozzi 70, f. 105. 'Epistola Ypocratis de ratione ventris ac viscerum ad Antiochum regem.' *Inc.* 'Dividimus autem hominum corpus .../... in hominibus crescunt' (Diels 51; Sabbadini, *Scoperte* I 118, n. 18).

XV–XVI Century

*Breslau: R 548, ff. 82^r–83^v. Titulus as in Vienna 9–10. *Inc.* 'Dividimus autem corpus hominum in quatuor partes: caput pectus ventrem atque vesicam .../... (*des.*) et per totum annum integra salute vives sine ullo auxilio mediorum' (On this text see Sabbadini, *Scoperte* I 118, n. 18).

Vatican: VA 5219, late 15c, f. 113^v. Titulus as in the preceding. *Inc.* 'Dividitur autem hominum corpus in quatuor partes: caput pectus ventrem atque vesicam .../... desyderantur.'

d. *Inc.*: 'Eam te . . .' (TK 480)

IX Century

Laon: Bibl. Municipale 420, ff. 1^r–4^r. *Inc.* 'Eam te in hoc regnandi munere . . . / . . . ulla indigebis visitatione aut curatione medicorum. Finit epistula Coi Hypo-

cratis medici' (Beccaria 13.1; Wickersheimer XXVI).

*Leiden: Univ. Voss. Lat. O. 92, f. 79^r. Beginning mutilated.

Paris: BN 6880, ff. 4^v–6^r. 'Antiocho regi Hippocrates Cous. Salutem dicit. Eam te in hoc regnandi munere et culmine . . . / . . . transcurres nec ulla indigebis visitatione aut curatione medicorum. Finit epistola Coi Hippocratis medici' (Beccaria 25.6; Wickersheimer LXII; Marcellus, *CML*² V [1968] 18–24).

e. *Inc.*: 'Hippocrates archiater Antigono regi scribens per anni spacia qualiter ad precavendas inbecilitates . . .' (Cited from Bede. TK 627; Beccaria 437).

IX Century

*St. Gall: Stift, 878, pp. 375–76. *Inc.* as above (Beccaria 139.2b).

XII Century

*Herten: Bibl. des Grafen Nesselrode 192, f. 87^r. *Inc.* as above (Beccaria 55.20; Bede, *De temporum ratione*, cap. 30).

London: BMsl 475, ff. 36^r–37^v. *Inc.* with some variations as above (Beccaria 78.13).

f. *Inc.*: 'Oportet tibi rex . . .'

IX–X Century

Glasgow: Hunt 96 (T.4.13), f. 14^r; 105–106. *Inc.* 'Oportet tibi rex omnium uti . . . / . . . nobis constitutarum omnia bona valde domino gracias. Amen' (TK 1014; Diels 51; not in Beccaria. See also Rose, *Hermes* VIII 31; Kühlewein, *Philologus* 42 [1884] 20).

g. *Inc.*: 'Post diluvium per annos mille quingentos latuit medicina . . .'

IX Century

Paris: BN 11219, f. 43^r. 'Epistola de pererision, hoc est demonstratio quantis annis latuit medicina.' *Inc.* as above.

XI–XII Century

London: BMsl 2839, ff. 7^r–8^r. 'Epistola perhereseon hec est quot anni latuerit medicina. Epistola Ypocratis ad Antigonum regem.' *Inc.* as above (TK 1062; Beccaria 81.3; Wickersheimer LXXVII.27). The above appears to be the introduction to a medical compilation, *inc.* 'Capillorum defluxio . . .' (TK 186, 1062).

XII Century

Paris: BN 14025, ff. 1va–2va. *Inc.* 'Post diluvium per annos mille quingentos latuit medicine . . .'

Vatican: VA 4421, f. i^v. With *inc.* as above, prefixed to Petrocellus *Practica*, here entitled Galen, *Liber theopericorum*.

XIII Century

Paris: BN 7008, ff. 3^v–51^r. *Inc.* as above, as introduction to a medical compilation as in BN 11219, etc. above.

h. *Inc.*: 'Quatuor humores sunt . . .'

With verbal variants, this text is found in the middle of Ps.-Hippocrates, *Epistola ad Regem Antiochum* as well as separately both anonymous and under Hippocrates' name under the title *De quattuor humoribus*. In general it does not coincide with the tract on the subject of humors translated from the Greek in the sixteenth century.

IX Century

Brussels: Bibl. Royale 3701–15, ff. 9^r–10^r. 'Ut Ypocras ait: Quatuor humores sunt in corpore humano . . . / . . . propter estivo tempore huiusmodi pustulas habundare' (Beccaria 6.20).

Paris: BN 11219, ff. 18va–20ra. *Inc.* as in the preceding; *des.* '. . . postulas abundare dicit' (Beccaria 35.9; Wickersheimer LXXVII.9).

— **BN 11219**, f. 103rb–103vb. 'Epistola Ipocratis et Galieni contemplantes. Quattuor esse humores in corpore humano, idest sanguis, flegma et fel rufum atque nigrum, propter quod homo sanus est et egrotans . . . / . . . et tristitias alienantur' (lacks one leaf). (Beccaria 35.28; Wickersheimer LXXVII.28; similar to Chap. 151 of the *Practica Petrocelli Salernitani*: De Renzi IV [1856] 285–86).

XI Century

London: BMsl 2839, ff. 70^r–71^v. Titulus and *inc.* as above; *des.* '. . . ad tercias dabis ei qui patitur' (Beccaria 81.4).

XII Century

London: BMh 1585*, f. 6^v. *Inc.* 'Quatuor humores sunt in humano corpore id est san-

guis, flegma, colerica rubea, colerica nigra. Hii humores sunt commixti . . .' (TK 1180).

— **BMsl 1975**, ff. 7va–8rb. *Inc.* as above.

XIII Century

Florence: FLa Strozzi 73, f. 1. *Inc.* as above.

XV Century

***Soissons 50**, ff. 1–4. *Inc.* 'Quatuor humores sunt in corpore humano . . .' (TK 1180).

Vienna 5300, ff. 9^r–16^v. *Inc.* 'Quatuor sunt humores . . .' (TK 1181).

i. *Inc.*: 'Quatuor sunt humani corporis partes a quibus . . .' (with verbal variants).

IX Century

Vatican: VA Regin. Suev, 598, ff. 26^r–27^r. 'Quattuor sunt humani corporis partes a quibus valitudinum manant origines, id est caput, pectus, venter, vessica . . . / . . . nec medicis indigebis (Beccaria 104.1).

— **VA Regin. Suev. 1143**, ff. 89^v–92^r. *Inc.* and *des.* as in the preceding item (Beccaria 106.4).

XI Century

***Berlin: Preussische Staatsbibl. Phillipps 1870**, 11–12th c., f. 54^v. 'Quattuor sunt partes in corpore originales quibus valetudines manent . . . / . . . et calculum excitat.' Occurs in the midst of Ps.-Hippocrates, *Epistola ad Antiochum* (Diels 51; Beccaria 51.6–16).

XII Century

London: BMsl 2030, ff. 132–134. 'Epistola contra infirmitates.' *Inc.* 'Quatuor sunt humani corporis partes . . .' (TK 1181).

XII–XIV Century

Erfurt: Ea Q 185, f. 3^{r-v}. *Inc.* 'Quatuor sunt humani corporis partes . . . / . . . necnon et calculosus existet.'

Munich: CLM 615, ff. 50^v–51va, 'Nota quod quatuor sunt partes corporis humani a quibus regitur et valitudinum . . . / . . . sanitatis custodiantur' (TK 939).

Paris: BN 6837, ff. 42^r–44^r. 'Quatuor sunt humani corporis partes a quibus valetudinum manant origines . . . / . . . (*des.*) nec medicis indigebis.' The above *inc.* is preceded by 'Quoniam convenit te regum omnium potentissimum . . .' (ed. H. Stadler, *Archiv*

148   HIPPOCRATES LATINUS

für lateinische Lexicographie 12 [1902] 21–25).

Vienna: VI 3011, f. 148ʳ⁻ᵛ. Anon. 'Quatuor sunt partes corporis humani a quibus . . .' (TK 1181).

j. *Inc.*: 'Quatuor sunt venti . . .' (with some verbal variations). This *Epistola*, which also appears under the titles *De quattuor temporibus* and *Sapientia artis medicinae*, is frequently anonymous as indicated below, but is assigned to Hippocrates in several manuscripts. It was also ascribed to Isidore of Seville. Chapters II and III of the work were published by M. Wlaschky, under the title *Sapientia artis medicinae*, *Kyklos* (1928) 104–10; cf. TK 1182. See also *Experimenta*.

IX Century

Paris: BN 11219, ff. 39ᵛᵇ–41ʳᵃ. Anon. 'Sapientia artis medicinae.' *Inc.* 'Quattuor sunt venti, quattuor sunt anguli caeli, quattuor tempora anni . . . quattuor humores humani corpori dominantur. Colera . . . / . . . suspende et caldam aquam bibat per dies viiii. Decimo autem die balneis utatur et sanus efficitur' (Beccaria 35.25; Wickersheimer LXXVII.25).

St. Gall: Stift 44, pp. 187–190. Anon. with *titulus*, *inc.*, and *des.* as in BN 11219 above (Beccaria 129.2).

St. Gall: Stift 751, pp. 446–447, 452–455. 'Epistula prima Ypogratis.' *Inc.* as in BN 11219 above; *des.* '. . . qui in renibus habitant' (Beccaria 133.36).

Uppsala: Univ. C 664 (Med. 6), pp. 1–2. *Inc.* mutilated; *des.*: '. . . et sanus efficitur' (Beccaria 117.1).

X Century

Glasgow: Univ. V.3.2, ff. 1–3ʳ. 'Incipit aepistula Ypocratis.' *Inc.* and *des.* as in BN 11219 (Beccaria 73.1).

London: BMadd. 8928, f. 1ʳ⁻ᵛ. Anon. with *inc.* and *des.* as in BN 11219 (Beccaria 84.1).

Montecassino 97, pp. 1ᵃ–1ᵇ. Anon. Beginning mutilated. *Des.*: '. . . et sanus efficitur' (Beccaria 95.1).

XI Century

Montecassino 225, pp. 1–3. 'Incipit epistole Ypocratis et aliorum. Quattuor

sunt venti, quattuor tempora anni . . . / . . . (*des.*) dentes masculis triginta duo, mulieribus triginta' (Diels 53; Beccaria 96.1; Kibre [1945] n. 204).

Paris: BN nouv. acq. 229, late 11th c., ff. 2ᵛ–3ʳ. Anon. *Inc.* as in BN 11219 above; *des.* varies: '. . . frigidam in inferioribus' (Beccaria 41.4; Wickersheimer LXXXVIII. 4).

Vatican: VA 4418, ff. 107ᵛ–109ʳ. 'Epistula Ysidori Spaniensi.' *Inc.* 'Quatuor sunt venti, quatuor anguli celi . . . / . . . (*des.*) iste vero non curantur' (Beccaria 101.6).

— **VA barb. 160**, f. 282ʳ⁻ᵛ. Anon. with *inc.* and *des.* as in BN 11219 above (Beccaria 108.25).

Vendôme 109, ff. 138ᵛᵃ–140ʳᵃ. Anon. *Inc.* 'Quatuor sunt venti, quatuor anguli caeli . . . / . . . (*des.*) et sanus efficitur' (Beccaria 45.15; Wickersheimer CXV.17; Sigerist, *BHM* 14 [1943] 87–88).

XI–XII Century

Madrid: BN 19, f. 88ᵛᵃ⁻ᵛᵇ. 'De quatuor ventis et quatuor angulis celi et quatuor temporibus.' *Inc.* 'Quatuor sunt venti, quatuor anguli anni celi, quatuor sunt tempora ver estas autumnus et hiemps. Quattuor humores in humano corpore constant. Colera rubea, colera nigra . . . / . . . (88ᵛᵇ) sed fac secundum rationem sicut scriptum est.'

XII Century

Rome: Angelica 1502 (V.3.9), ff. 1–7ʳ, ascribed to Isidore of Seville. 'De corpora humano eiusque morbis, de elementis et de humoribus.' *Inc.* 'Quatuor sunt venti, quatuor anguli celi . . .' *Prol.* 'Interea moneo te medice . . .' (TK 770, 118; Giacosa [1901] 360).

XIV Century

Paris: BN 7418, ff. 93ᵛᵃ–94ʳᵃ. Anon. 'Sapientia artis medicine.' *Inc.* 'Quatuor sunt venti quatuor sunt anguli celi. Quatuor sunt tempora . . . / . . . (*des.*) utatur . . . est sicut supra dictum est.'

Vienna 2505, ff. 64–65ʳ. *Inc.* 'Quatuor sunt venti quatuor anguli celi . . .'

k. *Inc.*: 'Quoniam (te) convenit (cognovimus) . . .' or 'Convenit te . . .' (and variants thereof).

IX Century

*St. Gall: Stift 265**, late 9c, pp. 93–97. 'Quoniam te convenit regum omnium peritissimum . . . / . . . sine auxilio medicorum' (Beccaria 132).

— **751**, pp. 163–165. 'Quoniam convenit peritissimo regum esse . . . / . . . sine ullo auxilio medicorum' (Beccaria 133.4).

— **878**, pp. 327–331. 'Quoniam convenit regum omnium peritissime . . . / . . . sine auxilio medicorum' (Beccaria 139.1).

*Leiden: Univ. Voss. Greco Q. 7**, ff. 41ʳ–42ʳ. *Inc.* and *des.* as in St. Gall 265, above (TK 1304; Beccaria 111.2).

— **Voss. Lat. 0.92**, f. 79ʳ. Beginning mutilated; *des.*: 'nec ulla indigebas expectatione medicorum' (Beccaria 115.2).

*Montecassino: Archivio della Badia V. 69**, pp. 1ᵃ–2ᵇ. Fragment mutilated at the beginning and end (Beccaria 94.1).

Paris: BN 11218, 8–9c, ff. 21ᵛ–22ᵛ. 'Incipit epistola de quattuor partes corporis. Eppocratis ad Antioco rege Antioce Eppocratis Chus salutem. Quoniam convenit te peritissimo rege omnium rerum esse . . . / . . . venter, visica' (Beccaria 34.6; Wickersheimer LXXVI.5).

Paris: BN 11219, f. 41ʳ⁻ᵛᵇ. 'Epistola Ypocratis ad Antiocum et Antoninum de quatuor membrorum.' *Inc.* 'Cum veniente regum omnium peritissimum esse . . . / . . . cum vino accipiat' (Beccaria 35.26; Wickersheimer LXXVII.26).

Vatican VA Regin. Suev. 1143, ff. 135ʳ–140ʳ. *Inc.* 'Quoniam peritissimum esse et perite rerum ommium . . . / . . . nec indigebas medicis cura' (Beccaria 106.7; TK 1293).

X Century

London: BMad 8928, ff. 11ᵛ–12ʳ. 'Epistula Ypocratis' (ad Titum) *Inc.* 'Quoniam cognovimus te peritissimum omnium rerum esse . . . / . . . et corpus curet' (TK 1266; Diels 53; Beccaria 84.13).

*Montecassino 97**, pp. 20ᵇ–23ᵇ. *Inc.* 'Quoniam convenit te peritissimum . . . / . . . inde tempus optandum et corpus curandum' (Beccaria 95.13).

XI Century

*Herten: Bibl. des Grafen Nesselrode 192**, 11–12c, f. 39ʳᵃ⁻ʳᵇ. 'Quoniam te convenit . . . / . . . quod Greci tenontes appellant' (ed. K. Sudhoff, 'Codex medicus Hertensis,' *Archiv für Geschichte der Medizin* 10 [1916–17] 288; Beccaria 55.10b).

London: BMsl 2839, ff. 111ᵛ–112ᵛ. 'Convenit te regum peritissimum esse . . . / . . . quid uti aut observari debebis' (TK 264; Beccaria 81.13).

Montpellier 185, early 11c, ff. 113ʳ–115ᵛ. 'Quoniam convenit te peritissimum omnium rerum esse . . . / . . . in alia epistula dicit quod sine ullis medicaminibus . . . inde tempus aptandum et corpus curandum. Explicit' (TK 1267; Beccaria 16.10; Wickersheimer XXIX.9).

Munich: CLM 23479, late 11c, ff. 2ʳ–3ᵛ. *Inc.* 'Quoniam te convenit regum . . . / . . . sine auxilio medicorum' (TK 1304; Beccaria 62.5). At ff. 3ᵛ–4ʳ is the 'Scripsi tibi cum de temporibus . . .'

Vatican: VAbarb 160, ff. 274ᵛᵃ–275ᵛᵃ. *Inc.* 'Quoniam convenit te regum omnium . . . / . . . sine ullo auxilio medicorum' (TK 1267; Beccaria 108.21).

XII Century

Vatican: VA Regin. Suev. 1004, ff. 84ʳ–85ᵛ. 'Epistola Ypocratis ad Anthiocum et Antoninum rex.' *Inc.* 'Convenit te regum omnium peritissimum esse . . . (f. 85ʳ) 'Quid per singulos menses usitare oportet. Mense marcie dulciamem . . . / . . . et oculos turbulentes sanare.'

XIII Century

London: BMh 912, f. 393ʳ⁻ᵛ. *Inc.* 'Quoniam convenit te regum sapientissimum esse . . .' (TK 1267).

Oxford: BLlm C.73, ff. 10ᵛᵃ⁻ᵛᵇ. 'Epistula Esculapii' (*sic*) *Inc.* 'Quoniam convenit te peritissimum omnium rerum esse . . .' (TK 1267).

XIV Century

*Eton, Coll. 35**, f. 39ᵛ. *Inc.* 'Quoniam convenit . . .' (Diels 51; A. Nelson, 'Zur pseudohippokratischen Epistula,' *Symbolae philologicae* [1932] 210, n. 8).

Vatican: VAbarb 316, ff. 379rb–380rb. 'Quoniam cognovimus te omnium rerum peritissimum esse . . . / . . . ut cum tempore aptum invenire corpus curet. Explicit' (TK 1266; Silverstein 67).

XV Century

London: BMsl 634, ff. 10^v–12^r. Anon. *Inc.* 'Quoniam cognovimus te peritissimum omnium rerum . . .' (TK 1266).

St. Florian: Stift XI. 649, 13–15th c., ff. 5–6^v. 'De quatuor originibus membrorum (with a regimen intended for each month, but only Jan. to Oct. are covered). *Inc.* 'Quoniam te convenit omnium peritissimum . . .' (Microfilm: Hill Monastic Manuscript Library; Diels 51).

l. *Inc.*: 'Salutem (ut salus, or salutatem) tibi contigit . . .'

Ed. from the first two manuscripts below by A. Nelson, 'Zur pseudohippokratischen Epistula,' *Symbolae philologicae* [1932] 212–16.

IX Century

*****St. Gall: Stiftsbibl. 44**, pp. 197–201. *Inc.* 'Salutem tibi contingit studiosum omnium regum . . . / . . sine ullo auxilio medicorum' (Beccaria 129.5).

XI Century

*****Uppsala: Univ. C. 664**, pp. 10–14. *Inc.* 'Salutem tibi contigit studiosum . . . / . . . et per totum annum integram salutem transigis sine ullo auxilio medicorum' (Beccaria 117.5).

XIII Century

Oxford: BL Lat. misc. C. 73, ff. 18vb–19rb. *Inc.* 'Ut salus tibi contingat studiose omnium regum . . . / . . . et per totum annum integrum salutem sine auxilio medicorum. Explicit epistola Yp. ad Antiochum regem de preservatione sanitatis. Amen' (TK 1370).

Vatican: VA 2392, f. 98^{rb-vb}. *Inc.* 'Salutatem (Sanitatem) tibi contingat studiose omnium regum . . . / . . . salutem sine auxilio ullo medicorum.' At f. 98ra, is the text, 'Ad nepotem. Licet fecit te . . .'

m. *Inc.*: 'Scripsi tibi cum de temporibus . . .' (or in varying word order).
See also *Cibis, De.*

XI–XII Century

Munich: CLM 23479, ff. 3^v–4^r. 'Scripsi tibi cum de temporibus que per anni circulum recurrentia certa indicia valetudinum in humano corpore . . . (goes through the twelve months). In ianuario sanguinem non minuas, electuarium accipias . . . / . . . (Decembre) spicum iudaicum et reponticum usita' (Beccaria 62.6).

XIII Century

*****Bamberg 701 (M.IV.16)**. 'De quatuor anni temporibus.' *Inc.* 'Scripsi tibi . . . / . . . absque ullo auxilio medicorum' (Diels 51).

London: BMadd 21173, f. 113^{r-v}. 'Epistola Hippocratis ad Antiochum regem de quattuor temporibus anni.' *Inc.* 'Scripsi tibi temporum descriptiones ut scias . . . / . . . Octo kalendarium totum. Expliciunt quatuor tempora anni' (TK 1414).

XIII–XIV Century

Munich: CLM 12658, 13–14c, ff. 203–204^v. *Titulus* as above. *Inc.* 'Scripsi cum et ipsum descriptiones ut scias . . . / . . .' (defective, two leaves missing).

3. AD FILOMINUM (DE VISITATIONE INFIRMI)

Manuscript:

Inc. 'Non omnes infirmi uniter egrotant . . .' (TK 921).

XIII–XIV Century

Oxford: BLd 69, c. 1300, f. 124^{r-v}. *Inc.* as above.

4. AD MAECENATEM (DE REGENDA SANITATE)

Printed Marcellus, *CML* V (1968), 26–32: 'Epistula alia eiusdem Hippocratis ex Graeco translata ad Maecenatem.' See also W. Puhlmann, 'Die lateinische medizinische Literatur des frühen Mittelalters,' *Kyklos* III 405.

Manuscripts:

a. *Inc.*: '(Libellum) Quem roganti . . .'

IX Century

*****Breslau III.F.19**, ff. 16^r–21^r. 'Ippocrates Mecenati suo salutem. Libellum quem roganti tibi promisi omni cura adhibita ... / ... nec medicos indigebis.' (Beccaria 116.1; ed. Henschel, 'Der älteste medicinische Codex,' *Janus* 1 [1846] 639–84; MacKinney, *Osiris* 10 [1952] 196.)

*Florence: FL Plut. LXXIII. cod. 41, ff. 10r–11r. *Inc.* and *des.* as in the preceding Breslau item (Beccaria 89.2).

Laon: Bibl. munic. 420, ff. 4r–6v. 'Incipit epistula alia eiusdem Hypocratis ex graeco translata ad Mecenatem. Quem roganti tibi libellum promisi omni cura ... / ... nos observare debere ne dubites' (TK 1189; Beccaria 13.1; Wickersheimer XXVI.1).

Paris: BN 6862, late 9th c, ff. 3v–5v. 'Incipit epistola medicinalis quattuor temporum quid in his utandum vel quid vitandum sit. Ippogrates (*sic*) Mecenati suo salutem.' *Inc.* 'Libellum quem roganti tibi promisi omni cura adhibita descriptum misi ... / ... anni totius tibi scripsi per quorum vites suos quibus rebus uti debeat aut abstineri' (incomplete). (TK 817; Beccaria 24.2; Wickersheimer LXI.2, p. 67.)

— **BN 6880**, ff. 6r–8v. *Inc.* 'Quem roganti tibi libellum promisi ... / ... componendisque medicamentis vim eius et potestatem nos observare debere ne dubites. Finit epistola Hippocratis ad Maecenatem' (TK 1189; Beccaria 25.(7); Wickersheimer LXII).

*St. Gall: Stiftsbibl. 751, pp. 167–172. *Inc.* 'Libellum quem roganti tibi promisi, omnium cura adhibita discriptum ... / ... (*des.*) nec medicis indigebis aliquid auxilium' (Beccaria 133.6).

— **Stiftsbibl. 761**, pp. 3–10. 'Incipit liber medicinalis Yppogratis. Ippogrates Mecenati suo salutem. Libellum quem roganti ... / ... ut possit sustinere medicicinam ...' (incomplete). (Beccaria 136.1.)

X Century

London: BMadd. 8928, ff. 25r–26r. Usual *inc.* and *des.* 'Libellum quem roganti tibi promisi ... / ... nec medicis indigebis.' (TK 817; Beccaria 84.19).

— **BMar 166**, early 10th c, ff. 3r–5v. *Inc.* 'Quem roganti tibi libellum promisi omni cura adhibita descriptum ... / ... nos observare debere ne dubites. Finit epistula Hippocratis ad Maecenatem' (TK 1189; Beccaria 83.1).

XI Century

*Herten 192, 11–12th c, ff. 21ra–22rb. *Inc.* 'Libellum quem roganti tibi promisi omni cura adhibita descriptum ... / ... nec medicos indigebis' (Beccaria 55.3).

*Leiden:Univ. Voss. lat. Q. 13. *Inc.* 'Libellum quem roganti tibi promisi ... / ... (*des.*) nec medicos indigebis' (Beccaria 113.1).

*Torino: BN K. IV. 3, ff. 1r–2r. *Inc.* 'Libellum quem roganti tibi promisi ... / ... (*des.*) nec medicinis indigebis' (Beccaria 110.1).

Vatican: VAbarb. 160, ff. 6v–8r. *Inc.* 'Libellum quem roganti tibi promisi ... / ... (*des.*) nec medicos indigebis' (Beccaria 108.1).

XII Century

*Budapest: Mus. Nat. 26, ff. 59–61.

Cambridge: CUt 1083 (O.I.59), 12–13th c, ff. 54v (60v)–61ra. *Inc.* 'Libellum quem roganti tibi ... / ... (*des.*) nec medicis indigebis. Explicit Ep. Ypocratis ad Mecenatem de Regenda sanitate.'

London: BMh 1585, ff. 10–12. *Inc.* and *des.* as above.

— **BMsl 1975**, ff. 9 (8)rb–11 (10)ra. *Inc.* and *des.* as above.

Paris: BN 12999, f. 1r (mutilated). 'Incipit epistola Ipocratis ad Mecenatem. Ipocras Mecenatem salutem. Libellum quem roganti tibi promisi omni cura adhibeta descriptum ...'

XIII Century

Oxford: BL 3541 (e Mus. 219), 123bisr–v. 'Incipit liber Ypo. de complexionibus, urinis et morbis et medicinis et de sanitate conservanda.' *Inc.* 'Libellum quem roganti mihi tibi promisi omnium cura adhibita descriptum ... / ... nos observare debere ne dubites ... sequitur sicut sunt quatuor anni tempora ...' (TK 817 Epistola ad Maecenatem; 1498 Experimenta Ypocratis).

Vienna 93 (Rec 253), F, ff. 10v–11r. 'Antonius Musa (*sic*) Libellus de tuenda valetudine ad Maecenatem. Ippocras Mecenati vobis salutem.' *Inc.* 'Libellum quem roganti tibi promisi omni cura adhibita descriptum misi . . . / . . .' (fascimile ed. Graz 1971).

XIV Century

Cambridge: CUg 345 (620), 13–14th c, f. 93^{ra-va}. *Inc.* 'Libellum quem roganti tibi promisi . . .' as above; (*des.*) '. . . nec medicis indigebis.'

Madrid 2223, ff. 44^b–45^a. 'Epistola ad Maecenatem.' *Inc.* 'Libellum quem roganti tibi promisi . . . / . . . et medicis non indigebis. Valete. Explicit epistola Galeni (*sic*) ad Mecenatem.'

Oxford: BLd 69, 13–14th c, ff. 27^r–28^v. 'Epistola Ypocratis Mecenati suo salutem.' *Inc.* 'Libellum quem roganti tibi promisi omni cura adhibita descriptum . . . / . . . tempus etatis tue non medicis indigebis. Explicit epistola Ypocratis ad Maecenatem amicum.'

Vatican: VA 2392. f. 98^{va-b}. *Inc.* and *des.* as above. Text is 14–15c.

XV Century

*****Breslau: R 458**, ff. 78^v–80^v. 'Epistola ad Mecenatem. Ypocras de distinctione anni. Cura Mecenatis cum distinctionibus anni in quattuor partes scilicet autumnum ver estatem et hyemen. Ypocras Mecenati salutem.' *Inc.* 'Libellum quem roganti promisi tibi omni cura . . . / . . . qui niger est peior sed rubea est melior.'

London: Wellcome 560, Misc. Medica, a. 1475, f. 236rb. 'Ipocrates Mecenatem vobis salutem. Libellum quem roganti tibi promisi . . .'

*****Prague: University VII.G.8 (1477)**, a. 1407, ff. 40^a–41^a. 'Hippocrates epistola de cura corporis. Ipocras Mecenati suo salutem . . . / . . . (*des.*) nec medicis indigebis' (J. Truhlar, *Catalogus codicum* I 544).

Salzburg: University M II 20, ff. 223va–224ra. 'Ypocrates Mecenati suo salutem . . .' *Inc.* 'Libellum quem roganti tibi promisi omni cura adhibita . . . / . . . nec medicis indigebis' (Microfilm: Hill Monastic Manuscript Library).

Vatican: VA 6337, ff. 161^r–162^r. 'Epistola ad Mecenatem.' *Inc.* 'Libellum quem roganti tibi promisi omni . . .'

Vienna: VI 5512, 14–15th c, ff. 165^r–166^v. *Inc.* as above; *des.* as follows: '. . . osten-demus mortifera . . .' Repeated at ff. 204–205^r, with *inc.* as above and the usual *des.*: '. . . nec medicis indigebis. Explicit.'

b. *Inc.* 'Provocas me de studio . . .'

IX Century

Paris: BN 7027, ff. 2^v, 3^r–13^v. 'Incipit liber Ypocratis ad Mecenatem salutem. Provocas me de studio scole artis medicine dicere et tractare de statu corporis generis humani hoc est de natura nostra . . . / . . . ideo debis omnibus referre . . .' mutilated, then continues at ff. 3^r–13^v, *des.* '. . . expedita ante primam faciem rationis ita est. Explicit de natura generis humani' (Beccaria 28.2; Wickersheimer LXV.2).

— **BN 11219**, ff. 212ra–221rb. Text *inc.* as in BN 7027 above: 'Provocas me de studio artis medicinae dicere . . .' Prologue *inc.* 'Praeco veritatis et sine mendacio didasculus. Sicut exinde eorum semine confecti solus in mundo Ippogrates inluminavit artem medicinae . . . / . . . (*des.*) Melius autem si et diuritica accipiet ad bibendum' (Beccaria 35.37; Wickersheimer LXXVII.39). Prologue ed. A. Beccaria, 'Sulle trace d'un antico canone latino di Ippocrate e di Galeno,' *Italia medioevale e umanistica* 2 (1959) 38–39.

5. Ad Nepotem suum

This is more correctly Vindicianus, *Epistola ad Pentadium nepotem suum* (TK 828–829; Beccaria 419).

Manuscripts:

Inc.: 'Licet sciam te carissime nepos grecis litteris . . .'

XII–XIII Century

Paris: BN 14935, 12c, f. 98^v. Hippocrates is cited in this text of Vindicianus' *Epistola*. 'Possim ex libris medicinalibus Ypocratis . . .' (Beccaria 40.4; Wickersheimer LXXXV.IV); also in Vienna 2523, 13c, f. 34ra; etc.

XV Century

Florence: FNpan 132, f. 33ᵛ, contains the following reference, presumably to this work: 'Enarratio Ypocratis et eius nepotis. Hippocras legitur quod habebat quemdam nepotem . . .' (TK 627).

6. AD PTOLEMEUM (DE ARTE PROLIXA, DE CORPORE HUMANO, DE MICROCOSMO, DE PRAEPARATIONE HOMINIS, DE SANITATE TUENDA)

This text, which is anonymous in the earliest of the manuscripts cited below, is similar to the *Epistola Hypocratis de microcosmo ad regem Ptolemeum*, in the Vienna MS of the fifteenth century and the *Epistola ad Ptolemeum* translated into Latin at the beginning of the sixteenth century by John Reuchlin, as noted below.

Manuscripts:

Inc.: 'Ex terra autem homo . . .'

IX Century

London: BMar 166, II, ff. 82ᵛ–90ᵛ. Anon. 'De arte prolixa pauca incipiam. De principio creavit deus celum et terram. Ex terra autem homo factus est. Pro quo tria facta sunt. Igitur ex quattuor elementis . . . Vita brevis ars prolixa, tempus (velox) . . . / . . . Post cibum calefacit et humectat corpus' (TK 537; Beccaria 83.13).

XI–XII Century

Paris: BN 14935, ff. (98ʳ⁻ᵛ)–(106ʳ⁻ᵛ) anon. fragment. *Inc.* 'In principio creavit deus coelum et terram. Ex terra autem homo factus est . . . / . . . Item in pueris et in juvenibus sanguis, in viris colera rubea vel nigra' (Beccaria 40.3; Wickersheimer LXXXV.3).

XIII Century

Vienna 2523, ff. 73ʳ–77ʳ. 'Hippocrates, De corpore humano. Incipit epistula Ypocratis de similitudine mundi. In principio creavit deus celum et terram. Ex terra etc. as in the preceding . . . / . . . (*des.*) in viris colera rubea vel nigra.'

XV Century

Vienna 4772, f. 71ʳ⁻ᵛ (not 77, as in TK 711), fragment. 'Epistola Hypocratis de microcosmo ad regem Ptolomeum.' *Inc.* 'In principio deus creavit mundum hoc est coelum et terram. Ex terra autem factus est homo propter quem omnia facta sunt. Quemadmodum . . . / . . . in pueris et iuvenibus sanguis, in viris colera rubea et nigra.'

Latin version of the Greek text (*Epistola ad Ptolemeum de sanitate tuenda*: Kühn I clxxiii) by John Reuchlin (1455–1522). Ed.: Hippocrates, *De praeparatione hominis ad Ptolemaeum regem*, nuper e greco in latinum traductus a Ioanne Reuchlin Phorcensi legum imperialium doctore (Tübingen 1512; bound with medical tracts: 1512–1657. London BM f. 5 07306); another edition by Wolfgang Herman (Würzburg 1562).

Other sixteenth-century translations are noted in Kristeller, *Iter* II 264 (*Epist. ad Ptolemaeum*, by Nicolaus Petreius Corcyraeus [1486–1568], in MS Venice S. Marco XIV. 65 (4599), misc. 16c, f. 91 [Cosenza III 2689]; also Jo. Fran. Ven. [Beatum] O.P.).

7. ANATHOMIA (See also *Gynaecia*)

No manuscripts of this text have so far been located. However, an *Epistola de anathomia* was cited in the thirteenth century by Vincent of Beauvais (*Speculum naturale* II lib. 32 cap. 33, 43, 50, De embrionis formatione): 'Ex Epistola Ypocratis de anathomia. In matrice quidem . . . Formatum autem infans in utero matris in x diebus et in novem mensibus . . . Ypocras in Epistola anathomia. Masculus quidem ut dictum est in dextra. . . .'. Other works on anatomy by Hippocrates apparently remained in Greek until the beginning of the sixteenth century. For example, the *De structura hominis ad Perdiceam Macedonium Regem* (cited by Kühn I clxxiii) and the several manuscripts of the *De hominis fabrica* are known only in the Greek.

DE ARTE PROLIXA, see *Ad Ptolemaeum*.

8. DE CATARTICIS

Manuscripts:

Inc.: 'Quid mihi adversarii de catarticis vos inculpantes opponitis . . .' (TK 1242).

XIV Century

Oxford: BLd 69, f. 187ra. 'Epistola Ypocratis de catarticis.' *Inc.* as above.

De corpore Humano, see *Ad Ptolemaeum.*

Experimenta, see *Ad Antiochum,* 'De quatuor temporibus.'

9. Flebotomia (Periflebotomia, De incisione Flebothomi)

These texts, with some exceptions, are anonymous with variant incipits.

Manuscripts:

a. *Inc.*: 'De viginti et una venis . . .' (TK 394).

XII Century

Madrid 19, f. 89[va]. 'Epistola Ypocratis de flebotomia de quantis venis fleubotomamus hominem hoc est . . .' *Inc.* 'De viginti et una venis fleuotomamus hominem hoc est: de arteria duas . . .'

XIV Century

Paris: BN 7418, ff. 94[vb]–95[va]. 'Incipit epistola Ypocratis de flebotomia et sanguinis diminutione.' *Inc.* 'De viginti et una venis fleoobothomamus hominem . . . / . . antequam incipit estas.'

b. *Inc.* 'Flebotomia continet cirurgiam quod est initium sanitatis . . .'

XII Century

Paris: BN 14935, ff. 102[r] (114[r])–103[v]. 'Incipit epistola de incisione flebothomi quam composuit Yppocras et de incisionibus venarum.' *Inc.* 'Flebotomia continet cirurgiam quod est initium sanitatis . . . / . . . incidenda est vena' (TK 563; Beccaria 40.7 Wickersheimer LXXV 7).

c. *Inc.* 'Flebotomia (Periflebotomia) (id) est vene recta incisio . . .' (TK 1035).

VIII–IX Century

Paris: BN 11218, beginning 9th century, ff. 10[v]–11[r]. *Inc.* 'Peripleomonia est reomatismus breve temporis pulmonum cum febribus acutis . . . / . . .' (Beccaria 34.3a, fragments; Wickersheimer LXXVI.3).

X Century

Glasgow: Hunt V.3.2, ff. 20[r]–22[r]. *Inc.* 'Periflebotomia id est vena recta incisio . . . / . . . et placet fel' (Beccaria 73.9).

*Montecassino: Archivio della Badia, Cod. V.97, ff. 8[a]–10[a]. *Inc.* 'Periflevothomia idest vena recta . . . / . . . et placet fel' (Beccaria 95.8).

X–XI Century

Montpellier 185, ff. 98[r]–100[r]. *Inc.* 'Periflebothomia id est vena recta incisio . . . / . . . et placet fel' (Beccaria 16.3; Wickersheimer XXIX.3).

Vatican: VA 3426, ff. 91[r]–92[v]. *Inc.* 'Perifleubothemia id est vene recta incisio et sanguinis emissio . . . / . . . quando inflationis causa sanguis detractitur.'

XIII–XIV Century

Oxford: BLau F.6.3, f. 143. 'Peristomia id est recta vene incisio.'

Paris: BN nouv. acq. 356, 'Incipit Epistola Flebotomia.' 'Flebotomia . . .' as in the preceding.

Seville: Col. 5-5-21, f. 46[rb]. 'Liber Y. de flebotomia. Flebotomia est vene recta incisio . . . / . . . dolorem vesice' (Beaujouan [1972] 187).

Vatican: VA 2382, f. 94[va-b]. 'Epistola de flebotomia. Flebotomia est vena recta incisio . . . / . . . attrahitur sanguinis.'

Vienna: VI 2504, ff. 93[v]–96[r]. 'Periflebotomia vene recta incisio et sanguinis moderata effusio . . .'

XIV Century

London: BMsl 430, ff. 47[v]–49[r] 'Peri flebotomia id est de vene recta incisione . . .'

XV Century

*Dresden: Db 91, ff. 82[v]–83[v]. [Hipp.] 'Periplebotomia.'

d. *Inc.*: 'Hoc est vena cefalica quia a(de) capite habet principatum . . .' (TK 631).

IX Century

*Bruxelles 3701–15, f. 11[r-v]. 'Epistola de incisione venarum (fleotomi) quem composuit Yppocrates de incisione venarum.' *Inc.* 'Hoc est vena cephalica a capite habet . . .' (Beccaria 6.23).

Paris: BN 11219, ff. 34[vb]–35[rb]. 'Epistola Ypocratis de incisione venarum.' *Inc.*

'Hoc est vena cefalica . . .' (Beccaria 35.17; Wickersheimer LXXVII.17).

XII Century
Paris: BN 6837, f. 39ʳ⁻ᵛ. 'Epistola Ypogratis de incisione fleotomie. De inquitione venarum.' *Inc.* 'Hoc est vena cefalica quia a capite habet principatum.'

Vatican: VAp 1098, ff. 61ʳ⁻ᵛ. 'Incipit epistola de incisione flebotomie. De incisionibus venarum hoc est vene cephalice que a capite habet . . . / . . . perseverare possunt.'

e. *Inc.*: 'Quid est flebotomia? (Id est) Vena recte incisio et sanguinis emissio . . . (TK 1240; 1242).

IX Century
＊Brussels 3701–15 (3702), I f. 10ᵛ–11ʳ. 'Incipit peridfleotomia Yppocratis. Quid est peridfleotomia? Id est vena recta incisio et sanguis emissio . . . / . . . semper time et non culpaveris' (ed. Morgenstern, *Das Aderlassgedicht des Johannes von Aquila* [1917] 64–73; Beccaria 6.22). At f. 11ʳ⁻ᵛ is the 'Epistola de incisione fleotomi venarum.'

Paris: BN 11218, ff. 34ᵛ–37. 'Incipit epistola fleobotomia. Quid est fleobotomia? Vaena recta incisio et sanguinis emissio . . . / . . . sicut Epocratis dixit: Si vis esse perfectus medicus, semper time et vide ne male incidas. Explicit epistola Eliodori. (Beccaria 34.12); Wickersheimer LXXVI.14).

— **BN 11219,** ff. 32ᵛ–[33ᵛ]; 33ᵛᵇ–34ʳᵇ. Anon. 'Incipit Epistola fleubotomiae. Quid est flebotomia? Id est venae recta incisio . . . / . . . semper cum ratione time et non culpaberis, feliciter'; and at f. 33ᵛᵇ: 'Quid est fleubotomia? Venae recta et debita incisio . . . / . . . (*des.*) . . . indignationem testiculorum. Explicit' (Beccaria 35.14; Wickersheimer LXXVII.14,15).

＊St. Gall: Stift. 217, pp. 262ᵃ⁻ᵇ, 255ᵃ⁻ᵇ. Anon. 'Quid aest (!) flevotomia? R. Vena recta incisio et sanguis aemissio . . . / . . . (*des.*) non oportet flevotomo adhibere. Explicit flevotomo' (Beccaria 131.1).

IX–X Century
Florence: FL 73 Cod. 1, ff. 140ʳᵃ–141ᵛᵃ. 'Incipit epistule de fleubotomia. Quid est

fleutomia? Venae rectae incisio. Quomodo fleotomia operamur? . . . / . . . suademus evacuandum.' (Beccaria 88.2; ed. Czarnecki, *Ein Aderlasstraktat angeblich des Roger von Salerno samt einem lateinischen und einem griechischen Texte zur Phlebotomia Hippocratis* [diss. 1919] 25–30.)

XI Century
＊Uppsala: Univ. C. 664, pp. 4–6. Anon. 'Quid est fleotomia? Vena recta incisio . . . / . . . si vis perfectus esse medicus, semper time.' As in St. Gall 217, above (Beccaria 117.2).

XII Century
Paris: BN 6837, f. 38ʳ⁻ᵛ. 'Epistola fleobotomia. Quid est fleotomia? Vena recta incisio et sanguinis emissio . . . / . . . Ideo cum cautela fieri oportet sicut dixit magister noster Ypocras si vis perfectus esse medicus semper time.'

Vatican: VAp 1098, ff. 50ᵛ–61ʳ. 'Quid sit periflebotomia id est vene recta incisio et sanguinis emissio ˙ . . . / . . . dixit magister noster Ypocras si vis perfectus esse medicus semper time (?) et non culpaueris (?).' This is preceded at f. 60ʳ by the 'Epistola de Incisura.'

XIII Century
Reichersberg: s.n. [11], ff. 36ʳ–38ᵛ. 'Incipit epistola de fleotomia.' *Inc.* 'Quid est fleotomia? Vene recta incisio et sanguinis amissio . . . / . . . (*des.*) cautela fiat sicut Ypocras dixit. Si vis perfectus esse medicus semper time . . .' (Microfilm: Hill Monastic Manuscript Library).

Inc.: 'Quid est per id flebotomia? Id est vena recta . . .' See 'Quid est flebotomia . . .'

DE HUMORIBUS, see *Ad Antiochum,* 'Quatuor sunt humores . . .'

10. DE INCISIONE (INCISURA) (See also *Flebotomia*).

This text is usually anonymous in the manuscripts or attributed to Apollo. However, in VAp 1098 it is attributed to Hippocrates.

Manuscripts:

Inc.: 'Primam medicinam adinvenit sinceritatem ad corporis propensationem . . .' (TK 1097).

IX Century
*Brussels 3701–15, f. 14ᵛ. 'Incipit epistula Apollo de incisione. Primam medicinam adinvenit sinceritatem et corporis propensationem . . . / . . . et reucent in inguinem per . . . ' mutilated (TK 1097; Beccaria 6.32).

Paris: BN 11219, ff. 35ᵛᵇ–36ᵛᵃ. 'Incipit epistula Apollo de incisione. Primam medicinam adinvenit sinceritatem ad corporis perpensationem . . . / . . . intellegere sapienter, diligere, ardenter' (TK 1097; Beccaria 35.20; Wickersheimer LXXVII.20).

XII Century
Paris: BN 6837, ff. 39ᵛ–40ᵛ. *Inc.* as in the preceding (TK 1097).

Vatican: VAp 1098, f. 60ʳ. 'Incipit epistola Ypocratis de incisura. Primam hic medicine adinvenit sinceritatem ad corporis propensationem . . . / . . . fortiter intelligere sapientis deligere ardenter. Explicit Epistola Ypo. de incisura.'

11. AD INSTRUENDUM VEL DOCENDUM DICIPULOS (See also *Arte, De*)

Manuscript:

Inc.: 'Factum est hoc strumentum in conventum multorum sapientum disputantium doctrinam medicine artis . . .'

X Century
London: BMadd 8928, ff. 17ʳ–18ᵛ. *Inc.* as above; *des.* . . . 'sicut ab Yppocrate ordinatum vel traditum est et ab aliis auctoribus comprobatum.'

DE MICROCOSMO, see *Ad Ptolemaeum*.
For *De natura humana* see text XLI.
12. DE OBSERVATIONE TEMPORUM

Manuscripts:

Inc: 'Quam alta et profunda sunt verba Ypocratis . . .' (TK 1158).

IX Century
*Brussels 3701–15, f. 2ʳ⁻ᵛ. 'Quam alta et profunda sunt verba Ypocratis ! Quoniam cum venisset Ypocras cum discipulis suis in Antiochiam civitatem . . . / . . . propter humores noxias deponendas melancolicis deponendis' (Beccaria 6.3).

Paris: BN 11219, f. 17ʳ⁻ᵛ. 'Incipit epistola Ypocratis de observatione temporum. Quam alta et profunda sunt verba Ippocratis ! Quoniam cum venisset Ypocras in Antiochum civitatem Ypocras medicus secundum suam dixit . . . / . . . propter humores noxios deponendus menancolicus deponendus' (Beccaria 35.7; Wickersheimer LXXVII.7).

13. DE OPERATIONE (OPINIONE) MEDICINE
Usually precedes the *Epistola de ratione medicine, inc.* 'Non satis vexantur . . .', in the early manuscripts. cf. *Epistola de ratione medicine*, infra.

Manuscripts:

Inc.: 'Frustra mortalium genus moritur . . .'
X Century
*Glasgow: Hunt. Cod. V.3.2, ff. 24ᵛ–25ʳ. 'Epistule Yppocratis. Frustra mortalium genus moritur eger . . . / . . . seu vite sive morte vel macronosia' (Beccaria 73.12).

London: BMadd 8928, f. 6ʳ⁻ᵛ. 'Epistula (de operatione medicine). Frustra mortalium genus moritur eger . . . / . . . (*des.*) sollicitat egritudinem quam non potest sanare vel nomina eorum non potest scire.' (Beccaria 84.4).

Montecassino: Archivio della Badia V. 97, f. 24a. *Inc.* and *des.* as in the Glasgow Hunt. Cod. V.3.2, above (Beccaria 95.15).
XI Century
Montpellier 185, f. 116ᵛ. (Epistula, De operatione medicine) *Inc.* and *des.* as in the Glasgow MS. above. (Beccaria 16.12; ed. by H. E. Sigerist, 'Early Mediaeval Medical Texts in Manuscripts of Montpellier,' *Bulletin of the History of Medicine*, 10 [1941] 35).

Vatican: VAbarb 160, f. 286ᵛ. (Epistula) *Inc.* and *des.* as in the MS London BMadd 8928 above (Beccaria 108.28).

XIII–XIV Century

Vatican: VA 2375, f. 575rb. 'Epistola de opinione medicine.' *Inc.* as above; *des.* 'vel nomina eorum potest scire. Explicit.'

— **VA 2382**, f. 94ra.   'Epistola de operatione medicinae.' *Inc.* as above; *des.* 'nomina eorum non potest scire.'

XV Century

Munich: CLM 640, f. 9^{r-v}. 'Hipp. de operatione medicine.' *Inc.* as above.

Paris: BNna 481, ff. 4^{v}–5^{r}. 'Divus Hippocratis De operatione medicinae.' *Inc.* 'Frustra mortalium genus moritur ceciditur eger et michi fragilitas . . . / . . .' *des.* 'quare non potest curare vel nomina eorum potest scire.'

14. DE PECTORE

Manuscripts:

Inc.: (Sed) in ipso pectore plurimas . . .

IX Century

*Brussels 3701–15, ff. 12^{v}–13^{r}. Anon. 'Epistola de pectoris causa. De pectus autem nim id (!) praevagamus et in ipso plurimas lesiones sentimus . . . / . . . manipulum medium iuxta vires in potionem bibatur' (Beccaria 6.30).

*St. Gall: Stiftsbibl. 751, pp. 317–318. 'Incipit Epistula Ypocratis de pectus autem nimium pregravatum. Sed in ipso pectore plurimas lisiones sentimus . . . / . . . optimae facit' (TK 684, 1425; Beccaria 133.15; Diels [1905] 53).

PHLEBOTOMIA, see *Flebotomia*.

DE PREPARATIONE HOMINIS, see *Ad Ptolemaeum*.

DE QUATTUOR HUMORIBUS, see *Ad Antiochum*.

DE QUATTUOR TEMPORIBUS, see *Ad Antiochum*.

15. DE RATIONE MEDICINE

Epistolae with this title are generally anonymous in the MSS, but they are listed under Hippocrates' name by Diels 53, and generally follow, in the MSS, the *Epistolae de operatione medicine* with the *inc.* 'Frustra mortalium . . .'.

Manuscripts:

Inc.: 'Non satis vexantur in pigmenta vel antidota . . .' (TK 922).

X Century

Glasgow: Hunt. V.3.2, f. 25^{r}. 'De ratione medicine.' *Inc.* 'Non satis vexantur in pigmenta vel antidota . . . / . . . vel nomina eorum non potest scire.' (TK 922; Beccaria 73.13).

Montecassino 97, p. 24^{a}. 'Epistola.' *Inc.* and *des.* as in the preceding Glasgow MS (Diels [1905] 53; Beccaria 95.16).

XI Century

Montpellier: Mon 185, f. 116^{v}. 'Epistola.' *Inc.* 'Non satis vexantur in pigmenta vel antidota . . . / . . . vel nomina eorum non potest scire.' (Ed. K. Sudhoff, *Archiv für Geschichte der Mathematik, der Naturwissenschaft und der Technik* 12 [1930] 9–10; Sigerist, *art. cit..* 35–36; Beccaria 16.13; Wickersheimer XXIX, II.)

DE REGENDA SANITATE, see *Ad Maecenatem*.

DE SANITATE TUENDA, see *Ad Ptolemaeum*.

SAPIENTIA ARTIS MEDICINAE, see *Ad Antiochum*, 'Quattuor sunt vente.'

16. DE SIGNIS EGRITUDINUM

Manuscript:

Inc.: 'Brevissima epistola Ypocratis de signis egritudinis . . . ' (TK 181).

Vatican: VAp 1363, ff. 148va–149va. *Inc.* as above.

17. DE SIGNIS URINARUM

Manuscript:

Inc.: 'Sciendum est igitur quod omnes urinae . . . ' (TK 1392).

XIV–XV Century

Vatican: VAp 1098, ff. 63ʳ–64ʳ. 'Incipit epistola Ypocratis de signis urinarum. Sciendum est igitur quod omnes urine inter venas sunt et perincatus venarum . . . / . . . si quis diligenter custodierit mortis periculum ante previdet' (TK 1392).

18. DE VENIS. See also *De flebotomia* or *Incisio.*

Manuscript:

Inc.: 'Constitutas sunt venas in corpore . . . ' (TK 258).

IX Century

Vatican: VAr 1143, ff. 140ʳ–141ʳ. 'Epistola quomodo cognoscamus notas venarum de umis (*sic*) expositionibus quo loca ad medicis incidantur. Constitutas sunt venas in corpore hominum paria quattuor . . .' (TK 258; Beccaria 106.8).

19. DE VIRGINIBUS

Manuscript:

Inc.: 'Dicente virgine ut sit casta . . . '

IX Century

*Berlin: Phillipps 165, ff. 32ᵛ–33ᵛ. 'Incipit epistola Yppocratis de virginibus.' *Inc.* 'Dicente virgine ut sit casta, sicut calix usque ad annos x . . . / . . . matrix claudit modo claudit modo aperit. Explicit epistola hyppocratis de vir' (TK 415; Beccaria 50.3; Diels [1905] 53).

DE VISITATIONE INFIRMI, see *Ad Filominum.*

20. GREEK BIOGRAPHICAL COLLECTION OF LETTERS: TRANSLATION OF FRANCISCUS RINUCCIUS ARETINUS

Francesco Rinuccio d'Arezzo (Castilioeretinus, 1395–after 1456), a lecturer in the University of Rome and traveller in Crete and also in Constantinople (with Johannes Aurispa), served as scriptor under Pope Eugenius IV (1431–1447) and as secretary to Pope Nicholas V (1447–1455), for whom he translated from Greek the collection of fifteen letters,[1] newly introduced from Byzantium and previously unknown in the Latin manuscripts. The collection, the translation of which represents a distinctly humanist achievement, begins with the letter of King Artaxerxes to Paetus begging for aid with the pestilence then ravaging his army. It continues with fourteen further letters, including the reply of Paetus (naming and giving details regarding Hippocrates), the unsuccessful appeal to Hippocrates, the letters of Hippocrates to the Senate and people of Abdera, and so on.[2] Twelve additional letters were also added to these original fifteen bringing the total number to twenty-seven.

Manuscripts:

XV Century

*Berlin: BE 4º.558, ff. 189ʳ–204ʳ, 209ᵛ–213ʳ (Lockwood p. 59).

— ***BE 8º.171.**

*Berne 579, ff. 61ʳ–67ᵛ. 'Epistole' 'Hystanes Hippocrati . . . / . . . Hippocratis filio Thesalo.'

Bologna: BU 215 (329), ff. 1ʳ–15ᵛ. Preface: 'Philippus Mediolanensis vir inter me-

---

[1] M. E. Cosenza, *Biographical and Bibliographical Dictionary of the Italian Humanists, 1300–1800* (Boston 1962) IV col. 1543–44; V 396.

[2] See further Littré IX 313; G. Voigt, *Die Wiederbelebung des classischen Alterthums* (Berlin 1859; repr. Berlin 1960) II 84, 190, who cites Georgius, *Vita Nicholai V* (Rome 1742); W. von Christ, *Geschichte der griechischen Litteratur* VII.2.1 (Munich 1920) 484–85; Diels 37–38, lists 27 letters with Greek titles; and at 38, the 'Epistolae XV a Rinutio Aretino conversae.' See also D. Lockwood, 'De Rinuccio Aretino,' *Harvard Studies in Classical Philology* 24 (1913) 51–60, 88–94, and the bibliography cited by Cosenza on the pages noted above.

dentes . . .' Text *inc.*: 'Rex Regum magnus Artaxersee Peto . . . Morbus qui nomine appellatur pestis . . . / . . . (f. 7ᵛ) sibi erit efficacissima medelarum. Vale.' Then follow letters of Hippocrates to and from Democritus and Thessalus, Hippocrates' son: (f. 7ᵛ) 'Democritus adberitus inter philosophos sui temporis clarissimus . . ., (f. 14ʳ) Democritus Hippocrati felicitatem ut mihi tamquam insanienti helleborum . . ., (f. 15ʳ) Hippocrates Democritas artis medicine salutares . . ., (f. 15ʳ) Hippocrates Thessalo filio s. cognitionem geometrie artis metrique ut probe tenens . . . / . . . (f. 15ᵛ) huiusmodi facultatis cognitionem accedere velis. Vale. Expliciunt epistole Hippocratis et Democriti. Valeas qui leges' (T K 400).

*Brindisi: Bibl. archivescovile 'Annibale de Leo', a. 1473, Illuminated. Hipp. Epistolae, 5 pieces, including a letter of Artaxerxes and one of Histanes. *Inc.* 'Artaxerses . . . Histani . . . Salutem. Hippocrates medicus cui fama est genus ab Esculapio duxisse . . . ' (Kristeller I 38).

*Escorial a. IV. 12, ff. 1ʳ–36 (Beaujouan [1972] 187).

Florence: FLa 897 (828), cart. misc., 218 fols. 'Artaxerxes Histani'; 'Histanes Hippocrati' (Tuam epistolam . . ., f. 36ʳ⁻ᵛ); 'Hippocrates Histani' (Regem ita certiorem . . ., f. 36ᵛ); 'Hippocrates popula Abderitarum' (Melsagoras cives . . ., ff. 36ᵛ–37ᵛ). (Kristeller I 90.)

— **FLa 1721 (1645)**, Pt. III, unnumbered fols, items 1–15. Preceded by Preface as in BU 215 (329), above. Epistola 1: 'Morbus qui nomine appellaturi pestis . . . / . . .' Epistola 15: 'Cognitionem geometricis artis metricique . . . / . . . ad utriusque huiusmodi facultatis cognitionem accedere velis. Finis Epistolarum Hippocratis Medici' (Kristeller I 98).

— **FL Plut. LIV. Cod. XVII**, ff. 51– (79). (Bandini II 657.)

— **FL Plut. LXXXX Sup. XXXVI**, f. 16ᵛ (first letter missing). (Bandini III 518).

— **FN Magl. I 132 (Magl. VIII. 53)**, cart. misc., f. 81ᵛ. 'Prefatio in quasdam Epistolas Hippocratis . . . conversas per Re-nucium Aretinum ad Nicolaum V ' (title only). (Kristeller I 132.)

— **FN Magl. I 294**, misc. 'Hipp. Epistolae.' With preface to Card. S. Chrysogoni and Pope Nicholas V.

— **FN Pal. Capponi 180 (formerly 135)**, item 2. Preface to Nicholas V (Kristeller I 149).

— **FR 128** mbr., with miniatures, ff. 64–81. Preface to Nicholas V (Kristeller I 186).

— **FR 133** mbr. (Kristeller I 178).

— **FR 671 (N IV 24** ?), cart. misc. Initial, coat of arms, ff. 62–64ᵛ. *Inc.* 'Artaxerxes Histani Hypocrates medicus cui fama est genus . . . / . . . (*des.*) (Hippocrates Philapomini) et male valentes curat' (Kristeller I 196).

— **FR 907 (N III 16)**, art. misc. Several hands, including that of Barth. Fontius, ff. 121–128. 'Collecta ex epistolis Hippocratis . . . e greco in latinum conversis' (by Rinucius). (Kristeller I 208.)

— ***Società Colombaria II.II.II.4**, mbr. misc. Epistola, tr. Rinucius. Now cod. 238, perhaps lost. (Kristeller I 227.)

*Gerona: BC 69, f. 110. 'Epistola de insania Democriti' (Beaujouan [1972] 187).

London: BMar 277.

— **BMh 3527**, ff. 1ʳ–15ᵛ. As in BU 215 (329), ff. 1ʳ–15ᵛ, above.

— **Wellcome 619**, c. 1460, ff. 91ᵛ–111ʳ. Epistolae Ps.-Hipp. translated by Rinucius Aretinus (Rinuccio da Castiglione). 'Prefatio in quasdam Epistolas Ypocratis medicine artis peritissimi e graeco in Latinum conversas . . . ad Nicolaum V summum pontificum Philippus Mediolanensis vir. Inter medentes nostri temporis . . . Rex regum magnus Artaxerxes . . . / . . . quare ad utriusque huiusmodi facultatis cognitionem accedere velis. Vale.'

Milan: Ambros. M 4 Sup. (Plut. Ax).

*Monreale: Bibl. Comm. XXV.F.8, mbr. misc., ff. not numbered. Tr. anon. (Rinucius). *Inc.* 'Morbus qui nomine appelatur pestis . . . ', with a preface to Nicholas V (Kristeller I 393).

Munich: CLM 569, a. 1498, ff. 163ʳ, 164ʳ–173ᵛ. Tr. anon. 'Epistola ad Damagetum.'

'Sententia de insania Democriti, alias De risu.' *Inc.* 'Quod suspicati sumus illud nimium Damageter fuit . . . / . . . que de Democrito scribere possum. Idque profecto libens. Valle, Finis laus Deo. Anno domini 1498.'

Oxford: BL Can. Misc. 169.

Paris: BN 6863, ff. 1ʳ–20ᵛ. Dedication to Nicholas V by Rinucius. 'Philippus Mediolanensis vir . . . incipiunt epistole foeliciter. Rex regum magnus Artaxerxes Peto salutem. Morbus qui nomine appellatur pestis . . . / . . . ,' ends with the Epistola of Hippocrates 'Thessalo filio suo. Cognitionem geometrie arithmeticeque ut probe teneas cura, fili . . . / . . . cognitionem accedere velis vale. Finis.'

— **BN 8606,** beautifully decorated initials, ff. 162ʳ–186. Preface 'Philippus Mediolanensis,' as in the preceding.

— **BN 8729,** ff. 47ʳ–55ᵛ. Begins with the Epistola ad Damagetum, ends as in BN 8606, f. 183ᵛ.

***Pesaro: Bibl. Oliveriana 1958,** cart. misc., ff. 32–58. Epistolae, tr. Rinucius, beginning with the letter of Artaxerxes to Petus. *Inc.* 'Morbus qui nomine appellatur pestis . . .', with a preface to Nicholas V. (Kristeller II 68).

***Rimini: Bibl. Civica Gambalunga (1955), 4.A.1.22 (formerly D.IV.208),** cart. misc., 15–16c., ff. 13–18. 'Hippocratis epistola ad Damagetum.' *Inc.* 'Cychnus avis . . .' (Kristeller II 87).

***Rome: Casanatense 1706 (A.VI.47),** mbr. a. 1503. 'Hippocrates Epistolae' (Kristeller II 95).

***Siena: Bibl. Com. F.II.18,** mbr. misc. 'Epistolae' (Kristeller II 152).

***Torino: BN K².IV.11,** cart. XV, f. 1. 'Hippocrates Epistolae.' *Inc.* 'Rex regum Arthaserxes Peto salutem. Morbus qui nomine appellatur pestis . . .' (Kristeller II 182).

Vatican: VA 305, ff. 131ᵛ–138ʳ. 'Hippocrates Epistolae,' with preface to Nicholas V at the close. *Inc.* as in the preceding Torino MS. Includes Epistolae 1–5, 11–16, 18, 20, 22. At ff. 96ᵛ–97ᵛ is the second collection, tr. by Rinucius: Hippocrates Thessalo. 'Cognovimus cura sit tibi . . .'

— **VA 1781,** ff. 103ʳ–125ᵛ. 'Hippocratis communi medicorum principis epistole tr. Raynutio Florentino.' Epistola to Nicholas V: 'Philippus Mediolanensis . . . Morbus qui nomine . . . / . . . huiusmodi facultatis cognitionem accedere velis. Finis epistolarum Hippocratis medici.'

— **VA 2449,** f. 122ᵛ. 'Sententia Abderitarum senatu quippe qui mercede curat hi scientias servire . . . ' This is one of the collection of letters tr. by Rinuccius, as in VA 4490, f. 4ʳ below.

— **VA 4490,** a. 1480, ff. 1ʳ–27ʳ. 'Epistole tr. Renutio.' Preface and epistolae as in VA 305, above, except for the long 'Epistola ad Damagetum quid de Democrito vidente', ff. 13ᵛ–24ᵛ, which is not found in VA 305.

— ***VA 5881,** misc. 'Epistolae Artaxerxes, Hystanes, Hippocrates and Apollonius' (Kristeller II 336).

— **VAborg. 413,** cart. misc., ff. 90ᵛ–100. Preface to Nicholas V (Kristeller II 440).

— **VAurb. 1313,** ff. 41ʳ–(61). 'Rinuccio Aretino interprete' with dedication to Nicholas V. Then 'Philippus mediolanensis vir inter medentes . . . / . . . (*des.*) huius modi facultatis cognitionem accedere velis.' Printed Basel 1554.

Venice: S. Marco XIX 124 (4044), ff. 137ᵛ–138. *Inc.* 'Artaxerxes Hystani. Artes Hippocratis medici . . .'

— **S. Marco XIV 219 (4631),** ff. 130–140ᵛ. 'Epistolae.' *Inc.* 'Philopomini, legati epistolam civitates . . .' (Kristeller II 26).

***Verona: Bibl. Capitolare CCXLI (202),** cart. misc., 15–16, ff. 92–93ᵛ. 'Hippochrates populo Abderitarum,' *inc.* 'Melsagoras civis vester.' f 93ᵛ: Letters of Artaxerxes to Hystanes, *inc.* 'Artis Hippochratis medici,' of Histanes to Hippochrates, *inc.* 'Epistolam ad me rex,' and of Hippocrates to Hystanes, *inc.* 'Regem ita certiorem,' etc. (Kristeller II 296).

Vienna 3116, a. 1498, ff. 17ʳ–18ᵛ. 'Hippocratis Col medici de Democrito philosopho. Epistola ad Damagetum de insania Democriti . . . / . . . (*des.*) postquam profecto habemus. Vale.'

— **3192**, ff. 15ᵛ–18ʳ, as in FLa 1721 above. Collection ending with 'Hipp. Thessala filio suo s.p.d. cognitionem geometrie . . . / . . . facultatis cognitionem accedere velis.'

— **3494**, ff. 105ᵛ–106ᵛ. 'Artaxerxes magnus rex Histani Hellesponti duci salutem.' *Inc.* 'Rex regum magnus Artaxerxes Peto salutem. Morbus qui . . .'

Editions:

Florence 1487, with Diogenes Cynicus, *Epistolae.* 'Proemium in Epistolas Hipp. quas e greco traduxit Rinutius Florentinus.' (Pref.) 'Philippus mediolanensis vir inter medentes nostri temporis praestantissimus beatissime pater . . .' Closes at f. 46ᵛ with 'Hippocrates Thessalo filio suo s.p.d.' (TK 1361; Klebs 337.1–2).

[Augsburg, anon. pr., 1500]. Hippocrates, *Epistolae de insania Democrati* (Klebs 522.1).

21. GREEK BIOGRAPHICAL COLLECTION OF LETTERS: TRANSLATION OF JOHANNES AURISPA

Giovanni Aurispa (de Noto; da Sicilia; Notinus Siculus, c. 1370–c. 1459), rhetorician, poet laureate, abd frequent traveler in the Greek East in search of Greek manuscripts, was in Constantinople in 1418 and 1422. He brought back a large number of Greek texts, including the *Epistolae*, which he translated into Latin. In 1423, he was in Venice with the Emperor Iohannes Palaeologus, whom he served as secretary. He also taught in the schools there, and was the first professor of Greek in the University of Bologna, 1424–25. He taught as well in Florence and Ferrara. He was befriended by Cosimo de Medici and also served as apostolic secretary (1441) under Pope Eugenius IV and later under Nicholas V.[3]

Manuscripts:

XV Century

Bologna: **Archiginnasio B.4214**, Cart. misc., ff. 65–79ᵛ. *Inc.* 'Morbus quem pestilentiam vocant . . .' f. 79ʳ⁻ᵛ. 'Ex Greco in latinum traductoris (Aurispae) epistola ad amicum suum. Cum iniqui cuiusdam . . .' (Kristeller I 17–18).

***Cremona*: Fondo Civico Aa.1.48**, a. 1463, ff. [41–59]. 'Johanis Aurispa sciculi (*sic*), . . . Epistola.' *Inc.* 'Morbus quem pestilentiam vocant . . .' preceded by Aurispa's preface to an unnamed friend (f. 41–41ᵛ): *Inc.* 'Cum iniqui cuiusdam medici causa . . .' In the letter Aurispa stated that he had earlier translated Hippocrates' letter to the Abderites, and that, upon the request of a friend, he was then translating the entire collection (Kristeller I 49–50).

London: **BMh 2541**, a. 1469, f. 100. Contains Aurispa's translation of Hippocrates' alleged epistles (Wright 463).

Vatican: **VA 2066**, ff. 33ʳ–46ʳ. 'Artaxerses Magnus Rex Paeto. Salutem. Morbus quem pestilentiam vocant . . .' Repeated at f. 34ʳ. At 34ᵛ is 'Artaxeres, Histani hellesponti prefecto. Fama medicine artis Hippocratis coi . . .'; f. 35ʳ–36ʳ: 'Histanes Hippocrati. Epistolas quas ad me Rex misit . . .', 'Hippocrates Histani. Significa Regi ut ego ad te scribe . . .', 'Hipp. Abderitarum consilio. Melsagoras civis vester ad Coam . . .'; f. 36ʳ: 'Hipp. Philopomeni Legati epistola civitatis multi attulerunt . . .': f. 36ᵛ: 'Hipp. Dionisio. Aut me apel. Alicarnasum expectes . . .'; f. 37ʳ⁻ᵛ: 'Hipp. Damageto. Cum tecum apud Rhodum . . .'; f. 38ʳ⁻ᵛ: 'Hipp. Philopomeni Sollicito et de Democrito cogitavi . . .'; ff. 38ᵛ–39ᵛ: 'Hipp. Cratene. Iam te amice in herbarum cognitione . . . / . . . Erit illi sapientia medicina certissima;' ff. 39ᵛ–45ʳ: 'Hipp. Damageto. Hoc illud

---

[3] Cosenza I 337–47, 160–61; V 44; D. Cast, 'Aurispa, Petrarch, and Lucian: An Aspect of Renaissance Translation,' *Renaissance Quarterly* 27 (1974) 157–73, esp. the bibliography cited on p. 158.

erat . . .'; f. 45ᵛ–46ʳ: 'Democritus Hipp. Veniste ad me o Hippocrates ut dares elleborem;' f. 46ʳ: 'Hipp. Democrito. Artis medicine salutaris effectus a Democrite multi omnino non laudant . . . Hec de Hippocrate et Democrito feliciter [explicit].'

— **VAbarb 64, ff.** 167–183ᵛ. Hippocrates Epistole I–V, XI–XVIII, XX. The above is similar to the preceding VA 2066 text although it is elsewhere indicated as 'Hippocratis epistolae, Francisco Aretino interprete' (Kristeller II 442). *Inc.* 'Artaxerxes Magnus Rex Peto. Morbus quem pestilentiam vocant nostrum exercitum invasit . . .' (TK 881).

XVI Century

Oxford: BL Lat. class. e.19 (3408 b), f. 3ʳ (f. 3ᵛ, 4ʳ⁻ᵛ blank), 5ʳ⁻ᵛ. 'Aurispe viri clarissimi Epistolarum Hippocratis translatio.' This is repeated at f. 5ʳ as a heading. *Inc.* 'Morbus quem pestilentiam vocant nostrum exercitum invasit . . .'

22. GREEK BIOGRAPHICAL COLLECTION OF LETTERS: ANONYMOUS TRANSLATION

Cf. Aurispa translation in VA 2066 ff. 35ʳ–36ʳ, and Rinuccius translation in Verona Bibl. Capitolare CCXLI ff. 92–93ᵛ.

Oxford: BLcan Eccles. 223, a. 1489, ff. 298ʳ–299ᵛ. Anon., 'Epistolae Hypocratis.' *Inc.* 'Hystanes Hypocrati ex genere Esculapii sal. Tuam epistolam ad me rex misit cum te peteret eam tibi acceddi . . .' f. 298ᵛ. 'Hippocrates medicus Hystani Hellesponti duci Sal. Regem ita certiore fac ut ad te scribo. Pecunia vestimenta domus atque eos omnes ad vitam necessarii michi habunde sunt. Hippocrates populo Abderitarum Sal. Melsagoras civis ad chorum venit forsam eo die . . . / . . .' (f. 299ʳ) 'et stabile esse moribus et necessarie civitatis ornamentum.'

XXI. EPITOMUM (EPITOMIA, EPIZONUM, PRONOSTICA, PRONOSTICUM)

See also *Astrologia* and *Capsula eburnea.*

A. TRANSLATIONS

1. ANONYMOUS: 'SATURNI (SATURNUS) . . .' (TK 1381).

Manuscripts:

XI Century

*Copenhagen: Kgl. Samlung Cod. 1653, f. 183ᵛ. 'Epitomum Ypocratis de infirmis, quod est manifestum ad observandum dies aut salutis aut mortis.' *Inc.* 'Saturnus dies qui in lector (*sic*) acciditur . . . / . . . xxi dies convalescit' (Beccaria 8.17).

XIII Century

Munich: CLM 615, ff. 49ᵛᵇ–50ᵛᵇ. 'Epytomia Hippocratis.' *Inc.* 'Saturnus est do-

minus planetarum ideo ab ipso est potius incipiendum . . .'.

XIV Century

*Douai 715, ff. 4ᵛ–(9). 'Epizonium Ypocratis de infirmis.'

London: Wellcome 547, Miscell. Medica XXI, ff. 216ᵛᵃ–219ᵛᵃ. 'Epizonium Ypocratis quod est manifestum ad observandum die salutis et mortis . . . / . . . in eadem finivit (?) vita ex eadem illa frenentes (?) purgat.'

XV Century

Cambridge: CUpem 204, ff. 68ᵛ–69. 'Pronosticum Ypocratis que dies mortis vel salutis ostendit.' *Inc.* 'Saturni dies qui in lectum ceciderit . . .'.

Vienna: VI 3011, f. 147ʳ⁻ᵛ. *Inc.* as in CLM 615.

— **VI 5512**, c. 1436, f. 163ʳ⁻ᵛ. *Inc.* as in CUpem 204.

2. ANONYMOUS: 'SOLIS DIE IN LECTO QUI CECIDERIT . . .' (TK 1517).

Manuscripts:

Florence: FR 905, ff. **38ᵛ–39ʳ**. 'Epitomia Ypocratis.' *Inc.* as above.

Vatican: VA Reg. Suev. 1324, f. 66ʳ. 'Pronostica Galieni.' *Inc.* as above.

XXII. DE EQUIS (INFIRMITATES ET CURAE EQUUM, MASCALCIA, VETERINARIUS)

This tract on the ills and care of horses and other animals is said to have been translated into Latin from the Arabic by Moses of Palermo (see *desinit* of the edition below) who was associated with Charles of Anjou in 1277.[1] Although the Latin text has been noted only in manuscripts of the fifteenth century, the work appears to have circulated earlier in the vernacular (the Sicilian dialect). It is held by recent authors to be the basis of most of the important writings on veterinary medicine from the thirteenth to the close of the sixteenth century.[2]

A. TRANSLATIONS

1. ARABIC-LATIN TRANSLATION

Manuscripts:

XV Century

*Modena: Estense III (ol. **Q.9, 3**), misc. 'Hippocrates, De infirmitatibus equum,' transl. Moses of Palermo (Kristeller I, 369; this may be the same as the following):

— ***Palatina**, pp. 99–142. 'Liber Ipocratis de infirmitatibus equum et curis eorum.' Cap. 1. *Inc.* 'Sapientissimus Ipocras medicus Indie fecit librum istum, ordinavit enim in hoc libro curam animalium irrationalium, sicut sunt equi, muli, bordoni,

asini, et aliorum animalium irrationabilium, et curam quam diximus invenit suo sensu, animo puro, et usu, et sua scientia, et ordinavit in hoc libro predictus sapientissimus Ipocras breviter, quia iste Ipocras erat doctior et sapientior omnibus sapientibus qui in suo tempore fuerant. Docuit enim multos magistros et discipulos doctrinam, et erat in tempora Cadre regis . . . Verba Ipocratis incipiunt: Ego supplico Deo, substantie de substantiis et nature naturarum et creatori creaturarum, quod det mihi bonum intellectum et adjutorium ad componendum librum istum . . . / . . . (cap. 44, *des.*) Et quando equus ignibit multum, accipe lapidem

---

[1] For Moses of Palermo (Panormitanus) see G. Sarton, *Introduction to the History of Science* II (Baltimore 1931) 833.

[2] See further G. Palma, 'Per un trattato di mascalcia in dialetto siciliano del secolo XIV,' *Archivio storico siciliano* N.S. 45–46 (1924-25) 206–19; and *Trattati di Mascalcia attribuiti ad Ippocrate tradotti dell'Arabo in Latino da Maestro Moise da Palermo volgarizzati nel secolo XIII* (edd. P. Delprato and L. Barbieri; Bologna 1865).

unum parvum, et perfora ipsum, et liga in capite caude equorum vel equi, et liberabitur, Explicit liber Ypocratis sapientissimi de curationibus infirmitatum equorum, quam translatavit de lingua arabica in latinum magister Moyses de Palermo.' *Trattati di Mascalcia attributi ad Ippocrate tradotti dell' Arabo in Latino da Maestro Moise da Palermo volgarizzati nel secolo XIII* (edd. P. Delprato and L. Barbieri; Bologna 1865) 99–142.

Terni: Bibl. communale ff. 73ʳ–95ᵛ. 'Liber Ypocratis de curis equorum.' *Inc.* 'Istum librum fecit Ypocras sapiens medicus Indie et ordinavit in hoc libro curam animalium s. equorum asinorum mulorum et aliorum animalium inrationabilium . . . / . . . qui tractat pira supra dorsum et equiternus trite contraplane per plateam. Explicit liber deo gratias. Amen.'

2. Vernacular Translation

Manuscripts:

XIV Century

London: BMadd 15097, Fol. vellum, ff. 60–104, illustrated; figures in color. Compilation from Hippocrates and other authorities. 'Alius tractatus de morbis naturalibus et accidentalibus ac signis et curis equorum' in two books written in Ialian.

XV Century

Florence: FL Ashb. 1881. The beginning is missing. At the close is: 'Questo libbro compose con grade studio et doctrino uno philosophe . . . quale chiamava Ipocras . . .' The list of captions follows.

Vatican: VAbarb 3981, ff. 25ᵛ–95ʳ. Hippocrates (Ippocrate). 'Mascalzie . . .'

Vatican: VA De Marinis 8, cart., 1489, ff. 1ʳ–148, in six books. In a fine humanist hand, although written in the vernacular. 'Questo libro sie de mescalcia e de altei animali transladato de lingua grega in latino per lo meistro Moisse de Palermo e composito per Ipocrate e altei savii maeistri e dotori.

Epuado secundo eti vel libro promaniete vedat. (*Inc.*) Per li quali signi el mali di li animali se cognosce. Quante sono le generatione de li mali . . .'. (At f. 108ʳ, is:) 'Qui finisse el quinto libro de mescalcie per Ypocrate. Unde comm. el sexto libro de mescalcie composita anchora per le doto dotore Ypocrate translatado de grego in latino per lo meistro Moisses de Palermo deinde lo prego el bone iesu signore e salvadore nostre che me diam gratia che posse comperire. In prima comenca de li tempi di cavalli e lore continentie . . . (f. 148ʳ, work ends:) '. . . Finitum fuerit hoc opero per egregium scolarem Baldisarem de Macagins sub anno domini millesimo quater centessimo octuagessimo nono et die nono mensis madii hora vigesima prima. Laus deo finis. Laus deo pax vivus et requies defueret. Amen.'

— **VAurb 1343**, ff. 1–(51). 'Ipocrate, savio medico d'Indio, libro de mascalia, lib. I–II'

Two other examples of the vernacular text are cited by Barbieri in the edition noted above, but it is not clear from which MSS the texts are taken:

pp. 1–40, cap. 1: 'Questo libro o fato io Ipocras, savio e medico d'India, percio ordino in questa libro la cura deli animali inrasionali, si come de' cavalli e muli e bordoni e asini e altri inrassionali animale . . .'

pp. 203–247: 'Libro di Mascalcia che translato dal greco in latino Maestro Mose di Palermo. Questo libro fece Ippocrate savio medico di India, e ordino in questo libro la cura degli animali irrazionali, come sono le cavalli, le muli, le bordoni, le aseni, e le altri animali . . .' (p. 247:) 'Questo libro de Mascalcia di cavalli, muli e asini fu translato da Maestro Moise di Palermo.' (cap. 1 *inc.*) 'In questo libro ammaestro di conoscere le contenentie de cavalli dal tempo ch'elli sono . . . / . . . (cap. xxvi: Di far forte e di ingrassare il cavallo) Tolli delli cedroni freschi una grande quantita . . . qui si compie il libro di Mascalcia de' cavalli, il quale translato Maestro Moise da Palermo.'

XXIII. EXPERIMENTA

See also *Capsula eburnea*; *Epistola ad Antiochum: De quattuor temporibus*; *Epistola de sapientia artis medicinae*.

A. Translation

Manuscripts:

XII–XIII Century

London: BMsl 3550, ff. 230ʳ–(241ᵛ). 'Ista sunt Experimenta Ypocratis que nunquam fallunt et quia probata sunt.' *Inc.* 'Sicut sunt quattuor tempora anni s. ver, estas, autumpnus, et hyems, ita in humano corpore sunt quattuor humores: sanguis, rubea colera, nigra colera, et flegma. Ver est humidus et calidus et incipit ab viii kal. marti . . . / . . . de vena que est in angulo oculorum iuxta nasum . . . apponatur sanguisfuga. Experimentum . . .' (not certain where the tract ends). On f. 241ᵛ is '. . . si temperetur cum aqua . . .'. Then on f. 242ʳ begins: 'Epilentia dicitur egritudo prohibens animata membra ab operantibus . . .' (Diels 53; TK 1498; Kibre [1945] 403, n. 204). The above text is closely related not only to the *Epistola ad Antiochum*, but also to the *Epistola ad Maecenatem*.

*Salzburg: Monasterium ad S. Petr., 12th c, item 27 (Becker [1885] 230–41).

XIII Century

Oxford: BL 3541 (e Mus 219), ff. 124ʳ–127ʳ. 'Experimenta Ypocratis.' *Inc.* 'Sicut sunt quatuor tempora anni s. ver, estas, autumpnus, et hyems, ita sunt humani corporis quatuor humores s. sanguinis . . . / . . . (*des.*) in prima die iovis . . . bibe saphum plenum succo vetonice et ipso anno et emigiares seu omnibus gratis liberabis.' The above is preceded at f. 123ʳ by a pref. with *inc.* 'Libellum quem rogasti mihi tibi . . .'.

XIV Century

Munich: CLM 31, a. 1320, f. 46ᵛᵃ⁻ᵇ. 'De experimentis. Quando in septima die apparuerit apostema nigrum . . .'.

Oxford: BLr C 328, f. 10ʳ, illuminated. 'Demonstratio medicine Ypocratis. Quod si faciebat confortabat ex ea . . .'. Made up of a number of separate prescriptions, the first of them: 'Experimentum contra capillos cadentes . . .'.

Rome: Angelica 1456, ff. 138ʳ–140ʳ. A collection of *Experimenta* which include at f. 138ᵛ an 'Inquit Ypocras hec sulphur . . .'.

Facies Hippocratica, see *Capsula eburnea* and *Secreta* (Signa sanitatis et mortis)

XXIV. DE FARMACIIS

This brief fragment on purgatives, probably a late addition to the Hippocratic writings, appears in Latin manuscripts under a number of variant titles, although the form *De farmaciis* is the most usual.[1] It is the same as the *De*

---

[1] For a Greek and Latin edition of this work see H. Schöne, *Rheinisches Museum* 73 (1920–24) 434–48. On the subject in general see J. Stannard, 'Hippocratic Pharmacology,' *Bulletin of the History of Medicine* 25 (1961) 497–513.

remediis purgantibus which was reported by Littré I 422, Choulant, *Handbuch* 20, and others, as non-existent in Latin manuscripts and as not published before the early seventeenth century. Diels, however, reported several Latin manuscripts of the fourteenth century, under the heading of *De remediis.* The work was printed as *De pharmaciis* in incunabula editions and in the sixteenth century.[2] The Latin translation was possibly made by Nicholas de Reggio (see MS Vienna 2328 f. 33va).

A. TRANSLATION

Manuscripts:

XIV Century
*Cesena: Malatest. S V 4, f. 120. *Inc.*: 'De farmaciis autem cause non ut existimatur ... / ... (*des.*) idem enim (est) periculum (periculosum). Explicit liber farmacarum Ypocratis.' This *inc.* and *des.*, with slight verbal variants indicated by the parentheses, are found in the other manuscript texts listed below.

Munich: CLM 31, a. 1320, f. 46rb-va.
New Haven: Yale Cushing MS, f. 60vb.
Oxford: BLAshb. 1471, f. 184va.
Paris: BN 6865, f. 179.
Rome: Angelica 1338 (T.4.3), f. 37rb-va.
Vatican: VA 2382, f. 103rb-va.
— **VA 2383**, f. 103.
— **VA 2417**, f. 95ra-va; also ff. 250–251rb.
— **VA 2428**, f 165ra-b.
— **VAp 1068**, f. 84r (AL 1794).
— **VAp 1096**, f. 133vb–134ra.
Venice: VE VII, Cod. XI (2496), f. 38rb.
Vienna: 2328, a. 1314, f. 33va. 'Explicit liber Ypocratis de usu farmacorum nove translationis.' Possibly translated by Nicholas de Reggio who translated other works in the collection (Hermann V [1928] 15–16).

XV Century
Leipzig 1227, f. 220r-v. *Inc.* and *des.* same as above.

Madrid: BN 1978, f. 101v. Hipp. 'Usu farmacorum' (Beaujouan [1972] 183, 187).
Munich: CLM 640, ff. 10r–11v. 'Liber Hippocratis de farmaciis incipit foeliciter. De farmaciis autem causis non ut existimatur sunt eodem, enim farmacia purgant ... / ... (f. 11v *des.*) oportet non tandem farmatitia sue clisteri uti. Item enim, periculum. Liber Hippocratis de farmaciis finit.'
Vatican: VAp 1098, f. 22r-v.

XV Century Vernacular
Cambridge: Jesus Coll. 46, f. 173v. — 'De medisinis.' In English.

Editions:

XV–XVI Century
Razi, *Liber Almansoris* (Klebs 826.1–3):
    Milan 1481, f. 209r.
    Venice, Locatellus, 1497, f. 45ra.
Maimonides, *Aphorismi* (Klebs 644.2 and two var.):
    Venice, Locatellus, 7 Oct. 1497.
    Venice, Hamman, 1500.

Articella:

    Lyons 1515, 8o, f. lxxxvr-v. *Inc.* and *des.* as above.
    Lyons 1519, f. 90v. *Inc.* and *des.* as above.

---

[2] See the listing below.

B. Commentaries

1. Anonymous: 'Circa istum librum Ypocratis . . .'

Manuscripts:

Vatican: VA 2417, f. 95ᵛᵃ⁻ᵇ, immediately
following the text. *Inc.* 'Circa istum librum
Ypocratis sunt plures dubitationes . . .'

2. Anonymous: 'Ut testatur Ypocras . . .'

An anonymous *De farmaciis dandis* with
the *incipit* 'Ut testatur Ypocras . . .' was
reported as in the library at Canterbury
(James 456).

3. Commentary of Albertus Bononiensis

Alberto Zancari (s. xiv), Dr. of Medicine
at Bologna, also commentator on Hippocrates' *Aphorisms*, etc. (see above: III.B.60
at p. 71).

Manuscripts:

Vatican: VA 4452, ff. 59ʳᵃ–61ᵛᵃ. 'Super-
fluitatum quedam cause complexe nature
. . . Verba proposita scribet Avicenna primo
can. fen 3ᵃ doctrina 2ᵃ primo cap . . . / . . .
quando et qualiter cause operant (?) etc.
Deo gratias. Expliciunt expositiones super
libro Y. de farmaciis edite a magistro Alberto
Bonon.' (TK 1545).

XXV. DE FEBRIBUS

So far no distinct Latin texts on this subject under Hippocrates' name have
come to my attention.[1] Diels 46, however, names under Hippocrates the following two Latin manuscripts. These do not, however, appear to be by Hippocrates.

A. Translation

Manuscripts:

Montpellier 185, 11th c, ff. 100ᵛ–101ʳ.
(Diels 46; Beccaria 16.6; Wickersheimer
xxix.5; see also H. Sigerist, 'Early Mediaeval

Medical Texts in Manuscripts of Montpellier,' *Bulletin of the History of Medicine* 10
[1941] 27–47).
*Naples VIII.D.43, date unknown. 'De
febribus secundum Hippocratem' (Diels 46).

Fistulis (De), see De cancro et fistulis

---

[1] Hippocrates did deal with the subject of fevers in several of his works. See, for example,
Aphorismi IV (Loeb IV [1959] 147–153); *Epidemia* I (Loeb I [1962] 181–85); and *Natura
Humana* XV (Loeb IV [1959] 39–41).

XXVI. DE FLATIBUS

The author of this sophistic tract or discourse[1] has endeavored to establish the fact that air, which is essential and all powerful in nature, 'is also the prime factor in causing diseases' and that since air is 'seen to be the most active agent during all diseases,' 'all other things are but secondary and subordinate causes.'[2] According to Jones, although this tract 'at quite an early date . . . became known as an Hippocratic work,' it does not belong to the famed physician or to any members of the Coan school, but was in all likelihood one of the tracts 'preserved in the library of the medical school at Cos.'[3] The treatise appears not to have been translated into Latin until the fifteenth century when the noted humanist and neo-Platonist, Francesco Filelfo, brought the work (together with other Greek texts) back from Constantinople in 1427 and published a translation.[4]

Filelfo's translation from the Greek was followed shortly thereafter by that of Janus Lascaris (1445–1535). Both translations were published in the early twentieth century by Axel Nelson.[5]

A. TRANSLATIONS

1. GREEK-LATIN VERSION OF FRANCESCO FILELFO

Manuscripts:

XV Century

Cambridge: CU 1497 (Gg. 3. 32), a. 1444, ff. 209ʳ–214ʳ. 'Francisci Philelfi praefatio in Hippocratis librum de flatibus ad Philippum Mariam Anglum Mediolanensium ducem. Qui tuae valetudine ultro consulunt princeps optime ac maxime munus mihi admodum . . . / . . . Id autem quo facilius sim facturus iuvabis tum quidem afflatu tuo. Phillipe Maria Angli Hippocraticis hisce flatibus vel adiutus vel delectatus. Hippocratis liber de flatibus.' *Inc.* 'Sunt artes quedam que possidentibus quidem laborem afferunt utentibus . . . / . . . (*des.*) In quibus quidem rebus vera preceptio apparuit. De egrotationibus autem si dicerem nihilo tamen

---

[1] See further Diels 21–22; Littré VI 90–114; TK 1211, 1539. Also F. Z. Ermerius, *Hippocratis et aliorum medicorum reliquiae* (Utrecht 1862) II 123–35; and W. H. S. Jones, *Hippocrates: Breaths* II (Loeb Classical Library; Cambridge, Mass. 1959) 221–53.

[2] Jones 221 and 253.

[3] *Ibid.* 224–25.

[4] In a famous letter to Ambrogio Traversari, Filelfo enumerated the Greek works that he had brought back to Italy. Included were the collection of *Epistolae*, the *De flatibus*, and the *De passionibus corporis*. See A. Calderini, 'Intorno alla biblioteca e alla cultura greca del Filelfo,' *Studi italiani di filologia classica* 20 (1913) 217; *Epistolae Ambrosii Traversari,* lib. XXIV ep. xxxii (ed. L. Mehus; Florence 1958, II 1010). The above two works are cited in a list, probably autograph, of the works of Filelfo preserved in the Archivio di Stato at Milan (Calderini 213).

[5] A. Nelson, *Die hippokratische Schrift περὶ φυσῶν* (Uppsala 1909).

esset oratio nostra necque verior nec probabilior.' (Followed by the *De passionibus*.)

*Como: Bibl. comm. I.4 (Ex 1.3.9), ff. 5r–19r. Dedicatory preface as in Cambridge MS, to Phil. Maria Anglus Vicecomis. *Inc.* 'Qui tue valetudinis . . .' Text. 'Sunt artes quedam . . . / . . . neque probabilior *Τέλος*' as in preceding CU 1497 above. (Agrimi 57; Kristeller I 46.)

Paris: BN 7023, a. 1444, ff. 1r–20v, f. 21r–v is blank. A beautiful Visconti MS in vellum, with illuminated initials and decorated borders in a humanist hand. The preface and text are the same as in the preceding Cambridge MS. The *De passionibus* follows. (This text was printed by Axel Nelson [1909] 3ª–33ª.)

Vatican: VA Ottob. 1805, a. 1444, ff. 2v–14. Dedic. Preface as above. *Inc.* 'Sunt artes quedam . . .' as above; followed by the second translation.

2. GREEK-LATIN VERSION OF JANUS LASCARIS

Manuscripts:

XV Century

*Bordeaux 117–118, ff. 306–316. 'Hypocratis de flatibus.' *Inc.* 'Quedam artes sunt que laborem artificibus . . . / . . . neque fide dignior. Finis.'

Paris: BN 7063, ff. 118r–133r. 'Hippocratis libellum de flatibus.' *Inc.* 'Quedam artes sunt que laborem artificibus utilitatem iis qui utantur . . . / . . . (*des.*) oratio fuerat verior autem nihil magis neque fide dignior. Finis.' (TK 1186, where the MS number should be corrected to read BN 7063.) This translation ascribed by Axel Nelson to Janus Lascaris is printed side by side with that of Francesco Filelfo (Uppsala 1909) 3b–33b; also pp. 52–53.

Vatican: VA Ottob. 1805, ff. 15r–45.

Editions:

Paris, in aedibus Simonis Colinaei, 1525. (I ff. 2r–11v:) 'Libellus Hippocratis de Flatibus, Lascare interprete.' *Inc.* 'Quaedam artes sunt, quae laborem artificibus utilitatem iis qui utantur . . . / . . . (f. 11v) At vero circa egrotationes si evagari velim, longior sane oratio fuerit. Verior autem nihil magis, neque fide dignior. Finis libelli Hippocratis de flatibus' (BM 539.a16).

Paris 1539 (BM). See E. Legrand, *Bibliographie hellénique* III (Paris 1903) 304, 380.

Flebotomia, see Epistola de flebotomia
De genitura, see Addenda et Corrigenda

XXVII. GYNAECIA (DE COMPAGINE)

See also *De mulierum affectionibus*; *De natura hominis*.

The present tract[1] is attributed to Iustus or Vindicianus, as well as to Hippocrates.

---

[1] For the most recent discussion of the texts relating to the above subject see A. E. Hanson, *Studies in the Textual Tradition and the Transmission of the Gynecological Treatises of the Hippocratic Corpus* (Ph. D. Diss., University of Pennsylvania, Philadelphia 1970/1971). Also see R. Joly, ed. and tr., *Hippocrate* (Paris 1970) t. XI: 'De la génération, De la nature de l'enfant, Des maladies iv, Du foetus de huit mois.'

A. TRANSLATIONS

Manuscripts:

IX–X Century
Paris: BN 11219, ff. 210ʳᵃ–211ᵛᵇ. *Inc.* 'Quomodo in utero materno contenimus vel portemus . . . / . . . quorum modo flagerit lingua' (TK 1257 attributed to Iustus or Vindicianus; Diels [1906] 56; Beccaria 35.36; Wickersheimer LXXVII.36; ed. V. Rose, *Theod. Priscianus* [Leipzig 1894] 464–66).

XIV–XV Century
Vatican: VAp 1098, ff. 1–55ᵛ or 57ᵛ. 'Incipit epistola Ypocratis de compagine hominis. Quomodo in utero materno formatur vel commeantur . . . Conatus sum nunc epistolam hanc disponere ex libris grecis in latino sermone quibus ossibus et quibus nervis aut quibus compaginibus corpus hominis . . . / . . . Inde fit ut quidam calidum vel frigidum continere more non possunt.'

XXVIII. DE HERBIS
See also *De cibis*.

Although no specific tract with the title *De herbis* under Hippocrates' name appears to be extant, there are several extracts relating to the subject connected with his name. Hippocrates was in fact early associated with the use of herbs in the Latin West, and was cited both as an author of and authority on tracts on the subject. In the early sixth century Cassiodorus referred to the works 'Hippocrates de herbis et curis diversosque alios medendi arte compositos,' that were to be found in his library at Vivarium.[1] However, as Courcelle and others have noted, none of the works extant in manuscript correspond with the above title. Hence Rose proposed emending the reading to 'De herbis et cibis,' instead of 'de herbis et curis.'[2] The former would then appear to refer to the Latin extracts of book two of the Hippocratic *De diaeta* found in manuscripts of the ninth and tenth centuries at St. Gall, Monte Cassino, and Paris.[3] Furthermore, the importance of a knowledge of herbs for those studying the medical art was exemplified in the recommendation that the student or disciple in medicine should know or be able to recognize the genus of herbs and their virtues included in early commentaries on the *Aphorisms* and in the *Epistola Ypocratis ad instruendum vel docendum discipulos*, found in a tenth-century manuscript at London.[4]

---

[1] Cassiodorus, *Institutiones* (ed. Mynors; Oxford 1937) 78, 25.

[2] P. Courcelle, *Les lettres grecques en Occident de Macrobe à Cassiodore* (2d ed.; Paris 1948) 387, citing V. Rose, *Anecdota Graeca et Graeco-latina* (Berlin 1870) II 119, 127; Diels 48.

[3] See the manuscripts listed below, as well as those *De cibis* listed above.

[4] See the early commentaries on the *Aphorisms* listed above; also London BM Add. 8928, 10c, ff. 17ʳ–18ᵛ: 'Epistola Ypocratis ad instruendum vel docendum discipulos. . . . Primitus omnium convenit discipulum legendo sive scrutando scire vel cognoscere genus herbarum et virtutes earum . . .' (Beccaria 84.18, and other examples under *De arte*).

A. Translations

Manuscripts:

IX Century

*St. Gall: Stift. 762, pp. 25–71. 'Incipit prologus de virtutibus herbarum'; and pp. 187–216. 'Incipit liber Ypo. de cibis vel de potum . . .'. 'Bubula fortissima est . . .' (ed. Rose, *Anecdot.* II 119 ff.; Beccaria 137.1, 4).

— **877**, ff. 33–49. 'In Christi nomine incipit medicinalis ars Ypocratis magistri. Ad dolorem capitis erba betonica, ruta, plantagine minore . . . / . . .' incomplete at close (Beccaria 138.1; Diels 48; TK 36).

Montecassino 69, pp. 571ᵃ–574ᵇ. 'De cibis' (Beccaria 94.19; Rose, *Anecdot.* II 127; Littré I 385).

XII Century

London: BMh 1585, pp. 2ᵃ–, with illuminations depicting herbs and animals. *Inc.* 'In hoc continentur libri quatuor medicine Ypocratis Platonis Apoliensis verbis de diversis herbis . . .' (TK 676).

XV Century

— **BMsl 962**, ff. 85ᵛ–89ᵛ. '(Hippocrates) De herbis colligendis.' *Inc.* 'Numquam nisi in fine (mense) Aprilis colligas radices omnium herbarum quarum radices sunt medicinalis . . .' (TK 960).

Montpellier 277, ff. 117ᵛ–118ʳ. 'Epistola Ypocratis ad Alexandrum de tempore herbarum.' This text is said to date from about the 4th century. (Wickersheimer, 'Epistola Ypocratis ad Alexandrum de tempore herbarum,' *Janus* 41 [1937] 145–52.)

XXIX. DE HUMORIBUS

See also *Epistola ad Antiochum: De quattuor humoribus.*

Neither Diels 19 nor Littré V 476–502 lists any Latin MSS for the *De humoribus*. They list only the Greek texts from which apparently no translation was made until the sixteenth century.[1] See MS Vatican Ottob. 1919, XVI Century, ff. 1ʳ–9ᵛ: 'Hippocratis Coi liber de humoribus Augustino Ricco interprete.' *Introd.* 'Legitimum esse Hypocratis librum hunc testatur Galenis . . .' *Inc.* 'Color humorum extra in hominibus efflorescit . . ./ . . . (*des.*) est magis dolore vexabatur. Finis.' However, the subject of humors, an important element in ancient and medieval medicine, was covered for the Middle Ages in the excerpt below and more extensively in the *Epistola ad Antiochum: De quatuor humoribus.* See text XX.A.2, especially items b and h.

---

[1] For a recent study of the *De humoribus* see K. Deichgräber, *Hippokrates De humoribus in der Geschichte der griechischen Medizin* (Wiesbaden 1972).

A. TRANSLATIONS

Manuscript:

XIV Century

Rome: Ran 1338, ff. 38rb–39vb. (In margin: Incipit libellus de augmento humorum). 'Placet nunc quidem exponere ipsas humores que sunt que faciant humiditate . . . / . . . intrat humiditatis. Explicit libellus Ypocratis . . . de augmento humorum' (TK 1049).

VI

The Repertorium of Hippocratic Latin texts in the Middle Ages, begun in *Traditio* 31 (1975) 99–126 and continued in the issues following, here resumes with a number of tracts clearly labelled as by Hippocrates in medieval Latin manuscripts. In general, these texts contain traditional or characteristic features of Hippocratic medical theory and practice, particularly the emphasis upon the relation of climate and seasons to health, upon the four humors and the importance of maintaining a harmonious relation between food and exercise. They also, especially in the *Oath* (*Iusiurandum*) and the *Law* (*Lex*), reveal the importance placed on ethics and the moral and correct professional conduct of the physician. The fact that most of these treatises were available in the Latin West before the close of the fourteenth century should serve to modify traditional views regarding the lack of direct knowledge of Hippocrates before the so-called Renaissance of the fifteenth and sixteenth centuries.[1]

Included here are: XXX. *De impressionibus*; XXXI. *Indicium medicinae artis*; XXXII. *Initia medicinae*; XXXIII. *De insomniis* (*somniis*); XXXIV. *Interrogatio*; XXXV. *Iusiurandum*; XXXVI. *Lex*; XXXVII. *Medicamenta*; XXXVIII. *De mensuris*; XXXIX. *De mulierum affectionibus* (*morbis, causis, et curis*); XL. *De natura foetus* (*embryonis, puerorum*); XLI. *De natura hominis* (*humana*); XLII. *Nutrimentum* (*Alimentum*); XLIII. *De passionibus* (*affectionibus*); and XLIV. *Precepta*.

---

[1] The traditional view in this regard is unfortunately perpetuated in the recent work of W. D. Smith, *The Hippocratic Tradition* (Ithaca, N.Y. 1979) 13ff.

XXX. DE IMPRESSIONIBUS

This brief tract on astronomy, weather and illnesses appears to have some relation to the content of the tract on *De aere, aquis, locis* (*q.v.*), in which the author held that 'the contribution of astronomy to medicine is not a very small one, but a very great one indeed.'[1] The tract is also associated in the manuscripts with Alkindi and Haly.[2]

A. TRANSLATION

Manuscripts:

XV Century

Oxford: BLcan. misc. 517, ff. 20ʳ–21ᵛᵃ. 'Incipit libellus de impressionibus Ipocratis feliciter. Saturnus sub radiis in ariete facit pluvias. In omnibus (hominibus) autem facit infirmitates ex re(h)umatisimo ... / ...

est et bonam complexionem ostendit. [Finis] libelli Ipocratis de Impressionibus.' (Diels 54; TK 1385).

Vicenza: Bertoliana 132 (3.8.19), ff. 111ᵛ–115ʳ. *Inc.* and *des.* as above with verbal variations indicated in parentheses. The tract ends with 'Libellus de impressionibus Ypocratis finit.' (Diels 54).

De Incipiende medicinae, see Initia medicinae.

De Incisione, see Epistola de flebotomia.

XXXI. INDICIUM MEDICINAE ARTIS (EPISTOLA DE INDICIO MEDICINAE)

See also *De arte medicine.*

A. TRANSLATION

Manuscripts:

IX Century

Brussels 3701–15, ff. 6ʳ–7ʳ. *Inc.* 'Indicium Ypocratis artis medicinae exercendi eamque omnibus ostendit ... / ... (*des.*)

in alteram partem animam per sanguinem nutrire.' (Beccaria 6.12).

Paris: BN 11218, 8–9c, ff. 26ʳ–28ʳ. *Inc.* as in the preceding; *des.* '... in alteram partem animam per sanguinem plenam.' (Beccaria 34.8; Wickersheimer LXXVI.9).

De Infirmitatibus equum, see De equis.

---

[1] W. H. S. Jones, *Hippocrates* (Loeb Classical Library; Cambridge, Mass. 1962) I 73.

[2] See the references in TK 1383, 1385.

XXXII. DE INITIA MEDICINAE

See also *De arte medicine* and *Vita*.

A. Translation

Manuscripts:

IX Century

St. Gall: Stift. 751, ff. 355–356. [Initia medicinae] 'Oportet antequam Ypocratium praecepit iuramento . . . / . . . tertius dieticus, quartus pronosticus.' (Ed. in part in Hirschfeld, 'Deontologische Texte des frühen Mittelalters,' *Archiv für Geschichte der Medizin* 20 [1928] at 364–69; TK 1009; Beccaria 133.21).

XI–XII Century

Brussels 1342–50, ff. 1ᵛ–3ʳᵇ, 52ᵛᵇ–53ᵛᵃ (ascribed to Theodore Priscian). 'De incipienda sectam medicinae. Antequam Ypocrates de Chous percipiat iuramentum . . . / . . . (*des.*) de stomaticis unum, de epacticis unum.' (Beccaria 5.1; 5.5: Yppocratis genus, vita, dogma).

De Insania Democriti philosophi facetum, see Epistola de insania Democriti.

XXXIII. DE INSOMNIIS (SOMNIIS)

The *De insomniis* relating to dreams, and in part also to diet, was identified by Littré[1] as book IV, the last book, of the *Regimen*. This work as a whole expounded the principle that health depends on the right relation between food and exercise. The first book discussed the primordial composition of living bodies, age, sex, and health of mind and body; the second, the effects of places, winds, foods, drinks, and exercise; the third the signs which indicate the disproportion of the relations between food and exercise that heralded the imminence of disease; while the fourth, corresponding to the *De insomniis* examines the significance of dreams in predicting the onset of pathological disorders. According to W. H. S. Jones, this is 'the first occurence in classical literature . . . of a supposed connection between the heavenly bodies and the fates of individual human lives.'[2]

The *Regimen* does not appear either in whole or in part in Latin manuscripts before the fifteenth century, although parts of it in the French or English vernacular were included in the so-called *Regimen* sent to Caesar, which appears in a number of fourteenth- and fifteenth-century recensions. The fourth book, *De insomniis*, appears not to have been translated into Latin until the late fifteenth century, when the humanist printer Andreas Brentius of Padua prepared a Latin translation from the Greek. Other translations from the Greek followed in the sixteenth century.[3]

---

[1] Littré VI 638–663; Diels 26; TK 533, 593, 910; Kühn I cxliv 33.

[2] W. H. S. Jones, *Hippocrates* IV lii.

[3] Littré V 464–465 lists sixteenth-century editions.

A. Translations

1. Greek-Latin Version of Andreas Brentius

Fifteenth-century humanist editor and printer of Padua.

Manuscripts:

XV Century
Paris: BN 7337, pp. 170^b–173^b. 'Ypocratis de Insomniis.' *Inc.* 'Ex insompniis ea nobis bona sunt que ad ultimam noctis partem intelligentie representat res . . . / . . . (*des.*) deo iuvante fieri potuit ex cogitata inventaque si semper in vita bene valere poterit. Finis.'
Vatican: VA 3681, membrane (Kristeller II 322).
— **VA Ottob. 1205**, ff. 26^v–35^v. Prefatory letters of Andreas Brentius to Pope Sixtus IV: 'Saepe atque multum Sexte Pont. Max. Inter philosophos presertim . . .' *Inc.* Hipp. 'Ex insompniis . . .' as above (TK 1429, 533).

Printed Editions:

[Rome 1481]: Klebs 517.1. Dedicated to Pope Sixtus IV: 'Sepe atque multum . . .'
Venice 1497, with Rasis, *Liber Almansoris*; Klebs 826.2.
Venice 1500, with Maimonides, *Aphorismi*: Klebs 644.2; and with Rasis, *Liber Almansoris*: Klebs 826.3.
Venice [1515], with *Opera Hippocratis*, ff. lxxxv^v–lxxxvii^v.

2. Excerpta

Manuscript:

Berne 579, ff. 98^r–99^r. 'Excerpta ex Hipp. libro de somniis.'

3. English translation
Manuscript:

XVI–XVII Century
London: BMsl 2820, f. 109^v. Hippocrates, On Dreams (De insomniis). *Inc.* 'Whosoever shall nightly . . .'

Ad instruendum vel docendum, see De arte medicine

De intellectu urine, see De urinis

XXXIV. INTERROGATIO

See also *De arte medicine*.

A. Translation

Manuscript:

IX Century
Paris: BN 11219, ff. 26ra–32va. 'Incipit liber interrogationis Yppocratis medici. Quid est medicina? Ars sanativa corporis humani . . . / . . . (*des.*) accipere ab eo vestis candidas sanitatem significat.' (Diels 54; Beccaria 35.13; Wickersheimer LXXVII.13; B. Lawn, *The Salernitan Questions* [1963] 8, suggests that the above text may be an abbreviated form of Caelius Aurelianus, *De salutaribus praeceptis*, which was derived from the Greek of Soranus. For other similar *Questiones*, see TK 1241).

Invectiva in obstrectatores medicinae, see De arte medicine.

XXXV. IUSIURANDUM (IURAMENTUM)

The well-known Hippocratic *Oath* which opens with the words: ' I swear by Apollo Physician, by Asclepius, by Health, by Panacea . . .', and so on, divides into two parts, the first relating to the compact or covenant between master and student; and the second containing the moral and ethical precepts which have marked it as a monument to the high aspirations of the medical profession.[1] The authorship of the *Oath*, as in the case of other treatises in the Hippocratic Corpus, is still under conjecture. But the work appears to have been associated with the name of Hippocrates of Cos from at least the first century A.D. and perhaps even earlier, if we can accept the suggestion that Aristophanes referred to the *Oath* in one of his *Comedies*.[2] In the first century A.D. Scribonius Largus asserted that Hippocrates, the founder of medicine, required students to take the *Oath* before he would consent to teach them. This statement was repeated by Erotian, the Greek physician and lexicographer who prepared a glossary of Hippocratic terms in the reign of Nero.[3]

However, for the transmission of the *Oath* to the Latin West and the translation of the text into Latin the manuscript tradition, as far as the text itself is concerned, is disappointing. So far only fragments embodying precepts found in the *Oath* have come to light in Latin manuscripts prior to the early fourteenth century. Nevertheless, evidence that the *Oath* was known and that it was perhaps being utilized in the Latin West is forthcoming from the fourth century onward. Thus St. Jerome in a letter giving advice to a priest in northern Italy, asserted: 'It is part of your (clerical) duty to visit the sick, to be acquainted with people's households, with matrons, and with their children, and to be entrusted with the secrets of the great. Let it therefore be your duty to keep your tongue chaste as well as your eyes. Never discuss a woman's looks, nor let one house know what is going on in another. Hip-

---

[1] The *Oath* with translation into English by W. H. S. Jones, *Hippocrates* I 299; also pp. 291ff.; and W. H. S. Jones, *The Doctor's Oath: An Essay in the History of Medicine* (Cambridge 1924). See also L. Edelstein, *The Hippocratic Oath: Texts, Translation and Interpretation* (Baltimore 1943; reprinted: *Bulletin of the History of Medicine* Supplement 1 [1954], also reprinted in *Ancient Medicine: Selected Papers of Ludwig Edelstein* [edd. O. and L. C. Temkin; Baltimore 1967] 3–63).

[2] Jones, *The Doctor's Oath* 40, citing the *Thesmophoriazusae* of Aristophanes, lines 272–274 (*Eur.*: I swear then by aether, abode of Zeus. *Mne.*: Why, rather than by the community of Hippocrates? *Eur.*: I swear then by all the gods wholesale). But see L. Edelstein's rejection of this evidence in his 'The Hippocratic Oath,' *Ancient Medicine* 55 note 184.

[3] E. Nachmanson, *Erotianstudien* (Uppsala 1917) 158ff.

pocrates, before he would instruct his pupils, made them take such an oath.'[4] Also in the commentary on the *Aphorisms* by Pseudo-Oribasius, translated into Latin in the fifth or early sixth century, the presumed physician of Emperor Julian the Apostate named the *Oath* as the first book to be studied by students in medicine.[5] Moreover, Cassiodorus, the Roman secretary to Theodoric, the Ostrogothic ruler of Italy, in his correspondence in the early sixth century with the chief of the physicians in the royal household, referred to 'certain sacred oaths of a priestly nature' by which doctors promised to abhor evil and to love purity.[6]

The continuity of knowledge of the *Oath* is further attested for northwestern Europe in references to or segments of the *Oath* repeated in a series of manuscripts dating from the close of the eighth to the twelfth century. Among these texts brought together by the late Professor Loren MacKinney,[7] a Bamberg manuscript of the ninth century contains, together with several Latin versions of Graeco-Roman works on medicine and pharmacology, a fragment of a treatise that refers to the taking of the Hippocratic Oath: 'Therefore before expounding the Hippocratic Oath it is necessary to explain what sort of person a student of medicine should be. He should be a freeman by birth, noble in character, youthful in age.' In some manuscript texts, the age is made more explicit, 'between fifteen and sixteen years of age.'[8] It should be noted, however, that the text of the *Oath* has nothing on this score. The statement is found rather in the *Law*, which was undoubtedly used together with the *Oath*. There the stipulation is made: 'He who is going truly to acquire an understanding of medicine must enjoy, among other things, instruction from childhood.'[9] The author of the above-mentioned extract went on further to quote from the *Oath* in regard to etiquette regarding women patients, which in his words 'constituted the Sacred medical oath according to the precepts of Hippocrates.'[10]

---

[4] St. Jerome to Nepotian, *Epistola* 52 (PL XXII 538–9), quoted by L. C. MacKinney, 'Medical Ethics and Etiquette in the Early Middle Ages: The Persistence of Hippocratic Ideals,' *Bulletin of the History of Medicine* 26 (1952) 3.

[5] Ps.-Oribasius, Commentary on the *Aphorisms*: see above III. *Liber aphorismorum*, at p. 37.

[6] Cassiodorus, 'Formula Comitis Archiatorum ' (CCL 96) Variarum VI, XIX, 1973, p. 249: 'In ipsis quippe artis huius initiis quaedam sacerdotii genere sacramenta vos consecrant: doctoribus enim vestris promittis odisse nequitiam et amare puritatem.'

[7] L. C. MacKinney, 'Medical Ethics and Etiquette' 1–31. Several of the texts have also been published by E. Hirschfeld in his 'Deontologische Texte des frühen Mittelalters,' *Archiv für Geschichte der Medizin* 20 (1928) 353–371.

[8] MacKinney, 'Medical Ethics and Etiquette' 16 and note 24.

[9] See below under *Lex*.

[10] MacKinney, 'Medical Ethics and Etiquette' 19 note 29.

Also, in a manuscript of a slightly later date compiled in central France and now in the Bibliothèque nationale at Paris (MS lat. 11219), there is a similar account regarding 'the sort of person a student of medicine should be.' Thus, following the listing of the attributes of the physician, the author proceeded in accordance with the precepts of the *Oath*: 'Moreover, enter the homes you visit in such a manner as to have eyes only for the healing of the sick. Be mindful of the Hippocratic Oath and abstain from all guilt and especially from immorality, and acts of seduction. Keep secret everything that goes on or is spoken in the home. Thus the physician himself and the art will acquire greater praise.'[11] Somewhat similar to the preceding is the selection in another manuscript: 'Enter a house without injuring or corrupting it. Beware lest your medicines bring death to anyone. Do not allow women to persuade you to give abortives and do not be a partner to any such counsel but keep yourself immaculate and sacred.'[12]

In addition to the foregoing, some other selections reminiscent not only of the *Oath*, but also of the Hippocratic *Law*, are found in the same series of manuscripts noted above. In one of them, the general admonition, 'He who wishes to begin the art of medicine and the science of nature, ought to take the Oath and not shrink in any way from the consequences,' is followed by the admonition, 'And then by this process of oath-taking let him take up the teachings.'[13] Moreover, the physician is reminded: 'Before he takes the Hippocratic Oath and before he attempts surgery he ought to heed words of wisdom. If he is apt at learning he will heed what his preceptor says. By its very nature, this Oath is an acceptable work.' There then follows a passage that recalls the *Law*: 'even as the entire earth is not suitable for growing seed, but only that part which receives it and brings forth fruit.'[14]

The above selections reappear in most of the manuscripts named by Dr. MacKinney, although they exhibit some verbal variations. In any event, these examples do reveal a continued knowledge and perhaps even a utilization of the Hippocratic *Oath* as well as of the *Law* in northwestern Europe before 1300.

For southern Europe, that is from Salerno and Naples, evidence before the fourteenth century is not so specific. There is only a slight suggestion of the Hippocratic *Oath* in the Salernitan Statutes which required the physician to swear that he will not teach false and mendacious doctrines, that he will not exact money for services to the poor, and that he will not deal in abortive

---

[11] Loc. cit. 12.
[12] Loc. cit. 19.
[13] Loc. cit. 15.
[14] Ibid.

medicines or in poisons.[15] Moreover, although there is a reference in the medical regulation drawn up by Frederick II to an oath taken by physicians, it is not clear that this is the Hippocratic *Oath*.[16]

From the early fourteenth century onward the full text of the *Oath* was translated from the Greek. Among the earliest of these translations was that made in the first quarter of the fourteenth century by the noted translator in the court of King Robert of Naples, Nicholas of Reggio. This was followed in the fifteenth century by other translations from the Greek by the humanist scholars, Peter Paul Vergerius, the grammarian; by Nicholas Perotti; and by Andreas Brentius. The *Oath* was printed by the close of the fifteenth century in incunabular editions of the *Articella*, the handy collection of medical writings which had become a standard text book for the universities. It also appeared with Hippocrates' work *De natura hominis*, edited by Andreas Brentius, and with Nicolò Perotti's *De generibus metrorum*.

A. TRANSLATIONS

1. GREEK-LATIN VERSION OF NICHOLAS DE REGGIO (c. 1308–1345)[17]

Inc.: 'Iuro per Apollinem medicum et sanativum et remediativum et deos universos et universas . . . Non incidiam autem neque lapiditatem patientes, sed demittam hoc opus hominibus huius operationis . . . / . . . (*des.*) ab omnibus hominibus in sempiterno tempore, transgredienti autem et degerenti contraria horum. Explicit liber Ypocratis de iusiurando amen.'

Manuscripts:

XIV Century

London: Wellcome 286, f. 117rb. 'Jusiurandum.' *Inc.* and *des.* as above.

Madrid: BN 1978 (L.60), f. 96. *Inc.* and *des.* as above.

Naples VIII D 25, a. 1380, f. 82rb. *Inc.* and *des.* as above.

XV Century

Venice: San Marco lat. XIV 124 (4044), cart. ff. 137v–138. 'Iuramentum Hippocratis.' *Inc.* as above. (Kristeller II 265).

2. GREEK-LATIN VERSION OF PETRUS PAULUS VERGERIUS (1370–1444)[18]

Inc.: 'Testor Apollinem et Esculapium . . .'

Manuscripts:

XV Century

Paris: BNna 481, f. 45r-v. 'Divi Hippocratis Jusiurandum in cuiusdam sui libri principio inventum conversum de graeco in latinum per Petrum Paulum Vergerii faciatum.' *Inc.* 'Testor Apollinem et Aescu-

---

[15] K. Deichgräber, 'Die ärztliche Standesethik des Hippokratischen Eides,' *Quellen und Studien zur Geschichte der Naturwissenschaften und der Medizin* 3 (1932) 98. M. Cantarella, 'Una tradizione Ippocratica nella Scuola Salernitana: Il giuramenta dei medici,' *Archeion* 15 (1933) 305–320, cites at pp. 310–314 a few evidences of the Hippocratic Oath in a 'Civitas Hippocratica' at Salerno before Frederick II.

[16] Cantarella 314 and note 20. Cf. also Deichgräber 98, De Renzi, *Storia della Medicina in Italia* II (Naples 1845) 1438; and *Collectio Salernitana* I (1852) 382 with the doctor's oath.

[17] Diels 18; Littré IV 628–632; Lo Parco (1913) 289–290.

[18] Cosenza V 474–475.

lapium, Hygiemque et Panaciam Aesculapii filias; et Deas et Deos omnes me, quantum in me erit et quantum ingenium meum valebit, hec omnia observaturum . . . / . . . feliciaque succedant, et gloria in aeternum parata sit. Transgredienti vero atque periuro contraria omnia eveniant.' Printed from this MS in *Archivio Veneto* Ser. V 4 (1928) 131.

Vatican: VAp 1248, ff. 91ʳ–92ʳ. *Inc.* 'Testor Apollinem et Esculapium . . .' Same as in BNna 481 above.

Vienna 4772, ff. 62ᵛ–63ʳ; repeated at ff. 108ᵛ–109ʳ. *Inc.* 'Testor Apollinem et Esculapium higiemque . . . / . . . contraria omnia eveniant. Petrus Paulus Vergerius transtulit.'

Printed Editions:

Articella, Venice 1483, 1487, 1491, 1493, 1500 (Klebs 116.2–6; GW 2679–2683). For example; Venice 1487, f. 211ʳᵃ⁻ᵇ, has: 'Hoc est hyppocratis iusiurandum in cuiusdam sui libri principio inventum et e greco in latinum conversum per Petrum Paulum Vergerium Faciatum.' *Inc.* 'Testor Apollinem et Esculapium higienque et panaciem Esculapii filias et deos et deas omnes . . . / . . . (des.) transgredienti vero atque periurio contraria omnia eveniant. Explicit hyppocratis iusiurandum in cuiusdam sui libri principio inventum et e greco in latinum conversum per Petrum Paulum Vergerium Faciatum. Venetiis per Baptistam de Tortis. 1487 die vigesimo Augusti.'

Also at Lyon: Trot, 1515. *Inc.* and *des.* as above.

3. GREEK-LATIN VERSION OF NICHOLAS PEROTTUS

Fl. 1429/30–1480/90., the grammarian.[19]
Inc.: 'Testor Apollinem medicum et Esculapium hygieamque et panaceam . . . / . . . (des.) transgredientium atque periuro contraria omnia eveniant.'

Manuscripts:

XV Century

*Basel: E III 15, f. 258 (Diels 18).

*Berne 531, ff. 111ʳ–112ᵛ, translator not named. *Inc.* 'Testor Apollinem . . .' (Diels 18).

Florence: FL Plut. (73,38) 73,40, f. 108. Although the greater portion of the manuscript is 13c, f. 108, containing the text translated by Nicholas Perottus, is an addition of the 15c. (Kühn I clxii no. 47).

— ***Marchese Roberto Venturi Ginori, 16 (formerly 17)**, cart. misc., fols numbered irregularly, ff. 34ᵛ–35ᵛ. Hippocrates, *Iusiurandum*, tr. Nicholas Perottus, with preface to Barth. Troianus. (Kristeller II 519).

— ***Nazionale Centrale Fondo Pal. Capponi 141 (not 187)**, f. 38ʳ⁻ᵛ. *Inc.* as above and with the preface to Barth. Troianus (Kristeller I 149; II 513, 519).

*Leyden: B.P.L. 156, no indication of translator (Diels 18).

*Manchester: Christ College. —'Iusiurandum, tr. Nich. Perottus.' (DWS MS).

*Modena: Bibl. Estense lat. 134 (Alpha R 9, 5), cart. misc., 15–16c, several hands, fols. numbered irregularly. 'Hippocratis iusiurandum (tr. Nic. Perottus).' *Inc.* 'Testor Apollinem medicum . . .' (Kristeller I 378).

*Padua: Bibl. Seminario 92, cart. misc., ff. 130ᵛ–131. Iusiurandum, tr. Nich. Perottus, with preface to Barth. Troianus (Kristeller II 550).

— **Bibl. Univ. 784**, f. 41. Iusiurandum, tr. Nich. Perottus, with preface to Barth. Troianus (Kristeller II 18).

*Pisaro: Bibl. Oliveriana 1958, ff. 159–160. *Inc.* 'Testor Apollinem . . .' (Kristeller II 68).

*Siena 71 (K VI 70), f. 48ᵛ, translator not named (Diels 18).

Vatican: VA 3027. Iusiurandum, tr. Nich. Perottus, with preface to Barth. Troianus (Kristeller II 316).

---

[19] See Cosenza V 351–352; M. Morici, *Una biografia inedita di Niccolò Perotti* (Pistoia 1896) 12.

— **VA 3869**, f. 127ʳ. Iusiurandum, tr. Nich. Perottus, with preface to Barth. Troianus. *Inc.* 'Testor Apollinem medicum et Esculapium Hygieam et Panathiam Esculapii filius . . .' Pref. *Inc.* 'Hodie forte interversandum nonnullos libellos . . .'

— **VA Pal 1248**, a. 1511. f. 91ʳ–92, tr. 'Leon. Aretinus' (i.e. Nich. Perottus). *Inc.* 'Testor Apollinem . . .' (Diels 18; Kristeller II 393).

Printed Editions:

[Verona 1483], With Nicolò Perotti, *De generibus metrorum*: Klebs 743.1. *Inc.* 'Testor Apollinem medicum et Esculapium . . .' *Inc.* of preface to Bartholomaeus Troianus: 'Hodie interversandum nonnullos libellos magis codex quidem Hippocratis . . .'

Editions of the XVI century and after are listed by Kühn I clxii and Littré IV 626–627.

4. GREEK-LATIN VERSION AND/OR EDITION BY ANDREAS BRENTIUS

Inc.: 'Testor Apollinem medicum et Esculapium Hygeamque et Panaceam et reliquos omnes deos . . . / . . . (*des.*) nomenque meum et gloria apud universos homines et nationes in perpetuum celebretur. Transgredienti autem et perieranti contraria omnia contingant.'

Printed Editions:

With Hippocrates, *De natura hominis* (ed. Brentius) [Rome, anon. printer, 1486–1490] ff. 17ᵛ–18ᵛ: Klebs 519.1–3. *Inc.* and *des.* as above.

In *Collect. Symph. Champerii* 8vo. [s. loc. et d.]; also Lyon 1506, ff. 12ᵛ–13. *Inc.* and *des.* as above.

XXXVI. LEX

The *Lex* or *Law* was closely associated with the *Oath* (*Iusiurandum*) and frequently accompanied it in both manuscripts and printed editions. The *Law* is so called, according to W. H. S. Jones, 'because it gives the essential factors in the education of a good physician.'[1] Like the *Oath*, it does not appear to have had any legal sanction. But the need for or purpose of such a regulation is suggested by the opening words of the tract: 'Medicine is the most distinguished of all the arts, but through the ignorance of those who practice it, and of those who casually judge such practitioners, it is now of all the arts by far the least esteemed . . .'[2]

Questions as to when or by whom the above words were composed are still unresolved. Jones noted that Erotian, who prepared the glossary of Hippocratic terms in the reign of Nero, is the only ancient author who took note of it. Jones moreover drew attention to the fact that it was apparently written under Stoic influence, that it has a close resemblance, especially in the third section, to Diogenes Laertius, and that it is found in Greek manuscripts of the tenth or eleventh century which also included the *Oath*.[3]

[1] W. H. S. Jones II (1959) 257–259.
[2] Loc. cit. 263.
[3] Loc. cit. 257–261.

Although Latin manuscripts of the texts of the *Law* are, as in the case of the *Oath*, wanting for the early Middle Ages, citations and paraphrases found in Latin manuscripts from the ninth century onward of the precepts contained in the *Law* attest the knowledge of the work transmitted to the Latin West.

Attention has already been drawn to some of these in the discussions of the *Oath*. Another instance may perhaps be added here from the Paris manuscript of the late ninth century (BN lat. 11219): In setting forth the special qualifications necessary for those who wished to study medicine, emphasis was placed not only on the need to begin at age fifteen, but also on the importance of hard study or diligence as set forth in the second section of the *Law*. In this second section essentials for the training of a good physician are set down: 'He who is going truly to acquire an understanding of medicine must enjoy natural ability, teaching, a suitable place, instruction from childhood, diligence, and time.'[4]

The third section of the *Law* contained the statement, 'The learning of medicine may be likened to the growth of plants.' Reference was made to this statement above as it was taken over by early medieval scribes.

The fourth section contained a summary of the preceding stipulations as essential for the making of a physician. Knowledge and experience were to be acquired before the physician undertook to travel from city to city.

The fifth and final section suggests that there was indeed a kind of guild or association to which the physicians belonged: 'Things, however, that are holy are revealed only in men who are holy. The profane may not learn them until they have been initiated into the mysteries of science.'[5]

Despite the ample evidence that there was knowledge of the *Lex* or *Law* in the Latin West prior to 1300, no Latin translations of the tract in manuscripts prior to the early fourteenth century have so far been noted. For the most part the translators of several fourteenth-century texts are anonymous, although manuscripts of the recension translated from the Greek by the noted translator Nicholas of Reggio in the first quarter of the fourteenth century are clearly so designated. On the other hand, the attribution of a translation (generally found anonymous in fourteenth-century manuscripts) to Arnald of Villanova in a fifteenth-century text, appears questionable. The same attribution is, however, repeated in the printed texts of the fifteenth century. In addition to the translation from the Greek by Nicholas of Reggio and that attributed to Arnald of Villanova, there was another translation from the Greek by the humanist editor and printer Andreas Brentius. Finally, what appear to have been citations or commentaries on the *Lex* are also found under the name of Arnald of Villanova in the *Antidotarium* and in the *Collectorium* of Nicholas Bertruccius.

---

[4] Loc. cit. 263.

[5] Loc. cit. 263–265.

A. Translations

1. Anonymous Translation

Inc.: 'Medicina artium excellentissima propter indisciplinam utentium . . . / . . . (*des.*) nequamque priusquam perficiantur secretis scientie. Explicit liber de lege Ypocratis.'

Manuscripts:

XIV Century

Laon 414, ff. 33vb–34ra. *Inc.* as above. *Des.* '. . . priusquam secretis scientie perficiantur. Explicit liber de lege Ypocratis.'

XV Century

Leipzig: Univ. 1227, ff. 220^v–221^r. *Inc.* varies. 'Medicina artium excellentissima propter indisciplinam temporum et invidia . . . / . . . (*des.*) priusquam perficiatur secretis sue (scientie).'

Munich: CLM 18444, f. 196^{ra-b}. *Inc.* 'Medicina artium excellentissima propter indisciplinam iudicantium et utencium . . . / . . . (*des.*) autem nequaquam priusquam perficiantur secretis scientie. Explicit liber Ypocratis intitulatus de lege et est primus omnium librorum artium medicine ut dicit Galenus in commento primi amphorismi contra antiquos.'

Paris: Univ. 128, 14–15c, f. 107ra. *Inc.* 'Medicina artium excellentissima propter indisciplinam utentium . . . / . . . (*des.*) priusquam perficiantur secretis scientie. Explicit lex Ypocratis gloriosissimi Deo gratias.'

Vatican: VA 2428, 14–15c, f. 165ra. *Inc.* 'Medicina artium excellentissima propter indisciplinam . . . / . . . (*des.*) nequaquam perficiantur secretis scientie. Expl. liber de lege Ypo. sive dicatur Introductorius Ypocratis. Deo gratias. Amen.'

2. Greek-Latin Version of Nicholas of Reggio[6]

Inc.: 'Medicina artium preclarissima propter indisciplinam utentium . . . / . . . (*des.*) ne-

quaquam priusquam perficiantur secretis scientie. Explicit lex.'

Manuscripts:

XIV Century

Munich: CLM 31, a. 1320 (Liber H. Schedelis), f. 79^{ra-b}. *Inc.* and *des.* as above.

Naples: Bibl. Naz. Cod. VIII. D. 25, a. 1380, ff. 171–172. 'Liber de lege et Liber juramentum translati a Nicolao de Regio.' (Lo Parco 28).

Paris: BN 6865, f. 75^{va-vb}. No translator named. 'Incipit liber de lege Ypocratis.' *Inc.* 'Medicina artium preclarissima propter indisciplinam . . . / . . . primus autem nequaquam priusquam perficiantur secretis scientie.'

— **PAM 51**, a. 1336, ff. 69^v–70^r (Notes by Mlle Dulong). No translator named. *Inc.* and *des.* as above.

Rome: Ran 1338 (T. 43), f. 221.

Vatican: VA 2369, f. 59^{ra-b}. No translator named but other tracts in the manuscript are indicated as 'Nicolao de Regio interprete.' *Inc.* as above. 'Medicina artium preclarissima propter indisciplinam . . . / . . . (*des.*) perficiantur secretis scientie. Deo gratias.'

— **VA 2417**, f. 254vb. *Inc.* and *des.* as in Munich CLM 31. 'Medicina artium preclarissima propter indisciplinam et utentium et iudicantium . . . / . . . priusquam perficiantur secretis scientie. Explicit liber de lege'; 'et excellentissima' is written in above 'preclarissima.'

— **VA Barb. 179**, f. 96vb. *Inc.* and *des.* as in VA 2369 above. 'Explicit libellus de lege Ypocratis Deo gratias. Amen.'

Vienna: VI 2328, a. 1314, f. 33^{rb-va}. *Inc.* and *des.* as in Munich CLM 31. 'Medicina artium preclarissima propter indisciplinam . . . / . . . (*des.*) secretis scientie deo gratias. Amen. Explicit liber de lege Ypocratis translatus a Nicolao de Regio.'

---

[6] Diels 18; Lo Parco (1913) 285, 289–290; TK 855.

3. Greek-Latin Version Attributed in Late Texts to Arnald of Villanova († 1311)[7]

Inc.: 'Medicina artium preclarissima vel (et, seu) excellentissima propter indisciplinam . . . / . . . (des.) pravia autem nequaquam priusquam perficiantur secretis scientie.'

Manuscripts:

XIV Century

Cues: Cusanus 293, f. 73ᵛ. 'Liber Ypocratis de lege.' (Schipperges 34).

Laon 418, 14–15c, item 3. *Inc.* and *des.* as above.

Madrid: BN 1978, f. 82ᵛᵃ and f. 118ᵛ (Beaujouan [1972] 182, 187).

Milan: Ambros. E. 78, inf. membr., f. 4ʳᵇ⁻ᵛᵇ. *Inc.* 'Medicina artium preclarissima vel excellentissima propter indisciplinam . . . / . . . priusquam perficiantur secretis scientie. Deo gratias. Amen.'

Oxford: BLa 1471, ff. 186ʳᵇ–186ᵛᵇ. 'Medicina artium prestantissima vel excellentissima propter indisciplinam utentium et iudicantium tales vane indef. est . . . / . . . nequaquam priusquam perficiantur secretis scientie. Explicit lex Ypocratis.'

Paris: BN 6845, a. 1384, f. 56ᵛᵃ⁻ᵇ. *Inc.* and *des.* as above.

Vatican: VA 2381, f. 200ᵛᵃ. *Inc.* and *des.* as above.

— **2382**, f. 98ᵛᵇ. *Inc.* and *des.* as above.

— **2418**, 14–15c, f. 164ʳᵇ. *Inc.* and *des.* as above.

— **VAp 1068**, f. 84ʳ. *Inc.* and *des.* as above (AL 1794).

— **1096**, f. 134ʳᵃ. *Inc.* and *des.* as above.

Venice: VE San Marco CL VII, cod. XI (2496), f. 38ᵛᵃ. 'Incipit liber de lege. Medicina artium preclarissima vel excellentissima . . . / . . . priusquam perficiantur secretis scientie. Explicit liber de lege Y.'

XV Century

***Copenhagen: GL kgl S. 3479**, 8vo, ff. 166ᵛ–167ᵛ. *Inc.* as above.

Gdańsk (Danzig): Mar. F. 238, f. 13ᵛᵃ. *Inc.* 'Medicina arcium preclarissima vel excellentissima . . . / . . . priusquam perficiantur in secretis sciencie. Explicit liber Ypocratis de lege.' (One col. in midst of Joh. de St. Amando, *Aureola*).

Kraków: BJ 809, a. 1474, f. 376ʳ⁻ᵛ. *Inc.* 'Medicina artium preclarissima vel excellentissima . . . / . . . Explicit lex Ypocratis deo gracias et genetrici eius. Amen. Prov. Johannis de S. Amando.'

Paris: BNna 481, f. 4ʳ⁻ᵛ. In this text Arnald of Villanova is named as the translator. Following 'Petrus Aponensis Conciliator diff. V. quod medicina non est artium excellentissima. . . .' 'Liber qui De lege inscribitur foeliciter incipit. De greco in Latinum versus per Arnaldum de Villanova.' *Inc.* 'Medicina artium preclarissima et excellentissima propter indisciplinam . . . / . . . priusquam perficiantur secretis scientie.'

Vatican: VAp 1098, ff. 22ᵛ–23ʳ. 'De lege.' *Inc.* 'Medicina artium clarissima vel excellentissima propter indisciplinam . . . / . . . quam perficiantur secretis scientie. Explicit liber Ypocratis de lege medicorum.'

Printed Editions:

Articella: Venice, Baptista de Tortis, 1483, 1487, 1491, 1493, and 1500: Klebs 116.2, 3, 4–6. The 1487 edition has at f. 211ʳᵃ: 'Incipit liber Hippocratis de lege qui introductorius dicitur traductus per Arnaldum de Villa nova de greco in latinum. Medicina artium preclarissima et excellentissima propter indisciplinam utentium . . . / . . . nequaquam priusque perficiantur secretis scientie. Explicit liber Hippocratis de lege qui introductorius dicitur traductus per

---

[7] Arnald of Villanova is named as the translator only in the fifteenth-century Paris manuscript: BNna 481, ff. 4ʳ–9, cited below. This attribution to Arnald of Villanova is, however, repeated in the early printed editions of the tract. See Diels 18; HL 28.76; TK 855. Also see Juan Paniagua, *Estudios y notas sobre Arnau de Vilanova* (Madrid 1963) and *id.*, *El Maestro Arnau de Vilanova médico* (Valencia 1969).

Arnaldum de Villa nova de greco in latinum.'
(Klebs 116.3; GW 2680).

Also *Articella*, 1515, ff. XVI^v–XVII^r,
with *titulus* and *inc.* as above.

4. GREEK-LATIN VERSION OF ANDREAS BRENTIUS

Inc.: 'Medicina est omnium artium celeberrima. Sed iam multo longiore a reliquis artibus spacio ob eorum inscitiam qui ea utuntur ... / ... (*des.*) antequam sacris scientiae orgiis perfecti institutique fuerint.'

Manuscript:

XV century

Vatican: VA 6855, ff. 53^r–54^r. 'Lex medicinae, sive de Arte Medica.' A beautifully decorated humanist manuscript, brought to my attention by Monsignor Ruyschaert. The text is preceded by letters of dedication to Cardinal Oliverius of Naples.

Printed Editions:

Rome 1486–1490, with Hippocrates, *De natura hominis* (ed. Brentius) ff. 16^v–17: Klebs 519.1–3.

Also printed with S. Champerius (Lyon 1506) ff. 11^v–12.

B. POSSIBLE COMMENTARIES OR CITATIONS

1. COMMENTARY OR CITATION BY ARNALD OF VILLANOVA

At the beginning of his *Antidotarium* Arnald asserts: 'Lamentabatur Hippocras eo quod medicina, scientiarum nobilissima, propter indisciplinam utentium et vane judicantium in effectu est prae cunctis scientiis sterilis facta.' Copies of the above are cited at Munich CLM 257 and Metz 173; also in Vatican Pal 1180, ff. 274^r–330^r; all of the 14c; and in WI 61, a. 1418, ff. 5–50.

Mascalcia, see De equis.

2. NICOLAUS BERTRUCCIUS († CA. 1347)

In the introduction to his *Collectorium artis medicinae*. Printed by Trot (Lyon 1518) ff. 1–2^v.
Inc.: 'Medicina artium preclarissima. Hec verba primus medicinalis scientie repertor Ypocrates qui numquam aliquid eorum que dicit false vel fabulose protulit ... / ... (*des.* f. 2^v) ut deus nobis consentiat pervenire ad ultimam felicitatem que beatitudo sempiterna appellatur.' (TK 855).

XXXVII. MEDICAMENTA (MEDICINA)

See also *Dinamidia and De farmaciis.*

Although Hippocratic therapeutics made little use of medicaments or medicines, a number of tracts on the subject were associated with Hippocrates in the Middle Ages. In the following listing only those items bearing Hippocrates' name are included.

A. TRANSLATION

Manuscripts:

IX–X Century
Glasgow: Univ. T. IV. 13, f. 15^v. Hippocrates and Galen, Antibal. *Inc.* 'Pro acanti sperma ...' (Diels 114; TK 1128; not in Beccaria).

St. Gall: Stift 751, pp. 368–369. 'Liber medicinalis. Ypocras naepoti suo salutem.

Libellum is qui sic tussem abent . . . / . . . et ieiuna faciant, prodest.' (Beccaria 133.26; TK 817).

— **Stift 877**, pp. 33–49. 'In Christi nomine. Incipit medicinalis ars Ypocratis magistri. Ad dolorem capitis erba bettonica, Ruta, plantagine minore . . . / . . .' Various remedies or prescriptions follow, some of them magical, without any specific order.

XIII–XIV Century

In this period, tracts on medicines attached to Hippocrates' name are frequent. Examples are:

Basel: D.III.6, f. 102ᵛ. 'Medicina Hippocratis quam sibi faciebat . . .' (TK 858).

London: BMsl 1754, ff. 1ᵛ–2ʳ. 'Medicina mirabilis' (one of a variety of medicines). *Inc.* 'Medicina quam faciebat sibi Ypocras et formabat ex ea 360 totistos et posuit ei nomen medicina mensium anni et non invenerunt eam nisi post mortem eius . . . / . . . (f. 2ʳ) ponatur in oculis pacientis quia multum valet et est secentum (?) ad omnem

corporis infirmitatem prodest si preparetur ut oportet. Explicit.' (TK 858).

Among other manuscripts containing medicines drawn from Hippocrates may be noted:

London: BMsl 1975, 14c. 'Liber quatuor medicinae Ypocratis.'

— **BMsl 3550, 14c.**

— **BMsl 963, 15c, f. 5ʳ.**

Examples of English texts are:

Cambridge: Jesus College 46, 15c, f. 173ᵛ. 'Ypocras de medicinis. Ypocras made these medicines for the elves (?) . . .'

London: BMsl 393, 15–16c, f. 22ᵛ.

— **BMsl 610, 14c, f. 6ᵛ.** 'Medicines from Aesculapius, Hippocrates and Galen.'

Numerous other examples are noted by R. H. Robbins, 'Medical Manuscripts in Middle English,' *Speculum* 45 (1970) 394ff. and 403–404, many of them invoking the name of Hippocrates as well as other noted authorities.

De Morbis, see De passionibus.

De Morbis popularibus (vulgaribus), see Epidemia.

XXXVIII. DE MENSURIS ET PONDERIBUS

A. TRANSLATION

Manuscript:

IX Century
Paris: BN 6880, f. 2ᵛ–3ʳ. 'De mensuris et ponderibus medicinalibus ex Greco translatis iuxta Hyppocratem.' *Inc.* 'Uncia habet dragmas numero VIII . . . / . . . tetrasarius semencia est.' (TK 1597; Beccaria 25; Wickersheimer LXII; CML V [1916] 7; Littré VI 32–68).

XXXIX. DE MULIERUM AFFECTIBUS (CAUSIS, CURIS, ET MORBIS)

See also *Gynaecia.*

The several tracts attributed to Hippocrates relating to the nature and diseases of women indicate, according to Littré, that their author was exceptionally well informed on this subject and treated it as a specialty. The subject is also given considerable attention in the Hippocratic *Aphorisms* V 28–63a, which comprise a series of propositions relative to women, to their ills, causes of sterility, and so on.[1]

A Latin translation of a portion of the work *On the Diseases of Women* is extant in manuscripts of the eighth and ninth centuries and thereafter. But no further Latin translation seems to have been made until the early sixteenth century.[2]

A. Translation

Manuscripts:

VIII–IX Century

Leningrad: F.V.VI.3, ff. 9ʳᵃ–26ʳ, containing the following: 1. ' Incipit *Liber de causis feminarum*'; *Inc.* 'De curatione mulierum dicam, prius tamen quem ammodum pessaris fiant . . .'; 2. 'Incipit *Liber de muliebria causa*'; *Inc.* 'Ut mulier concipiat, prius menstrua deducenda sunt, ut bene purgetur, . . .'; 3. 'Incipit *Liber de muliebria*'; *Inc*: 'Ut mulier concipiat: Prius menstrua deducenda sunt, ut bene purgitur, . . .'.

At f. 10 is a table of contents for *Liber de causis feminarum*. (Ed. by F. P. Egert, 'Gynäkologische Fragmente aus dem frühen Mittelalter. Nach einer Petersburger Handschrift aus dem VIII.–IX. Jahrhundert,' *Abhandlungen zur Geschichte der Naturwissenschaften und der Medizin* 11 [1936] 5–59.) See also G. Walter, in *Bulletin of the Institute of the History of Medicine* 3 (1935) 599–606. Fol. 9ʳ–9ᵛ of this MS preserves a small section from Chapter 10 and all of Chapter 11 of the Greek text of *Diseases of Women* I. The text of Leninopolitanus Lat. F.V.VI.3, ff. 10ʳᵃ–26ʳᵇ was also transcribed by W. Brütsch, *De diversis causis mulierum* (diss. Freiburg 1922), in addition to the five chapters which Diepgen, *Quellen und Studien zur Geschichte der Naturwissenschaften* 3 (1933) 226–242, cited for *Diseases of Women*

II. For this and other information regarding this subject see A. E. Hanson's forthcoming edition, translation and commentary of *Diseases of Women* I and II, to appear in the *Corpus Medicorum Graecorum.*

Paris: BN 11219, 9c, f. 211ʳ. ' Incipit de muliebria. Ut mulier concipiat. Concipiat prius menstrua deducenda sunt, ut bene purgetur . . . (f. 211ᵛ) . . . nam mulier non bibat sola quia infans non nascitur.' (Beccaria 35.36; Wickersheimer LXXVII 37).

XI Century

London: BMsl 475, ff. 166ʳ–209ʳ, without titulus. The table of contents has as the first item 'Ad omnes querelas mulier,' and the treatise is the same as that found in Lenin. Lat. F.V.VI.3, although it ends earlier. The incipit of the treatise proper is: 'Potio utilis valde ad universas causas mulierum . . . / . . . (des.) Post tertium diem cum clistere bene olido et spiso fovere matricem . . .' (Beccaria 78.27: TK 1079; Brütsch 53).

XIV–XV Century

Naples: Bibl. Naz. VIII.D.43. (This is not identical with the above, but is identified by A. E. Hanson rather as a Latin commentary to young girls; *Nature of Women, Diseases of Women* I and II. (See her diss. Univ. of Pennsylvania [1971] 151–152.)

---

[1] Littré VIII 1–232; 234–406.

[2] The work was translated into Latin by Fabius Calvus, *De feminea natura et de feminarum morbis* (Paris 1526) in 12ᵐᵒ (Littré VII 310ff).

XL. DE NATURA FOETUS (EMBRYONIS, PUERORUM)

The work by Hippocrates that circulated under such variant titles as *De natura foetus*, *De natura embryonis* and *De natura puerorum*, was related wholly to the subject of embryology.[1] In the thirteenth century Vincent of Beauvais in his *Speculum naturale* treated the subject, 'de embrionis formatione,' on the basis of the Hippocratean *Epistola de anathomia*.[2] According to the closing paragraph of the tract as it appears in both manuscript and early printed editions, it was translated directly from the Greek into Latin in the thirteenth century by Bartholomaeus de Messina at the request and at the court of King Manfred of Sicily.[3] In the early fourteenth century Dino del Garbo of Florence wrote *Recollectiones in Hippocratem de natura foetus*, a copy of which was in the library of the Florentine physician, Ugolino (di Caccino) de Montecatini († 1428).[4] The *De natura puerorum* in the translation made by Bartholomaeus was printed several times in the fifteenth and sixteenth centuries.[5] The work was also printed in the version of the sixteenth-century translators, Cornarius and others.[6] Hippocratic writings on allied subjects, such as the *Foetus de septem mensibus* or *Foetus de octo mensibus*, are not found in Latin MSS before 1500.[7] However, Hippocratic obstetrics and gynaecology appear to have been known in the West in the early Latin translation entitled

---

[1] Diels 29; Littré VII 470–543; R. Fuchs, *Puschmann Handbuch* (1902) I 217 item 17. In the 1487 edition of the *Articella*, f. 152ᵛ, all three titles are brought together: 'Incipit liber Hyppocratis de natura puerorum vel de natura fetus aut de natura embryonis, idem enim sunt.'

[2] *Speculum naturale* XXXII 33: 'Ex Epistola Ypocratis de anathomia. In matrice quidem sperma. . .'; cap. 43: De embrionis formatione. De situ et positionis infantis in utero. Ypocras in Epistola de anathomia. See also cap. 50.

[3] Diller 23 n. 3 (1932) 57; TK 1465; C. H. Haskins, *Studies in the History of Mediaeval Science* (Cambridge, Mass. 1927) 269; S. Impellizeri, *Dizionario biografico degli Italiani* VI (Rome 1964) 729–730, with an abundant bibliography.

[4] K. Sudhoff, *Archiv für Geschichte der Medizin* 5 (1912) 225ff., 233 item [46]. The date of Ugolino's death is given as 1425 in *Biographisches Lexikon* (ed. A. Hirsch; Berlin 1934) 672.

[5] For fifteenth-century editions see Klebs 116.2–6 (*Articella*). It was also printed at Venice 1502 in fol.; and in 1518 fol. (Littré VII 468; Kühn XXI clix).

[6] Littré VII 468–479.

[7] However Pico della Mirandola († 1494) cited the tract 'On Birth in the Eighth Month' in his treatise against astrology in the closing decade of the fifteenth century: *Disput. in astrol.* lib. III (*Opera omnia* [Basel 1572] 463–464). See Littré VII 432–453 for 'Du foetus de sept mois,' and Littré VII 453–461 for 'Du foetus de huit mois.'

De causis mulierum.[8] Hippocrates was also one of the authorities named and utilized in the popular work on *Women's Diseases*, entitled or by Trotula.[9]

A. TRANSLATION

1. GREEK-LATIN VERSION OF BARTHOLOMAEUS DE MESSINA

Official translator in the court of, and at the command of, King Manfred of Sicily. *Inc.*: 'Si sperma ab utrisque permanserit in matrice mulieris . . . / . . . (*des.*) femine fiunt. Et iste sermo sic dictus totus finem habet.'

Manuscripts:

XIV Century

London: Wellcome 286, f. 81ᵛ–82ᵛᵇ. *Inc.* same as above. *Des.* '. . . aliquam respiracionem non enim amplius est magna raritas et propter hoc inferius terre.' Fragment only.

Munich: CLM 31, a. 1320, ff. 197ʳᵃ–199ᵛᵇ. 'Incipit liber Y. de natura foetus. Si sperma ab utrisque . . . / . . . (*des.*) fiunt. Iste sermo sic dictus totus finem habet. Deo gratias. Amen. Explicit liber de natura foetus Ypocratis. Amen.'

— **CLM 39**, ff. 43ʳᵃ–46ʳᵃ. 'Hippocratis de natura pueri, translatus de greco in latinum a magistro Bartholomeus de Messina in curia illustrissimi Manfredi regis Sicilie scientie amatoris de mandato suo. Si sperma ab utrisque permanserit in matrice mulieris . . . / . . . (*des.*) si vero infirmum utraque femine fiunt. Et iste sermo sic dicens totus finem habet. Hart. Schedel.'

Rome: Angelica 1338 (T.4.3), f. 23ᵛ.

Vatican: VA 2382, ff. 95ʳᵃ–. *Inc.* and *des.* as in CLM 39, above.

— **VA 2417**, ff. 257ᵛᵃ–263ʳᵇ. *Inc.* and *des.* as in CLM 39, above.

— **VAp 1079**, ff. 56ᵛᵇ–60ʳ. 'Incipit prima particula de natura puerorum Ypo.' *Inc.* and *des.* as in CLM 39, above. With colophon, 'Explicit liber Ypo. de natura puerorum translatus de greco in latinum a magistro Bartolomeo de Massana in curia illustrissimi Manfredi serenissimi regis omnis scientie amatoris de mandato suo. Lauderis Christe quoniam liber explicit iste. Amen.'

Venice: VE San Marco VII. II (XIV, 7), ff. 39ʳᵃ–40ʳᵇ. *Inc.* and *des.* as in CLM 39, above.

XV Century

Kraków: BJ 809, a. 1474, ff. 294ʳᵃ–305ᵛ. 'Incipit liber Ypocratis de natura fetus. Si sperma ab utrisque permanserit in matrice mulieris primum quidem . . . / (305ᵛ) . . . Si infirmus utroque femine fuerit. Iste sermo sic dictus totus finem habeat. Explicit liber elegantissimi domini Ypocratis de natura fetus A.D. 1474 feria 3 proxima post festum assumptionis Marie Virginis Gloriosissime, in domo medicorum in Cracoviensi Alma Universitate, deus sit benedictus.'

Munich: CLM 640, ff. 53ʳ–73ʳ. 'Liber de natura fetus divi Hippocratis. Incipit Si sperma ab utrisque permanserit in matrice mulieris . . . / . . . (*des.*) fiunt. Iste sermo sic dictus totus finem habet. Liber de natura fetus. Hippocratis finit foeliciter.'

---

[8] Published by W. Brütsch, *De diversis causis mulierum* (diss. Freiburg 1922). See also above under *Gynaecia*, and *De mulierum affectionibus, causis, et curis*; also P. Diepgen, 'Reste antiker Gynäkologie im frühen Mittelalter,' *Quellen und Studien zur Geschichte der Naturwissenschaften und der Medizin* 3 no. 4 (1933) 18–34. For an early medieval collection of tracts on gynaecology, see H. E. Sigerist, *Bulletin of the History of Medicine* 14 (1943) 108.

[9] Florence Laurent. Plut. LXXIII. Cod. 37, 13th century, ff. 1ff. (Bandini, *Catalogus* III 69). See also P. Meyer, *Romania* 44 (1915–1917) 206ff., who gives a list of MSS of this work; Hippocrates is named at pp. 207, 208, 299. See also P. Meyer, *op. cit.* 32 (1903) 87ff.

Paris: PAM 51, ff. 75–89r; 75–76, a list of 27 chapters. 'Incipit liber Ypocratis de natura puerorum, cuius sunt capitula xxvii. Capitulum primum de prolifico spermate.' *Inc.* 'Si sperma ab utrisque permanserit in matrice mulieris . . . / . . . infirmum utroque femine fiunt. Explicit liber Ypocratis de natura puerorum translatus de greco in latinum a magistro Bartholomeo de Messano in curia illustrissimi Manfredi de mandato suo scientie amatoris.'

Printed Editions:

Articella, Venice 1483, ff. 149–150v; 1487, ff. 152v–154v. The 1487 edition has titulus 'Hipp. De natura puerorum vel de natura fetus aut de natura embryonis: idem enim sunt.' *Inc.* 'Sperma ab utrisque permanserit in matrice mulieris . . . / . . . (*des.*) utreque femine fiunt. Iste sermo sic dictus totus finem habet.' Klebs 116.2–6.

Articella, Venice 1515, ff. lxvii–lxxiii. *Inc.* 'Si sperma ab utrisque . . .' *Des.* same as above.

B. Commentary

1. Dino de Florentio del Garbo, Recollectiones in Hippocratem De natura foetus

Manuscripts:

XIV Century

Cesena: Bibl. Malatestiana Plut. S. XXVII.4, a. 1392, ff. 103r–140v. (As noted by Professor Nancy Siraisi, *Taddeo Alderotti and His Pupils: Two Generations of Italian Medical Learning* [Princeton 1981].)

Modena: Bibl. Estense 959 (Alpha K.6.2), ff. 1r–37v. (As noted by Professor Nancy Siraisi in the work cited above).

Vatican: VA 4464, ff. 88ra–124ra. Text *Inc.* 'Si sperma ab utrisque permanserit in matrice . . .' Commentary *Inc.* 'Sicut scribitur a Philosopho in principio quarti Politicorum. In omnibus artibus et scientiis huius . . . / . . . ne alia ipsum abhorrent . . . et nos imponamus finem huic scripto cum laude et gloria omnipotentis dei qui est benedictus in secula seculorum. Expliciunt recollectiones super libro de natura fetus Ypocratis. Reportata sub excellentissimo artium doctore et scientie medicine magistro Dino de Florentia per magistrum Julianum Bononiensem . . . sub anno domini 1310 die 10 mensis octobris qui sit benedictus.'

Printed Editions:

Dino del Garbo, *Recollectiones in Hippocratem de natura foetus,* Venice 1502, per Bonetum Locatellum Bergomensem presbyterum, ff. 45va–53rb. 'Scriptum Dini super libro de natura fetus Hypo.' *Inc.* 'Si sperma ab utrisque permanserit in matrice . . . / . . . (f. 53rb) hanc habet virtutem conferentem ut dictum est et sic de isto.' (Kühn clix no. 44).

Dino del Garbo, *Recollectiones in Hippocratem de natura foetus,* Venice 1518, per Bonetum Locatellum Bergamensem presbyterum, ff. 53rb–90rb. 'Incipit liber Hypp. de natura puerorum vel de natura fetus; aut de natura embrionis idem enim sunt.' Text *inc.* 'Si sperma ab utrisque permanserit in matrice . . . / . . . (*des.*) in matricibus sperma existens attrahit a corpore semper.' Commentary *inc.* 'Postquam hyppo. in precedentibus ostendit que sunt operationes que proveniunt in generatione ab ipso spermate . . . / . . . (f. 89rb) Expliciunt recollectiones super libro hypo. de natura fetus reportate sub excellentissimo Doctore artium et scientie medicine Magistro Dino de Florentio.' (f. 89va) 'Incipit tabula supra quesito totius operis utrum mulier habeat sperma quod sit . . .' (f. 90r) 'Expositiones subtillissime libri de natura fetus Hypocratis per excellentissimum doctorem Dynum de Florentia finis . . .' (Kühn clix no. 44).

XLI. DE NATURA HOMINIS (HUMANA)

The present work, *De natura hominis (humana)*,[1] on the nature of man and the universe, begins with the hypothesis of Melissus of Samos, the celebrated philosopher of the fifth century B.C., that the universe was formed of only one substance, and the transmission of that opinion from philosophy to medicine, with some physicians maintaining that one unique substance makes up the human body as it does other animals. The author of the tract proposes to combat this hypothesis and at the same time to establish the doctrine of the four humors, blood, phlegm, yellow bile, and black bile, each of which predominated following the four seasons of the year, and of which the more or less perfect mixture is the course of health or sickness.

The latter portion of the work is devoted to a consideration of pathology and therapeutics and is sometimes thought to be a separate treatise. However, Jacques Jouanna, who has prepared the most recent account of the tract together with an edition of the text, regards the latter portion of the work as an integral part of the treatise and a genuine work of Hippocrates.[2] In this latter section the origin of maladies is considered first, then the regimen (beginning with diet which varies according to the seasons and the ages of individual patients) and the essential exercises, finally the regimen of children and women, athletes being considered separately.

Aristotle knew the present work and assigned it to Polybius, son-in-law of Hippocrates, who remained during his entire life at Cos and became head of the school at Cos after Hippocrates. Aristotle referred specifically in his *History of Animals* to the long passage on veins or blood vessels essential for phlebotomy.[3]

The tract, of which a ninth-century fragment is still extant, appears to have been translated from the Greek in the late fifth or sixth century. It was translated again in the thirteenth century at the court of King Manfred of Sicily by the court translator Bartholomaeus of Messina. This version appears in both manuscripts and early printed texts. A third translation was made at the close of the fifteenth century by the humanist translator and editor Andreas Brentius. This last translation circulated widely as a printed text.

---

[1] Diels 21–22, De natura hominis; Littré VI 29–69; TK 1236.

[2] J. Jouanna, *Hippocrate: La nature de l'homme*. Ed., traduit, et commenté (Corpus medicorum Graecorum; Berlin 1975) 19ff.

[3] Aristotle, *History of Animals* III 3–5, in the translation by A. L. Peck (Loeb Classical Library; Cambridge, Mass. 1965) I 169–187.

A. Translations

1. Anonymous Version of Fifth–Sixth Century

Manuscript:

IX Century

Paris: BN 7027, parchment, ff. 1ʳ–2ᵛ, 'Liber de phisica.' Beginning missing: f. 2ᵛ, a portion of the translation which is said to antedate the earliest extant Greek manuscripts. The MS provided only the extreme end of the tract (c. 20–23).[4] F. 2ᵛ: '... deficit homini et reparatur illius visus. Explicit Ypocratis de natura homina.'

2. Greek-Latin Version probably by Bartholomaeus de Messina

Translator at the court of King Manfred of Sicily between 1258 and 1266.[5]
Inc.: 'Quicumque consuevit audire dicentes de natura humana ... / ... (*des.*) labor sanat universaliter autem scire oportet (medicum).'

Manuscripts:

XIII Century

Cesena: Malatest. Plut. S.XXVI.4, ff. 35ᵛ–37ᵛ. *Inc.* and *des.* as above.
Kraków: BJ 815, 13–14c, ff. 317–319ᵛ. *Inc.* and *des.* as above.

XIV Century

Cesena: Malatest. Plut. S.V.4, ff. 41ᵛ–42ᵛ. *Inc.* and *des.* as above.
Gdańsk (Danzig): Mar. F. 238, ff. 31–32. 'Quicumque autem consuevit ... / ... (*des.*) scire oportet medicum. Explicit liber Ypocratis de humana natura.'
Naples: VIII.D.34, f. 348ʳ. *Inc.* and *des.* as above.
Oxford: BLa 1471, ff. 186ᵛᵇ–188ʳᵃ. *Inc.* and *des.* as above.
Paris: BN 6865, ff. 75ᵛᵇ–76ᵛᵇ. *Inc.* and *des.* as above.

— **PAM 51**, ff. 70ᵛ–74ᵛ. 'Libri Ypocratis de humana natura. Sunt VII Capitula ... Cap. 1. Quod homo non est aliquod elementorum ...' *Inc.* 'Quicumque consuevit audire ...' *Des.* '... scire oportet medicum quod contraria contrariis curantur. Explicit liber Ypocratis de humana natura.'
Rome: Ran 1338 (T.4.3), ff. 22ʳᵃ–28ʳᵃ. *Inc.* and *des.* as above (TK 1236).
Vatican: VA 2382, ff. 98ᵛᵇ–100ʳᵃ. *Inc.* and *des.* as above.
— **VA 2417**, ff. 254ᵛᵇ–255ᵛᵇ. *Inc.* and *des.* as above.
— **VAp 1079** (Cited by Diller, *Die Überlieferung*, 57).
— **VAp 1096**, f. 133ʳ⁻ᵛ. *Inc.* as above; *des.*: 'in anno quandoque.'
Venice: San Marco Cl VII. Codex XI (XIV. 7), 38ᵛᵃ. *Inc.* and *des.* as above.

XV Century

Munich: CLM 640, ff. 1ʳ–6ʳ. *Inc.* and *des.* as above.
Vatican: VAp 1098, ff. 23ʳ–24ᵛ.
— **VAp 1115**, ff. 76ᵛᵃ–78ʳᵃ. With a slightly variant incipit; may be a different translation. 'De natura humana.' *Inc.* 'Quidam asserunt aerem hoc esse omnem. Alius autem ignem ...'

Printed Editions:

Milan 1481, with Rasis, *Opera* ff. 41ʳ–48ʳ; f. 203ʳ: Polain 3347, Klebs 826.1.
Venice 1497, f. 42ʳᵃ⁻ᵇ: Polain 3350, Klebs 826.2. *Inc.* 'Quicumque autem convenit audire dicentes de natura humana ulterius ... / ... quicumque ab ocio egritudines generatur labor sanat. Universaliter autem scire oportet medicum.'
Venice 1515, with Galen, *Opera* I f. 21ʳ⁻ᵛ.

---

[4] J. Jouanna, *Hippocrate* 212–220; Beccaria 28.1; Wickersheimer LXV.1.
[5] Jouanna, *Hippocrate* 129; S. Impellizeri, *Dizionario biografico degli Italiani* VI (Rome 1964) 729–730.

3. GREEK-LATIN VERSION OF ANDREAS
   BRENTIUS

Inc.: 'Qui consuevit audire eos qui de humana natura . . .'

Printed Editions:

[Rome c. 1487 or c. 1500]: Klebs 519.1–2.
'De natura hominis ab Andrea Brentio
Pat. conversus.' Dedicated to Sixtus IV.
Inc. 'Qui consuevit audire eos qui de humana alterius . . . / . . . Omnes igitur homines qui iudicio prediti sunt: debent ex
egrotatione secum reputare quam magni
sit estimanda sanitas: exinque sibi suaeque
valitudini scire consulere. Oliverio Cardinali Neapolitano Andreas Brentius salutem
dicit.'

[Rome 1490], ff. 3r–6r (AAAiii–AAAiiiiii):
Klebs 519.3. 'Hippocrates de natura hominis.' *Inc.* 'Qui consuevit audire eos qui
de humana natura alterius quam ad medendi facultatem pertinet disputant huic
certe mea oratio ut ab alterius audiatur apta

non est . . . / . . . (*des.*) tali namque modo
morbi vicium facillime et desistere poterit.
Et hoc mihi sanatio esse videtur.'
   Lyon, 1506, in the *Articella*, 8vo.
   Paris 1516, in the *Articella*, 4to.
   Paris 1518, In officina Henrici Stephani.
   Paris 1524, Ex officina Simonis Colinaei,
ab Andrea Brentio Patavino interprete
(conversus), ff. 1r–12r: British Library 539.a.
16 (3). *Inc.* as in the preceding; *des.* differs,
however, f. 12v: '. . . id tempus ac eam aeta-
tem quartana accesserit pro computo habere
debes hanc febrem minime diuturnam fore,
nisi quid aliud homini officiat. Lib. De natura humana. Finis.'
   Paris 1530, with the *Aphorisms*, ff. 40v–
52r.
   Paris 1539, printed also with the *Aphorisms*. *Inc.* as in [Rome 1490] above; *des.*:
'. . . nisi quid aliud homini officiat. Liber
de Natura hominis. Finis.'
   Several other sixteenth-century editions
are listed by Littré VI 30.

Variant Texts: *De natura hominis (humana), De gynaecia,* or *De elementis*[1]

This text is attributed not only to Hippocrates, but also to Galen, Constantinus Africanus, and Arnald of Villanova. Except for the title, however,
it seems more closely related to the *Gynaecia* or the *De natura foetus* treated
above than to the subject matter of the *De natura hominis (humana)*. However,
until further work is completed on the texts, they are included here in accordance with their titles.

1. EARLY GREEK-LATIN VERSION

Inc.: 'Nunc ex Gregorio liber certat usum
et in Latino eloquio . . .'

Manuscript:

VII–VIII Century
Paris: BNna 203, uncials of 7–8th century, ff. 3v–4, fragment. 'Incipit epistola
Ipocratis de natura humana vel conceptione
embryonis. Nunc ex Gregorio liber certat
usum et in Latino eloquio thensauro ab-

conditum pertulit a quibus conpaginibus
formam materie continemur in utero materno . . . vel quibus ossibus vel quibus nervis coniunctis. Nunc a principio membrorum incipiat a dominia capitis quia capil-
lis vestitur . . .' Incomplete (Wickersheimer LXXXVII 3; not in Beccaria).

2. LATER VERSIONS

Inc.: 'Cerebrum natura frigidum et humidum est et ideo . . .'

---

[1] Diels 142; TK 201.

Manuscripts:

XIII Century
Cambridge: CUg 95(47), ff. 10–12. 'Liber Ypocratis de humana natura.' *Inc.* 'Cerebrum natura frigidum et humidum est et ideo ut facilius ... / ... (*des.*) sine ratione immutat. Explicit.'

Erfurt: Ea F 286, 13–14c, ff. 258ᵛ–261, ascribed to Constantinus Africanus. *Inc.* as in CUg 95 (47) above.

London: BMsl 2454, late 13c, ff. 84ᵛᵇ–86ʳᵇ. Without heading. *Inc.* and *des.* as above.

XIV Century
Erfurt: Ea Q 178, ff. 173–174ᵛ, ascribed to Arnald of Villanova. *Inc.* as above.

Oxford: Ome 278, f. 180ᵛ, anon. *Inc.* as above.

Orléans 286 (240), 13c, frag. pp. 57–62. 'De humana natura.' *Inc.* 'Cerebri natura frigidum ... / ... (*des.*) membrum sine ratione mutat. Explicit.'

XV–XVI Century
Munich: CLM 238, ff. 284ᵛ–287ᵛ. *Inc.* and *des.* as above (Diels 142).

— **CLM 465**, a. 1503, ff. 97ʳ–106ʳ, ascribed to Galen. *Inc.* and *des.* as above (Diels 142).

Printed Editions:

1515, *Opera* of Galen I 40ᵛ–41ᵛ. 'De compagine membrorum sive de natura humana.' *Inc.* 'Cerebrum natura quidem frigidum et humidum est ... / ... (*des.*) alicuius membri solet disponere ad alterius nature membrum sine ratione immitat finis. Explicit liber de humana natura Gal. qui et de compagine membrorum a quibusdam inscribitur. Sed ad Averroi primo canticorum de natura humana allegatur.' (TK 201; Kühn 105).

1528, Galen, Editio Iuntina, II, f. 292ᵛ.

Basel, 1541, with Albucasis, *Methodus Medendi*, pp. 313–321, ascribed to Constantinus Africanus. 'Constantini Africani Medici de humane natura, vel de membris principalibus corporis humani, Lib. 1, De cerebro.' *Inc.* 'Cerebrum natura frigidum et humidum est, ideo ut facilius ad susceptionem ...'

XLII. NUTRIMENTUM (ALIMENTUM)

The treatise on nutriment, with the varying titles *De nutrimento et nutribili*, *De alimento*, and *De cibis*, circulated in the Middle Ages both with and without a commentary by Galen, to whom it was occasionally attributed.[1] It is, however, to be distinguished from the *De alimentorum facultatibus libri III* ascribed to Galen in the translations by William of Moerbeke and Accursius of Pistoia. The *De nutrimento* attributed to Hippocrates was translated from the Greek into Latin by the noted translator Nicholas de Reggio of Calabria in the early fourteenth century. Although modern critical opinion has indicated that the chief claim of the *De nutrimento* to be considered a Hippocratic work is its superficial likeness to the *Aphorisms*, the work appears to have been earlier accepted as authentic by Erotian and Aulus Gellius.

---

[1] TK 968, 989; Diels 28; Littré IX 98–120; W. H. S. Jones, *Hippocrates* I 337ff. The text has been edited and translated into French by R. Joly, *Hippocrates* VI.2 (Collection des univ. de France; Paris 1972) 129–155. See also W. H. S. Jones, *Philosophy and Medicine in Ancient Greece* (Supplement to the Bulletin of the History of Medicine; Baltimore 1946).

In general the tract is of more philosophical than medical interest. In it the author applied the Heraclitean 'theory of perpetual change to the assimilation of food by a living organism,' with nutriment as the result. Digestion is said to consist of the solution in moisture of nutritive food which is then carried to the various parts of the body and is assimilated by the bones, 'flesh, and so on, as it comes into contact with them.'[2]

The work in the fourteenth-century translation by Nicholas of Reggio appears in several fourteenth-century manuscripts. Another translation was made by Johannes de Conte, physician of Paris, in the sixteenth century.

A. TRANSLATIONS

1. GREEK-LATIN VERSION OF NICHOLAS DE REGGIO[3]

Inc.: 'Nutrimentum et nutrimenti species unum et multa . . .'

Manuscripts:

XIV Century

Paris: BN 6865, ff. 118ª–118ᵈ. 'Incipit liber Ypocratis de nutrimento translatus a magistro Nicolas de Calabria. Nutrimentum et nutrimenti species unum et multa. Unum quidem in quantum genus unum; species vero humiditate et siccitate et que in hiis ydonee et quantum est et in que et in tot. Auget autem . . . / . . . (*des.*) medulla nutrimentum ossis et propterea porosantur situs omnia auget et nutrit et producit humiditas nutrimenti figura. Deo gratias. Explicit liber Ypo. de nutrimento translatus a magistro Nicholao de Regio de Calabria.'

Rome: Ran 1338 (T.4.3), ff. 39ʳ–40. *Inc.* 'Nutrimentum et nutrimenti species unum et multa . . .'

Vatican: VA 265, f. 1ʳᵃ⁻ᵇ. Only a fragment. 'De nutrimento et nutribili. Nutrimentum et nutrimenti species unum et multa . . .' ff. 146ʳᵇ–147ʳᵃ: 'Incipit libri Galieni De cibis.'

Vienna 2328 [Rec. 948], a. 1314, Fol., f. 33ʳᵃ⁻ᵇ. 'Hipp. De nutrimento et nutribili.'

Inc. 'Nutrimentum et nutrimenti species unum et multa unum qui in quidem genus . . . / . . . (*des.*) virtus omnia auget et nutrit et producit humiditas nutrimenti frigida. Deo gratias amen. Explicit liber Ypocratis de Insula Koii de nutrimento et nutribili translatus de greco in latinum a Nicolao de Regio de Calabria.' (Herman V [1928] 15–16).

2. GREEK-LATIN VERSION OF JOHANNES DE CONTE

Physician of Paris, fifteenth–sixteenth century.

Inc.: 'Alimentum et alimenti species unum et multa . . .'

Manuscript:

XVI Century

Paris: BN 7079, ff. 33–37ᵛ (Notes by Mlle Dulong). 'Joannis de Conte Medici Parisiensis annotationes in Hippocratis librum de alimentis a se translatum Hippocratis Libellum de alimentis.' *Inc.* 'Alimentum et alimenti species unum et multa . . .'

Printed Edition:

Paris 1567: *In librum Hippocratis Grec. de alimento.*

---

[2] Translation by W. H. S. Jones, *Hippocrates* I 337–338.
[3] Diels 28, 77; Lo Parco 289; Thorndike (1946) 227.

XLIII. DE PASSIONIBUS (AFFECTIONIBUS, MORBIS)

This discourse, *De passionibus* (*affectionibus* or *morbis*),[1] on medicine or diseases, frequently attributed to Polybius, Hippocrates' son-in-law, was intended to place the layman in a position to help himself in comprehending the rules under which the physician proceeded. It was also intended to provide the physician with points and arguments that would give him the advantage in debate.

The therapy begins with diseases of the head, ears, nose; then of the stomach, the chest and so on. All maladies are noted as derived from bile and phlegm. These are said to produce the diseases when one of the humors in the body is in excess or there is excess of dryness or humidity, or of warmth or cold. The maladies are named and then treatment is provided. Among the items listed as useful to know are foods, medicaments, and the condition of an ill person before he is given food or treatment.

The above work does not appear to have been current in Latin manuscripts before its translation by the humanist scholar Francesco Filelfo in 1443–1444. It generally appeared with the translation of the *De flatibus*. The tract was printed at Basel in 1541 under the name of Polybius.

A. TRANSLATION

1. GREEK-LATIN VERSION OF FRANCESCO FILELFO

Addressed 'ad Principem Philippum Mariam Anglum.' *Pref*: 'Librum qui de flatibus et ab Hippocrate scriptus est et me interprete latine iam loquitur princeps optime ac maxime. Liber de passionibus consequitur quem etsi Galenus pergamenus medicus ille doctrina et facundia singulari non Hippocratis sed Polybi fuisse suo nescio quo dictus iudicio opinatur malim tamen cum bis sentire Hippocrates de passionibus.'

Text inc.: 'Decet callidum virum ubi considerarit bonam valitudinem hominibus esse ... Morbi omnes hominibus fiunt e bile et pituita ... / ... (*des.*) vigore ea dare oportet. Enim vero corpus alia magis fert alia absunt potius quam prosunt.'

Manuscripts:

XV Century

Cambridge: CUL 1497 (Gg. 3.32) a. 1443, ff. 214ʳ–226ʳ. *Inc.*, preface and text as above (TK 825).

***Como: Bibl. comm. 1.4 (Ex 1. 39),** a. 1444, ff. 19ʳ–54ʳ. *Inc.*, preface and text as above (Agrimi, *Tecnica e Scienza ... Inventario* [1976] 57).

Paris: BN 7023, a. 1444, ff. 22ʳ–71ʳ. *Inc.*, preface and text as above (TK 825).

Vatican: VA Ottob. 1805, a. 1444, f. 14. *Inc.*, preface and text as above.

Printed Edition:

Basel 1544, under the name of Polybius by Albinus Torinus.

Peri diaetes, see Dinamidia and De victus ratione.

Physionomia, see De contemptu mundi.

---

[1] Diels 23; Littré VI 206–271.

XLIV. PRECEPTA

See also *De arte medicine*; *De initia medicinae*; and *De visitando*.

The texts here included under the title *Precepta*, which is contained in these manuscripts, do not agree in content with the work edited and translated by W. H. S. Jones for the Loeb Classical Library.[1]

A. Translation

Manuscripts:

X Century
London: BMadd 8928, ff. 10ᵛ–11ʳ. *Inc.* 'Hinc incipiam dicere qualen discipulum medicina desiderat. Primo quidem genere liberum facultatibus . . . / . . existiment esse secretum.' (Beccaria 84.11).

XV Century
— **BMsl 634**, f. 4ᵛ. 'Nunc incipiam dicere quale disciplinum medicus desiderat . . . Primum quidem querit ut discat grammaticam, dialecticam, musicam, arithmeticam, geometricam et astronomiam. A rethorica vero abstinet se ne multi loquax sit. Philosophia neque in ipsam medicina op-

tineat . . . / . . . Tale enim praeceptum ab Ypocrate medicis constitutum est . . . '

Paris: BN 6988A, ff. 121ʳᵃ–121ᵛᵃ. 'Hec sunt precepta Ypocratis quomodo debes visitare infirmum.' *Inc.* 'Quomodo visitare debemus infirmis. Non omnem infirmum uniter visites . . . / . . . (*des.*) esse secretum . . . ' Also at f. 121ᵛᵃ⁻ᵇ. 'Interea moneo te medice sicut ego monitus sum a meis magistris legere semper debes . . . / . . . (*des.*) tecum erit et solus est medicus etc. Explicit precepta Ypocratis.' For similar precepts variously titled in MSS of the ninth–tenth century, see Beccaria p. 418: 'Interea . . .'.

---

[1] W. H. S. Jones, *Hippocrates* I 305ff.

VII

The Repertorium of Hippocratic Latin Writings in the Middle Ages begun in *Traditio* 31 (1975) 99–125, and continued annually in the issues following, here resumes with XLV. *Prognostica* or *Liber prognosticorum*, as it was entitled in the Latin manuscripts.

XLV. PROGNOSTICA, LIBER PROGNOSTICORUM

The *Liber prognosticorum* had an importance second only to the *Liber aphorismorum* as a textbook and practical guide during the entire medieval period. The work related to prescience, rather than wholly to prediction, and was concerned with the present, past, and future course of acute febrile diseases as well as with their treatment. It also provided precise indications of the principal modifications of the body of the patient under observation. The authenticity of the tract as a Hippocratic work has never been challenged,[1] and it is to be distinguished or differentiated from the spurious treatises also frequently entitled *Prognostica*, dealing primarily with prognostications from death signs,[2] or those on astrological medicine, recounting the progress of diseases according to the phases of the moon.[3]

In its Latin form the *Liber prognosticorum* generally accompanied the *Liber aphorismorum* in the curricula and collections of texts such as the *Articella*[4]

---

[1] *Hippocrates,* with an English translation by W. H. S. Jones (Loeb Classical Library; Cambridge, Mass. 1959) II ix–xiii, 3–5.

[2] Particularly the group included under the heading IX. *Capsula Eburnea*, above, pp. 110–23.

[3] That is, VII. *Astrologia medicorum*, above, pp. 94–107.

[4] For this collection see P. O. Kristeller, 'Bartholomaeus, Musandinus and Maurus of Salerno and Other Early Commentators of the "Articella," with a Tentative List of Texts and Manuscripts,' *Italia medioevale e umanistica* 19 (1976) 57–87, henceforth referred to as Kristeller (1976).

utilized in the early medical schools and later universities. The stated aim or purpose of the present tract was to provide information regarding the common symptoms and progress of acute febrile diseases, that is, those in which there was high fever, so that the attending physician might apply with greater competency the necessary therapeutic measures in a given case.[5] 'For,' if the physician were able to discover and 'declare unaided, by the side of his patients, the present, the past, and the future, and fill in the gaps in the account given by the sick,' he would the more readily win the patient's confidence and be believed to understand the case entrusted to him for treatment. The physician himself would be enabled to 'carry out the treatment best if he knows beforehand from the present symptoms what will take place later.'[6] The *Liber prognosticorum* thus exemplified the Hippocratic acceptance of a general pathollogy particularly in acute diseases. The same symptoms in all cases were held to presage certain definite results which were ascertainable beforehand.

The treatise appears to have been first translated from Greek into Latin between the fifth and sixth century by an anonymous translator or translators, probably in southern Italy where the prevalence of malerial affections, similar to those described in the tract, made it a valuable practical guide. However, the early translation or translations appear to be extant only in incomplete form in manuscripts of the ninth to twelfth centuries. In the early translation or translations, the opening words: 'Medicum existimo perfectum esse prescientiam . . .' or with minor verbal differences, followed closely the sense of the Greek text.

As was true also in the case of the *Liber aphorismorum*, the *Liber prognosticorum* owed its wider dissemination in the translations made from the Arabic either by Constantinus Africanus at the close of the eleventh century or by Gerard of Cremona in the twelfth century.[7] In this Arabic-Latin translation there first appears the preface, beginning: 'Omnis qui medicine artis studio seu gloriam seu dilectabilem amicorum consequi desiderat copiam . . .' by which the work was chiefly known and cited in the Middle Ages. The preface was usually followed by the words: 'Videtur mihi quod ex melioribus rebus est ut utatur medicus previsione . . .' which more generally conforms to the translation of the Greek text. And this phrase in turn was usually followed by the opening words of Galen's commentary which frequently accompanied the Hippocratic text and opened: 'Manifestum est quod Ypocrates non utitur hac dic-

---

[5] *Hippocrates* II 7.

[6] *Ibid.*

[7] Only occasionally is either translator mentioned in the texts. See below. According to M. Steinschneider, 'Die europäischen Übersetzungen aus dem Arabischen,' *Sb. Akad. Wien* 149 (1905) 11, 18, the translation included in the editions is by Gerard of Cremona, not Constantinus. For the printed editions of the *Articella* before 1500, see Klebs 116.1–6. This translation was further reproduced in the *Articella* printed at Lyons 1525, fols. 17r–20v.

tione s. previsione. . . .' This Arabic-Latin text circulated widely in the manuscripts and was included in the *Articella* or collection of medical texts utilized in the schools and universities. In this version the work was divided into three parts and was usually accompanied by Galen's commentary as well as by commentaries of other scholars. These included, in the twelfth century, such noteworthy Salernitan masters or physicians as Bartholomaeus, Petrus Musandinus, and Maurus of Salerno; and in the thirteenth century the well-known Petrus Hispanus (Pope John XXI), John of St. Amand, and Thadeus Florentinus (Taddeo Alderotti). Even more frequent were the commentaries of fourteenth-century masters, among them Bartholomaeus of Bruges, Dino del Garbo, Marsilius of Sancta Sophia, Mundinus da Luzzi of Bologna, and Nicolaus Bertruccius.

Although the translation from the Arabic text continued in the fifteenth and early sixteenth century to circulate in both manuscript and printed editions of the *Articella*, it was largely superseded in the sixteenth century by the late fifteenth-century translation from the Greek by the humanist Lorenzo Laurenziano and by the more recent sixteenth-century translations.[8] The translation from the Arabic continued, however, to be utilized for teaching purposes in the universities through its inclusion in the *Articella*.[9]

A. TRANSLATIONS

1. EARLY (FIFTH–SIXTH-CENTURY) TRANSLATIONS FROM THE GREEK

a. *Inc.*: 'Medicum existimo perfectum esse . . .'

Manuscripts:

IX–X Century
Milan: Ambros. G. 108 inf., ff. 1ʳ–3ᵛ, 15ʳ–19ᵛ. 'Incipiunt Pronostica Ypogratis. Medicum existimo perfectum esse praescientiam affectantem . . . / . . . et sine fervore (f. 3ᵛ); (f. 15ʳ) solvit rugitus . . . / . . . scies isdem signis.' (Ed. by H. Kühlewein, 'Die handschriftliche Grundlage,' *Hermes* 25

[1890] 123–37. Ed. again by Bengt Alexanderson, 'Die Hippokratische Schrift Prognostikon: Überlieferung und Text,' [Studia Graeca et Latina Gothoburgensia 17; Göteborg 1963]; TK 863; Beccaria [1956] 92.1; Beccaria, *Italia medioevale e umanistica* 2 [1959] 9–10).

XIII Century
Munich: CLM 11343 (Polling 43), ff. 5ʳ–6ᵛ. *Inc.* as above: 'Medicum existimo . . . / . . . (f. 6ᵛ, incomplete) descendens ad inferiora loca . . .' (Bengt Alexanderson, *op. cit.* 135–54, utilized this text; TK 863).
b. *Inc.*: 'Medicum videtur mihi optimum esse . . .'

---

[8] *Hippocratis prognosticon* cum commento Claud. Galeni, interpr. Laur. Laurentiano Florentino (Florence 1508; Paris 1543 etc.). Littré II 103–104 lists other editions printed in the sixteenth century.

[9] With the conclusion of the listing of the manuscripts containing the translations and commentaries on the *Liber prognosticorum* before 1500, the conviction becomes stronger that further detailed textual studies should be made to determine and identify with greater exactitude the various translations.

Manuscript:

IX–X Century
*St. Gall Stift. 44, pp. 220–23, cap. 1–5.
'Incipit Pronostica Ypocratis tertio medico.
Medicum videtur mihi optimum esse providentiae emitantem . . . / . . . si qua in febre
sunt.' (Ed. H. E. Sigerist, 'Fragment einer
unbekannten lateinischen Übersetzung des
Hippokratischen Pronostikon,' *Archiv für
Geschichte der Medizin* 23 [1930] 87–90;
Beccaria 129.9; TK 863).
c. *Inc.*: 'Inde (Unde) scias . . .' Free
translation from the Greek of cap. 2. Fragment of the text.

Manuscripts:

IX–X Century
*Monte Cassino 97, fragment of cap. 2.
'Inde scias de his qui aegrotant, si neque
eos vigilie longiores turbaverint aequa fames
neque repentina . . .' 10 lines on one of the
early leaves of the manuscript (H. Kühlewein, 'Beiträge zur Geschichte und Beurtheilung der hippokratischen Schriften,'
Philologus 42 [1884] 119–33, especially 120).
Paris: BN 11219, f. 38ᵛ, contains a similar
selection which Kühlewein, *loc. cit.*, 119–25,
identifies as another translation. 'Incipiunt
signa mortifera iuxta Yppocratis sententiam.
Unde scias quibusque aegritudinem sine quae
tum vigiliae longioris turbaverint . . . si
fuerint, scias eos morituros.' (Wickersheimer
LXXVII.23; Beccaria 35.23).
Other similar selections are found in the
following manuscripts.
*Chartres 62, 10c, f. 38 [LVIII]. 'Incipit
prognostica. Utile est etiam hoc nosse ut
prognostica vel bona vel mala . . . [L.VIIII]
Incipiunt signa mortifera iuxta Yppocratis
sententiam. Unde scias si quis aegrotat sine
que eum vigiliae longiores turbaverunt . . .'
[Within Galenus, De medendi methodo ad
Glauconem. Lib. I]. (Wickersheimer X.2).
Montpellier 185, 10–11c, item 14, f. 154ᵛ.
'LX. Incipiunt signa mortifera iuxta Hypocrate sententiam. Unde scias quod his que
egrotat . . . unde nunc finem faciam dicendi
in hoc libro super his . . .'
d. *Inc.*: 'Species et vultus alicuius infirmi
si bene compositus . . .'

Manuscript:

XI–XII Century
Paris: BN 7099, 11–12c, ff. 15ʳ–17ᵛ.
'Incipit liber pronosticorum eiusdem [Hippocratis] species et vultus alicuius infirmi si
bene compositus fuerente scilicet ut recte
inspiciate manus . . . / . . . mandetur dificile
sanabit.' (Wickersheimer LXVII.2).

2. Translation Presumably from the
Arabic by either Constantinus
Africanus († c. 1087) or Gerard of
Cremona († 1187).

Preface Inc.: 'Omnis qui medicine artis
studio seu gloriam sive (seu) dilectabilem
amicorum consequi desiderat copiam . . .'
Text Inc.: 'Videtur mihi quod de melioribus
rebus est ut utatur medicus previsione . . . /
. . . quoque sunt exposite ordine preceptorum.' *Galen comm. inc.*: 'Manifestum est
quod Ypocrates non utitur hac dictione . . .

Manuscripts:

XII Century
Cambridge: CUt 1083 (0.1.59), 12–13c,
ff. 21ᵛ–28ᵛ. 'Prognostica Hipp. Incipit
prima particula. Omnis qui medicine artis
. . . / . . . ordinis preceptorum.'
*Cues: BN Med. 3, 12–13c, item 2 with
Galen commentary.
— **BN Med. 4**, 12–13c., item 2.
*Dresden 140(5–1).
— **187**, f. 27ᵛ.
*Einsiedeln 32, ff. 269–281.
*Gotha: Herz. Bibl. 63 (Memb. II.144),
f. 117ᵛ (ab initio mutil.: Diels 6).
*Metz 1256, ff. 40ᵛ–(52). 'Liber Pronosticorum.' Leaf containing the opening
words torn out; ends with words ' . . . contemplacionibus.'
Oxford: BL Lat. misc. 8847 (E.2), 12–
13c, ff. 27ʳ–37ᵛ. 'Pronostica Ypocratis.
Omnis qui medicine artis . . . / . . . 'Quoque
sunt exposite ordine preceptorum. Pronostica completus.'
— **BL Laud. Misc. 237**, 12–14c., f. 281.
Paris: BN 6871 A, 12c, ff. 6ʳᵃ–9ᵛᵃ. 'Liber
Pronosticorum.' *Inc.* 'Omnis qui medicine
studio seu gloriam seu dilectabilem amico-

rum ... / ... quoque sunt exposite ordine preceptorum.'

— **BN 7029**, 12c., ff. 38ᵛ–42ᵛ. *Inc.* 'Omnis qui medicine artis ... / ... exposite sunt ordine preceptorum.'

— **BN 7030**, 12–13c., ff. 37ʳ–49ʳ. 'Incipit liber Pronosticorum. Omnis qui medicine artis studio seu gloriam ... / ... quoque sunt exposite ordine preceptorum. Explicit.'

— **BN 7102**, 12–13c., ff. 97ʳ–140ᵛ. 'Incipit praefatio pronosticorum. Omnis qui medicine studio seu gloriam sive delectabilem amicorum ... / ... quoque sunt exposite ordine preceptorum Explicit.'

*Pommersfelden: Bibl. Schönborn 2766, 12c (Diels 7).

Vatican: VA 6241, 12c., ff. 18ʳ–25ᵛ. *Inc.* 'Omnis qui medicine artis studio ... / ... (apparently incomplete) et mortem signetur et sic nobis sufficiunt ad presentem.'

— **VA 10281 (Olim 10250)**, 12c., ff. 23ʳ–40ᵛ. *Inc.* 'Omnis qui medicine artis studio ... / ... quoque sunt exposite ordine preceptorem.'

— **VA Ottob. 2298**, 12c, ff. 29ᵛ–38ʳ. *Inc.* 'Omnis qui medicine artis ... / ... quoque sunt exposite ordine preceptorum.'

— **VA Pal. 1196**, 12c., ff. 19ᵛ–24ᵛ (new numbering). *Inc.* 'Omnis qui medicine artis studio seu gloriam ... / ... exposite ordine preceptorum. Explicit liber Pronosticorum Ypocratis.' Extensive marginal gloss, the opening words of which are illegible. Illuminated initials.

— **VA Pal. 1215**, ff. 44ᵛ–52ᵛ. 'Prologus pronosticorum Ypocratis. Omnis qui medicine studio seu gloriam seu delectabilem amicorum ... / ... quoque sunt exposite ordine preceptorum.'

— **VA Reg. Suev. 1270**, ff. 124ʳᵇ–160ʳᵇ. *Pref.* 'Omnis qui medicine artis studio seu gloriam seu dilectabilem ...' *Text*: 'Videtur mihi quod de melioribus rebus est ...' Galen comm. 'Manifestum est quod Ypo. non utitur hac ... / ... in quibusdam earum in die XL et in quibusdam earum in die LX.'

— **VA Ross. 334**, 12c., ff. 20ʳ–27ʳ. 'Incipiunt pronostica gloriosissimi Ypocratis. Omnis qui medicine artis studio seu gloriam

... / ... quoque sunt ordine exposite preceptorum. Explicit feliciter.'

XIII Century

*Bamberg: Bibl. publ. 698 (L.III.II) (Diels 5).

— **Bibl. publ. 699**.

— **Bibl. publ. 1821 (L.III.37)**.

*Basel: D.I.6.

— **D.III.19**, with comm.

*Bern 295, 13–14c., ff. 21ᵛ–24ʳ.

Cambridge: CUc 364, ff. 28–38ᵛ.

Cambridge: CUpem 228, 13–14c., ff. 172–213ᵛ. *Pref.* 'Omnis qui medicine artis *Text*: 'Videtur mihi quod ex melioribus rebus est ... with Galen comm. des. ' ... in quibusdam earum in LX.'

— **CUpet 247**, ff. 5ʳ–11ʳ, with marginal glosses. *Inc.* 'Omnis qui medicine artis studio ... / ... sunt exposite ordine receptorum. Explicit Liber Pronosticorum Ypocratis.' Repeated at Part.V (ff. 115–123ᵛ) and again at Part.VII (158ʳ–162ʳ).

— **CUpet 251, V**, ff. 103ᵛ–104ʳ. As above.

— **CUsj 99(d.24)**, ff. 54ʳ–59ʳ. 'Incipit liber Ypocratis de signis et maxime de signis pronosticis.' *Inc.* as above: 'Omnis qui medicine artis studio ... / ... quoque sunt exposite ordine preceptorum.'

*Clermont-Ferrand 213(180), ff. 26ᵛ–36. Pronostica Hipp. 'Omnis qui medicine artis ... / ... exposite ordine preceptorum.'

— **214(181)**, ff. 92ᵛ–(103ᵛ). *Inc.* and *des.* as above.

*Durham: Eccl. Dunelm. C.IV.4, f. 11 (Diels 6).

Erfurt: Ea F 238, 13–14c., 21ʳᵇ–27ʳᵃ. *Inc.* and *des.* as above.

— **Ea F 264**, a. 1288, ff. 150ʳᵃ–191ᵛ. 'Libri pronosticorum Ypo. tres cum commento Galieni.' *Inc.* 'Omnis qui medicine artis studio ... Videtur mihi quod ex melioribus est ...' Galen: 'Manifestum est quod Ypo. non utatur ... / ... et in quibusdam earum in sexagesimo Explicit.'

— **Ea F 266a**, late 13c., ff. 38ʳᵃ–61ʳᵇ. *Pref.* in upper margin: 'Omnis qui medicine artis studio ...' *Text*: 'Videtur mihi quod ex melioribus ...' Galen comm. 'Manifestum est quod Ypo. non utatur ... / ... et in quibusdam earum in die LX. Explicit

commentum pronosticorum.' 'Translatio
Latina a Constantino confecta.'

— **Ea F 285**, c. a. 1260–1270, ff. 58ra–
87rb. *Inc.* 'Omnis qui medicine artis studio
...Videtur mihi quod ex melioribus ...'
Galen comm. 'Manifestum est ... / ... in
quibusdam earum in die LX. Explicit liber
pron. Ypo. cum comm. Galieni.' At ff.
114–154, the 'Prognostica a Galieno comm.'
is repeated.

— **Ea F 293**, mid-13c., ff. 53ra–98^{v}.
Hipp. Pron. with Galen comm. *Inc.* 'Omnis
qui medicine artis studio ... Videtur mihi
quod ex melioribus rebus ...' Galen comm.
'Manifestum est quod Ypo. non utitur ... /
... in quibusdam earum in LX. Explicit
liber pronosticorum Ypo. cum comm. G.'

— **Ea Q 173**, ff. 25^{v}–33^{r}, with illuminated
initials; lacks Galen comm. *Inc.* Prologus:
'Omnis qui artis medicine ... / ... sunt
exposite ordine preceptorum.'

*****Florence: FL Plut. LXXIII cod.
XXVIII**, f. 24 (Bandini III 52).

— **FN Magl. CL. XV** (Bandini III 53).

*****Heidelberg Bibl. Univ. 1080**, 13–14c.,
item 4.

Kraków : BJ 824, 13–14c., ff. 29rb–38rb.
With illuminated initials and borders; and
interlinear glosses and notes. Without Galen
comm. 'Incipit liber Pronosticorum. Omnis
qui medicine artis studio ... / ... sunt
exposite ordine preceptorum. Explicit liber
Prognosticorum Ypocratis.' Has a marginal
inc. 'Pronostica provisio egritudinum vocata a pronoscendo ...'

Laon 416, 13–14c., ff. 68ra–104rb. 'Galeni
commentarius in Pronosticon Hippocratis.'
Pref. inc. 'Omnis qui medicine artis studio ...' *Text:* 'Videtur mihi quod ex melioribus rebus est uti previsione s. ut utitur
medicus previsione.' 'Verba Galeni: Manifestum est quod Ypo. non utitur hac dictione s. previsione secundum curam ...'
Des. '... sunt exposite ordine preceptorum.
Explicit liber Pronosticorum Ypocratis cum
commento Galieni.'

Leipzig: Univ. 1115, ff. 64ra–100vb. Hippocrates with Galen comm. *Inc.* 'Omnis
qui medicine artis studio seu gloriam ...
Videtur mihi quod ex melioribus est uti

previsione ...' Galen comm. 'Manifestum
est quod Ypo non utitur ... / ... in quibusdam earum in XL et in quibusdam earum
in LX. Explicit liber pronosticorum Ypo.
cum commento Galieni.'

— **Univ. 1117**, ff. 197ra–254va. Liber
Pronosticorum with Galen comm. with beautifully decorated initial. *Inc.* 'Omnis qui
medicine artis studio ...' 'Videtur michi
quod ex melioribus ...' Galen comm. 'Manifestum est quod Ypo. non utitur hac dictione ... / ... et ut quibusdam earum in
XL et in quibusdam earum in LX. Explicit Liber pronosticorum Ypo. cum commento Galieni.'

— **Univ. 1119**, ff. 74ra–98^{ra-b}, with fine
illustrations. 'Incipit commentum Galieni
super pronostica Ypocratis.' *Prol.* in upper
and side margins: 'Omnis qui medicine artis
studio ...' *Text:* 'Videtur mihi quod est de
melioribus rebus ...' Galen comm. 'Manifestum est quod non utitur Ypocras hac
dictione ... / ... et in quibusdam earum in
die XL et in quibusdam earum in die LX.
Explicit.'

— **Univ. 1120**, 13–14c., ff. 49^{r}–67va, with
decorated initials. 'Incipit liber pronosticorum. Omnis qui artis medicine studio ...
Videtur mihi quod est de melioribus rebus.'
In the margin is written: 'Alia translatio
incipit commenta Galieni. G. Manifestum est
quod Ypo. non utitur hec ... / ... et in
quibusdam earum in die XL et in quibusdam
earum in die LX. Explicit commentum G.
super pronostica Ypocratis.'

— **Univ. 1121**, ff. 95ra–130vb. *Inc.* 'Omnis qui medicine artis studio seu gloriam seu
delectabilem amicorum copiam consequi ...
Videtur mihi quod ex melioribus rebus est uti
previsione ...' Galen comm. 'Manifestum
est quod Ypocras non utitur hac dictione ...
/ ... In quibusdam earum in LX. Explicit
liber pronosticorum Ypo. cum commento G.'

London: BMad 22,668, 13–14c., ff. 11^{r}–
17^{v}. Hipp. without Galen comm. 'Incipit
pronostica Ypocratis. Omnis qui medicine
artis ... / ... sunt exposite ordine preceptorum. Explicit liber Pronosticorum.'

— **BMar 215**, 13–14c., ff. 131^{v}–135^{v}. 'Liber Pronosticorum.' Particula I–III. Usual

text without Galen Comm. *Inc.* 'Omnis qui medicine artis studio . . . / . . . sunt exposite ordine preceptorum. Explicit liber Pronosticorum.'

— **BMh 3140**, 13–14c., ff. 29r–32ᵛ. Hippocrates without Galen comm. 'Incipit liber pronosticorum Ypocratis in acutis egritudinibus. Omnis qui medicine artis studio seu gloriam seu delectabilem amicorum consequi copiam desiderat . . . / . . . sunt exposite ordine preceptorum manifeste.' Illuminated initial depicts a doctor at bedside of a patient. Numerous marginal glosses accompany the text.

— **BMh 5425**, 13–14c., ff. 62ʳᵃ–92ʳᵃ. Pronostica with Galen comm. Prol. in upper margin with extensive marginal glosses. *Inc.* 'Omnis qui medicine artis studio seu gloriam seu delectabilem amicorum . . .' *Text*: 'Videtur mihi quod ex melioribus rebus . . . / . . .' Comm. Galeni *inc.* 'Manifestum est . . . / . . . et in quibusdam earum in die sexagesimo. Explicit commentum Galieni super Prognostica Ypocratis.' Notes or glosses follow at ff. 92r–93ᵛᵇ.

— **BMr 12B.XII**, ff. 223ʳᵃ–228ᵛ. 'Incipit liber pronosticorum Ypocratis. Omnis qui medicine artis studio . . . / . . . (ends incomplete in Part. III) spasmus pueris esse.'

— **BMr Appendix 6**, ff. 70r–73ᵛᵇ. 'Pronostica antiqua transl.' Text apparently as above, but is imperfect at the beginning and close. The MS is very faded. Text begins in Part I: ' . . . et sinocha dicuntur acute . . . / . . .' breaks off in Part. II ' . . . aggregatis enim itidem.'

— **BMsl 1124**, ff. 45ᵛ–51ʳ. 'Pronostica' without Galen comm. *Inc.* 'Omnis qui medicine artis studio seu gloriam sive delectabilem amicorum copiam . . . / . . .' (f. 51ʳ) Last portion of the text is illegible. Has extensive marginal glosses.

Madrid 1877, ff. 124ᵃ–(141ᵛᵇ). *Inc.* as above with gloss: 'Iste liber cuius . . .'

Milan: Ambros. E. 78, ff. 38ᵛᵇ–62ʳᵇ. Usual *prol. inc.* 'Omnis qui medicine artis studio . . .' *Text*: 'Videtur mihi quod ex melioribus rebus . . .' *Des.* ' . . . earum in XL et in quibusdam earum in LX. Ex-

plicit liber pronosticorum Ypo. cum commento Galieni. Deo gratias. Amen.' Volume formerly belonged to Franciscus de Legnano, son of the famous jurist Johannes de Legnano.

— **Ambros. H. 59 Inf.**, ff. 19–25. Hipp. Pronostica. Usual *inc.* and *des.* as above.

Montpellier 182(bis), ff. 22ʳ–25ʳ. Hipp. without Galen comm. 'Incipit liber pronosticorum. Omnis qui medicine artis studio seu gloriam seu delectabilem amicorum . . . / . . . sunt exposite ordine preceptorum. Explicit Pronostica.'

Monza V.III, a. 1286, item 2, ff. 101–167. Hipp. Pronost. with Galen Comm. *Inc. prol.* 'Omnis qui medicine . . .' *Text*: 'Videtur mihi quod ex melioribus rebus . . .' Galen comm. 'Inquid Galienus: Manifestum est quod Ypo. non utitur . . . / . . . in quibusdam earum in die 60. Explicit commenta G. super pronosticis anno domini 1286 mensi madii.' (Microfilm in Mediaeval Institute, University of Notre Dame: kindness of Dr. A. L. Gabriel).

*****Moulins 49**, 13–14c., ff. 127ᵛ–(135). 'Liber pronosticorum Ypo.'

Munich: CLM 187, a. 1282, ff. 171ʳᵃ–220ʳᵃ⁻ᵇ. Hippocrates with Galen comm. 'Omnis qui medicine artis studio . . .' 'Videtur mihi quod . . .' *Des.* ' . . . et in quibusdam earum in die LX.'

— **CLM 627**, ca. 1300, f. 378.

— **CLM 3512**, a. 1300, ff. 378ʳᵃ–403ʳᵇ. Text with Galen comm. as above.

— **CLM 3856**, ff. 15ʳ–19ʳ. Hippocratic text without Galen comm. 'Omnis qui medicine artis . . . / . . . exposite sunt ordine preceptorum.'

— **CLM 13111**, ff. 15ʳ–20ʳ. Hipp. without Galen comm. As in the preceding item.

New Haven: Yale Medic. Lib. Articella 7 (formerly Melk) ff. 81ʳᵃ–137ʳᵃ. 'Incipiunt commenta super pronostica Ypocratis.' *Text*: 'Videtur mihi quod ex melioribus rebus . . . / . . . in die XX et in quibusdem earum in die XL et in quibusdam earum in die LX. Explicit commentum [Galeni] super pronostica Ypocratis.'

*****Nuremberg: Ebneriana Fol. 129**, no. 4. 'Liber Pronosticorum Hippocratis cum

comm. Galeni, interprete Constantino A-
fricano.' (In calce) 'Scripti et completi per
manus Iohannis Richenbergh apothecarii
...MCC Tricesimo nono ... (Catalogue,
1788, Part II, p. 92).

Orléans 282(236), 13–14c., ff. 19–39.
'Incipit liber pronosticorum Ypocratis. Omnis qui medicine studio ... / ... sunt exposite ordine preceptorum.' Without Galen
comm. but with a marginal and interlinear
gloss or comm. to f. 39.

Oxford: BL 2753A (Auct. F.5.30), ff. 17ᵛ–
21ᵛ. Hippocrates without Galen comm.
Inc. 'Omnis qui medicine artis studio ... /
... exposite preceptorum.'

— **BL Laud Lat. 65**, f. 36 (Diels).

— **BL Laud. Lat. 106**, ff. 10ʳᵃ–12ᵛᵇ. Hippocrates without Galen comm. *Inc.* 'Omnis
qui medicine artis studio ... / ... que sunt
ordine exposite preceptorum.'

— **New College 166**, late 13c., ff. 34ᵇ–
40ᵇ (Diels 7).

— **St. John Bapt. 10**, late 13c., f. 37
(cum commento Galieni).

Paris: Arsenal 948 (69 S.A.L), ff. 22ᵛ–
(28). 'Liber Pronost. Ypocratis. Omnis
qui medicine artis studio ...'

— **BN 6860A**, 13–14c., ff. 1ʳ–27ʳᵃ. Prognostica with Galen comm. Titulus: 'De medicina et morbis Constantini Monachi Cassinensis in Hippocratem.' Without the
usual preface. *Inc.* 'Videtur quod ex melioribus rebus est ut utatur medicus previsione.'
'Manifestum est quod non utitur Y. hoc
nomine previsio nisi loco pronosticationis.
Inde est ... / ... Significat horam in qua
venit crisis earum et dixit in quibusdam earum quia accidit in die XX et in quibusdam
earum in die XL et in quibusdam earum in
die LX.'

— **BN 6868**, 13–14c., 19ʳᵃ–25ʳᵇ. Text
with usual introd., and without Galen comm.
'Incipit liber Pronosticorum Ypocratis.
Omnis qui medicine studio artis seu gloriam
... / ... sunt exposite ordine preceptorum.'

— **BN 6869**, 13–14c., ff. 69ʳᵃ–100ᵛᵇ. Hippocrates Pron. with Galen Comm. 'Liber
prologus pronosticorum. Omnis qui medicine
artis studio seu gloriam ...' *Text*: 'Vide-

tur michi quod ex melioribus rebus est ut
utatur medicus previsione ...' Galen comm.
'Manifestum est ... / ... et in quibusdam
earum in die XL et in quibusdam earum
in LX. Explicit liber Pronosticorum Ypocratis cum commento.'

— **BN 6870**, late 13c., ff. 20ʳᵃ–64ᵛᵃ. Hipp.
Pron. with Galen comm. *Prol. inc.* 'Omnis
qui medicine artis studio seu gloriam ...'
Text: 'Videtur michi quod ex melioribus rebus est ...' Galen comm. 'Manifestum est
quod Ypocrates non utitur ... / ... et in
quibusdam earum in XL et in quibusdam
earum in LX. Explicit liber pronosticorum
Ypocratis.'

— **BN 6871**, a. 1274, ff. 77ʳᵃ–113ᵛᵇ. Hipp.
Pron. with Galen comm. *Pref.* 'Omnis qui
medicine artis studio gloriam seu delectabilem ...' *Text*: 'Videtur michi quod de melioribus rebus ...' Galen comm. 'Manifestum est quod Ypocras non utitur hac dictione ... / ... in quibusdam earum in qua
accidit illud in die XX et in quibusdam earum
in die XL et in quibusdam earum in die LX.'

— **BN 7030**, ff. 37ʳ–49ʳ. 'Incipit liber
Pronosticorum Ypocratis Pt. I–III' without
Galen comm. *Inc. Pref.* 'Omnis qui medicine artis studio seu gloriam sive delectabilem amicorum ... / ... sunt exposite ordine preceptorum. Explicit liber pronosticorum Ypo.'

— **BN 7030A**, 13–14c., ff. 126ʳᵃ–160ʳᵇ.
Imperfect Hipp. text with Galen comm.
Beginning lacking, opens in the midst of
part I; *des.* Galen comm. ' ... in die XL
et in quibusdam earum in die sexaginta.
Explicit commentum Galieni supra librum
pronosticorum cum duplici translatione.'

— **BN 7102**, ff. 97–104ᵛ. Hipp. without
Galen comm. *Inc. Pref.* 'Omnis qui medicine
studio seu gloriam ... / ... (*des. text*) quoque sunt exposite ordine scriptorum.'

— **BN 13275**, ff. 6ʳ–9ᵛᵃ (pp. 190ᵃ–197ᵃ).
Hipp. without Galen comm. *Inc. Pref.* 'Omnis qui medicine studio seu gloriam seu
delectabilem amicorum ... / ... (*des. text*)
quoque sunt exposite ordine preceptorum.'

— **BN 15457**, ff. 88ʳᵃ–115ᵛᵇ. Beautiful
illuminated initial and decorated border.
Hipp. with Galen comm. *Inc. pref.* 'Omnis

qui medicine artis studio seu gloriam ...'
Text: 'Videtur michi quod ex melioribus
rebus ...' Galen comm. 'Manifestum est
quod Ypo. non utitur ... / ... in quibusdam earum in LX. Explicit liber pronosticorum Ypo. cum commento Galieni duplici.'
  BN 16174, ff. 48vb–80va. Hipp. text
with Galen comm. 'Videtur michi quod ex
melioribus rebus ...' Galen comm. 'Manifestum est ... / ... in die LX. Explicit
commentum Galieni super Pron. Ypo.'
  — **BN 16176**, ff. 15ra–18vb. Text without
Galen comm. *Pref.* 'Omnis qui medicine
artis studio ... / ... exposite ordine preceptorum.'
  — **BN 16177**, late 13c., ff. 197ra–249rb;
beautifully illuminated. Hipp. text with
Galen comm. *Pref. inc.* 'Omnis qui medicine
artis studio ...' *Text*: 'Videtur mihi ...'
Galen comm. 'Manifestum est ... / ... et
in quibusdam earum in die LX. Explicit
liber pronosticorum cum commento Galieni.
Deo gratias.'
  — **BN 16188**, ff. 94ra–139vb; beautifully
illuminated. MS dedicated to the Sorbonne
by Jacobus de Padua, in art. et medic. ac
theol. facult. prof. Hipp. pref. and text
with Galen comm. as in the preceding MS.
  — **BN 17157**, ff. 63vb–97ra, with illuminated initial. Hipp. Pref. and text with Galen
comm. as in the preceding MSS.
  — **BN 18500**, end of 13c., ff. 131rb–145vb.
Hipp. pref. in margin in part only, with text
and Galen comm. as in the preceding.
  — **BNna 729**, ff. 24^r–29^v. Illuminated
initials. Hipp. pref. and text without Galen
comm. *Pref. inc.* 'Omnis qui medicine artis
studio ... / ... dierum numero nostro quoque sunt exposite ordine preceptorum.'
  — **BNna 1479**, ff. 8ra–31^v. Hipp. text,
with pref. and Galen comm. as in BN 16177
above.
  — **BNna 1480**, 13–14c., ff. 17^r–57vb.
Hipp. text with pref. and Galen comm. as
in the preceding item.
  — **BNna 1481 (Clun. 61)**, ff. 43^r–69va.
Hipp. text with pref. and Galen comm. as
in the preceding item.
  ***Prague 941 (V.F.19)**, a. 1288, ff. 13^r–19v.
Hipp. with pref. and text without Galen

comm. *Pref. inc.* 'Omnis qui medicine artis
studio ... / ... sunt exposite ordine precep-
torum. Explicit.'
  ***Rebdorf: Bibl. der Augustiner Chor-
herren 11** (Diels 7).
  ***Regensburg: Bibl. urb. 71**, cum comm.
Galeni. (Diels 7).
  ***Reims 1001 (1.692)** ff. 6^v–10. Hipp. text
with pref. but without Galen comm. *Inc.*
'Omnis qui medicine artis studio ... / ...
exposite ordine preceptorum.'
  ***Reims 1002 (1.699)**, ff. 44–(50). Hipp.
text with pref. but without Galen comm.
Inc. and *des.* as in the preceding item.
  ***Salzburg 860**, ff. 77va–99vb. Hipp. text
with pref. in the margin and Galen comm.
Inc. text: 'Videtur mihi ... / ... (*des.* Galen
comm.) in die sexagesimo.'
  ***St. Omer 617**, item 3 (Pronostica in
Articella).
  ***St. Quentin 104(91)**, item 3. Hipp. text
preface and Galen comm. *Inc.* 'Omnis
qui medicine artis studio ...'
  Tours 791, late 13c., ff. 35–60. 'Pronosti-
corum libri III,' with Galen comm. *Text
inc.* 'Videtur michi quod ...' Galen comm.
'Manifestum est quod ... / ... et in quibusdam earum in 60. Explicit comm. Deo
gratias.'
  Vatican: VA 2368, 13–14c., ff. 30ra–52rb.
Hipp. Pronostica with Galen comm. *Inc.*
'Videtur mihi quod ex melioribus rebus est
... / ... et in quibusdam earum in XL et in
quibusdam earum in LX.'
  — **VA 2369**, 13–14c., ff. 53rb–55vb. Text
and preface without Galen · comm. *Inc.*
'Omnis qui medicine artis ... / ... exposite
sunt ordine preceptorum.'
  — **VA 2370**, 13–14c., ff. 1^r–10^v. Pref.
and text with extensive marginal glosses
but without Galen comm. *Inc.* 'Omnis
qui medicine artis studio ... / ... quod
sunt exposite ordine preceptorum. Explicit liber Pronosticorum Ypocratis.' MS
is very faded and discolored.
  — **VA 2460**, ff. 42^r–46^r. Usual Hipp. text
with pref., but without Galen comm. *Inc.*
'Omnis qui medicine artis studio seu gloriam
seu delectabilem amicorum ... / ... sunt

exposite ordine preceptorum. Explicit liber pronosticorum.'

— **VA 2461**, ff. 22ᵛ–29ᵛ. Usual Hipp. text with pref., but without Galen comm. *Inc.* 'Omnis qui medicine . . . / . . . quoque sunt exposite ordine preceptorum.' Marginal gloss which is too faded to be legible.

— **VA Pal. 1082**, ff. 34ʳᵃ–49ᵛᵃ. Hippocratic text without pref.

— **VA Pal. 1089**, 13–14c., ff. 16ᵛ–(27ʳ) Hipp. with pref. but without Galen comm. *Inc.* 'Omnis qui medicine . . . / . . . quoque sunt exposite ordine preceptorum.'

— **VA Pal. 1104**, ff. 32ʳᵃ–33ᵛᵃ. Hipp. text and pref. without Galen comm. 'Liber Pronosticorum Ypocratis.' *Inc.* 'Omnis qui medicine artis studio . . . / . . . sunt exposite ordine preceptorum. Explicit liber pronosticorum Ypocratis secundum translationem Grecam.' (*sic*). At ff. 34ʳᵃ–51ᵛᵃ, the Hipp. text with Galen comm. follows.

— **VA Pal. 1196**, early 13c., ff. 19ᵛ–24ᵛ. Hipp. text and pref., without Galen comm. *Inc.* 'Omnis qui medicine artis studio . . . / . . . quoque sunt exposite ordine preceptorum. Explicit liber Pronosticorum Ypocratis.'

— **VA Reg. Suev. 1305**, 13–14c., ff. 158–163. 'De signis pronosticorum.'

Vienna 2504, 13c., ff. 70ʳ–77ʳᵇ. Usual Hippocratic text and pref., without Galen comm. as above.

XIV Century

*****Autun: Bibl. munic. 89**, item 2. 'Liber Pronosticorum cum commentariis' (Cat. Gen. 4º 1).

Breslau: See Wrocław.

*****Brussels 14301–14305**, Hipp. with Galen comm.

Cambridge: CU 1738 (Ii.II.5), ff. 1ʳᵃ–16ᵛᵇ. Hipp. without pref., and incomplete. *Inc.* 'Videtur mihi quod ex melioribus rebus . . . / . . . quidem iam ostendi in alio' covers only Parts I and II, through cap. 46.

— **CUg 59 (153)**, ff. 57ʳ–151ʳᵃ. Hipp. text with pref. and Galen comm. *Inc.* 'Omnis qui medicine artis studio . . . / . . . in quibusdam earum in LX.'

— **CUpem 228**, early 14c., ff. 172–213. Hipp. text with pref. and Galen comm. as above.

— **CUpet 14**, ff. 41ʳᵇ–68ʳᵇ. Hipp. text with pref. and Galen comm. as above.

*****Cesena: Malatestiana Plut. XXIII IV**, 14c., item 2.

— **Codex V. sin. 4**, ff. 130 (Lo Parco 290).

*****Chartres 278(238 et 666)**, ff. 105ᵛ–106. 'Canones duo ultimi tertii libri pronosticorum Hippocratis'; ff. 106–(132) 'Hippocratis Pron. libri III cum comm. Galeni.' Usual text with pref. and Galen comm. (This MS was destroyed).

— **286(342)**, ff. 110–(148). Usual Hippocratic text with pref. and Galen comm. (This MS listed among those *récuperés*.)

*****Copenhagen: Bibl. regia Thott 189, Fol.**, ff. 37ʳ–61ᵛ. 'Libri Hippocratis prognosticorum cum commento Galieni de greco [*sic*] in latinum translati.' *Inc. pref.* 'Omnis qui medicine artis . . . / . . . et in quibusdam earum in sexagesimo.'

*****Cues 293**, ff. 45–73. Liber pronosticorum Hipp. cum comm. Galeni. *Inc. pref.* 'Omnis qui medicine artis . . . / . . . et in quibusdam earum in LX.'

— **294**, ff. 45–74ᵛ. Hipp. 'Prognostica cum comm. Galeni.' *Inc.* pref., as above and *des.* Galen comm. as above.

— **295**, ff. 154–189. Hipp. Prognostica with pref. and Galen comm. as above.

*****Dresden 140 [140, 5–1]**.

Erfurt: Ea F 246, ff. 53–86v. Usual Hipp. text with pref., and Galen comm. as above. Galen comm. in smaller script than the rest, *inc.* 'Manifestum est quod Ypo. non utitur hac dictione . . . / . . . et in quibusdam earum in diebus LX.'

— **Ea F 255**, ff. 56ʳᵃ–89ᵛᵇ. Usual pref. 'Omnis qui medicine artis studio . . .' Hipp. text: 'Videtur michi ex melioribus rebus est . . .' Galen comm. 'Manifestum est . . . / . . . et in quibusdam earum in LX.'

— **Ea Q 178**, early 14c., ff. 84ʳᵃ–95ʳᵃ.

*****Escorial L.III.18**, 14c., ff. 38–50. 'Incipit liber pronosticorum Ypocratis.' *Pref.* 'Omnis qui medicine artis studio . . . / . . . sunt exposite ordine preceptorum. Explicit.'

*****Eton College 127**, ff. 87–(133). Usual text with pref.

*****Glasgow: Hunt. 32 (T.i.1)**, ff. 15ʳ–19ʳ. Prognostica text with pref. as above.

Kraków BJ 791, ff. 36ra–53vb, with illuminated initials; without pref. *Text inc.*: 'Videtur mihi de melioribus rebus est . . .' Galen comm. 'Manifestum est quod Ypo. non utitur hac dictione s. previsione . . . / . . . et in quibusdam earum in die LX. Completus est liber tertius et est ultimus expositionis Galieni in libro Ypocratis de pronosticatione. Finito libro referimus gratiam Christo.' Marginal notes throughout.

— **BJ 814**, ff. 100ra–(134vb). 'Incipit liber pronosticorum' *Pref.* 'Omnis qui medicine artis studio . . .' *Text*: 'Videtur mihi quod ex melioribus rebus . . .' Galen comm. 'Manifestum est quod Ypo. non utitur hac dictione . . .' Ends incomplete in Part III.

— **BJ 815**, ff. 194^{r}–250^{v}. Hippocrates with Galen comm. Pref. begins incomplete in paragraph 3; text (194^{v}) *inc.* 'Videtur mihi quod de melioribus rebus est ut utatur medicus previsione . . .' Galen comm. 'Non utitur Ypo. hac dictione s. previsione . . .' *Des.* text (f. 250^{v}) ' . . . sunt exposite ordinem preceptorum.' 'Alia trans.' (*sic*) The usual Galen comm. ends incomplete in Part. III (a leaf is missing from the MS).

Laon 413, ff. 31va–49^{v}. pref. and text with illuminated initials. *Pref. inc.* 'Omnis qui medicine artis studio seu gloriam seu delectabilem . . .' *Text*: 'Videtur mihi quod de melioribus rebus . . .' Galen comm. 'Manifestum est quod Ypocras non utitur hac dictione . . . / . . . et in quibusdam eorum in die sexagessimo. Explicit commentum libri pronosticorum. Amen.'

London: BMadd 22668, 13–14c., ff. 11^{r}–17^{r}. 'Incipiunt pronostica Ypocratis.' *Pref.* 'Omnis qui medicine artis studio seu gloriam seu dilectabilem amicorum . . . / . . . (*des.* f. 17^{v}, with marginal gloss) sunt exposite ordine preceptorum. Expliciunt pronostica Ypocratis.'

— **BMar 162**, 13–14c., ff. 9ra–50ra. Hippocrates text with pref. and Galen comm. *Inc. pref.* 'Omnis qui medicine artis studio . . .' *Text*: 'Videtur mihi quod ex melioribus . . .' Galen comm. 'Manifestum est quod Ypo. non utitur hac . . . / . . . in quibusdam earum in XL et in quibusdam earum in LX.

Explicit liber pronosticorum Ypocratis cum commento Galieni.'

— **BMsl 1610**, ff. 25vb–29va. Hippocrates text with preface and frequent marginal and interlinear glosses. *Pref. inc.* 'Omnis qui medicine artis studio . . .' Without Galen comm. *Des.* ' . . . sunt ordine preceptorum.'

— **Wellcome 82 (Articella)** ff. 17^{r}–22^{r}. Hippocrates text with preface and without Galen comm. *Inc. Pref.* 'Omnis qui medicine studio . . . / . . . sunt exposite ordine preceptorum.'

— **Wellcome 83 (Articella)** ff. 1–4^{v}. Hippocrates Prognosticon with pref. and without Galen comm. as in the preceding.

— **Wellcome 84 (Articella)**, ff. 43^{r}–63^{v}. Hippocrates Prognostica with Galen comm. Imperfect at beginning and at the close.

— **Wellcome 85 (Articella)**, c. 1375, ff. 100–112^{v}. Hippocrates Prognostica, with pref. and without Galen comm. *Inc.* 'Omnis qui medicine studio . . . / . . . sunt exposite ordine preceptorum.'

Madrid BN 1407, ff. 43–69^{v}. Hippocrates without pref., with Galen comm. (Incipiunt chomenta Galeni super Pronostica Hippocratis translatus a Gerardo Carmonesi). Hipp. *inc.* 'Michi videtur quod ex melioribus rebus est ut utatur medicus previsione . . .' Galen: 'Manifestum est quod Ypocrates non utitur hac dictione . . . / . . . et in quibusdam earum in sexagesimo. Explicit liber pronosticorum Ypocratis.'

— **BN 1408**, ff. 55–86. 'Liber pronosticorum Ypocratis (cum commento Galeni translato a Gerardo Carmensi). *Inc. pref.* 'Omnis qui medicine . . .' *Text*: 'Videtur michi . . .' Galen comm. 'Manifestum est quod Ypocrates . . . / . . . et in quibusdam earum in sexagesimo. Explicit liber pronosticorum Ypocratis. Deo gratias. Amen.'

***Metz 177**, item 7. 'Tractatus secundus expositionis Galieni in libro Ypocratis de prognosticatione.' *Inc. Hipp.*: 'Idrops quidem qui sit . . .' Galen: 'In principio quidem huius libri dixit . . .'; Item 8. 'Tract. tertius. Comm. Ga. super librum prognosticorum Hippocratis.' 'Inc. Ypo. in febribus . . . Vos iam acquisivistis . . .' (TK 1711).

*Milan: Ambros. N 35 Sup., ff. 18ᵛ–30ʳ. *Inc.* (*pref.*) 'Omnis qui medicine artis . . .' *Text*: 'Videtur mihi . . .' with Galen comm. 'Manifestum est . . . / . . . (*des.* varies, apparently incomplete) . . . frenesis, litargia, melancolia, mania . . .' (J. Agrimi 108).

*Montpellier 182, ff. 73ʳ–109ᵛ. Hippocrates text with pref. as usual: 'Omnis qui medicine . . .' *Text*: 'Videtur mihi quod ex melioribus . . . / . . . sunt exposite ordine preceptorum.'

— 188, ff. 55ʳᵃ–79ʳᵃ. Hippocratcs text with pref. as above; and with Galen comm. *Inc.* 'Manifestum est . . . / . . . et in quibusdam earum in (die) sexagesimo. Explicit commentum Galeni super librum pronosticorum Ypocratis cum duplici translatione. Deo gratias.'

Munich: CLM 31 (H. Schedel), a. 1320, ff. 47ʳᵃ–78ᵛᵃ. Usual text with pref. and Galen comm. as above (TK 1002, 1694).

— CLM 168 (H. Schedel), ff. 86ᵛᵃ–131ᵛᵇ. Usual text with pref. and Galen comm. as above.

— CLM 270, ff. 44ʳᵃ–73ʳᵃ. Usual text with pref. and Galen comm. as above.

— CLM 694, 14–15c., ff. 5ʳ–12ʳ. Text with pref. and Galen comm. as above.

— CLM 11322 (Polling 22), ff. 26ᵛ–30ᵛ. Slightly variant *pref. inc.* 'Omnis homo qui medicine artis studio seu gloriam . . . / . . . (*des.* text as usual) exposite sunt ordine preceptorum.' (TK 998).

— CLM 13020, a. 1319, ff. 1ʳ–. Prognostica.

— CLM 13034, ff. 84ʳᵇ–112ᵛᵇ. Text with pref. as above, with Galen comm. variant: ' . . . provocans vomitum acutorum humorum.'

*Naples BN Cod. VIII.D.25, a. 1380, with Galen comm.

New Haven: Yale Fritz Paneth, pp. 30ᵇ–40. Usual pref. (with artis omitted after medicine) Inc. 'Omnis qui medicine studio . . .' Text as usual. *Des.* ' . . . Exposite ordine preceptorum.'

Orléans 284 (238), ff. 33–58. 'Liber aforismorum' (*sic*). *Inc. Pref.* Pronosticorum, as usual: 'Omnis qui medicine artis . . .' (Diels 6–7).

Oxford: All Souls College 68, ff. 45ʳᵃ– 62ᵛᵃ. *Pref. Inc.* 'Omnis qui . . .' Usual *text*: 'Videtur mihi quod ex melioribus rebus . . .' Galen comm. 'Manifestum est quod Ypo. non utitur . . . / . . . et in quibusdam earum in die sexagesimo. Explicit liber exponentis Y. deo gratias.'

— All Souls College 71, early 14c., ff. 64ᵛᵃ–. Pref., text and Galen comm. as above.

— BL can. cl. (auct. class.) 272, late 14c., ff. 57–80ʳ; 91. Usual text with Galen comm. (Diels 7).

— Merton College 220, f. 30. Usual text with pref. and Galen comm. (Diels 8).

— Merton 221, f. 69ᵛ. Usual text with pref. and Galen comm.

— Merton 222, f. 14ᵛ. Usual pref. with text. At. f. 146ᵛ is 'comm. Galieni.'

— Merton 255, early 14c., f. 49.

— New College 170, f. 162. Hipp. text with pref. and Galen comm. (Diels 7).

— St. John Baptist 197, 14–15c., f. 345.

— Univ. College 89, early 14c., ff. 155– 261. Init. mutil. 'Prognostica cum Galeni commento.' (Diels 7).

Paris: Acad. de Méd. 58 (2046), ff. 90–(155). Incipit Pronost. Ypo. 'Prima Partic. [Galeni] comm. Manifestum est quod Ypocrates non utitur . . .'

— Arsenal 864, ff. 22–29. 'Liber Pronosticorum.' *Inc. pref.* 'Omnis qui medicine artis . . .'

— BN 6846, ff. 18ᵛᵇ–69ᵛᵇ. Hipp. text with pref. and Galen comm. *Pref. inc.* 'Omnis qui medicine artis studio . . .' *Text*: Videtur mihi quod ex melioribus rebus . . .' Galen comm. 'Manifestum est quod Ypo. non utitur hac dictione . . . / . . . quibusdam earum in LX. Explicit liber Pronostica Ypocratis cum comm. Galieni.'

— BN 14390, ff. 24ʳᵃ–27ʳᵃ. Ypo. text with pref.: 'Omnis qui medicine . . . / . . . quoque sunt exposite ordine preceptorum.' At ff. 274ᵛᵃ–276ᵛᵇ, the text without the usual pref. begins: 'Quod ex melioribus rebus est ut medicus utatur previsione . . .' Then Galen comm. 'Manifestum est quod Ypo. non utatur hac dictione s. previsio nisi loco pronosticationis . . . / . . . et dixit in quibusdam earum in die LX.'

— **Univ. 580**, ff. 105–(165). 'Liber Pronosticorum Ypocratis cum commento Galieni.'

*__Prague: Univ. 2352 (XIII.F.14)__, ff. 25^v–31^v. Hipp. 'Liber Pronosticorum.' Without Galen comm. *Inc. pref.* 'Omnis qui medicine artis studio ... / ... sunt exposite ordine preceptorum.' (J. Truhlar, *Catalogus codicum* II 247).

*__Reims 1003 (1.700)__, ff. 79–. 'Incipit liber Pronosticorum Ypocratis de acutis egritudinibus, cum commento Galieni.' *Inc. pref.* 'Omnis qui medicine artis studio ...' *Text:* 'Videtur mihi quod ex melioribus ...' Galen comm. 'Manifestum est ... / ... et in quibusdam earum in LX. Explicit. Liber pronosticorum Ypocratis cum commento Galieni.'

*__Rouen 978(I.57)__, ff. 16–(21). Prognostica, usual text with *pref. inc.* 'Omnis qui medicine artis studio ... / ... exposite ordine preceptorum.' Without Galen comm.

*__St. Mihiel 37, Articella__, item 3, 'translated by Constantinus Africanus.'

Tours 790, ff. 125–158. 'Pronosticorum libri III.' Text with *pref. inc.* 'Omnis qui medicine artis studio ...' *Text:* 'Videtur mihi quod ...' Galen comm. 'Manifestum est ... / ... in quibusdam earum in LX. Explicit Pronosticorum Hippocratis.' With numerous interlinear glosses.

Tours 792, ff. 108–141. Pronosticorum libri III cum comm. [Galieni]. Pref. text, and Galen comm. as in preceding.

*__Turin: Bibl. Reg. 939 (I. 3)__, f. 19 (MS lost in fire).

Vatican: VA 2390, ff. 59^r–72vb. Galen comm. without Hipp. text, incomplete, ending: ' ... signum non item siquidem est cum hec signa non ...'

— **VA 2391**, ff. 97ra–125vb. Usual Hipp. text with pref. and Galen comm. as in Tours 790, above.

— **VA 2393**, ff. 30ra–49rb. Hipp. text without pref. and with Galen comm. as above.

— **VA 2394**, early 14c., ff. 66ra–109ra, with illuminated initials. Pref. in margins; usual Hipp. text and Galen comm. as above.

— **VA 2395**, ff. 45^v–75ra. Illuminated text. Usual Hipp. text with pref. and Galen comm.

— **VA 2417**, ff. 62vb–92^v, 263va–267va. Usual Hipp. text with pref. and Galen comm. *Pref.* 'Omnis qui medicine artis studio ...'; *Text:* 'Videtur mihi quod ex melioribus rebus est ...' Galen comm.: 'Manifestum est ... / ... in quibusdam earum in die sexagesimo. Explicit commenta G. super Pronostica.' MS has frequent marginal notes and glosses.

— **VA 2428**, ff. 109ra–135vb. Usual Hipp. text with pref. and Galen comm.

— **VA 4419**, ff. 1–30^v. Usual text with Galen comm.

— **VA 4420**, ff. 17va–23rb. *Inc. text:* 'Videtur mihi quod ex melioribus rebus ...' without pref. but with Galen comm. 'Manifestum est quod Ypocrates non utitur ... / ... in quibusdam earum in die quadragesimo et in quibusdam earum in die sexagesima. Explicit commentum Galieni super libro pronosticorum.'

— **VA Borghesi 432**, ff. 38rb–64rb. Hipp. text without pref. *Inc.* 'Videtur mihi quod ex melioribus ...' with Galen comm. 'Manifestum est ... / ... in die sexagesima. Explicit comm. Galeni super pronostica Ypocratis.'

— **VA Pal. 1079**, ff. 49^r–52^r. Usual pref.; then 'Verba Ypocratis'; and Galen comm. at ff. 176^r–204ra, as in the preceding item, 'Manifestum est ...' At ff. 204va–205vb is the 'Accesus libri pronosticorum. Qui perfectum et utilem dare voluerit ...'

— **VA Pal. 1101**, ff. 75^v–102ra. Hipp. text without pref. 'Videtur michi quod de melioribus ...'; and Galen comm. 'Manifestum est quod ... / ... et in quibusdam earum in die LX. Explicit comm. pronosticorum.'

— **VA Pal. 1102**, ff. 52va–82va. Hipp. text with pref. and Galen comm. *Pref.* as usual. 'Omnis qui medicine artis studio ...' *Text:* 'Videtur mihi quod ex melioribus ...' Galen comm. 'Manifestum est quod Ypocrates non utitur ... / ... in quibusdem earum in die sexagesima. Explicit liber Pronosticorum.'

— **VA Pal. 1103**, 13–14c., ff. 57vb–89va. Hipp. text with pref. and Galen comm. *Pref. inc.* 'Omnis qui medicine artis studio . . .' *Text:* 'Videtur mihi quod ex melioribus . . . ' Galen comm. 'Manifestum est quod Ypo. non utitur hac dictione . . . / . . . et in quibusdam earum in LX. Explicit liber pronosticorum cum commento G.'

— **VA Reg. Suev. 1302**, ff. 123–(160).

— **VA Reg. Suev. 1304**, ff. 11rb–14va. Beautifully illuminated capitals. Hipp. text with pref. and without Galen comm. *Inc. pref.* 'Omnis qui medicine artis studio . . . / . . . sunt exposite ordine preceptorum.'

Venice: S. Marco App. cl.XIV.1, f. 41^{v} (Diels 7).

Vienna 29 (Med. 9), ff. 45–80.

— **96 (Med. 95)**, Fol. ff. 59–61.

— **128**, ff. 95ra–123va. Galen 'Comm. librum Pronosticorum Gerardo Cremonensi, ut videtur, interpr.' Decorated initials. Without pref., *text inc.* 'Videtur mihi quod ex melioribus rebus est ut utatur medicus previsione . . .' Galen comm. 'Manifestum est quod Ypocras non utitur hac dictione . . . / . . . in quibusdam earum in die LX. Explicit commentum Galieni super pronostica Ypocratis.'

Vienne 2305, ff. 77–118, 'Galen comm. ex versione Constantini Africani ex Arabico.'

— **2320**, early 14c., ff. 91vb–195vb. Usual Hipp. text, with pref., and Galen comm., indicated as 'Prognostica cum comm. Galeni e versione Gerardi Cremonensis' (*sic*).

— **2328**, a. 1314, ff. 34ra–97vb. 'Hipp. Liber regiminis acutorum (*sic*) cum commento Galieni.' *Inc.* Hipp. text without pref. 'Videtur michi quod ex melioribus . . .' Galen comm. 'Manifestum est . . . / . . . in die sexagesima.'

Wrocław II.F.3, ff. 137rb–141rb. Hipp. Liber Pronosticorum, text with pref. *Inc. pref.* 'Omnis enim qui medicine artis . . / . . . ordine preceptorum.'

XV Century

Aberystwyth, National Library of Wales Paniardt MS 347 A (III). (D. W. Singer, *Medical MSS*).

— **Hengiort MS 180**, pp. 82–98. Liber Pronosticorum. *Inc.* 'Omnis qui medicine artis . . .' (D. W. Singer, *Medical MSS*).

Breslau: see Wrocław.

Cambridge: CUj 60, f. 1^{v} (Diels 6).

*****Dijon 1045**, Pronostica (Pansier).

*****Dresden Db 92–93**, f. 1 (TK 116).

Erfurt: F. 287, a. 1468–1471, ff. 114rb–154ra. Usual Hipp. text with pref. and Galen comm. *Pref. Inc.* 'Omnis qui medicine artis studio . . .' Hipp. *text:* 'Videtur mihi quod ex melioribus rebus . . .' Galen comm. 'Manifestum est quod Ypo. non utitur hac dictione . . . / . . . et in quibusdam earum in die LX. Explicit liber tertius pronosticorum Ypocratis cum commento Galieni.'

Hamburg: Uffenbach 107, a. 1431, no. 5 (Diels 6).

København: Hauniens. 3479, late 15c., f. 76.

Kraków: B J790, a. 1444, ff. 85ra–134va. Hipp. text with pref. and Galen comm. *Pref. inc.* 'Omnis qui medicine artis . . .' *Text:* 'Videtur mihi quod ex melioribus rebus . . .' Galen comm. 'Manifestum est quod Ypo. non utitur hac dictione . . . / . . . et in quibusdam earum in sexagesima.'

London: Wellcome 86 (Articella), a. 1463, ff. 44^{v}–58^{v}. Usual Hipp. text with *pref. inc.* 'Omnis qui medicine artis . . . / . . . (*des.* text) exposite sunt ordinis preceptorum.'

Munich: CLM 569, a. 1498, f. 163^{r}.

— **CLM 666 (Schedel)**, ff. 389–409.

— **CLM 692**, a. 1463, ff. 182^{r}–196^{v}.

— **CLM 694**, 14–15c., ff. 5–12^{r}.

— **CLM 4395** (Aug. S. Ub. 95), ff. 47–(62).

Oxford: BL Can. Misc. 488, f. 79.

— **BL: Can. Misc. 564**, f. 23.

Paris: BN 7124, a. 1491, ff. 533^{r}–555^{v}. Hipp. text with *pref. inc.* 'Omnis qui medicine artis . . . / . . . sunt exposite ordine preceptorum. Finis Pronostica. Finis 1491 die V Octobris Hector artium et medicine doctor. Scripsi in Divione.'

— **BNna 481**, ff. 10^{r}–20^{v}. Brief introduction precedes the usual preface. 'Rogavi te ut adiscas librum Hippocratis in pronosticis et prescienticis sententiam eius que est in eo. Galieni primo de creticis. Pronostici cap. xi. Hippocratis principi medicine observata sunt in mirabilia signa martis salutis. Divi Hippocratis Pronosticorum particula prima foeliciter incipit ad laudem Dei. Omnis qui medicinae artis studio . . . / . . . nostro quoque sunt exposite ordine preceptorum. Finit Pronostica.'

*Pavia: Bibl. univ. 383, ff. 31–(47ᵛ). 'Pronostica cum commenta Galieni.'

*Perugia 44 (A 44), ff. 51–54 (Diels 7).

*Prague Univ. 1572(VIII.F.18), a. 1416, paper, ff. 192ʳ–199ʳ. Hipp. Lib. Pronos. with pref. but without Galen comm. *Pref. Inc.* 'Omnis qui medicine artis studio . . . / . . . ordine preceptorum.'

*Prague Univ. 1609 (VIII.G.27), ff. 19ʳ–24ʳ. Liber Pronosticorum. Hipp. text with *pref. inc.* and *des.* as above.

Rome: Angelica 1456 (V.11), ff. 97ᵛ–102ʳ. 'Pronostica Ypocratis' with *pref. inc.* 'Omnis medicine artis studio . . . / . . . quocumque sunt exposite ordine preceptorum. Finis pronosticorum Ypocratis.'

Rome: Casanatensis C.VI.9, early 15c. A short selection from the Pronostica: Paragraph 4 (Littré, Paragraph 3). 'Bonum est invenire aegrum in centra in dextra latere vel sinistra . . .' (H. Kühlewein, 'Beiträge zur Geschichte und Beurtheilung der Hippo-

kratischen Schriften,' *Philologus* 42 [1884] 124–27).

.*St. Florian XI.638, f. 48 (Diels 6).

*St. Gall Vadian 431, a. 1465, Pronosticorum Libri III, with Galen comm. (Diels 6).

*Uppsala C.660, f. 275ᵛ (Diels 7).

*Utrecht: Univ. 695, ff. 109–113 (Diels 7).

Vatican: VA 2392, a. 1425, ff. 58ʳᵃ–72ʳᵇ. Hipp. text without pref.; with Galen comm.

— **VA Pal. 1316,** ff. 181ʳ–187ʳ. Prognostica. Hipp. text with *pref. inc.* 'Omnis qui medicine artis studio . . . / . . . sunt exposite ordine preceptorum.' There is a marginal gloss.

Vienna: VI 5314, a. 1405, ff. 322ᵛ–336ʳ. Fragment 'ex libris de praenotitionibus et de regimine acutorum egritudinum.' *Inc.* 'Oportet te ergo circa acutas valetudines solicitum fieri. Primum in facie egrotini . . . / . . . per ventrem verius attrahentibus et apparientibus eiusdem humores.' (This selection coincides with Prog. I,2: TK 1011; and cf. Jones II 9).

— **VI 5504,** a. 1464, ff. 140ʳ–147ʳ. Usual Hipp. text with pref.

Wolfenbüttel:Guelf. 2194 (17.2 Aug. fol.) a. 1444, ff. 93ᵛ–99ᵛ; 99ᵛ–110. 'Textus Pronosticorum et Pars II et III Comm. Galieni. Comm. Hali super 1ᵃ et 2ᵃ parte Pron.'

— **Guelf. 2770 (78.4 Aug.)** ff. 72–73.

B. COMMENTARIES

1. ANONYMOUS: ACUTE EGRITUDINES . . .

Cambridge: CUg 98(50), 14c., ff. 263ʳ–270ᵛ; TK 29. Acute egritudines in quatuordecim. *Inc.* 'Acute egritudines magne sunt . . .' (TK 29).

2. ANONYMOUS: BONUM EST . . .

Rome: Casanatensis C.VI.9, early 15c., cap. 2 of the Prognosticon. 'Bonum est invenire aegrum iacentum in dextro latere vel sinistro melius tamen in dextro . . . / . . . (*des.*) si velociter mobiles apparuerunt, maniam significant.' (H. Kühlewein, *Philologus* 42 [1884] 124–27; TK 179).

3. ANONYMOUS: DE QUO PLACERE . . .

Erfurt: Ea F 263, a. 1349 and 1374, ff. 2ᵛᵃ–3ʳᵃ. 'Comm. Supra primam partem pronosticorum. De quo placere confidunt plures sanat egritudines. Pronosticata de presenti termini videlicet . . . / . . . (through Part. III, *des.*) de presenti opere.'

4. ANONYMOUS: FACIT UNAM RATIONEM . . .

Vienna: VI 5289, 15c., ff. 1ʳ–5ᵛ. 'Omnis qui medicine artis studio . . . Facit unam rationem probande quod unumquisque proposse sue debet accedere . . .' (TK 549).

5. ANONYMOUS: INCIPIT LIBER DE SIGNIS . . .

Erfurt: Ea F 276, early 14c., ff. 36ᵛ–42ᵛ. 'Glossae ad Hippocratis Pronostica spectantes. Incipiunt glossule pronosticorum. Incipit liber de signis pronosticorum ad infirmitatem vel ad salutem vel ad mortem. Intellectus enim significationem futurarum rerum non minus est . . . / . . . (through Part. III, f. 42ᵛᵃ) sicut numeravimus et sicut precepimus. Explicit super Pronost.'
ANONYMOUS: INTELLECTUS ENIM SIGNIFICATIONES . . . See 'Incipit liber de signis . . .'

6. ANONYMOUS: INTEREST ARTIFICIS . . .

Paris: BN 7030A, 14c., ff. 126ᵛ–160ᵛᵃ. *Inc.* 'Interest artificis ut vires egri atque egritudinis . . .' Defective at the beginning, but with the usual desinit of the Galenic commentary: ' . . . in die XL et in cuiusdam earum in die sexagesima. Explicit commentum Galieni supra librum pronosticorum cum duplici translatione.'
Prague: Univ. 1399 (VII.H.16), a. 1429, ff. 277ᵃ–291ᵃ. 'Commentarius in eiusdem libros prognosticorum.' *Inc.* 'Interest artificis ut vires . . . / . . . Explicit in regione Hesperie temperates. Et sic est finis a. d. 1429 II fer. post festum Dionysii.'

7. ANONYMOUS: ISTE EST LIBER PRONOSTICORUM . . .

Vatican: VA Pal 1083, 15c., ff. 1ʳᵃ–40ᵛᵇ. Comm. Pronostica. *Inc.* 'Iste est liber pronosticorum Ypo. in quo Ypocras more scribentium prohemium premittit . . . / . . . finis in universitate Heidelbergensi anno gracie 1458 die xxv Feb. liber iste per me Erhardum Knab artium magistrum et medicine baccalarium in universitate Heidelbergensis anno gracie 1458 die xxv Feb. Sic est finis Pronosticationum, cum commento.'

8. ANONYMOUS: ISTE LIBER CUIUS . . .

Madrid: BN 1877, 13c., ff. 124ʳᵃ–(141ᵛᵇ). '[Gloss] super libro Pronosticorum. Omnis qui medicine . . . Iste liber cuius . . . / . . . aliquando fallunt a parte vero sui nunquam' (f. 141ᵛᵇ).
Madrid: BN 5, p. 631.

9. ANONYMOUS: ISTE LIBER CUIUS SUBIECTUM EST SIGNUM PRONOSTICUM . . .

Paris: BN 6859, 14c., ff. 1–18ʳ. (Gerard of Cremona ?), 'Questiones et scripta super librum Pronosticorum Hippocratis' (TK 789).

10. ANONYMOUS: LIBER ISTE INTITULATUR . . .

London: BMr 12 D.XIII, 14c., ff. 163ᵛᵃ–169ᵛᵇ. 'Glossa libri pronosticorum.' *Inc.* 'Liber iste intitulatur (tractatur) de signis pronosticis . . . (*Pref.*) Librum hunc pronosticorum multipliciter laude. G. extollet pronostica . . . / . . . ordinem preceptorum sicut sunt exposite.' (TK 825, 1002).

11. ANONYMOUS: LIBER ISTE UNUS . . .

St. Pölten 6353 (codex Sanhippolytensis 114), 15c., ff. 98ᵛ–110ᵃ. 'In prognostica Hippocratis glossae. Liber iste unus ex supremis operibus Ypocratis qui . . . / . . . habebit a medice doctrinam. Expliciunt glossae prognosticorum.' (Hill Monastic Microfilm Library).
ANONYMOUS: LIBRUM HUNC PRONOSTICORUM MULTIPLICITER LAUDE . . . See 'Liber iste intitulatur . . .'

12. ANONYMOUS: MATERIA HIPPOCRATIS IN HOC OPERE SUNT SIGNA . . .

Chartres 171(162), 12c., ff. 41–49. 'Pref. Glose super pronostica ypocratis.' (TK 850).
London: BMr 8.C.IV, c.1300, ff. 157ᵛᵃ–162ᵛᵇ. *Inc. pref.* 'Materia Ypocratis in hoc opere sunt signa pronostica mortem vel vitem brevitatem vel longitudinem egritudinum significantia . . .' Similar to BMr 12.B.XII, art. 23. *Inc. comm.* 'Ypocras tractaturis de signis pronosticis . . . / . . . debilitatem vel fortitudinem spiritualis virtutis ostendit . . .' (TK 850).

13. ANONYMOUS: OMNIS QUI DESIDERAT GLORIA EST FREQUENS FAMA . . .

London: BMr 12.D.XIII, 14c., ff. (163ᵛ–(169ᵛ).
Paris: BN 9359, gives as 'Expositio Marsilii in Progn. Hippoc.' (TK 1002).

14. ANONYMOUS: PRONOSTICA PREVISIO E-
GRITUDINUM . . .

Kraków: BJ 824, 13–14c., ff. 29rb–38rb.
Marginal gloss. 'Liber pronosticorum.' *Inc.*
'Pronostica previsio egritudinum vocata a
pronoscendo oportet enim medicum et preterita agnoscere et presentia scientie et futura providere . . .'

15. ANONYMOUS: QUISQUIS IN INFIRMITA-
TEM . . .

London: BMe 843, 13c., ff. 31r–v. *Inc.*
'Quisquis in infirmitatem deciderit sequens
dies tertius . . .' (TK 1249).
ANONYMOUS: QUONIAM HUMANA CORPORA . .
See Petrus Musandinus.
ANONYMOUS: QUONIAM SECUNDUM MEDICORUM
LUCERNA . . . See 'Iste est liber pronosti-
corum . . .'

16. ANONYMOUS: SICUT HABETUR IN PRINCI-
PIO . . .

Erfurt: Ea F 282, a. 1334, ff. 40–48v.
'Optimus comm. super libris pronosticorum
Ypocratis . . . Sicut habetur in principio
huius libri . . . / . . . ad spasmum, sicut dicit
Avicenna in Canone in capitulo de signis
spasmi . . .'

17. ANONYMOUS: SICUT VULT RASIS IN X AL-
MANSORIS . . .

Paris: BN 6883 A, 14c., ff. 37ra–46rb.
'Divisio litere et notabilis de commento et
objectione sub compendio super librum Pronosticorum Ypocratis. Incipit Sicut vult
Rasis in X Almansoris febricitantes et precipue acute non solum tractarent . . . / . . .
ad acutos unde in talibus docet attendere sua
signa et non in aliis egritudinibus. Hec
feruntur de ista lectione. Explicit domino
nostre et notabilia de commenta et obiectio-
nes sub compositione supra librum pronosticorum Ypocratis.'
ANONYMOUS: TRIA SUNT . . . See Bartholomaeus (Salernitanus).

18. ANONYMOUS: UNDE PREMITTI SOLET . . .

Erfurt: Ea Q 186, 14c., ff. 32–44. 'Comm.
in librum pronosticorum. Unde premitti
solet . . . / . . . et sic principalis intencio ad
acutas; et sic est finis libri pronosticorum
Ypocratis.'

19. ANONYMOUS: UT DICIT GALIENUS SANI-
TAS . . .

Cambridge: CUg 1111(80), a. 1307, ff.
230–232b. *Comm. inc.* 'Ut dicit Galienus
sanitas dictus tripliciter aut de causa aut de
subiecta aut quod libri istorum spectant ad
medicum . . . / . . . perspicit in palpebris.'
(TK 1002, under the text *inc.* 'Omnis qui medicine . . .').
ANONYMOUS: YPOCRAS TRACTATURUS DE
SIGNIS . . . See 'Materia Hippocratis in
hoc . . .'

20. ANTONIUS DE SCARPARIA, 1377–1422

Also commented on the *Acutorum regimen*,
q.v., and other works.

Manuscript:

Vatican: VA 4447, a. 1387, ff. 33ra–98vb.
Inc. text: 'Omnis qui medicine artis studio
seu delectabile amicorum copiam et sic . . .'
Comm.: 'Sicut insinuit auctoritas Ypo. in
principio huius libri . . . / . . . comm. A.D.
1387 10 Jun.'

21. BARTHOLOMAEUS (SALERNITANUS?), XII
CENTURY

For other works attributed to this author
see TK 1343, 773, 1080, and 1375; also
Kristeller (1976) 57–87; and Glorieux (1971)
item 50.
Commentarius or Glossule in Hippocratis
librum prognosticorum. Comm. *inc.* 'Tria
sunt medicinae subjecta corpus anima intellectus . . .' TK 1587; Glorieux (1971)
item 50.

Manuscripts:

XII–XIII Century
*Brussels II.1399, ff. 47–62v (Kristeller
[1976]).
*Leipzig 1156, ff. 12v–21 (ibid.).
*Winchester 24, ff. 144v–157 (ibid.).

XIII Century

*Admont 635, ff. 1–13 (Kristeller [1976]).

*Basel: D.III.3, ff. 77ʳᵃ–85ᵛᵇ.

*Berlin Lat. qu. 255, ff. 85ᵛ–100ᵛ (Kristeller [1976]).

*Brussels 6119–24, ff. 64ᵛ–81 (ibid.).

Erfurt: Ea Q 175, ff. 49–55ᵛ.

*Nuremberg Cent. V 80, ff. 112–129 (ibid.).

*Pommersfelden 197, 13–14c., ff. 102–114 (ibid.).

Vienna 2447, ff. 54ᵛ–67ᵛ. Anon. 'Glossule pronosticorum. Tria sunt medicine subiecta ... / ... tractata per Yperodon(?).'

XIV Century

Munich: CLM 22292 (Windberg 92), ff. 116ᵛ–131ᵛᵇ. Anon. 'Comm. in Hippocratis librum prognosticorum.' *Inc.* 'Tria sunt medicine subiecta corpus anima intellectus ... Corpora humana intelligimus ... / ... exposita superius in tractatu pronosticorum. Explicit.'

Vatican Borghesi 196, ff. 90ᵛ–99ʳ.

22. BARTHOLOMAEUS (OF BRUGES), XIV CENTURY

Master of arts and of medicine in the University of Paris; was also regent master of medicine at Montpellier. Died shortly before May 1356. He is credited with the authorship of a number of works, some of which may be spurious: a commentary on Aristotle's *Liber Yconomicorum*; *Questiones diverse*; *Notule in Ysagoga Johannitii*; *Notule in Tegni Galieni*; *Glosule in libro Amphorismorum Ypocratis*; *Dicta super Pronostica*; *Remedium epydimie*; and *Scriptum super I Canonis Avicennae*. Wickersheimer I (1936) 60 ff.; Glorieux (1971) 50; and A. Pelzer, 'Barthélémy de Bruges, philosophe et médecin du xivᵉ siècle,' *Revue néo-scolastique de philosophie* 36 (1934) 459–74. Some of the above works may in fact belong to Bartholomaeus (de Varignana) who died c. 1316 at Geneva. See further, for the commentary on the *Aphorisms*, III.B.67, above, pp. 73–74.

Manuscripts:

XIV Century

Vienna 2520, ff. 50ᵛ–68. Dicta super Pronostica. *inc.* 'Circa artem prognosticationis quatuor sunt notanda ... / ... Expliciunt aggregationes magistri Bartholomei de crisi et criticis diebus.' This tract does not appear to be a commentary on Hippocrates' work, although it deals with similar subject matter.

At ff. 68–87ᵛ(76?) is the 'Collecta super prognostica Ypocratis.' *Inc.* 'Finis medicine laudabilis ...' (TK 204; 561; Kristeller [1976] 81).

XV Century

Aberdeen 256, ff. 212–224. *Inc.* 'Circa artem prognosticationis quatuor ...' (TK 204).

Vatican: VA Pal 1192, ff. 1–14ʳ. *Inc.* as in the preceding item.

— VA Pal 1229, ff. 347ᵛᵇ–364ʳᵃ, Matheus et Bartholomaeus *inc.* 'Circa artem prognosticationis quatuor ...'

23. BERNARD DE GORDON, † c. 1320

Master of medicine at the University of Montpellier; also wrote on the *Acutorum regimen*, *q.v.* Bernard's discussion on the *Prognostica* is not a commentary on Hippocrates, although it deals with similar subject matter.

Manuscripts:

Erfurt: Ea F 289, early 14c., ff. 33ᵛᵇ–43ʳᵇ. Bernard Gordon, De pronosticis. *Inc.* 'In morbis pronosticare non possuimus nisi morbum cognoscamus ... / ... egritudo autem veniens debilibus et senibus licet opus exegi quod nec iovis ... poterit abdire venistas. Explicit tractatus brevis et utilis super pronostica editus a M. B. de Gordon in preclaro studio Montis Pessulan. Anno D. 1294.'

For other MSS and printed editions see TK 692; HLF 25.335; L. Demaitre, *Dr. Bernard de Gordon, Professor and Practitioner* (Toronto 1980).

24. Bertruccius, Nicolaus, † 1347

Was a student of Mundinus and probably author of a Commentary on the *Liber aphorismorum, q.v.*, as well as of *Reportationes* on the A*cutorum regimen, q.v.*

Manuscripts:

XIV Century
Munich: CLM 13054, Fol. ff. 1ʳ–29ᵛ. 'Reportationes super libro Pronosticorum (Hippocratis) sub magistro Mundino per magistrum Bertitium (Bertrutinum) in scientia famosum. Commentum in expositione huius sic procedit. Primo assignat causam quare Hipp. posuit hunc propositionem . . . / . . . In hoc complete sunt Reportationes super libro pronosticorum sub magistro Mundino doctore eximio in arte medicine per magistrum Bertutium in scientia predicta famosum. Deo gratias. Amen. Amen.'
Vatican: VA 4466, 14c., f. 55ᵛ. 'Expliciunt Reportationes super Libro Pronosticorum. Et primo secundo et tertio libri Regiminis Acutorum morborum facti sub egregio doctore Mundino per Bertuccium de Bononia in anno domini MCCCXVII.'
— **VA Reg. Suev. 2000**, a. 1349, f. 23ᵛ.

25. Cardinalis, † c. 1294

Also commented on the *Liber aphorismorum, q.v.*

Manuscript:

Cues 222, 15c., ff. 14ᵛ–166ᵛ. 'Cardinalis, Glossule supra Pronostica.' *Inc.* 'Sicut scribitur in libro Ethicorum . . .' (TK 1497).

26. Dino del Garbo, † september 30, 1327

Also commented on *Liber aphorismorum, q.v.* and other works.

Manuscript:

Paris: BN 6872, 15c., ff. 122ʳᵃ–127ᵛᵃ. 'Quaestiones super 1ᵉ, 2ᵉ Pronosticorum.' *Inc.* 'Omnis qui medicine artis studio . . . Qui dicitur quod in littera quod quam gloriam sive . . . quod male dicat . . . / . . . per hoc patet(?) solutio ad dicta.'

27. Egidius

Not identified further.

Manuscript:

Edinburgh Univ. 169, a. 1481, ff. 97ᵛ–106ᵛ. 'Egidius super Hipp. Pron.' *Inc.* 'Metrica non metricis que scripta tenemus . . .' (TK 872).

28. Gerard of Cremona, † 1187

The famous translator from Arabic into Latin is credited, probably incorrectly, with the commentaries or glosses on the *Liber Prognosticorum* in the following manuscripts. The first of these has been identified as the work of Petrus Hispanus (Pope John XXI † 1277) by Kristeller (1976), but it does not coincide with the commentary attributed to Petrus Hispanus in Paris BN lat. 6956, below (TK 766).

Manuscripts:

XIII Century
Paris: BN 6859, 13–14c., ff. 1ʳ–18ʳ. (f.1 top margin): 'Questiones et scripta supra librum Pronosticorum et supra Dietas U[ni]versales] a Gerardo'). *Inc.* 'Omnis qui medicine artis studio gloriam . . . Iste liber cuius subiectum est signum pronosticum dividitur in tres partes in quarum prima ordinat processum prohemii. In secundo scilicet in hac Oportet ergo te sollicitate. Epiloge ea que dicta sunt . . . / . . . Ad hoc dicendum quod huiusmodi signa quantum est ex parte nostra fallunt, a parte autem sui numquam fallunt. Expliciunt glossule supra Pronostica.' Then follows in the manuscript in a 16–17c hand: ' . . . quas scripsit Gerardus doctissimus medicus et philosophus. Et sequuntur Glossule eius in dietas U[ni]versales] Ysaac.' (TK 787).
Madrid: BN 1877, ff. 124ʳ–141ᵛ, *Inc.* and *des.* as in Paris BN, above.

XV Century
Kraków BJ 809, a. 1431, ff. 145ᵛ–168ʳᵃ. *Prol.* 'Accidentia et significationes secundum vitam trium dispositionem. Unam trium declarat significationem . . .' *Text inc.* 'Omnis qui medicine artis . . .' *Inc.*

comm. 'Auctor in hoc prologo libri sui docet scientiam signorum necessariam ... / ... Habeat in hiis signis transferando se ad alias eg. eas quascumque secundum actum in acutis vel in egritudinibus que fuerunt ex hiis. Deo gratias. Amen. Amen. Amen. Expliciunt Glosule magistri Girardi Cremonensis super pronostica Ypocratis. Anno Domini MCCCCXXXI in Lublin.'

29. JOHANNES DE CORPO, XV CENTURY
Not further identified.

Manuscript:

Oxford: BL lm 558, a. 1460, pp. 228–398. Prol. Questiones Super Hippocrates, Pronostica. *Prol. Inc.* 'Sicut scribit philosophus quarto Metaphisice: Omnium ...' (TK 1497).

30. JOHANNES DORP DE LEYDIS, XIV–XV CENTURY

Master of arts and medicine at Paris. Determined in the Faculty of Arts in 1393, received the license and M.A. the same year, Proctor of the English Nation in 1397 and 1400, Receptor in 1403 and 1404, a member of the Faculty of Medicine from 1396, received the baccalaureate in medicine in 1402, and after thirty-eight months of lectures was licensed as master in medicine in 1404. In 1405 he left Paris. In 1417 he became physician to Jacqueline of Bavaria, countess of Hainaut and of Holland, and wife of the Dauphin John. In 1418 Johannes Dorp was a member of the University of Cologne. Wickersheimer I 392–393.

Manuscript:

XV Century
*****Wiesbaden 56**, 15c., ff. 257–330. Comm. Hippocratis Pronosticorum.

31. JOHANNES DE SANCTO AMANDO (JEAN DE SAINT-AMAND), c. 1298

Also commented on the *Acutorum regimen, q.v.,* and other works.

Manuscripts:

XIV Century
*****Bruges 911**, ff. 58ᵛ–64ʳᵇ (Wickersheimer 476).
*****Brussels 9911**, 14c., ff. 58ᵛᵃ–64ᵛᵇ (HLF 21, 287; TK 689).
Erfurt: Ea Q 178, ff. 84ʳᵃ–95ʳᵃ. 'Libri pronosticorum Ypocratis [cum comm. Galieni et notulis Tadei et Joh. de S. Amando].' *Inc.* 'Omnis qui medicine ... Previsio ponitur loco pronosticationis ... / ... decepcionem et errorem. Expl. pron. Ypo. secundum translationem Grecam [*sic*] Constantini cum not. de comm. Gal. et expos. Thadei et Johannes de S. Amando.'
Paris: PA 1080, a. 1333, ff. 26ᵛ–29r. 'Abbreviatus liber Pronosticorum Ypocratis per Johannem de S. Amando in Pabula (*sic*). Hic finitur anno 1333 per manum Iohannis de Berblerigheim' (master of arts and medicine in Paris, who in 1314 lectured on Aristotle's *De Problematibus,* at Paris in 'vico Perdito' 'cum 60 scolaribus.'). *Inc.* 'In libro isto est intencio Ypocratis ponere signa bona et mala ... / ... per signa predicta intromittere de longis egritudinibus.'
Vatican: VA Pal 1087, 14–15c., ff. 1ʳᵃ–22ʳᵃ. Prognostica. Comm. *Inc.* 'Corporis humani passibilitas et corruptibilitas causa est necessaria scientie medicinalis quoniam teste Galieni si corpus humanum incorruptibile erat non indigetur scientia ipsum conservantia ... / ... tractationibus per sudorem s. per urinam et per sanguinis fluxus eucarior (?). Explicit scripta magistri Iohannis de Sancto Amando supra pronostica Ypocratis.'

XV Century
Vienna: VI Scot. 257, ff. 83r–96r. Anon. 'Corporis humani passibilitas et corruptibilitas ...' (TK 268).

32. MARSILIUS DE SANCTO SOPHIA, † 1405

Also commented on the *Liber aphorismorum, q.v.,* and other works.

Manuscripts:

XIV Century
Munich: CLM 365, 4to, a. 1377 (H. Schedel), ff. 268–(306). Marsilii (de S. So-

phia) Super Pronost. Hipp. *Inc.* 'Intentio Hippocratis in libro presenti (prescienti) est pronosticare (prenosticare) . . .'

Paris: BN 6860, 14–15c., ff. 1ʳᵃ–38ᵛᵇ. 'Expositio Marsilii super libro pronosticorum. ' *Inc.* 'Omnis qui medicine artis studio . . . Intentio Ypocratis in libro presenti (prescienti) est pronosticare potissime in morbis acutis notitiam nobis tradere . . . Continet iste liber tres libros particules . . . / . . . et hec omnia sunt dicta super toto libro pronosticorum Ypocratis. Deo gratias. Expleto pio laudetur virgo Maria.' (TK 760).

Vatican: VA Pal 1221, August 11, 1377, ff. 193ʳ–218ᵛ. Comm. Hipp. Pronost. *Inc.* 'Intentio Ypocratis in libro presenti (prescienti) est nobis pronosticationem in morbis acutis notitiam tradere et dividitur in tres libros. In primo ponit prohemium et docet pronosticare . . . / . . . Sententia libri pronosticorum xi mensis Augusti 1377 sub magistro Marsilio de Sancta Sophia de Padua. Explicit.'

— **VA Ross. 934**, ff. 2ʳ–28ʳ (new numbering; ff. 1ʳᵃ–27ʳᵃ old numbering). *Inc.* as in the preceding; *des.* ' . . . patet satis et hec omnia sunt dicta super totum librum pronosticorum. Amen. Expliciunt recollectiones pronosticorum secundum Marsilium de Sancta Sophia.'

XV Century

Paris: BN 6933, a. 1427, ff. 246ʳᵃ–270ᵛᵃ. Marsilius. Comm. Super Ypo. *Prol. Inc.* 'Intentio Ypocratis in libro presenti (prescienti) . . . / . . . Et hec omnia sunt dicta super eo libro pronosticorum Ypocratis deo gratias. Expleto pia laudetur Virgo Maria.'

— **BN 6935**, 15c., ff. 271ʳᵃ–292ʳᵃ, as in the preceding.

Vatican: VA Pal. 1316, ff. 181ʳ–187ʳ, 229ʳᵃ–257ʳᵇ. 'Commentum super pronosticum Ypocratis. *Inc.* 'Intentio Ypo. in libro presenti . . .', as above. At ff. 229ʳᵃ–257ʳᵃ are [Questiones]: 'Utrum Ypocras in libro pronosticationem in morbis acutis . . . / . . . et sic patet super libro pronosticorum (ab) Marsilio de Sancta Sophia anno domini die secundi Ianuarii preceptore magistro Erhardo Knab de Mihilaii.'

Vienna: VI 5357, 15c., ff. 1ʳ–37ᵛ. Anon. [Marsilius de S. Sophia, Super librum Pronosticorum] as in the preceding (TK 760).

33. MAURUS OF SALERNO, c. 1130–c. 1214

Also commented on the *Liber aphorismorum, q.v.*, and for further details, the edition of the Commentary on the *Prognostica* by M. H. Saffron, M.D., 'Maurus of Salerno: Twelfth-Century "Optimus Physicus" with his Commentary on the *Prognostics* of Hippocrates,' *American Philosophical Society. Transactions* N.S. 62 Part I (1972).

Manuscripts:

XIII Century

Paris: BN 7102 (old no. 6593), ff. 96ᵛ–140ᵛ. 'Prognosticorum Ypocratis fulgoris inextricabilis archana mentis . . .' only one paragraph preceding the text. However, marginal glosses in the same hand are found throughout. *Pref. Hipp.* 'Omnis qui medicine artis studio seu gloriam . . .' *Liber*: 'Oportet ergo te sollicitum circa acutas egritudines fieri . . . Bonum est aegrum inveniri . . . / . . . numero quoque sunt exposite ordine preceptorum.' Explicit as in ed. of the *Pronostica*, in *Philologus* 42 (1844) 121–27, noted above.

— **BN 18499**, ff. 123ʳᵃ–144ᵛᵇ. 'Maurus super Pronostica.' 'Pronosticorum Ypocratis Fulgor inextricabilis arcam mentis funditur . . . / . . . preceptor causarum determinandum notitiam per meam o medice doctrinam habebis.' See ed. by M. H. Saffron, noted above.

XIV Century

Vatican: VA 4477, ff. 37ʳᵃ–48ʳᵇ. Anon. 'Pronosticorum Ypocratis Fulgor inextricabilis arcam mentis fundamentam . . . / . . . noticiam per meam doctrinam habebis o medices. Expliciunt glose pronosticorum. Qui scripsit scribit semper cum domino vivat. Vivat in celis Nicolaus (?) nomine felix.'

34. MUNDINUS (MONDINO DE' LUZZI DE BOLOGNA), † 1326

Also commented on the *Acutorum regimen, q.v.*

Manuscripts:

XIV Century
Munich: CLM 13020, a. 1319, ff. 1ʳ–56ᵛᵇ(?). 'Omnis qui medicine . . . Quia in principio cuiuslibet libri quatuor sunt inquerenda . . . / . . . dicit . . .' Imperfect at the close.

Vatican: VA 4466, a. 1317, ff. 1ʳᵃ–36ᵛᵇ. 'Omnis qui medicine . . . Quia in principio cuiuslibet libri quatuor sunt inquirirenda ut dicit Alexander . . . / . . . et patet instantius manifestas.' (TK 1221).

*Cesena Malat. Plut. XXVII, codex 5, ff. 53–114ʳ. Comm. Pronost.

35. ORIBASIUS or PSEUDO-ORIBASIUS, C. A.D 320–400

Greek medical author and personal physician to Julian the Apostate, also said to have commented on the *Liber aphorismorum, q.v.* The following commentary is similar to, but not identical with, that of Petrus Musandinus, named below.

Manuscript:

XII Century
Berne A.52, ff. 68ᵛ–84ʳ. 'Oribasius in Pronostica Hippocratis' *Inc.* 'Quoniam humana corpora non simpliciter sed multiformiter fit operatio . . .'

36. PETRUS HISPANUS (POPE JOHN XXI), † 1277

Also commented on the *Acutorum regimen, q.v.*

Manuscripts:

XIII Century
Paris: BN 6956, ff. 41ʳᵃ–55ᵛᵃ. 'Expositio in pronostica Hippocratis.' *Inc.* 'Inter cetera volumina Ypocratis libros pronosticorum edidi qui antiquis auctoribus et precipue a G. maxima laude excollerit triplici gloria predicatur Pronosticus Ypocratis . . . / . . . ut supra dictum est . . . ad quod tempus sit determinande. Si ratio quoque (?) exposite sit ordine preceptorum. Explicit liber pronosticorum' (TK 766).

37. PETRUS MUSANDINUS

Twelfth-century Salernitan physician who was highly praised as his teacher by Gilles de Corbeil, and was the author of a number of commentaries on Galen and on Hippocrates. See further Kristeller (1976) 60–62; also Wickersheimer II 652: Diels (1906) 73; TK 1277 and 1619.

Comm. Prol. or Pref. *Inc.*: 'Ut in singulis valetudinibus . . .'
Comm. proper. *Inc.*: 'Quoniam humana corpora assidue . . .'

Manuscripts:

XII Century
Oxford: BLd 108, ff. 91ʳ–(107ʳ). 'Incipiunt glose pronosticorum. Quoniam humana corpora assidue interius exteriusque dissoluuntur, interius calore naturali, exterius calore aeris. Necessaria fuit eius cibi potusque refectioᴸ . . . 2nda part. (f. 96v) 'Omnia ydrops etc. Ydrops non potest fieri sine defectiones digestive virtutis . . .' 3tia part. (ff. 106ᵛ–107ʳ) *des.* 'Explicit in urinis et sputis quia hec sunt certiora signa. Explicit gloss. pronosticorum.' (TK 1277).

— **BLb 514(2184)**, late 12th or early 13th century, ff. 46ᵛᵇ-54ʳᵇ. Anon. 'Incipiunt glose pronosticorum. Quoniam humana corpora assidue interius exteriusque dissolvuntur interius quod a naturali calore, . . . / . . . (variant *des.*) ipsam corporis humiditatem consumandam unde corpore dessicantur. Explicit.'

Paris: BN 7102, 12–13c., ff. 97ʳ–140ᵛ, with ff. 100–131ʳ omitted. 'Incipit prefatio prognosticorum. Omnis qui medicine studio seu gloriam . . . Ut in singulis valitudinibus presente et future cognoscat . . . / . . . Quia quecumque determinantus nostro numero dierum nostro quoque sunt exposite ordine preceptorum. Explicit.'

XIII Century
Cambridge: CUpet 251, ff. 1–6ᵛ. Incipit commentum super pronostica secundum Petrum Musandia. *Prol. inc.* 'Ut in singulis valetudinibus . . . / . . . quia hec sunt certiora signa. Explicit liber Pronosticorum

Ypocratis.' Followed by the comm. proper *inc.* 'Quoniam humana corpora assidue . . .' (TK 1619).

London: BMr 8.C.IV, c. 1300, ff. 168va–176^v. Glose of the Pronostica Ypocratis. *Pref. inc.* 'Quoniam humana corpora assidue interius exteriusque dissoluuntur . . . Omnis qui medicine . . .' etc. 'Ut in singulis valitudinibus vel egritudinibus . . . / . . . (*des.* in the third part) hec sunt ceteriora sign.'

38. THADEUS FLORENTINUS or TADDEO ALDEROTTI, 1223–1295

Also commented on the *Acutorum regimen*, *q.v.*

Manuscripts:

XIII Century
Cambridge: CUg 86, pp. 93–158. (Anon.) 'Gloss super Hipp. Pronostica.' *Inc.* 'Liber iste dividitur in duas partes scilicet . . .' (TK 820).

XIV Century
*Bethesda: National Medical Library 492, II, ff. 1^r–24vb, incomplete. *Inc.* as above.

*Cesena: Malatest. Dextra Plut. XXVI, codex 1, 14c., item ff. 65^r–80^v. Thadei super librum Pronostic. Hippocratis (Siraisi).

Erfurt: Ea Q 178, ff. 84ra–95ra, first half 14c., 'Libri pronosticorum Ypocratis comm. Galieni et notulis Tadei et Johannes de Sancto Amando . . .' See under Johannes de Sancto Amando.

VIII

In the following pages the Repertorium of Hippocratic Writings in the Latin Middle Ages, begun in *Traditio* 31 (1975) 99–126 and continued in succeeding issues, concludes with a number of brief tracts. These are for the most part spurious, but they circulated under the name of Hippocrates of Cos and appear to have reflected aspects of the Hippocratic tradition. They comprise: XLVI. *Regimen sanitatis (salutis)*; XLVII. *Secreta (Practicae) de curis universalibus totius corporis humani*; XLVIII. *Secreta (Signa sanitatis et signa mortis)*; XLIX. *De septimanis*; L. *De situ regionum*; LI. *De urinis*; LII. *De victus ratione*; LIII. *De visitatione infirmorum*; LIV. *Vita Hippocratis*; and LV. *De vulneribus capitis*.

Following the above are the Indices to the entire Repertorium: 1. Names of the Treatises; 2. Incipits; 3. Persons named as Translators and/or Commentators.

This Repertorium of the extant evidence to A.D. 1500 of the enduring influence of Greek medical theory and practice as embodied in the Hippocratic tradition throughout the Latin Middle Ages is thus brought to a close. On this occasion I would like to express my sincere appreciation and thanks for the assistance of others, for the help of librarians, custodians of manuscripts, and the several graduate student assistants named earlier, and especially for the constant and generous assistance of Marthe Dulong in the transcription and examination of the almost overwhelming mass of manuscript materials at the Bibliothèque nationale in Paris. I am also grateful to Professor Charles Lohr for his patient and careful editing of my manuscript and to H. G. Fletcher, managing editor of *Traditio*, and the staff of Fordham University Press for their unfailing encouragement and courtesy.

XLVI. REGIMEN SANITATIS (SALUTIS) AD CAESAREM

Tracts bearing the above title under the presumed authorship of Hippocrates have so far been encountered not in Latin manuscripts but in the vernaculars,[1] particularly French and English. They are presumably, as indicated in at least one instance, translated from the Latin,[2] the text for which has so far not surfaced. In general the tracts appear, as does the *Epistola Ypocratis ad Alexandrum*, noted earlier among the *Epistolae*,[3] to have been patterned upon the famous *Epistola* addressed by Aristotle to Alexander the Great, a version of which was prepared by Roger Bacon in the thirteenth century.[4] However, the present texts bear only a very tenuous relation to the *Regimen* in four books, commented upon by Galen, included in the Corpus of Hippocratic Writings, and newly studied and edited by Professor Robert Joly.[5] The latter work has in recent years attracted considerable attention from scholars concerned with the Hippocratic Corpus, although few would attribute the *Regimen* to Hippocrates himself. On the other hand, while there is no doubt that the vernacular *Regimen sanitatis* addressed to Caesar is spurious, it as well as the *Regimen* included in the Corpus of Hippocratic Writings adheres to the Greek tradition associated with Hippocrates on the importance of a program or regimen of health which emphasizes diet and exercise as the two major decisive and complementary factors that should be considered for the preservation of health, and further that, in the case of exercise, the stress should be placed upon the importance of walking, either in the early morning or after meals, to maintain or preserve health.[6]

Although this Repertorium is intended to record Latin texts, an exception may perhaps be made here to draw attention to some of the vernacular versions of the thirteenth through the fifteenth centuries to illustrate the widespread dissemination and presumed interest in the Hippocratic tradition reflected in the *Regimen sanitatis*.

---

[1] For medical texts in the vernaculars, see R. H. Robbins, 'Medical Manuscripts in Middle English,' *Speculum* 45 (1970) 393–415 esp. 393f. notes 1 and 2; also 409 note 47 with the illuminating bibliography. Also for French texts F. Meyer, 'Manuscrits français,' *Romania* 15 (1886).

[2] See below among the French texts, Paris BN fr 573, 'Le que livre maistre Henri de Gauchi a translati de Latin en françois par le commandement Phelypon le noble Roy de France.' I have so far not been able to identify Henri de Gauchi.

[3] *Epistolae*, above, p. 144 at XX.A.1a.

[4] See Kibre (1945) 404 n. 212, citing *Opera hactenus inedita Rogeri Baconis* (ed. R. Steele; Oxford 1920) fasc. 5, p. 66.

[5] R. Joly, *Recherches sur le traité pseudo-hippocratique Du Régime* (Bibliothèque de la Faculté de Philosophie et Lettres de l'Université de Liège Fasc. CLVI; Paris 1960). See also L. Bourgey, *Observations et expérience chez les médecins de la collection hippocratique* (Paris 1953).

[6] Joly, *op. cit.* 10ff.; W. H. S. Jones, 'Ancient Documents and Contemporary Life, with Special Reference to the Hippocratic Corpus,' *Essays Written in Honour of Charles Singer* (ed. E. A. Underwood; London 1953) I 100–101.

A. Translation

1. French Texts

Manuscripts:

XIII–XIV Century

Cambridge: CUt 1144, f. 195. 'Isse commence le sotil enseignement Ypocras a ses disciples que multiavoient requis. Li autor distan commencement de cest livre . . .'

Florence: FL Ashb. 125 (57), 13c, ff. 242ra–245rb. 'Epist. Hipp. ad Cesar. (O)hou est livours que te Ypocras envoie a toi Cesar que te tai promis precha . . . demande a ta sante . . . / . . . dont le tortians ert fais de si a.IX.1228 (?). Si grua prove est . . .'

Paris BN fr. 10034, ff. 75–77v. 'Ci apres commence Ypocras. Ce est le livres que Ypocras envoye a toi Cesar, que je te promis . . .' f. 75v, 'Ci commence la cognissance des horines. Li hous est sains . . . a la delor don chiés mecines vrayes . . . bevez o vin, si ostera toutes les ordines desus le cuer. Ci faut Ypocras.' (*Bibliothèque de l'école des Chartes* 62 [1901] 600).

XIV Century

Cambridge: CUc 388 (R.8.161), ff. 1– 'Hic incipit liber Ypocrati Galieni et Sclepii. Ypocras se livere syt ale emperour Cesar . . . / . . . de nigitrez e de sagis gens.'

— **CUt 1109**, f. 196. 'Liber Ypocratis in Gallicis.' 'Ipocras le tresage. Si le malade ad dolur . . .'

London: BMsl 1611, ff. 143r–147v. 'Vees ci eo est li livres que le Ypocras envoi ai a Cesar . . . Chascun home meraiement et beste et oisel que cors en soi a quatre choses . . . / . . . linge drapel et laissies sechier per soi. Explicit.' (F. Meyer, *Romania* 40 [1911] 532–58; also earlier, *ibid.* 15 [1886] 274).

London: BMsl 2412 (a tiny vol.). 'C'est livre le Ypocras envoia a Cesar lempereour.' (*Bulletin de la Société des Anciens Textes Français* [1913] 45–66).

— **BMsl 3126**, a. 1366, ff. 25r–64v. 'Epistre au Caesar l'empereur. C'est livre envoia Ypocras à Cesar l'empereour de Rome que Cesar le avoit prie que li enseigna, . . . portoit garder son core sain . . .'

— **BMsl 3550**, ff. 217r–219v. 'Liber Ypocratis missus ad Caesarem qui eum de vultis invenit. Hec est le livre ke. Yp. Ypocras envoie a tei Cesar . . .' At ff. 220r– 225r, are the medicines: 'Ci comense le medicines ke. Ypocras fit. He est le livre ke Yo. Ypocras envea a tei Cesar . . . / . . . omne minis ventosum. Expletum.' The Latin text appears in this MS at ff. 5r–6r.

Paris: BN fr. 573, ff. 269v–272v. At the close of the preceding text (f. 269r) there is the indication of the translator into French: 'Le que livre meistre Henry de Gauchi a translati de Latin en françois par le commandement Phelypon le noble Roy de France.' (f. 269v) 'Cest le livre que le Ypocras envoie a Roy Cesar que j'etay promis piece a. Saches qu'il est de telle maniere com tulas demande a ta sante . . . / . . . que comme on sa femme a si de desiune et des herbes donc le courteaux . . . / . . . (272) signum proente est. Et sic est finis libri.'

— **BN fr. 2001**, ff. 93v–95. 'C'est le livre que Ypocras envoia a Cesar. Ce livre envoia Ypocras a Cesar tempe ceur de, comme qui li avoient prei que li enseignat comment . . .'

XV Century

Cambridge: CU 1166 (Ff.1.33), a. 1420 ff. 34r–35r. 'Cy commence le livre du gouvernement de sante que Ypocras fiet et lenvoya al emperiere Cesar pour la santé garder et pour avoir vie plus longue. Il fist demander a Galien le bon mire pour quoy il mangoit si petit. Le quel lui respondit Mon entencion est de vivre longement . . . / . . . confortee en le stomeec et tous les membres.'

London: BMsl 2401, ff. 88v–96v. 'Le livre Ypocratis. C'est le livre que est Ypocras envoyator a tu Cesar . . .' (followed by 'Le livre Galien.'),

— **Wellcome 546**, Misc. medica XX, item 2, ff. 21rb–30ra. 'Ce est le livre que Ypocras envoia a Cesar lemperier de Rome . . . / . . . iuvenem qui fel dominatur.'

Oxford: BLd 86, ff. 8–21. For this manuscript and several others at Paris BN, see P. Meyer, 'Manuscrits français,' *Romania* 15 (1886) 274ff.; cf. also *ibid.* 32 (1903) 87ff.; 40 (1911) 532–58; 44 (1915–17) 206ff.

2. ENGLISH TEXTS

Manuscripts:

XV Century

Cambridge: CU 602 (Dd.X.44), ff. 114ʳ–117ᵛ. 'This booke did Ipocrase send unto Sezar for a gret tresour and therefor kepe it well as your owyn lyfe ffor he made it for help and helth of his body for all maner of ynyles for to eprochen . . . / . . . and do this 7 dayes and it shall help. Explicit liber de Ypocras.' (cf. Robbins, *Speculum* 45 [1970] 409 note 47).

— **CUj 43 (Q.D.1)**, ff. 126ᵛ–128ʳ. 'Dicta Ypocras. Thys boke Ypocras sent unto kynge Sasar that he desyrd of hym and now I have made it I send it to you and with ye wele it is good tresore. Kep it welle as youre owne lyff ffor I have made to help it hale of youre body. Every man beste and fowle hayth iiii humores . . . '

— **CUsj 37 (B.15)**, ff. 71ᵛ–74ʳ. 'Ypocras thys boke send to the emperor Cećar . . . '

— **CUt 905 (R.14.32)**, ff. 81ʳ–82ʳ, 'Dicta Ypocratis.' 'This boke Ypocras sente unto kynge Cesar.' 'And nowe I have it made and I send it to you . . . / . . . ' (covers times of the year for bloodletting etc.) des. '. . . and kepe the body in good temper and in helthe. Explicit dieta Ypocras.'

London: BMsl 706, p. 95ʳ (Book of diet sent unto king Caesar). 'This book Ypocras sente unto kynge Caesar yat he desyred of him . . . ' For this and other MSS listed, but not the two following, see *Speculum* 45 (1970) 409 note 47.

— **BMsl 2584**, ff. 9–12 v. 'The book which he [Hippocrates] sent to the Emperor Cesar.'

— **BMsl 3285**, ff. 73ʳ–76, in English verse. 'Ypocras this book sente to the Emperor Cesar . . . wel this book is good leche with alle thyng that hit doth tech.'

De remediis, see De farmaciis, and also Dinamidia.
De salubri diaeta, see Regimen sanitatis (salutis).
Sapientia artis medicinae, see Epistola ad Antiochum regem.
Secreta, see Epistola de operatione.

XLVII. SECRETA (SECRETA PRACTICAE)

The title *Secreta* appears also to have been used as an alternative to the term *Epistola* for a variety of communications relating to medical practice and for the predictions of health or of death on the basis of symptoms or appearances of the patient's body. The texts of the latter appear to have been derived from the *Liber prognosticorum* or the *Capsula eburnea.* Cf. item XLVIII and *Epistola de operatione.*

A. ANONYMOUS TRANSLATION

Manuscripts:

XIV Century
London: BMsl 3124, ff. 191ᵛ–196ᵛ. 'Incipit liber secretorum Ypocratis de curis universalibus totius corporis humani a capite usque ad pedes. Creator omnium deus a quo omne bonum sumitur originem inter cetera corpora corpus humanum dignius procreavit . . . sed quoniam phisica varios

constituit . . . item quod ego Ypocras dicta antiquorum eorumque sermones cum summa diligentia . . . / . . . (f. 196ᵛ) electuaria ad id sunt illa que ponentur contra discrasiam calidam epatis. Explicit liber secretorum Ypocratis deo gratias.'

Paris: BN 6971, ff. 78ʳ–102ʳ, as in the preceding.

*Prague Univ. B. 498 (III.E.23), ff. 216–217. 'Secreta practicae Hippocratis.'

Inc. 'Creator omnium deus a quo omne bonum . . . / . . . (*des.*) lapis lazuli et similia. Hic autem finem secretae practicae Ypocratis imponamus.' (J. Truhlar, *Catalogus codicum* I 197–98; TK 272; Diels 55).

Edition:

Printed 'cum libro Pronosticorum aliisque ipsius [Hippocratis] opusculis,' 1508.

XLVIII. SECRETA (SIGNA SANITATIS ET MORTIS)

A. ANONYMOUS TRANSLATION

Manuscripts:

XI Century

Vatican: VA 4418, f. 110ᵛ. 'Item alia pronostica Ypocratis de signis tysicorum et pleureticorum sic probabis. Quod expuunt mittis in carbones si putaverit . . . / . . . faciem suam gitaverit in 11° die morietur.' (Beccaria 101.9; TK 1252).

XIII–XIV Century

Erfurt: Ea Q 193, ff. 120ᵛ–130ᵛ. 'Secreta Ypocratis et multa his similia.' Inc. 'Signa sanitatis sunt hec: gravitas in origine . . . / . . . (*des.*) potare aquam frigidam nimiam.' (Diels 55; TK 1502).

Oxford: Bld 29, f. 74ᵛ (Partly in English). *Inc.* 'Signa que Ypocras fecit ad cognoscendum si infirmus . . .' (TK 1502).

Paris: BN 7046, ff. 170ᵛᵇ–171ʳᵃ. 'De signis mortis (mortalibus).' *Inc.* 'Dicit Ypocras habebam qui conquerebatur de fluxu ventris continue et precepi uti rebus quibus antea usus fuerat sed non profuerunt . . . / . . . (171ʳᵃ *des.*) eadem hora mortuus est in meridie eiusdem diei non ergo dubium

quando iste liberatus est et mortuus propter potationem aque frigide.' (TK 418).

XIV–XV Century

Paris: BN 6988 A, ff. 14ᵛ–15ᵛ. 'Incipiunt Secreta Ypocratis de iudicandis indiciis mortis. In facie infirmi si fuerunt apostema cui non invenitur tactus et manus eius sinistra super pectus suum scias quod morietur usque ad xxiiiior dies et precipue quando in principio egritudinis sue palpat nares . . . / . . . usque ad terciam die sue egritudinis. Signum huius est quod accidit ei in principio puritus occulorum. Explicit Secreta Ypocratis.' (TK 673).

XV Century

Graz:Univ. 925, f. 212ʳ⁻ᵛ. 'Signa mortis secuntur secundum Ypocratem prohemium. Scriptum reperi quod Ipocras philosophus scientissimus subsequentia hominibus pondere voluit et tamen in sepulchro eius . . . / . . . (*des.*) Si infirmitas hominum in maximo sompno altera die morietur si alba in dextera manus apparuit in infirmo si infirmitas cum invasit . . . sensit quando infirmitas cum invasit tertia die morietur.'

XLIX. DE SEPTIMANIS (SEPTIMADIS)

The *De septimanis (septimadis)*, on the seven-fold order of the world, is extant under Hippocrates' name in two Latin manuscripts of the ninth century although the Greek original from which the Latin text is derived appears no longer to be extant. However, passages from the Greek text, cited by authors from the first to the third century (Philo Judaeus, Galen and his contemporary, Julius the Lexicographer) and others in succeeding centuries, have been preserved and are set forth by Littré. Littré found these to coincide in general with the sense of the passages in the Latin text.[1] Those citing the treatise, with the exception of Galen, appear to have accepted the work as an authentic composition by Hippocrates. Galen, who cited the tract on several occasions, concluded that it did not belong to Hippocrates and this view has been upheld by later scholars. The work appears to be that of a compiler posterior to Hippocrates, but familar with his works.[2]

De septimanis is primarily a tract on fevers. According to its author the constitution of the world is such that everything is ruled by the number seven. The observable phenomena where the number seven appears to predominate are then reviewed: the phases of the moon, the seven winds, seven seasons, seven ages in human life, seven principal parts of the human body, seven aids to human existence (the inspiration of cold, the exhilaration of warmth, the judgment of sight, hearing, digestion of food and drink, the tongue for the sense of taste, and the articulation of the seven vowels). The earth itself is seen to have seven parts, corresponding to parts of the body.

The author also develops his general pathology on two bases. The first is that the number seven, which predominates in nature, which rules the course of the principal stars, and which presides over the development of human life, also determines the course of illness, and fixes its several stages. The second is that the soul, the vital principal, is a mixture of elementary warmth and elementary cold and that maladies derive from inequalities that arise in the proportions of the elements.[3]

---

[1] E. Littré, *Recherches sur une traduction latine inedité du traité des Semaines, livre attribué à Hippocrate dans l'antiquité et dont l'original grec est perdu* (Paris 1857) 1ff. The text is reproduced by Littré from the Latin text of Paris BN 7027, 9th cent., in *Hippocrate: Œuvres complètes*, traduction nouvelle avec le text grec (ed. E. Littré; 10 vols.; Paris 1839–1861) VIII (1853) 616–73; also by Charles Daremberg from MS Milan Ambros. G. 108 Inf., *ibid.* IX 433–66. A more recent edition is that of H. Roscher, *Die hippokratische Schrift von der Siebenzahl* . . . (Studien zur Geschichte und Kultur des Altertums VI 3–4; Paderborn 1913).

[2] Littré, *Recherches* 5, 10–13; and also Littré, *Hippocrate: Œuvres* I 393ff.

[3] Littré, *Recherches* 20ff.; also Littré, *Hippocrate: Œuvres* VIII 616–18, for an analysis of the text. See further J. Ilberg, 'Die medizinische Schrift "Über die Siebenzahl" und die Schule von Knidos,' *Griechische Studien* . . . (1894) 22–25 and H. Roscher, 'Über Alter, Ursprung und Bedeutung der Hippokratischen Schrift von der Siebenzahl,' *Abhandlungen der Kgl. Sächsischen Gesellschaft der Wissenschaften*, philos.-hist. Kl. (1911) 28 no. 5.

A. Translation

1. Anonymous Greek–Latin Translation

Manuscripts:

IX Century
Milan: Ambros. G. 108, inf., ff. 4ʳ–15ʳ, 3ᵛ.
De septimanis. *Inc.* 'Mundi forma sic omnis
ornata est ... / ... ab ipsis pectoribus sursum se ... sursum feruntur ... et de ceteris iam dico.' (TK 892; Diels 32; Beccaria
92.2; Kibre [1945] 402; Latin text repro-

duced by Daremberg, *Hippocrate: Œuvres*
[ed. Littré] IX 433–66).
Paris: BN 7027, ff. 32–55ʳ. 'Incipit
Ypocratis de septemmadis.' 'Mundi forma
sic omnis ornata est eorumque insunt singulorum ... / ... (*des.*) ... ante priora quam
nova et falsa dicere de febribus quidem omnibus. De ceteris autem iam dicam. Explicit Ypocratis de septimadis.' (Diels 32;
Beccaria 28.4; TK 892; E. Wickersheimer,
LXV.4. The text is reproduced by Littré,
Hippocrate: Œuvres VIII [1853] 616–73).

Signa mortifera or **Signa mortis**, see Prognostica or Secreta (Signa sanitatis et mortis).

L. DE SITU REGIONUM

This is an extract associated with the treatise *De aëre* (*aeribus*), *aquis,
locis,* which it sometimes follows. It is often also attributed to Galen.[1]

A. Anonymous Translation

Manuscripts:

XIV Century
*Madrid: Ma 1978 (L 60), f. 95 (Diels
146; Beaujouan [1972] 183; TK 1511).
XV Century
Munich: CLM 640, f. 129ʳ (139ʳ⁻ᵛ), following
the close of *De aere, aquis, locis* (see II.3
above). 'Liber Hippocratis de situ regio-

num et dispositione omni temporis incipit.
Situm regionis an sit in valle vel in monte,
an vicina mari vel maribus et an in oriente
vel occidente ... / ... et magis contraria
est calida et humida. Deinde calida et sicca.
Liber Hippocratis de situ regionum et dispositione omni temporum finit foeliciter.'
Oxford: BLlm 617, f. 289. *Inc.* and *des.*
as above (TK 1511).

LI. DE URINIS

The subject of urines was the subject not only of the fourth division of the
Aphorisms as arranged by Galen and an *Epistola,* but also of the several Latin
texts of the ninth to the fifteenth century which are listed here.

---

[1] See II.3, above; also TK 1511, where the attribution is to Galen.

ANONYMOUS TRANSLATION

Manuscripts:

IX Century

Berlin Phillips 1790, f. 50ʳ⁻ᵛ. 'De intellectu urine vel signa dicta Ypocratis. (*Inc.*) Urina sanum hominem in fundus habens ypotasin ... / ... (*des.*) ... si fecem habens alba bonum est.' (Diels 14; TK 1610; Beccaria 50.17).

St. Gall Stift. 751, pp. 333–37. 'Incipit liber de urinis. Urina extra solitum candida vel fellis colorem habens ... / ... (*des.*) et libida non multum quam amplius bona est.' (ed. Leisinger [1925] 24–30; TK 1608; Beccaria 133.17). Although there is no indication in the manuscript that this is a work of Hippocrates, the incipit resembles closely the similar text that follows and that is attributed to Hippocrates.

X Century

Einsiedeln 313 (542), pp. 213–17. 'Incipit liber Ypocratis de urinis.' (*Inc.*) 'Urina si extra solitum candida fuerit et fellis colorem habuerit ... / ... quae statu suo poterit ad chrisimum adhuc insignificat.' (Beccaria 126.2; TK 1610).

XIII Century

Oxford: BL 3541 (e Mus. 219), ff. 127ʳ–129ʳ. 'Incipit liber Ypocratis de urinis.

Corpus humanum patitur cotidie duo detrimenta. Unum naturali intus et aliud accidentale foris ... / ... in illis que frigidus et humidum alba propter frigiditam et spissa propter humiditatem et molestantur in hyiema.' (TK 269).

XIV Century

London: Wellcome 546, mid 14c, ff. 21ʳᵇ–30ʳ. Ps.-Hippocrates, *De urinis*.

XV Century

Munich: CLM 305, f. 122ʳ. 'Practica de urinis Ypocratis Galieni et Constantini.' Inc. 'Quicumque vult cognoscere infirmitates ...' (TK 1239, citing ed. Leisinger, 1925; *Kyklos* 3 [1930] 408).

Wilhering (Xenia Bernardina II, 2) 71 Pg, ff. 1–3ʳ. 'Hec est practica Ypocratis et Aristotelis et plura scripta eorum subscripta sunt in sequentibus.' *Inc.* 'Albus color urine ... / ... suffatoribus si flavis.' ff. 3ᵛ–11. 'Incipiunt interpretationes urinarum secundum magistrum Ypocratem et Aristotelem Galenum Constantinum Bartholomeum necnon aliorum phisicorum. Primo si quis scire desiderat effectus et infirmitatis naturam ... / ... potu et medicinis.'

B. COMMENTARY

Quesita in Hippocratis De urinis, interpret. Geo. Valla († 1499). Printed VII Jun. inter spurios, f. 113.

De Venis, see Epistolae (De flebotomia or De incisione flebotomia and De venis).

LII. DE VICTUS RATIONE

See also *De cibis*, *Dinamidia*, and *De herbis*.

The above tracts cover the subject of diet and the relation of foods to therapy. They are related to the *Epistola* on the subject which was current from the sixth century and was included in the tract entitled *De virtute herbarum et de cibis* (*De cibis*, *De victus ratione*, or *Peridietis, hoc est de observatione ciborum*) found in the three ninth-century manuscripts: Cheltenham (Phillipps 380), St. Gall 762, and Monte Cassino 69, and identified with the work referred to by Cassiodorus. They are also related to the tract in the ninth-century manuscript Paris 7027, ff. 55–66: *Peridietis* (*De victus ratione* I 1).

The *De victus ratione* was printed with the collection of tracts translated by the humanist translator and printer Andreas Brentius, in the late fifteenth century. It follows immediately the *De natura hominis* and appears to have been a general introductory tract on hygiene giving advice on the proper regimen to be followed (that is, details on the kinds of food and exercise, the baths and clothing that should be utilized according to the seasons of the year, the *complexio* or constitution of the individual, his age, the principle [*ratio*] of the foods, and their natural virtues). The treatise was frequently printed as the work of Polybius.

A. TRANSLATION

1. GREEK-LATIN VERSION BY AN ANONYMOUS TRANSLATOR PROBABLY OF THE SIXTH CENTURY

Manuscripts:

IX Century

Cheltenham: Phillipps 386, ff. 1ʳ–22ᵛ. 'Ippocrate, De victus ratione L. II Incipit peri dietes Ippocrate hoc est de observantia ciborum. De positione locorum. Regiones adaeque uniuscuiusque positione et natura qualiter sese habeant ut agnosci possint . . . / . . . paulatim vero reddatur homo priscae consuetudini cum moderamine.' (Beccaria 72.1; see above, XVI. *Dinamidia*, at p. 133.)

Monte Cassino: Archivio della Badia Cod. V. 69, ff. 571ʳ–574ᵛ, 575ʳ–577ʳ. 'De civis. Non frustra mortalium genus ad regendam nostrorum corporum officio.' (ed. De Renzi, *Storia* VIII–IX doc. 6; Beccaria 94.19; and see above, XXVIII. *De herbis*, at pp. 170–71.)

St. Gall 762, pp. 25–72. (See XVI. *Dinamidia*, at p. 133; and XXVIII. *De herbis*, at pp. 170–71.)

Paris: BN 7027, ff. 55–66. 'Peri diaetis (De victus ratione I.1) (Wickersheimer LXV.5). Incipit liber Peridiatis ipsius Ypocratis. Cum pervidisem eos . . .'

Both Diels ('Hippokratische Forschungen,' *Hermes* 45 [1910] 125–50) and Diller (*Philologus* Suppl. 23 [1932] Heft 3, 51ff.), concluded that the above work is a translation of the *De victus ratione* or *Regimen* and that it is similar to the so-called *Epistola Antiocho rege de tuenda valetudine* (*Epistolae*, XX.A.2: pp. 145–50).

2. GREEK–LATIN TRANSLATION BY ANDREAS BRENTIUS (XV CENTURY)

Printed editions:

In the edition of [Rome ca. 1490], which together with a close reprint is at the New York Academy of Medicine, *De victus ratione* follows immediately *De natura hominis*.

LIII. DE VISITANDO (VISITATIONE) INFIRMORUM

Occasionally attributed to Hippocrates, although generally anonymous, are the several texts indicative of the practical or didactic aspects of medical teaching, in the form of *Epistolae*, or *Precepta*, outlining the directions for the physician on visiting the sick.[1]

A. ANONYMOUS TRANSLATION

1. LATIN TEXTS

Manuscripts:

IX-XI Century

The following five early texts are all anonymous: *Inc.* 'Non omnem infirmum uniter visites . . .'

Glasgow Hunt. V.3.2, ff. 14ᵛ–15.

London, BM Add. 8928, f. 8.

Monte Casssino V.97, f. 4ʳ⁻ᵛ.

Montpellier, Faculté de Médecine 185, 10–11, f. 100ᵛ.

Vatican: Barb. 160, f. 288 (ed. H. E. Sigerist, 'Early Medieval Medical Texts in Manuscripts of Montpellier,' *Bulletin of the History of Medicine* 10 [1941] 27–40; Beccaria p. 424; Wickersheimer XXIX.5 p. 44; TK 921).

XIII–XIV Century

Cambridge: CUg 345 (620), f. 38ᵛ. 'Visitatio infirmorum.' Anon. Inc. 'Cum ingressus fueris ad egrotum vestimenta alba . . .' (TK 309).

XIV Century

Oxford: BLd 69, c. 1300, f. 124ʳ⁻ᵛ. Hippocrates, Epistola ad Filominum de visitatione infirmi. *Inc.* 'Non omnes infirmi uniter egrotant . . .' (TK 921).

Paris: BN 6988 A, 14–15c, ff. 77ʳᵃ–79ᵛ:

'Tractatus de secretis Ypocratis. De preceptis Ypo. Quomodo medicus debet visitare infirmum . . .' and then at 121ʳ⁻ᵛᵇ. 'Hec sunt precepta Ypocratis quomodo debes visitare infirmum. Non omnem infirmum uniter visites sed si integre audire vis disce mox . . . / . . . tecum erit et salvus tibi eveniet a deo qui solus est medicus. Explicit precepta Ypocratis.'

XV Century

London: BMsl 634, f. 4ʳ. 'Qualiter infirmum visitare debes. Non uniter visitare omnem infirmum . . . / . . . tibi difficilis non videbitur.'

Vatican: VAp 1298, f. 232ʳᵃ⁻ᵛᵃ. 'Precepta Ypocratis. Quomodo debes infirmum visitare. Non . . .'

A variant text, also anonymous, is the following:

Paris: BN 15373, 13c, ff. 163ʳ–166ʳᵇ. Inc. 'Cum igitur o medice ad egrum vocaberis adiutorium tuum sit in nomine dei angelus qui comitatus est Thobiam . . . / . . . deinde ab omnibus in domo existentibus et fieri potest perpetrata licentia, vade in pace. Explicit de visitatione infirmorum.' (The above text differs somewhat verbally from the others, but is similar to the text contained in Renzi, *Collectio Salernitana* II 74–80.)

---

[1] See my earlier study in *Bulletin of the History of Medicine* 18 (1945) n. 194, citing the *Bibliomania* of Richard of Furnival (Delisle II 533) and M. R. James, *The Ancient Libraries of Canterbury and Dover* (1903) 333. Arnald of Villanova is believed to have been inspired by this Ps.-Hippocratic tract in his *Cautelae medicorum* (according to Meyer, *Romania* 32 [1903] 120 and *Histoire littéraire* XXVIII 69).

2. French Translation:

Manuscript:

XIII Century
Cambridge: CUt 1044 (O.1.20), ff. 195 (194)–211ᵛ. 'Issi Comence ... que

mult li avoient regno comment il duesent visiter li malades. Li auctor dist au comencement de ceste livre et parole a ses disciples ... / ... ' (211ᵛ). (P. Meyer, *Romania* 32 [1903] 84–87; cf. also *ibid*. 44 [1915–17] 196).

LIV. VITA HIPPOCRATIS

Several biographical and bibliographical studies of Hippocrates were produced in the Latin West before the sixteenth century. For the most part these followed the account by Soranus or Pseudo-Soranus.

A. Translation

Manuscripts:

XI Century
Brussels Bibl. Royale 1342–50, ff. 52ᵛᵇ–53ᵛᵃ. 'Ypocrates genus, vita, dogma. Ypocrates fuit genere Cous ... / ... de stomaticis unum, de epaticis unum.' (H. Schöne, 'Bruchstücke einer neuen Hippokratesvita,' *Rheinisches Museum* N.S. 58 [1903] 56–66 no. 5; TK 627; Beccaria 5.5).

Copenhagen Gl. Kgl. 1653 (H) ff. 72ʳ–76ᵛ (edd. M. Wlaschky, *Kyklos* 1 [1925] 103–13 and R. Laux, *Kyklos* 3 [1930] 417ff.).

Milan: Ambros. D.2 ind., ff. 4ʳ–(7ᵛ). 'Hippocras fuit discipulus Esculabii physici secundi et fuit de genere Esculabii primi ... ' (TK 627).

XIII Century
Munich CLM 26781, ff. 1ʳ–5. 'Ypocrates medicus insignis Artaxercis regis tempore claruit aput Athenas. Hic voluptatis multi detestat ... '

XV Century
Glasgow Univ. Hunterian 323 (L.7.17), a. 1432, f. 56ʳ. Hippocrates on the four

infirmities. *Inc.* 'Hippocras eximius medicorum dicit naturam ... ' (TK 627).

Lübeck Med. Fol. No. 4, 15c, f. 54. 'Vita Ypocratis. Ypocras fuit discipulus Ezculapii philosophi secundi et fuit de genere Esculapii primi ... / ... finiuit dies suos in nonaginta et quinque annis, xvii annis studens, sapiens vero notus.' Ed. K. Sudhoff, 'Eine mittelalterliche Hippokratesvita,' *Archiv für Geschichte der Medizin* 8 (1914/15) 404–13, text at 405–406.

Vatican: VAp 1451, 15c, f. 194ᵛ. 'Hippocras fuit discipulus Esculapii physici ... ' (TK 627).

Vienna 4772, late 15c, ff. 58ᵛ–62ʳ. 'Vita Hippocratis per Cuspinianum († 1519) collecta.' 'Hippocrates tempestatis floruit peloponesi ... / ... salve mihi fuerat vero illo nocte puella vatiatus.'

Edition:

Life and Original of Hippocrates, translated from Soranus (S. Ayscough, p. 558: London, BMsl 3418).

LV. DE VULNERIBUS CAPITIS

The tract 'On Wounds of the Head' describes (among other subjects) sutures, the doctrine of trephining, and the cauterization of wounds. It was utilized and commented upon by most ancient writers on the subject including Galen, of whose commentary only a fragment survives. It was also cited in Erotian's list of genuine works. However, only fragments of the work appear to have been available in Latin form before 1500. When newly translated from the Greek in the sixteenth and seventeenth centuries it won attention from both anatomists and surgeons.[1] The following examples are of the fragments available before 1500.

The Hippocratic treatise was included in a large codex containing works on surgery by eminent physicians with illustrations of joints and essential instruments, brought back from a trip to the Peloponnesus in 1490 by Janus Lascaris, the Medici agent, at the request of Lorenzo de' Medici.[2]

A. Anonymous Translation

Manuscripts:

XII–XIII Centuries

Munich CLM 161, 12–13c, ff. 39ʳ–46ᵛ. 'De Vulneribus,' with human figures indicating the areas to be treated or cut. It ends at f. 46ᵛ, '. . . est fistula et citrelivum cetera vulnerum. Explicit.'

— **CLM 614**, 4to, 13c, ff. 2–9ʳ. 'De vulneribus capitis.' *Inc.* 'Caput vulnerari duobus modis contingit . . . sic procedendum est . . .'; there is no real explicit. (TK 192; and see *Studien zur Geschichte der Medizin* [ed. K. Sudhoff] XI 97, 268).

---

[1] E. T. Withington, tr., *Hippocrates* (Loeb Classical Library, 1937) III 2 and the bibliography cited; also Diels 10; Littré III 182–260. Pétrequin (*La chirurgie d'Hippocrate*, I 8) expresses his admiration for the remarkable method of observation reflected in the work.

[2] See Kibre (1945) 380 n. 58; *ibid.* 407 n. 227; Legrand, *Bibliographie hellénique* II 326; E. G. Vogel, 'Litterarische Ausbeute von Janus Lascaris' Reisen im Peloponnes im Jahr 1490,' *Serapeum* 15 (1854) 158–59.

INDICES

1. Treatises

De flebotomia: see Ep. de flebotomia

Foetus de octo mensibus, XL Introd.

— de septem mensibus, XL Introd.

Gynaecia, XXVII

De herbis (see also De herbis et curis), XXVIII

De herbis et curis diversisque, XVI

Historia: see De arte medicine

De Humoribus (see also Ep. ad Antiochum) XXIX

De impressionibus, XXX

De incipiende medicine: see Initia medicine

De incisione: see Ep. de flebotomia, Ep. de incisione

Indicia valetudinum: see Capsula eburnea

Indicium medicinae artis, XXXI

De infirmitatibus equum: see De equis

Initia medicinae (see also De arte medicinae), XXXII

De insania Democriti: see Ep. de insania Democriti

De insomniis, XXXIII

De instructione artis medicine: see De arte medicinae

Ad instruendum vel docendum: see De arte medicinae, Ep. ad instruendum

De intellectu urinis: see De urinis

Interrogatio (see also De arte medicinae), XXXIV

Invectiva in obstrectatores medicine: see De arte medicine

Iuramentum: see Iusiurandum

Iusiurandum, XXXV

Lex, XXXVI

Mascalcia: see De equis

Medicamenta, XXXVII

Medicina: see Medicamenta

De mensuris et ponderibus, XXXVIII

De microcosmo: see Ep. ad Ptolemeum

De morbis: see De passionibus

De morbis popularibus (vulgaribus): see Epidemia

De mulierum affectibus (see also Gynaecea), XXXIX

De natura embrionis: see De natura fœtus

De natura foetus, XL

De natura hominis (humana), XLI

De natura pueri (puerorum): see De natura foetus

De nutrimento, XLII

De observatione temporum: see Ep. de observatione

De operatione medicinae: see Ep. de operatione

Opinio medicine: see Ep. de operatione

De passionibus, XLIII

De pectore: see Ep. de pectore

Peri diaetes: see Dinamidia

Peri flebotomia: see De flebotomia

De pharmaciis: see De farmaciis

De phlebotomia: see De flebotomia

Physionomia: see De contemptu mundi

Popular diseases: see Epidemia

Praecepta: see Precepta

De praeparatione hominis: see Ep. ad Ptolemeum

Liber praestantiae: see Capsula eburnea

Precepta, XLIV

Pronostica (see also Capsula eburnea), XLV

De pustulis: see Capsula eburnea

De quattuor humoribus: see De humoribus, Ep. ad Antiochum

De quattuor temporibus: see Ep. ad Antiochum.

De ratione cibis: see De cibis

De ratione medicine: see Ep. de ratione medicine

De regenda sanitate: see Ep. ad Maecenatem

Regimen sanitatis (salutis), XX.A.2; XLVI[1]

Remedia: see Medicamenta, Dinamidia, and Farmacia

Salernitan Statutes, XXXV.A. Introd.

De salubri diaeta: see Regimen sanitatis

De sanitate tuenda: see Ep. ad Ptolemeum

De sapientia artis medicina: see Ep. ad Ptolemaeum

Secreta (Practicae) de curis universalibus, XLVII

Secreta, XLVIII

Sententiae: see Aphorismorum liber

De septimanis (septimadis), XLIX

Signa (mortifera or mortis): see Secreta

De signis egritudinum: see Ep. de signis egritudinum

De signis sanitatis et mortis: see Secreta

De signis urinarum: see Ep. de signis urinarum

De signis vitae et mortis: see Capsula eburnea

De situ regionum, L

De somniis: see De insomniis

De urinis (see also Ep. De signis urinarum), LI

De venis: see Ep. de venis

Liber de veritate: see Capsula eburnea

De victus ratione (see also Dinamidia), LII

De virginibus: see Ep. de virginibus

De visitatione infirmorum (see also Ep. ad Filominum), LIII

De vita Ypocratis, LIV

De vulneribus capitis, LV

2. Incipits

Ab antiquis ars medicine . . ., III.B.1

Ab viii kal. ianuarii . . ., XX.A.2A

Acute egritudines magne sunt . . ., XLV.B.1

Ad artem ducendam ad actum . . ., III.B.1a (added)

Ad cibum et (vel) potiones . . ., XI.A

Ad dolorem capitis erba betonica . . ., XXVIII.A, XXXVII A

Ad evidentiam eorumque . . ., III.B.1b (added)

Ad instruendum vel docendum . . ., XX.A. 11; XXVIII

Albus color urine . . ., LI

Alexander cum corpus humanum sit corruptibile . . ., XX.A.1b

Alimentum et alimenti species unum et multa . . ., XLII.A.2

Aliter dixit Ypocras non est medicus qui astronomiam ignorat . . ., VII.A.1

Alius tractatus de morbis naturalibus . . ., XXII.A.2

An medicina . . ., III.B.54

An non dubitatur utrum vita hominis sit brevis . . ., III.B.3

Annotationes iuxta librum Reg. Acut. . . ., I.B.1, 4

Antequam Ypocrates de Chous percipiat iuramentum . . ., XXXII.A

Aphorismi diffinit sic . . ., III.B.4

Aphorismorum Ypocratis huius nove . . ., III.A.2

Aphorismus dicitur sine diffinitione . . ., III.B.5

Aphorismus enim dicitur ab a . . ., III.B.6

Aphorismus est sermo brevis . . ., III.B.7

Aphorismus est sermo diffinitus ab aliis . . ., III.B.8

Aphoristica enim species doctrine . . ., III.A.5; III.B.2

Ars longa vita brevis . . ., III.A.3

Ars que modum . . ., I.B.2 III.B.8a

Artaxerxes Histani Hippocrates medicus cui fama est . . ., XX.A.20

— Histani artes Hippocratis medici . . ., XX.A.20

— Magnus rex Histani . . ., XX.A.20

— Magnus rex, peto: Morbus quem . . ., XX.A.21

Artis medicine diversas et compositas . . ., III.B.67

Artis medicine salutaris effectus a Democrite . . ., XX.A.21

Auctor in hoc prologo libri sui docet scientiam signorum . . ., XLV.B.28

Bletas non edas . . ., XI.A

Bonum est invenire aegrum iacentum in dextro . . ., XLV.B.2

Brevis quod per se est vita . . ., III.A.3; III.B.9

Brevissima epistola Ypocratis de signis egritudinis . . ., XX.A.16

Bubula fortissima est . . ., XXVIII.A

Calendarium dieteticum. Mense martio bibat dulce . . ., XI.A

Capilli autem plurimi significant . . ., XIII.A

Capillorum defluxio . . ., XX.A.2g

Caput vulnerari duobus modis . . ., LV

Cerebrum natura frigidum et humidum est . . ., XLI.A (Variant 2)

Christi nomine invocato incipit abbreviatura supra septem particulas Aphorismorum . . ., III.B.96

Circa amphorismos primo queritur utrum medicina habetur . . ., III.B.10

Circa artem pronosticationis quatuor sunt notanda . . ., XLV.B.22

Circa initium presentis libri Ypocratis de regimine acutorum . . ., I.B.14.2

Circa istum afforismum est primo . . ., III.B.11

Circa istum librum Ypocratis . . ., XXIV.B.1

Circa librum amphorismorum . . ., III.B.12

Circa librum regimenti acutorum . . ., I.B.13

Circa primam particulam Afforismorum primo queritur utrum vita hominis sit brevis . . ., III.B.80

Circa principium huius libri . . ., I.B.3

Circa principium huius libri nota primo quot et que sint cause . . ., I.B.3

Circa principium huius libri nota quod medicinam a quodam cardinali . . ., III.B.13

Cognitionem geometricis artis metricique . . ., XX.A.20

Cognovimus cura sit tibi . . ., XX.A.20

Coniunctio est aspectus perfecte amicicie manifeste . . ., VIII.A.2

Constat homo ex rebus quattuordecim . . ., VI

Constiturus Borea id est frigide qui borea . . ., III.B.14

Constitutas sunt venas in corpore . . ., XX.A.18

Contemplari igitur oportet et tempus . . ., III.B.14a

Convenit te . . ., XX.A.2a; k

Corpora humana continua . . ., III.B.14b; III.B.71

Corporis humani passibilitas et corruptibilitas causa est . . ., XLV.B.31

Corporis humores congrua resolutione . . ., III.B.76

Corpus humanum patitur cotidie duo detrimenta . . ., LI

Corpus igitur hominis dividimus . . ., XVII.A

Corpus igitur hominis dividitur in quatuor . . ., XX.A.2

Corpus (igitur) hominis ex quatuor humoribus constat . . ., XX.A.2b

Corpus igitur omne ex quatuor humoribus . . ., XX.A.2 n.1

Creator omnium deus a . . ., XLVII.A

Cum autem venisset ad diem mortis . . ., IX.A.1

Cum corpora humana debilitata sint . . ., III.B.15

Cum corpus humanum . . ., III.B.16

Cum corpus humanum de variabili . . ., III.B.98

Cum elementum sit minima pars . . ., XVIII.A.4

Cum igitur o medice ad egrum vocaberis . . ., LIII

Cum in omni scientia modus procedendi . . ., III.B.17

Cum infirmitas cuiusquam accidit . . ., VII.A.1

Cum ingressus fueris ad egrotum . . ., LIII

Cum iniqui cuiusdam . . ., XX.A.21

Cum legerem libros Ypocratis medicorum optimi . . ., VII.A.3

Cum mens artis summum atque perfectionem . . ., III.B.18

Cum omne corpus animatum vel inanimatum sensibile . . ., III.B.93

Cum omne elementum ex elementis . . ., XVIII.A.4

Cum omnis prolixitas noverca sit veritatis . . ., I.B.14

Cum quis medicorum fierit (fuerit) . . ., III.B.19

Cum tecum apud Rhodum . . ., XX.A.21

Cum transiret Cesar per viam vidit monumentum . . ., IX.A.1

Cum veniente regum omnium peritissimum . . ., XX.A.2k

Cum Ypocras morbus in quo sepius . . ., III.B.20

Cumque primo fuerat infirmus luna in principio Arietis . . ., VII.A.4

Cychnus avis qui et olor nominatur . . ., XX.A.20 (added)

Cyrurgia denique dicitur manuum operatio . . ., X.A

Cyrurgia dicitur manus operatio . . ., X.A

De afforismis paucula hic notantur. Cum medicinalis artis summa . . ., III.B.97

De arte prolixa pauca incipiam . . ., III.A.1.

De curatione mulierum dicam prius . . ., XXXIX.A.1

De positione locorum regiones adaeque . . ., LII

De quo placere confidunt plures . . ., XLV.B.3

De viginti et una venis . . ., XX.A.9a

Decet callidum virum ubi considerarit bonam valitudinem . . ., XLIII.A

Democritus adberitus inter . . ., XX.A.20

Democritus Hippocrati felicitatem ut mihi tamquam insanienti . . ., XX.A.20

3. Translators, Commentators